2023

米国経済白書

大統領経済諮問委員会

米国経済白書 2023

萩原伸次郎監修・『米国経済白書』翻訳研究会

翻訳者
萩原 伸次郎 （総論、大統領経済報告、第1～3章）
大橋 陽 （第6～9章、付録A）
下斗米 秀之 （第4～5章）

総論 ■ 萩原 伸次郎

インフレ抑制策で景気後退に向かうか米国経済？
バイデン－ハリス政権による経済政策は功を奏するか

2023 年大統領経済諮問委員会年次報告

詳細目次
図・表・Box 一覧表

【協力者】
中村 斗建（立命館大学経済学部大橋陽ゼミナール）
表紙写真提供：大橋 陽

総論

インフレ抑制策で景気後退に向かうか米国経済？

バイデン－ハリス政権による経済政策は功を奏するか

はぎわら しんじろう
萩原 伸次郎
横浜国立大学名誉教授

はじめに

この3月、米国に金融危機が勃発、バイデン政権が、急遽、その対策に乗り出すという一幕があった。シリコンバレーに拠点を置き、IT企業やスタートアップ企業（新興企業）を主な顧客とするシリコンバレーバンク（SVB）が、3月10日経営破綻、つづいて、3月12日には、暗号資産（仮想通貨）業界から多額の預金を集めるシグネチャー・バンクが破産し、さらにこの2つの銀行に続き、16日には、預金流出がつづくファースト・リパブリック銀行に、米金融大手11社が計300億ドル（約4兆円）を預金して支援するという事態が起こった。そして、ファースト・リパブリック銀行は、5月1日経営破綻し、米連邦預金保険会社（FDIC）の管理下に入った。これは、2008年のリーマン・ショック以降では最大級の破綻となるが、大手行JPモルガン・チェースがその全額預金を引き受け資産の大半を買収すると発表した。

バイデン大統領は3月12日、預金者保護を訴える声明を発表、13日には、ホワイトハウスで演説し、この2つの銀行の経営破綻に関連して経営責任を追及するとともに金融規制を強化する考えを明らかにした。12日には、米財務省と連邦準備制度理事会（FRB）、連邦預金保険公社（FDIC）も共同で声明を発表、本来なら25万ドル（約3250万円）を上限とする預金保険を全額保護に切り替え、預金取り付け防止策を即時に実行した。

金融破綻の背景には、新型コロナ感染症による経済危機への、トランプ政権ならびに2021年1月に発足したバイデン政権による大規模金融緩和と空前の緊急財政支援政策がある。この政策を背景に、景気が急回復、スタートアップ企業への投資が急増し、2021年の投資額は、3447億ドル（約46兆円）と、前年の2020年と比べて、ほぼ倍増し、スタートアップ企業と関係の深かったシリコンバレーバンク（SVB）に多額の余剰資金が流れ込み、この3年で同銀行の預金残高は、3倍近くに膨れ上がった。シグネチャー・バンクも、金融緩和に伴う仮想通貨価格の急騰により、仮想通貨業界から多額の預金を集め、この3年で預金額は約3倍と増加した。

バイデン政権の積極的金融・財政政策は、21年秋ごろから急激な物価上昇を引き起こす。これを重く見たFRBは、金融資産買い取りによる大規模金融緩和政策を22年3月で終了し、金利政策に回帰した。23年3月末においてもFRBは、インフレ抑制策を狙い政策金利を引き上げた。金融引き締め政策よる金利上昇がスタートアップ投資の激減と仮想通貨の価格低迷を引き起こし、これら業界に深刻な経営不振をもたらしたのである。

苦境に陥ったスタートアップ企業や仮想通貨業界は、自らの預金を取り崩し、危機脱出を試みた。SVBとシグネチャー・バンクは、これら業界からの巨額な預金引き出しに対して債券など自らの銀

行資産の売却で対応しようとした。しかし、金利上昇が債券価格のさらなる下落を引き起こし、その結果、2つの銀行の債務超過が深刻になり、ついに破綻したというわけだ。

ここで注目すべきは、バイデン大統領が、預金者保護を最優先し、金融機関やそれに投資している投資家の救済は行わないと宣言し、金融機関への規制強化を訴えたことだ。この背景には、18年、トランプ政権下で成立した「クラッポ法」が、比較的小規模な銀行を規制対象から外したことが今回の事態を招いたとの認識がある。この「クラッポ法」については、トランプ政権下の2020年『報告』においてその規制緩和の効果について次のように指摘された。「2018年経済成長・規制緩和・消費者保護法は、また、「クラッポ法」（Crapo Bill）として知られているが、トランプ大統領によって署名され、より小規模な銀行から制限を取り除いたが、それは、「大きくてつぶせない」という銀行問題を緩和するための初期の努力

の一部として彼らに間違って課されていたものである。CEA(2019b) は、この法は「中小銀行の決定的重要性を認識しており、また、巨大金融機関に、よりふさわしい規制の必要条項を彼らにかけるという高いコストと否定的な便益をも認識している。それは、規制の負担を削減し、中小企業へ利用可能な信用を拡大することが期待されており、それは、全国中の地域社会の生きる血液なのだ」とする」

（『米国経済白書2020』蒼天社出版、2020年）。今回の銀行破綻は、こうしたトランプ政権による金融規制緩和が裏目に出た結果であることは明らかで、バイデン大統領が金融規制を改めて強調するゆえんだが、現在、米国議会は、昨年22年の中間選挙で、共和党が下院で過半数を占め、金融規制強化の法律が成立するかは、分からないし、インフレ抑制のFRBによる金利上昇の下で、米国経済の景気後退が予測され、金融危機の行方は依然不透明だ。

バイデン―ハリス政権の経済政策は、どのように実行されてきたか
――「より良い再建計画」（Build Back Better Plan）は、どうなったか――

ところで、2021年1月に政権を発足させたバイデン大統領は、この2年間でトランプ政権と異なり、どのような政策展開を行ってきたのだろうか。昨年、本書の総論では、「トランプ政権とは真逆なバイデン―ハリス政権の経済政策」として、公的セクターの復権を唱えるこの政権の経済政策の基本について論じたが、果たして政策実行は、バイデン―ハリス政権の思惑通りに進んだのだろうか。政権発足から今日まで、約2年間の経済政策実行の軌跡を追ってみよう。

2021年1月20日にバイデン―ハリス政権は、発足した。政権に就いたバイデン大統領は、早速トランプ前大統領による入国禁止令の廃止、メキシコ国境に壁を築く建設資金の停止など、矢継ぎ早に前大統領の発した17本の大統領令を転換させた。同じ日の1月20日、大統領令で、「パリ協定」への復帰、世界保健機構（WHO）脱退の撤回を行い、また、27日には、環境・気候変動対策の

大統領令を発した。2月に入ると2日に、移民政策の転換の大統領令を発し、8日には、国連人権理事会に復帰することを発表した。

バイデン―ハリス政権の発足当時の行動は、トランプ政権の常軌を逸した政策を正常化するものだったが、本格的なバイデン―ハリス政権の経済政策は、「より良い再建計画」（Build Back Better Plan) によって示された。「より良い再建計画」とは、バイデン大統領によって、2020年から21年に提示された「ひとつの法的枠組み」（a legislative framework）であり、1930年代大恐慌に立ち向かったフランクリン・D・ローズヴェルト政権のニュー・ディール政策以来、最大の野心的規模と範囲を持つ、社会的プログラム、インフラ整備計画、そして、環境保護プログラムを含む、全国的公共投資計画なのだ。

この計画は、3つの部分から成り立つ。その第一が、「米国救済計画」（American Rescue Plan

of 2021）だが、それは、COVID-19 救済支出法として、2021 年 3 月に制定された。その他 2 つは、異なった法律として議会で検討中となり、「米国雇用計画」（American Jobs Act）は、長期にわたって無視され続けたインフラ整備に対処するためのものであり、気候変動の破壊的な結果を削減するためのものでもあった。また第三の「アメリカ家族計画」（American Families Plan）は、さまざまな社会政策的行動に資金付けするものであり、例えば、全国的規模では一度も立法化されたことのない、有給家族休暇制度（paid family leave）などの提案である。

この「より良い再建」法案は、その計画の多くを実現するため、第 117 下院議会に上程された。これは、「米国雇用計画」から出てきたもので、インフラ整備、気候変動、社会政策に対処する諸条項も含まれており、3 兆 5000 億ﾄﾞﾙ規模のものだったが、さまざまな調整を経てほぼ 2 兆 2000 億ﾄﾞﾙ規模に引き下げられ、2021 年 11 月 9 日、下院を 220 対 213 の僅差で通過した。

この法案は上院に回され審議されたが、上院の議員構成は、与党民主党 50 人、野党共和党 50 人で、共和党は全員反対だが、民主党が一致団結して賛成すれば、上院の議長は、副大統領のカマラ・ハリスだから、彼女の賛成で、法案は通るはずだった。けれども、その年、2021 年の 12 月、民主党上院議員ジョー・マンチン（Joe Manchin）1 人の造反でこの法案は成立せず、お蔵入りかと思われたのだった。しかし、「より良い再建」法案に対する国民の支持率は高く、データ・フォー・プログレスが 2022 年 1 月 11 日に行った調査では、「より良い再建」法案の支持率は、65％、不支持は、29％だった。バイデン大統領への支持率は、インフレ高進の影響もあって、1 月 14 日世論調査（ラスムセン）では、38％、不支持 60％にまでになった。こういう状態では、2022 年 11 月 8 日投票の連邦議会中間選挙を与党民主党が勝利によって乗り切ることは不可能だ。

「インフレ抑止法」（Inflation Reduction Act）の制定

2022 年 7 月 27 日、突如「インフレ抑止法」（Inflation Reduction Act）が、上院の多数派リーダー、チャック・シューマーによって発表される。実は、「より良い再建」法案が、不成立の後、不成立とさせた張本人ジョー・マンチンとチャック・シューマーの間で、秘密裏にすり合わせ交渉が進んでいた。このままでは、それでなくても中間選挙は与党が負けるというジンクスがあるのだから、民主党のボロ負けは確実だ。その焦りが、7370 億ﾄﾞﾙ規模の「インフレ抑止法案」となって、7 月に突如提案されたとみて間違いはなさそうだ。この法案は、2022 年 8 月 7 日、上院を民主党賛成 50、共和党反対 50、議長のカマラ・ハリスの賛成で通過する。その後、8 月 12 日、下院に回されたこの法案は、すべての民主党議員の賛成 220、すべての共和党議員の反対 207 で通過する。2022 年 8 月 16 日、法案は、バイデン大統領の署名を経て成立した。

この法は、「インフレ抑止法」とはなっているが、衆目の一致するところ、インフレ退治の即効性を期待することはできない。けれども、バイデン大統領の提案する中長期的な「より良い再建計画」のまず第一歩をしるしたという意味で画期的なものだ。

この法は、今後 10 年間で、連邦収入を増加させることを試みるが、その主な項目は、次の通りだ。

＊メディケアを含む、特定の処方薬の価格引き下げ改革により、2650 億ﾄﾞﾙ。
＊年間法人所得 10 億ﾄﾞﾙ以上の企業へ最低 15％の税率を課し、2220 億ﾄﾞﾙ。
＊課税強化により、2037 億ﾄﾞﾙ。
＊株式買戻しへ 1％の徴税により、740 億ﾄﾞﾙ。

また、同時期に次の項目で上記の連邦収入を支出する。

＊内国エネルギー保障と気候変動への対処として、3690 億ﾄﾞﾙ。
＊赤字削減に、3000 億ﾄﾞﾙ。

＊2021年「米国救済計画法」の下での「ケア適正化法」補助の3年間の延長により、640億ドル。
＊西部諸州の干ばつ復元基金に、40億ドル。
＊内国歳入庁近代化基金と納税強化のための基金として、800億ドル。

また、クリーン・エネルギー投資の一部として、10年間にわたる太陽光投資税額控除の延長があり、月35ドルのインスリン・コストの上限、また、メディケア対象者への2000ドルの薬品自己負担コストの上限もある。

インフレ急伸と連邦準備制度理事会（FRB：Federal Reserve Board）の政策

　米国経済は、新型コロナ感染症（COVID-19）による影響を世界で最も大きく受けた国であったといってよい。2020年春に感染が拡大し、実質GDPは、2020年4月から6月にかけて、年率30％を超える下落を示した。これは、1929年大恐慌以来の落ち込みであり、2008年9月のリーマン・ショックに始まる世界経済危機をはるかに上回る落ち込みだった。けれども、その後米国経済は、トランプ政権下で急速に回復軌道に入り、バイデン政権下においても、経済回復は急速に進んだ。その要因は、トランプ政権からバイデン政権にかけて、前代未聞の財政支援策が積極的に実施されたからだ。トランプ政権は、2020年3月、「コロナウイルス援助・救済・経済安定化法」（CARES: Coronavirus Aid Relief and Economic Security Act of 2020）を成立させ、2兆2000億ドルにも及ぶ財政支援策を実施した。申請者に2700ドルの小切手支給、失業手当の増額・延長、家計の負債救済、中小企業支援、病院支援、教育支援など広範囲に及んだ。

　2021年1月に誕生したバイデン－ハリス政権も、3月、パンデミック対策を主眼とした「米国救済計画法」（ARP: American Rescue Plan of 2021）を成立させたことは既述の通りで、トランプ政権に引き継ぎ強力な財政支援策を実施した。この救済計画法は、総額1兆9000億ドル、主な支出項目は、富裕層を除き、1400ドルを国民に現金支給、失業給付金は週300ドルを加算し、9月初めまで継続する、ワクチンの普及、感染検査、学校の対面授業再開支援、中小企業支援、州・地方政府への援助、などなどとなっている。

　こうして米国経済には、政府の財政支援による巨額な有効需要がつぎ込まれたのだ。しかもこれ

らの需要は、サービス部門ではなく、物財部門への需要となって、財市場の逼迫を引き起こした。米国はいうまでもなく貿易赤字の国である。多くの物資を米国は輸入に依存している。物財への需要増は、財の輸入の巨額化をもたらし、2020年の半ば、新型コロナ感染症の急拡大によって需要は激減していたのだが、その後急速に回復し、2021年末には、物財における膨大な貿易赤字を計上するようになる。

　この急速な米国市場における需要増加は、グローバル・サプライチェーンの混乱を引き起こした。つまり急増する需要に供給が追い付かないという事態が、米国商品市場におこったのだ。しかも、米国への物財の輸入は、その多くはコンテナによって行われ、そのコンテナ港は、ロサンゼルスとロングビーチの港を通して運ばれるものが多く、そのキャパシティの限界は、供給の遅れとなって現れた。

　米国労働省が発表した、2022年7月の消費者物価指数は、前年同月より8.5％上昇し、1981年11月以来の上昇率となった6月の年率9.1％よりは若干鈍化はしたが、8％を超えるのは5カ月連続となった。なかでもエネルギー価格の上昇が深刻だ。これは、明らかに2022年2月におけるロシアのウクライナ侵略の影響が世界的に伝播したことの一環だが、2022年6月のガソリン価格は、前年同月に比べて61％も上昇し、7月は45％で若干下がったとはいっても依然高い価格が続いた。

　こうした物価高騰を受け、米連邦準備制度理事会（FRB）は、2020年3月から行ってきた量的緩和政策を取りやめることに転じる。FRBは、2020年初めからの新型コロナ感染症急拡大によ

る深刻な経済の落ち込みに対して、3月以来、金融資産買い取り作戦（量的緩和政策）を強力に実施し、民間の需要増加を金融政策の面でも支えた。つまり、FRB は、商業銀行に大量のマネタリー・ベースを供給し、財政支援策による需要増加によって生じるだろうマネー・ストック（マネー・サプライともいう）の上昇を金融的に支える政策を強力に進めたのだ。これは、米国経済において、2020年5月からマネー・ストック（M1）が急増し始め、実質 GDP が 2020年第3四半期（7月〜9月）には、年率33.8％増で急反発をし始めるのを、FRB が金融的に支えたといっていいだろう。連銀のバランスシートは、2020年2月で4兆1000億ドルだったのだが、3カ月もたたないうちにそれは、7兆1000億ドルに膨れ上がり、急速な速さで上昇を続けた。2021年末には、連銀のバランスシートは、8兆7000億ドルに膨れ上がったのだ。

　米国の消費者物価は、2021年3月ごろから上昇し始め、とりわけ、ガソリン価格の急騰は、2021年5月に年率56.2％の上昇、全体の消費者物価も、2021年12月には、7.0％の高率を記録する。こうした物価上昇に FRB のパウエル議長は、2020年3月からとり続けてきた量的緩和政策で毎月購入してきた米国債などの金融資産1200億ドルを11月から月額150億ドルずつ減らしていくと表明した。順調にいけば、8カ月で購入額がゼロになる計算で、パウエル議長は、「22年半ばまでに量的緩和は終了する」と述べたが、インフレ傾向が一向に収まる気配がなく、この作戦終了時を早め、2022年3月に終わらせ、金利政策に回帰した。FRB がフェデラル・ファンド・レート（FF レート）を引き上げ始めたのだ。FF レートとは、米国の銀行が連邦準備銀行にある準備金を、ほかの銀行に翌日決済で貸し付ける金利（年利で表示）である。これが高く設定されると全体の金利水準が高まり、GDP 成長に抑制的になる。2022年7月26日、27日に FRB は、FF レートの現状の誘導目標1.5〜1.75％から、0.75％引き上げ、2.25〜2.5％とすることに決定した。9月には追加の利上げが行われ、景気減速を認めつつも、雇用は底堅くインフレは続いているという認識で、パウエル議長は、物価安定の重要性を強調、その姿勢は、2023年の今日に至るも継続し

ている。

2023年『報告』の概要
　2023年大統領経済諮問委員会報告は、昨年と同様、セシリア・エレナ・ラウズ委員長のもと、委員としてジャレッド・バーンスタイン、ヘザー・ブーシェイの3人で構成される経済諮問委員会によって、2023年3月20日に大統領へ提出された。その概要を示せば下記の通りだ。

第1章　今日の変化する世界において、成長促進諸政策を追求する
第2章　2022年の回顧と将来の展望
第3章　強力な国際経済パートナーシップとともに新しいグローバルな困難に立ち向かう
第4章　幼い子供の保育と教育への投資
第5章　より強力な中等後教育機関の構築
第6章　米国労働市場における供給上の課題
第7章　デジタル・エコノミーにおける競争──新たな技術、古い経済学
第8章　デジタル資産──経済原理を学び直す
第9章　気候変動の中で気象リスクの管理を改善する機会

　2023年大統領経済報告は、2020年にはじまった COVID-19 パンデミックに2022年2月、ロシアのウクライナ侵略が加わり、世界的にみてもインフレの脅威が各国を襲うという状況下の米国において公表された。バイデン大統領は、そうした困難の中で、2022年において政権が行った3つの重要な法律の制定をあげ、それをもとにトップダウンではなく、中間層重視を重視したボトムアップ政策を実施すると宣言する。その第一は、超党派で成立させた超党派インフラストラクチャー法による道路、橋梁、鉄道、港、空港やハイスピードのインターネットなど、アメリカ人の日常生活を根底から支えるインフラ整備だ。
　その第二は、チップスおよび科学法（CHIPS and Science Act）の制定であり、これは昨年の8月に成立したものだが、今日の産業のコメとも言われる、半導体の生産を国内回帰させる法案であり、そもそも米国が発祥地であった半導体が、いまや、中国や台湾に先を越されている現状を転換させる狙いがあるといえるだろう。バイデン大統

領は、すでに民間会社が3000億㌦もの新投資を宣言しているが、それは、この法律の援助によるものだとこの法律の意義を強調している。

　そしてその第三は、インフレ抑止法である。これはすでに上述した通りで、やはり昨年の8月に立法化されたもので、ジョー・マンチン上院議員と多数派リーダー、チャック・シューマーとの協議による「より良い再建」法案の縮小版であり、これによりようやく、バイデン－ハリス政権らしい政策の提起が行われたといえるだろう。

　そして、バイデン大統領は、「今年はまさにそうした政策の仕上げのときだ」とし、有給家族休暇制度の連邦レベルでの実現にむかって、すべての人を取り残させない政策実現に努力するとする。

　しかし米国議会は、このバイデン政権の政策実施を簡単には実行させない議員構成に現在なっていることに注目しなければならないだろう。なぜなら、2022年11月に行われた中間選挙で、上院はかろうじて無所属を含む民主党系が51議席を占めたものの、下院では、共和党222議席、民主党213議席となり、野党共和党が過半数を制したからだ。この中間選挙における米国民の第一の関心は深刻な物価高騰にあったことは明らかだ。野党共和党は、バイデン政権の経済政策がインフレをもたらしたと悪宣伝し、与党民主党を苦戦に追い込み、下院で共和党が多数派になる逆転劇を演じたからだ。

　したがって、当然ながら、今年の大統領経済報告においては、短期分析の課題として、インフレ抑制が正面に据えられたことはいうまでもない。『報告』第2章2022年の回顧と将来の展望がその箇所であり、COVID-19パンデミックによるグローバル・サプライチェーンの混乱に加えて、2022年2月のロシアのウクライナ侵略が、エネルギー、食糧、その他の商品のインフレをグローバルに引き起こした要因だと論じている。『報告』は、インフレとの戦いは、2023年においても継続されるとしていることが重要であり、その結果、米国経済は、短期では、GDP潜在成長のトレンドを下回り、失業率は、ほどほどに上昇し、インフレは収まるとしていることは特筆されるべきだ。

2023年『報告』の重要な特徴
——米国の200年にわたる経済成長から何を学ぶのか——

　さて、今年の『報告』の重要な特徴は、米国の200年にわたる経済成長の歴史を紐解きながら、今日の変化極まりない世界において、どのようにして、経済成長の促進政策を実行するかを論じていることだ。そして、それを論じるにあたって、「潜在GDP」あるいは、経済の「キャパシティ」をいかに向上させるのかを具体的に論じていることだろう。総生産関数とはなにか、などという、経済成長論の基本に戻りながら、長期の経済キャパシティの上昇には、スキルのある労働力の成長、生産を支えるインフラの整備、高質な物的資本の蓄積、そして生産過程の効率的編成が必要であるという。いうまでもなく、このキャパシティが、十分大きければ、より多くの需要増にも対応できる供給が可能であり、経済的ショックにも強くなるし、インフレリスクを最小化することもできるのだ。

　米国経済のこの50年の変遷を鑑みると、大きく3つの要因が、この潜在GDP成長、つまり経済キャパシティの増加に関連して詳しく論じなければならないとこの『報告』は言う。その第一は、労働力にかかわることなのだが、女性が男性より教育達成度が高くなり、1990年代を通じて、女性は、今までにない数の労働力参加の記録を残したのだが、近年になって、その労働参加率がスローダウンしてきているのだという。そして、経済成長との関連でいうと、女性の労働参加率の上昇は、女性の労働力規模の増大につながり、20世紀後半の経済成長を促進させたのだ。と同時に、ケアの公的投資の欠落が、ケアの義務を負う女性労働者にとって困難を招来させ、近年の女性労働参加率の低迷につながっているということなのだ。

第二は、20 世紀後半の二酸化炭素排出量の急増による地球温暖化の進行とその結果としての気候変動が、経済成長への障害となっていることだ。気候危機に関連して生態系（エコシステム）へのダメージが継続的に与えられ、それは、企業への重大なリスクとなりさらに広範な経済へのリスクになっているのだ。

そして第三が、コンピュータが生活の隅々まで入り込み、今までは自動化など考えもできなかった分野に浸潤してきていることだ。インターネットは、人々が情報を見つける方法をまったく変えてしまったし、企業経営のやり方も変化させた。これらの変化は、成長を促進させ、COVID-19 パンデミックなどによる経済的にショックを諸産業が耐えしのぐ手段ともなっている。しかし同時にすでに確立された経済政策が、この新しいデジタル世界にどう対応するのかについて重要な問題を提起しているのだ。

米国経済の潜在的成長キャパシティを拡大するためには、政策立案者は、これら諸変化に国がどのように投資するのかを調整することが必要となっている。今年の『報告』は、全部で 9 章立てになっているが、第 4 章から第 9 章までは、米国経済の潜在的成長キャパシティをさまざまな分野でどのように拡大することができるかについて、詳しく論じているといえるだろう。

まとめにかえて

ところで、2022 年 2 月のロシアのウクライナ侵略は、米国の国際経済パートナーシップに大きな変革をもたらしたといえるだろう。トランプ政権下で始まった、COVID-19 パンデミックは、CARES 法やバイデン政権下の米国救済計画による急激な財政支援を導き出し、それが、グローバルに財市場への強力な需要を創り出し、グローバル・サプライチェーンの混乱からの急激なインフレを導出したことは、既に指摘されたことであるが、それに付け加えて 2022 年 2 月に始まるロシアのウクライナ侵略は、米国の国際経済パートナーシップをその同盟国とパートナーシップ国との連携に求めるという方向に急速に舵を切らせたといっていいだろう。

いずれにしても、今年の『報告』は、短期的には、2023 年も続くだろうインフレ抑制策が、功を奏し、インフレを許容範囲に抑え、バイデン－ハリス政権が予測する程度の GDP の落ち込みと失業率の上昇で収まることを期待する。2024 年大統領選を控え、果たして再選を狙うバイデン大統領の思惑通りに事が進むのか否か、予断は許されない。

ECONOMIC
REPORT
OF THE
PRESIDENT

TRANSMITTED TO THE CONGRESS
MARCH 2023

TOGETHER WITH
THE ANNUAL REPORT
OF THE
COUNCIL OF ECONOMIC ADVISERS

目　次

　* 会議の報告書の詳細な目次については、7 ページを参照

2023

大統領経済報告

米国議会へ

　が国は、近年途方もない困難に向き合ってきた。深刻なパンデミックとウクライナへのいわれなき侵略は、大恐慌以来いかなるときとも異なってわが経済を試している。わたしが、宣誓を行い大統領職に就いたとき、COVID-19 は荒れ狂い、わが経済は、混乱の極致にあった。何百万人もの労働者が、彼らの責任ではないにもかかわらず失業の憂き目にあっていた。幾千もの企業が閉鎖され、わがサプライチェーンは、呻吟の極致にあり、多くの学校はなお閉じられたままだった。全国中の家族がまことに深刻な痛みを感じていた。

　2年後の今日、2億3000万人のアメリカ人は予防接種を受け、もはや COVID は、われわれの命を左右するものとなってはいない。われわれは、記録的な 1200 万もの職を創出したが、それは、2年間としては、最も強力な記録的な雇用増となっている。失業は、この 50 年以上においてより低いものとなっており、黒人とラテン系労働者にとっては、記録的に低いものに近づいており、製造業雇用は、1953 年以来どの景気循環におけるよりより速く回復している。成長はアップし、賃金もアップし、インフレーションは、終息するだろう。同時に、1000 万人の記録的なアメリカ人が、企業の立ち上げに奮闘しており、——彼らの申請のそれぞれは、希望の行動となっている。より多くのアメリカ人は、今日、歴史上かつてなく健康保険でカバーされており、実質家計資産は、COVID 前のそれを 10％も上回っている。わが経済計画は、実にうまくいっており、アメリカ人家族は、より多くのゆとりある空間をもち始めているといっていいだろう。

　しかしながら、多くの人が感じてきた経済的不安と心配が、パンデミックとともにはじめて始まったわけではないことは、忘れてならない重要なことだ。何十年にもわたって、アメリカのバックボーンである中間層が弱体化されてきた。あまりに多くのアメリカ人の雇用が海外に移動したのだ。労働組合は弱体化した。かつて繁栄した都市や町は、その面影すらなく、人々からは、かつて築かれたプライドや自尊心も奪われてしまった。

　わたしは、わが経済をトップダウン式ではなく、ボトムアップ方式によって、中間層が強化される経済を再建するために大統領に立候補したのだが、それは、中間層が良くなれば、貧困層が引き上げられ、富裕層はなおそのままいい状態でいられるからだ。われわれすべてにとっていいことなのだ。そして、それこそわれわれが求めて取り組んできたものなのだ。過ぎ去ったこの一年、アメリカの未来を確実にするために本格的な投資を行った。超党派のインフラストラクチャー法、チップスおよび科学法、そしてインフレ抑止法は、ともにわが歴史上最大の公共投資を表明しており、次の 10 年における、インフラストラクチャー、デジタル経済、そしてクリーン・エネルギーへの公共・民間資金を 3.5 兆ドル以上引き出すことが期待されている。

　第一に、超党派インフラストラクチャー法は、米国とその競争力への投資である。世界で最良のインフラをもたずして、世界でナンバーワンの経済であり続けることはできない。それが、この一世代で一度の法律が、わが道路、橋梁、鉄道、港、空港を最終的に再建しなおすことを目指す理由であり、さらには、人々の安全を保ち、わが財を移動させ、わが経済を成長させるためのものである理由である。全国いたるところにおいて家族は、

安全な水を飲み、高速のインターネットを使うことができるようになるだろう。電気自動車を充電させるステーションのネットワークは、わたしたちの多くによりクリーンな自動車を運転させることを可能とするだろう。今日まで、われわれは、全国にわたって2万を超える建設プロジェクトに資金を提供してきたのであり、それが、何万もの高給の新しい雇用を創り出してきたのだ。どこにおいてもアメリカ人は建設現場を見ることに誇りを持つことができるのである。

第二に、チップスおよび科学法は、8月にわたしが署名し成立したが、自動車から電気冷蔵庫、スマートフォンに至るまで、すべてを動かす半導体を開発・製造することにおいて米国が再び世界をリードすることを確実にすることとなるだろう。米国は、これらのチップを発明したのであり、今ふたたびわが国で製造する時代となった、それゆえ、わが経済が、海外のチップメーカーに多くを依存することが再びないようにさせることを確実にすることだろう。民間会社は、この過去2年間で米国製造の新投資に3000億ドル以上行ったと発表したが、その多くはこの法律によるものであり、わが国のいたるところに何万ものより多くの雇用を創り出すことだろう。

第三に、インフレ抑止法は、また昨年8月に立法化されたが、働く家族へのコスト削減へ特別の関心をもって力強く取り組む。それは、ヘルスケア・コストならびに処方薬コストを削減し、たとえば、メディケア受給者の高齢者に対しては月35ドルというインシュリン投与へ上限を設けたし、2025年からは、メディケア・パートDの高齢者へは、薬代に年間2000ドルという上限を設ける。それは、ケア適正化法（Affordable Care Act）補助を拡張したものであり、家族に対して年間平均で800ドルのコスト削減をもたらすだろう。それはまた、気候変動の現実的脅威とたたかうかつてない国の重要な投資であり、気候対応の賢い農業からより柔軟な電気グリッドまで、すべてに投資するのである。それは、新しいクリーン・エネルギー経済を建設し、しばしば取り残されたコミュニティに何千ものグリーン雇用を創出するだろうし、それはまた家族への家庭エネルギーコストの削減となるだろう。

一方で、わが政権は、広範に行政行動を起こし、市場の平準化を後押しし、競争の促進を図ることを行ってきた。深刻甚大な学生ローン負債の負担を軽減することから、ガソリン・スタンドでの家族への救援支給、そして、不公平なくだらない料金の大幅な引き下げまで、われわれは、すべての人に公平な処置を、そして、少しでも息のつける空間を提供できる経済を建設している。

いたるところで、わが政権は、われわれの未来に投資することができ、同時に財政的にも責任を取ることができることを示してきた。われわれは、これら画期的なプログラムへの支払いを援助しているが、最終的には、その公正な分担を富裕な人々と企業に求め、年間40万ドル以下の収入のいかなる人々にも税金を引き上げることなく実施している。かくして、政権について2年、われわれは、1.7兆ドルの赤字を削減し、それは、史上最大の削減だが、今後はより以上のものとなるであろう。

わたしは、しばしば言っていることだが、職業というものはその給料以上についてのものであって、それは、尊厳と尊敬についてのものなのだ。これが、わたしたちが、単に記録的な雇用増加のため投資している理由ではなく、労働力の大きな変化の時期に労働者や労働組合に対して歴史を画する援助を与える理由なのである。われわれには、彼らの職業に不公正に縛り付けられてきた3000万人労働者の非競争的協定を禁止する計画があり、それは、かれらがその価値通りに支払われる権利をかれらに与えることになるだろう。われわれは、連邦契約者との労働保護や支払いを上昇させてきたが、それと同等のこれら保護をすべての労働者に拡張することを推し進めてきたし、安全かつ公正な職場を確実にする法律を通してきたのであって、それには、妊娠労働者や看護労働者、また性的暴行やハラスメントに直面する労働者も含まれる。われわれは、職業訓練や登録見習制度に投資しているが、それは、大学の学位をもたなくても家族を養うことのできる給料のより高い雇用への出世階段を上がることを多くの人々に与えることになる。

さて今は、こうした仕事を仕上げ、完了させるべき時に来ている。われわれは、すべての人に恩恵を与える経済を建設することをもっと行わなければならない、——それは、破滅的なフェンタニー

ル伝染を抑え込み、メンタルヘルス・ケアと回復に投資することにはじまり、愛する家族のケアのために格闘している何百万もの労働家族の子どもの、保育と有給家族休暇を勝ち取ることまで行うことであり、そうすれば、だれも再び、必要な給料のために働くか、あるいは、愛する家族のために休暇をとるべきかを選択する必要はなくなるのだ。

　わが国は、来るべき何十年にもわたるわれわれの未来を決定する屈折点にいるのである。しかし今日、われわれが成し遂げてきた諸選択と投資によって、雇用は戻っており、プライドは戻っており、米国は、この地球上においていかなる国よりも、リーダーたるべきより良い位置にいるのだ。米国を再建するわが働く人々による青写真は、民主主義が、より公正かつより強力な、そして、何人たりとも置き去りにすることはない経済の建設をもたらすことができることを証明しつつあるといえるのだ。

J・R・バイデン・Jr

ホワイト・ハウス
　2023 年 3 月

提出書

大統領経済諮問委員会

ワシントン D. C.　2023 年 3 月 20 日

大統領閣下

　経済諮問委員会は、これに添えて、1978 年の「完全雇用及び均衡成長法」によって修正された「1946 年雇用法」にしたがって、その 2023 年年次報告を提出するものです。

敬具

委員長　セシリア・エレナ・ラウズ

委員　ジャレッド・バーンスタイン

委員　ヘザー・ブーシェイ

目　次

詳細目次

7

目 次

目 次

図・表・BOX 一覧表

図・表・Box 一覧表

図・表・Box 一覧表

第1章
今日の変化する世界において、成長促進の諸政策を追求する

エコノミストは、しばしば、経済成長の価値を推奨する。彼らが議論するには、経済的「パイ」の規模──それは、1年間で生産されたすべての財とサービスの価値のことだが、──それが大きくなれば、すべての人がそのより大きいパイを獲得でき、彼らの生活をより良くすることができるという。また、成長は、1つの社会が優先させうる唯一の経済的目標ではない。多くの社会では、また、より少ない貧困とより少ない不平等のような、公正性と正義という概念もあり、だから彼らは、パイの分け前をいかにシェアするかに心を配るのである。ということは、持続する経済成長は、多くの社会にとって1つの重要な優先事項であり、長い歴史の中を通して、人間の福利の改善にとって不可欠な駆動因なのである。

しかしながら、経済成長は、その経済規模が、エコノミストが言う「潜在国内総生産（GDP）」あるいは、「キャパシティ」に達すると抑制される。ある経済の長期のキャパシティは、成長する熟練労働力、高質の物的インフラストラクチャー、そして生産過程の効率性に依存する。これらすべての要素へ影響する行動は、時間をかけて、経済のキャパシティを抑制したり、増進させたりすることができる。増大する経済的キャパシティへの投資は、途中、長期にわたってより多くの需要に対応する経済を可能とするが、それは経済をより弾力的にし、経済的ショックやインフレ状況のリスクを最小化することを可能とする。バイデン─ハリス政権の経済アジェンダの核心は、経済的キャパシティを増大させることにより、着実な、維持可能な、そしてシェアされる成長の基礎を建設す

ることにある。

過去50年以上にわたって、米国の社会的経済的状況は変化し、増大する経済的キャパシティのための機会と挑戦に導いている。これにはさまざまな理由が存在してきたのであるが、ここでは3つの重要なものを記録することが必要であろう。第一は、女性が教育達成度において男性を凌ぎ、1990年代末には、記録的な数で労働力に参加したのであるが、近年その労働参加率が落ちてきていることである。女性の増大する参加率──そして、それは一般的に労働力の規模の増加なのであるが──20世紀後半における経済成長を促進することに役立ったのである。同時に、ケアへの公共投資の欠落は、労働者へ、とりわけケア提供の義務を負った働く女性へ困難を招来させた。

第二に、20世紀後半のうなぎのぼりの二酸化炭素排出は、地球温暖化を促進させ、その結果として気候変動は、効果的な対応がない中で、急速に経済成長への障害となることであろう。気候危機と関連して、エコシステムへの損害が加速度的に継続しており、企業とより広範な経済へ重大なリスクを創り出している（World Economic Forum 2020）。

第三に、コンピュータが生活の多くの局面に目に見える形で参入し、現在では、以前では自動化されないと考えられていた業務をもこなしている。インターネットは、いかにして、人々が情報を見つけ出し、学び、仕事をし、お互い交信するかを変えてしまった。これらの変化は、成長を引き起こし、かなりの産業において、COVID-19パンデ

ミックのような経済ショックを乗り切ることに役立っており、それは以前には考えられなかったことである。しかしながら、それらはまた、いかにして従来の経済政策が、新しいデジタル世界に対応することができ、またするべきかについて重要な諸問題を持ち出してきている。

米国経済の潜在的成長を拡大させるために、政策立案者は、わが国がこれらのさまざまな変化に対応し、どのようにいかに投資するかについて、調整する必要がある。今年の『報告』では、変化する経済的社会的状況が、どの分野で、経済成長のキャパシティを高める新しいアプローチを求めているかについて選択しそこに光を当てる。この『報告』では、これら分野に相応する状況がいかに変化したかを議論し、持続可能な経済成長への現下の緊急課題について分析し、これらの課題に立ち向かう可能な諸戦略に光を当てる。

生産への投資が経済成長を促進する

持続的経済成長への投入は、総生産関数のレンズを通して理解しうるが、それは、BOX 1-1 で説明される。その生産関数によれば、経済の産出は、人的ストックと物的資本によるのであるが、労働者、機械、そして使用されるその他のタイプの投入が、いかにして効率的に配置されるかに集約される生産性の要素にも依存する。というわけで、持続的な産出成長は、その経済の労働力、物的資本、そして生産性への継続的な民間と公共の投資に依存するのである（Mankiw 2010）。

一般的に、良く機能する市場は、家計と企業に動機づけを行い、経済を拡張する投資を行わせるが、たとえこれら家計と企業が、彼らが個別的な決定を行うときに、より大きな経済を、計画していないときにおいてさえそう行うものである。たとえば、より高度な学位を獲得することから増進するキャリアの機会を期待する高等学校卒業生は、おそらく大学教育を追求することになるであろう。成長を望んではいるが、トラブルを抱える雇用をもっている企業は、これからくるであろう雇用者に魅力的にするために職場に投資し、また、その現存の労働力の効率性を改善する経営戦略を追求するかもしれない。これらの決定は、経済全体においては独立的に行われるのであって、彼らは総生産への影響などを考慮するわけではないのであるが、しかし、それにもかかわらず彼らは、共同して経済的キャパシティと成長を増加させるのである。

民間セクターとは異なり、公共セクターは、全体的状況の明白な考慮をもって経済に投資することが企図されるのである。これは、理想的に行われるべき投資のタイプに反映されるのであって、それらの多くは、市場全体の効率的機能を目指して行われるのである。公共セクターは、基礎的機関を運営し、法と財産権の規則を施行し、家計と企業が複雑な市場システムにかかわることを可能とするのである。それはまた、競争を促進し、社会的に破壊的な利潤追求行動を阻止する任務があり、経済を円滑に進める金融インフラの安定性を追求し、その他世界との取引を行う諸条件の交渉において、米国経済の諸利益を代表するのである。

加えて、民間セクターが過少投資のとき、公共セクターが、人的かつ物的資本への投資に踏み込むことができるのである。民間過少投資は、さまざまな原因から引き起こされるが、しばしば、連携破綻、外部性、そして信用抑制など、かなりの組合せに帰結する。たとえば、明白にすべての企業は直接間接に米国中を走る便利な道路をもつことから利益を得ているが、彼らがそれらを建設する行動プランを調整することはほぼ不可能である。社会にとって最高のものになるであろうことと比較すると、企業は、クリーン・エネルギーの使用に関して、過少投資の傾向になり、それは、企業が汚染コストの完全負担を負わないからである（コストは外部化される）。そして、民間信用市場における情報の非対称性は、かなりの企業が、彼らの前払い投資の資金にアクセスすることを困難にさせるのであり、たとえこれらの投資が未来において民間ならびに社会的な収益を約束されていたとしても起こることで、結果は、信用の抑制につながってしまう。

米国の長い年月をかけた経済成長

　過去200年において、世界中では物的福利の顕著な増進がみられるが、それは、急速な産出成長によって促進された。米国は、この経済的大転換を経験した国の模範例である。

　1800年における歴史的な産出推計が示唆するところだと、米国は、世界の10大経済にすら入ってはいなかった（Groningen Growth and Development Centre, n.d.）。しかしながら、それ以来の急速な成長は——平均すると1800年から2021年にかけて年率約3.5％であったが——米国をして名目タームで言うと世界で最も巨大な経済に転換させた。図1-1は、1800年以来の米国経済成長を要素分解したものである。総産出は、機械的には（1）労働供給（何人の労働者がいるか）——それは、人口規模と労働参加率の2つに依存するものであり、——そして（2）は、これら労働者が平均してどのくらいの産出を行っているか、に分かれる。労働者1人当たり産出は、上述の労働供給以上の成長駆動因を反映するものであり、人的資本、物的資本、ならびに全要素生産性によるものである。

　この経済成長の要素分解によって、米国労働者の規模と長い年月をかけて成長を促進する生産性との比較が、いかに重要かが明らかになる。生産性を促進する経済成長は、究極的には、1人当たりの産出の持続的成長とは、なにによって引き起こされたかであり、それは、成長がいかにして個人の改善された生活水準に移し替えられるかによく反映するのである。19世紀前半においては、総成長は、主として、国の人口増加とより多くの労働力によって促進された。このことが示唆するのは、平均的個人の物質的福利の比較的限定的な増進である。それに対して、20世紀の総成長は、より増進された生産的労働力によって促進されたものであり、それはより直接的には、より高い個人の産出と所得に移し替えられたのである。

　米国における生産性促進による産出成長は、その労働力のスキル、その設備とインフラストラクチャー、ならびに彼らのスキルを最も効率的に使うことを可能とする技術、それらに対する、民間と目標を定めた公共投資の結果である。

　とりわけ、1870年代と1940年代の2つの10年は、米国史において最も高い平均成長を記録したことで突出している。これら2つの10年は、経済拡大を促進するいくつかの要素についてのケーススタディーとして役に立つ。

　経済史家はときどき、1870年代を「第2次産業革命」（e.g., DeLong 2022）と呼ばれる前進の時代の始まりとして記録する。この10年におけるかなりの投資は、南北戦争期に被害を受けたか破壊されたか、いずれかのインフラストラクチャーを修復するために行われた。けれども、1870年代の投資は、その置き換え更新投資をはるかに超えるものである。南北戦争の前夜、1860年において、米国では、約3万1000マイルの鉄道が運行していたが、1870年までに、それは、5万3000マイルに上昇し、1880年までには、9万8000マイルになった（図1-2を見よ）。1869年において、ウエスタン・ユニオンは、約10万5000マイルの電信網を運営し、ちょうど年間で800万ものメッセージを届けた。10年後には、電信網のマイルは倍となり、電信メッセージの数は3倍以上となった（Carter et al. 2006, series Dg9 and Dg11）。そしてこの1870年代の投資の大波は、物的なインフラにとどまらず、発明にも広がった。米国は、1860年と1869年間でほぼ7万2000の特許が発明に対して出され、次の10年間では、それは、約12万5000件となった（図1-3を見よ）。さらに、わが国での労働供給は1870年代に強力に成長し、米国労働力は、1880年において、1870年のそれより約35％も大きかったのであり、それは、人口の自然増加と移民の両方によるものであった（Migration Policy Institute, n.d.）。それに対して、2011年から2021年にかけては全体で労働力の伸びは、5％であった。

　物的資本と発明の拡大は、労働力の増加とともに、1870年代とそれ以降の強力な成長を伴った

①

図1−1　1790年以降における米国の平均年間実質GDP成長、10年ごと、寄与度別

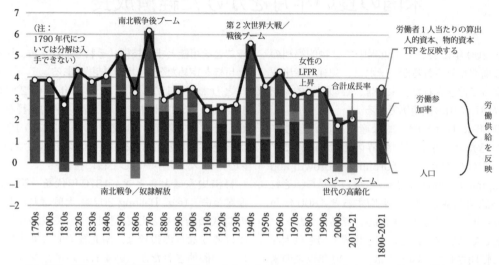

当該期間を通じての平均年間成長率 (%)

南北戦争後ブーム

第2次世界大戦／
戦後ブーム

（注：
1790年代につ
いては分解は入
手できない）

労働者1人当たりの算出
人的資本、物的資本
TFPを反映する

女性の
LFPR
上昇

合計成長率

労働参
加率

労
働
供
給
を
反
映

南北戦争／奴隷解放

人口

ベビー・ブーム
世代の高齢化

出所：Weiss 1999; Lebergott 1966; Bureau of Economic Analysis; Bureau of Labor Statistics; Census Bureau; CEA calculations.
注：LFPR＝労働参加率、TFP＝全要素生産性。

図1−2　米国の鉄道路線の総延長距離、1830〜90年

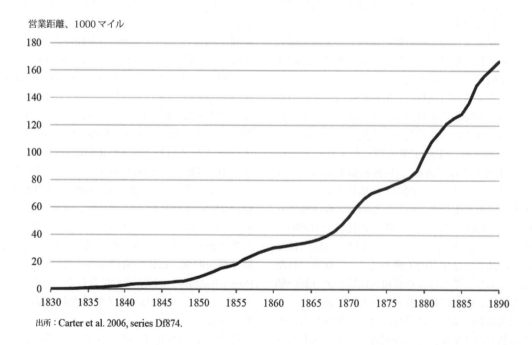

営業距離、1000マイル

出所：Carter et al. 2006, series Df874.

今日の変化する世界において、成長促進の諸政策を追求する

図1-3　米国の交付済み特許数、1790〜2000年

発明者に交付された特許数、1000件

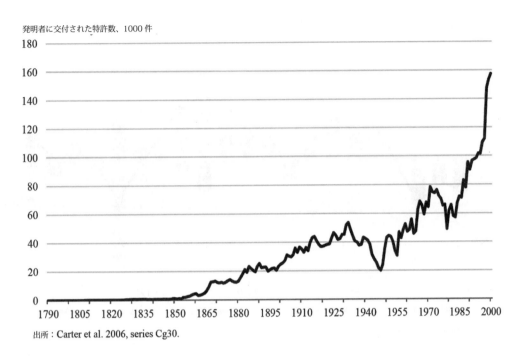

出所：Carter et al. 2006, series Cg30.

①

のである[1]。

1870年代のように、1940年代は、崩壊のその後すぐに始まったが、この場合は、大恐慌であった。しかしながら、1940年代の成長は、労働供給についてはより少なく、労働供給は、1870年代の増加率の約半分というところであった。1940年代の成長は、その10年の初めにおける公共投資と高い失業率を伴う労働力のより大きな使用との結合によって促進されたのであり、失業は、1932年のピーク、22.9％からかなり下落したが、それでも1940年にはなお失業率は、9.5％の高いものであった（Carter et al., series Ba475）。

米国の第2次世界大戦への参戦がこの成長を加速した。1939年において、現役義務の軍事要員は、ちょうど30万人を超えたが、1945年の戦争末期では、1200万人に膨れ上がった（National World War Ⅱ Museum, n.d.）。この動員は、増大する民間雇用（それ自体は戦時政府命令によるものが大部分であったが）、失業を1944年までには1.2％と押し下げ、女性の労働参加率も拡大した（Acemoglu, Autor, and Lyle 2004; Carter et al. 2006. Series Ba475; National Archives, n.d.）。

物的資本の公共投資も、急増した。連邦政府総投資は、1940年の120億㌦から1944年には2700億㌦に上昇した[2]。政府消費と投資の成長は、1941年では、実質GDPへ10％㌽付け加えることに貢献し、それは、驚くべきことに1942年には28％㌽となったのである（図1-4を見よ）。

戦争の終結は、高い失業率と抑えられた産出によって特徴づけられた1930年代の戦前経済に回帰することとはならなかった。動員解除は1945年に軽いリセッションに導いた、というのは、米国は戦時経済から解き放たれはじめ、失業率は戦後の数年において漸増した。しかしながら、それは、9.5％かそれ以上の戦前レベルには戻ることはなかった（Carter et al.2006, series Ba475）。

第2次世界大戦後、連邦投資は減少したのであるが、それは民間投資が跳ね上がったからである。1944年から1950年にかけて実質連邦軍事投資は、2570億㌦も減少した（2021年㌦で換算）。しかし、同時期、民間実質固定資本投資は、2240億㌦も上昇した、そして、実質個人

21

図1-4 米国の実質GDP成長への寄与度、1930〜50年

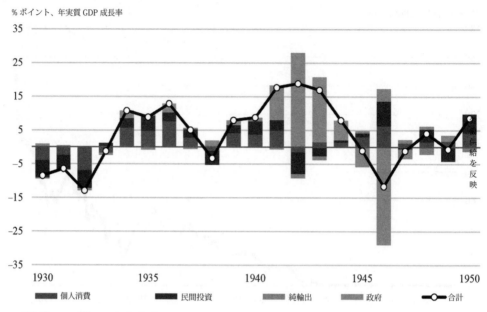

% ポイント、年実質GDP成長率

出所：Bureau of Economic Analysis.

凡例： 個人消費 　 民間投資 　 純輸出 　 政府 　 合計

消費は、4440億㌦高かった。確かに、増加した民間投資と消費は、1946年の戦後動員解除によるGDP成長の大幅減少29%㌽をかなり相殺しえた（図1-4を見よ）。第2次世界大戦中の政府投資は、民間投資に道を開いたのであり、それは、20世紀後半を通じて新たな経済成長を維持したのである（Goodwin 2001）。

長い時間をかけた米国経済成長への投入

過去200年にわたる米国の経済成長は、労働力、物的資本、および全要素生産性への投資なくしては起こりえなかったことである。この節においてはすでに、南北戦争後ならびに第2次世界大戦ごろにおける、鍵となる2つの10年における急速な成長期において行われたかなりの投資がどのようなものであったかについては論じられた。この項では、米国史のより広いスパンにおいて、これら諸要素が、いかなるものであったのかについて考察してみようとするものであるが、それは、諸要素それぞれにおける鍵となる公共ならびに民間投資に光を当て、長い時間をかけてそれらはどのようにして進化してきたのかを利用可能な測定値を選択して議論する。

労働力　過去200年を超えて、公共ならびに民間関係者は、労働力のスキルと規模に投資してきた。教育という重要な投入について考察しよう。数百年にわたって、米国は公共教育における世界のリーダーであった。1700年代に始まったことだが、米国のコミュニティは公共資金による学校や私立の自由な学校を設立することを開始したが、それは、学校の創設と維持をサポートする土地付与に伴うものであった（Kober and Rentner 2020）。長い時間をかけて、一連の民間および非営利の諸機関が——それには、民間学校、大学、そして、職業訓練プログラムが含まれるのであるが——米国の教育状況において不可欠なものとなってきた。教育への投資は、米国労働者のスキルを大きく変えた。20世紀の最初の数十年、米国では、現在「高等学校運動」（図1-5を見よ）、と呼ばれるものを経験したのであり、1910年から40年にかけて、（民間あるいは公立機関から）

今日の変化する世界において、成長促進の諸政策を追求する

図1-5　米国の中等教育学校の就学率と卒業率、1890〜1991年

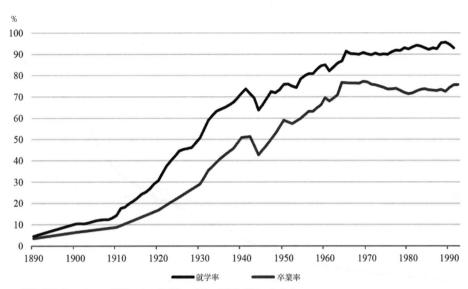

出所：U.S. Department of Education; Goldin and Katz 2009; CEA calculations.
注：卒業データは1930年以前は10年ごとに報告されていた。1930年以降については欠落している年がある。

高等学校の学位を有する年齢18歳のシェアは、40％ポイント以上上昇した（Goldin and Katz 2009）。しかしながら、進歩はときどき平等ではなく、教育制度における隔離やその他の人種、性の形をとった差別が、女性と有色人種の人々の教育達成度への障害となって存在した。

　米国の労働力はまた、1800年から今日に至るまで、おおよそ1500万人から1億6000万人を超えるまでに上昇し、とりわけ、20世紀の後半において特に顕著な上昇であったが、1980年年代以降は、上昇率は徐々に落ちてきた（図1-6を見よ）。

　物的資本ストック　投資はまた、物的資本と生産性にも集中した。これは、公共セクターによる投資を含むものであり、それは、1936年の農村電化法の下で引き起こされたのであり、農村コミュニティへの電力の拡大を目的として、農場主と投資家にローンが供給されたが、図1-7に示されている通りである（Sablik 2020）。20世紀も遅くに、米国は、州際ハイウエイ・システムを拡大したが、それは、歴史上しばしば、最も大き

な公共事業プロジェクトの1つとして言われるものである（Capka 2006; Pfeiffer 2006）。公共セクター投資と並行して民間セクターにおいても物的資本の投資が行われ、それは、工場、農場、オフィスビルの建設によるものであり、2021年には、総民間国内投資は、4兆ドルを超えた（FRED 2022）。

　公共投資と民間投資は、結合されてこの百年を超えてわが国の資本ストックの継続的な上昇を促進した。それは、図1-8に示されている通りである（資本ストックには、物的資本が含まれ、それにはトラックから、住宅、ソフトウェア、道路までの広がりをもつ）。

　全要素生産性　上述したように、全要素生産性は、経済成長への無定形な投入である。それは、多くの側面を持つのであって、技術革新から、競争を促進し希少資源の効率的配分を促進する機関の質まで含まれる。

　その結果、全要素生産性への歴史的な公共および民間投資は、さまざまな側面を持つのであって、測定することは、いつも一義的に行われるもので

図1−6 米国の労働力、1800〜2021年

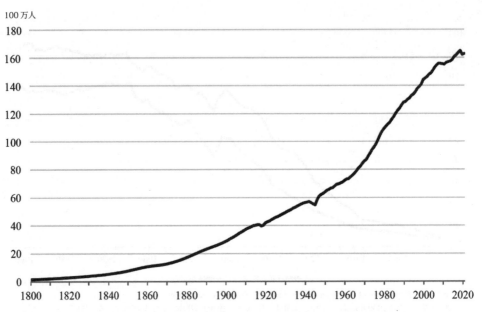

出所：Weiss 1999; Carter et al. 2006, series ba1-10; Census Bureau; Bureau of Labor Statistics; CEA calculations.

図1−7 米国の電気を引いた住宅、1920〜56年

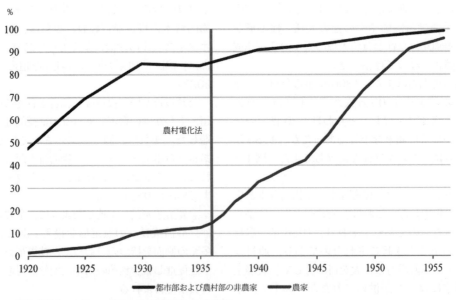

出所：U.S. Census Bureau 1975, table S 108-119; Sablik 2020.
注：都市部および農村部の非農家における電気サービスを持つ住居の割合に関するデータは、5年ごとにしか入手できない。

今日の変化する世界において、成長促進の諸政策を追求する

図 1−8　米国の資本ストック、1925〜2021 年

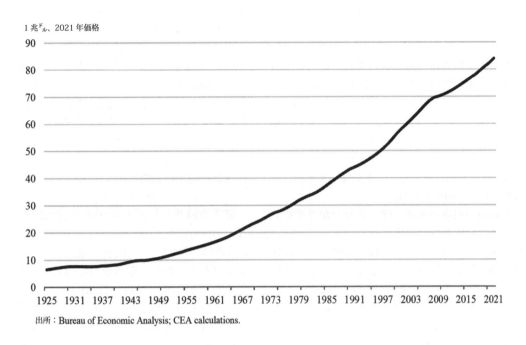

1 兆㌦、2021 年価格

出所：Bureau of Economic Analysis; CEA calculations.

①

図 1−9　全要素生産性成長、1953〜2021 年

年成長率 (%)、5 年移動平均

出所：Bureau of Labor Statistics.

25

はない。たとえば、ある研究が推計していることだが、1960年から2010年間の米国における1人当たり総産出成長の20%から40%は、削減された差別と、黒人、白人女性、黒人男性間において変化する優先権による改善された能力の配分によって説明がつくという（Hsieh et al. 2019）。1964年の公民権法は、この削減された差別にかなり寄与していると思われるし、加えて長らく継続した不正義を正し、経済への投資として機能したのである。しかしこのタイプの投資は、広範な社会変化と同時に起こることを前提にすると、数量化するのは困難である。

　その他の投資のタイプは、より分かりやすく、たとえば、研究開発投資がそれである。米国は、研究開発投資に関して、一貫して最大の支出国の1つである（OECD 2022 a）。この支出の大部分は、民間セクターに由来するのであるが、公共セクターも重要な役割を果たすのであって、とりわけ基礎的研究に関してはそうである（Burke, Okrent, and Hale 2022）。

　情報技術革命においては、経済における公共投資と民間投資との間における補完的役割を示している。政府は、画期的な技術開発において重要な役割を演じたが、それは、インターネットならびに世界的な位置システムにおいてみられた。これらにおける初期投資は、民間企業にとっては、まったくのところ間違いなくリスキーであった（Mazzucato 2013）。しかしながら、これらの基礎技術を人々が働いて生活するやり方を形成する市場志向の技術に転換させるのは、民間セクターである。労働者の数あるいは物的資本のストックと異なって、これら諸投資の収益は、直接測ることはできない。しかしながら、エコノミストは、総産出が、労働力と物的資本の変化がもととなると思われる以上に、多くなったり少なくなったりしたとき、全要素生産性全体が変化していると推量することができる。つまり、総産出が期待以上に上昇すれば、全要素生産性は上昇したことを示し、一方で、期待以上に上昇しなければ、それは減少したことを示しているのである。

　図1-9は、1953年以降の米国における全要素生産性の成長を示している。短期では、全要素生産性成長は、大きく波を打っており、それはある程度、そのほかの測定値においても推定される。そしてさらに、長期では、かなり顕著な傾向を認めることができる。戦後、数十年間はかなり高い全要素生産性が認められ、1970年代から90年代中頃にかけて顕著に落ち込んでいる。それは、2000年代に再び上昇したのであるが、大リセッション期に落ち込んだ。2010年代の低い全要素生産性の十年は、大方の発達した経済諸国に共通した現象であるが、それはなお完全には理解されてはいない（Dieppe 2020）。

米国の経済成長の状況

　過去200年に及ぶ米国の経済成長は、途方もない物質的福利と平均寿命の上昇を導き、グローバルな場面において、米国に政治経済的リーダーシップを与えたが、それを当然のことと思ってはならない。たとえば、1800年代では、1人当たりの米国のGDPは、アルゼンチンのそれの約70%大きいものであった。しかしながら、20世紀の後半におけるより速い米国のGDP成長は、その2つの国の開きをさらに大きくし、今日では、米国1人当たりGDPは、アルゼンチンのそれの約3倍の大きさとなっている（図1-10）。それに対して、シンガポールは、急成長の前の20世紀前半では、より遅い成長を経験したのであるが、1960年代に始まる米国よりもより速い成長は、今日では、その1人当たりGDPを米国よりもより大きいものとしている。

　現代史において、諸国経済は、誠に広範に分かれており、この分かれにはさまざまな要因があったのであるが、公共ならびに民間機関の双方が、そして経済諸政策が、これを引き起こした中心的要因であったのである。この点において、確かにアルゼンチンとシンガポールは、ケース・スタディーの対象となる。アルゼンチン経済は、移民、輸出、そして外国資本による投資によって、1800年代末、急成長した。しかしながら、その国の生産性と経済成長は、大恐慌状況下の20世紀において停滞し、1930年、軍事クーデターとともに、アルゼンチンの政治的不安定化が始まった（Spruk 2019）。それとは反対に、シンガポールの経済成長は、成功裏に終わった経済政策の1つの例として一般には考察される。シンガポールとその他「東アジアの虎たち」の急速な上昇は、

今日の変化する世界において、成長促進の諸政策を追求する

図1−10　米国、アルゼンチン、シンガポールにおける1人当たりGDP、1800〜2018年

対数スケール、1人当たり実質GDP、2011年価格

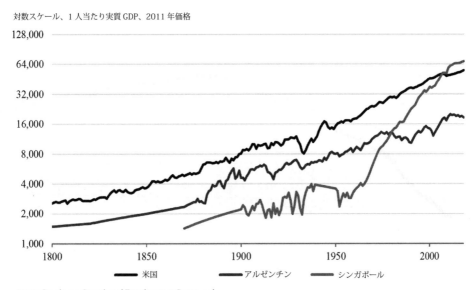

米国　　　アルゼンチン　　　シンガポール

出所：Groningen Growth and Development Centre, n.d.
注：欠落した値は推定されている。

①

マクロ経済的安定化、公共インフラと教育、そして輸出志向を目指した、共通する市場友好的な経済政策の一連の実施に求めることができよう（World Bank 1933; Lee 2019）。

今日の変化する世界において、経済成長を維持する

　上述の議論は、米国経済における過去から現在まで継続する民間投資と公共投資の重要性に光を当てた。国は、その物的インフラを維持し、市場を公正で競争的なものに維持することを確かなものにすることを目的として、子供の時期から成人期まで、質の高い教育へのアクセスを確実にする投資を継続すべきである。

　しかしながら、これらの投資は、孤立してなされるものではない。それらは、さまざまな投資——人的投資、物的投資および全要素生産性——それらの必要性と価値にインパクトを与える社会と経済の変化によって影響される。ときどき、民間投資が迅速に対応し、また別のときには、公共セクターが、個人と米国経済を守るために、民間投資に発破をかけ、必要なガードレールを供給する。

人的資本と労働供給への投資——労働力により多くの女性が参加することの意味

　何百万人のアメリカ人女性が、20世紀後半において労働力に参入したが、それは、社会、経済成長、そして公共政策のための重大な含意を伴った。1970年から2000年にかけて米国女性労働参加率は、43％から60％に上昇した（図1-11）。この全体的傾向は、人種、年齢、所得、および家族のステータスの違いから生じる参加率のレベルの相違を無視しているとはいえ、これらの数十年において、すべての女性グループにおいて実際大きな参加率の上昇を見た。

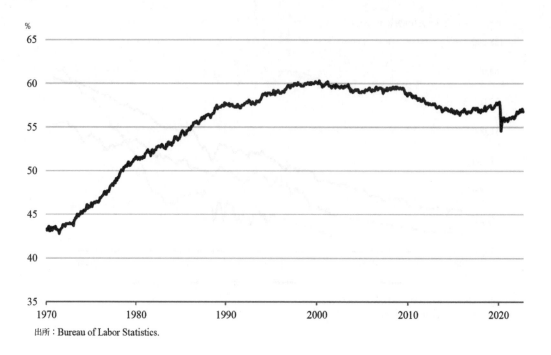

図 1-11　女性の労働参加率、1970〜2022 年

出所：Bureau of Labor Statistics.

　この時期は、経済学者クラウディア・ゴールディンによって、「静かな革命」と命名されたが、1960 年代末から 1970 年代初期が、女性の結婚年齢、大学卒業率、専門学校への登録における転機の時期と認識された。そして、それは、女性へのかなりの差別的障壁の除去、女性の家族や職業決定への社会的規範の転換、女性人生における満足度の説明要因の変化に伴うものであった（Goldin 2006）。ということで、ゴルディンは、女性の労働参加率の上昇を多くの要因に求めているのであり、女性に対する労働市場の差別の削減、避妊薬の発明、普及、合法化を通して増加する女性の出産決意の選択の増加というようなものである。

　女性の労働参加率に加えて、女性の教育達成度は、男性に比べて劇的に増加した。今日、女性は、学士、修士そして博士の学位において多数派である（図 1-12）。

　これらの傾向の経済的諸結果は、甚大なものである。2015 年大統領経済報告で使われたものと同様の方法を使ったアップデイトされた計測によれば、米国経済は、1970 年から 2019 年にかけて女性の雇用と労働時間の増加がなかったとすると、2019 年においてはほぼ 10％だけの伸びにすぎなかったであろうという（Council of Economic Advisers 2015）。

　しかしながら、約 2000 年を起点として、女性の労働参加は、頭打ちとなり、下落し始めた。男性もまた、女性より労働参加は高いといっても、女性より高い比率でここ数十年間参加は減少している。女性と男性の参加と教育達成度への障壁の除去は、求職か拡張を望み、長期の経済成長を加速化し、さらなる繁栄をさせようとしている企業への制約を緩和することであろう。

　労働参加、とりわけ、女性の労働参加に影響を与える 1 つの要因は、世帯、コミュニティ、そしてケアの責任である。多くの数の労働力参加の前は、女性は長いこと家庭とコミュニティの支払われない労働の多くの部分を供給したのであり、それには、家計維持の任務、子育て、年寄家族のメンバーのケア、そしてコミュニティ企画のボランティアが含まれるのであり、労働が、GDP のように経済的測定としてとらえられないのである。

今日の変化する世界において、成長促進の諸政策を追求する

図1−12　中等後教育学位のうち女性が取得した割合、1980〜2020年

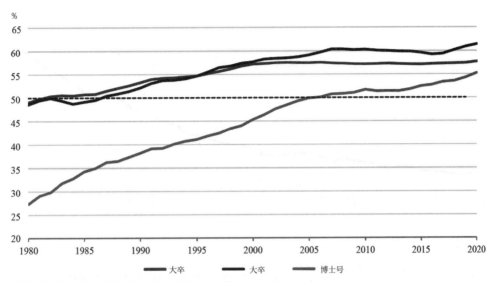

出所：U.S. Department of Education, National Center for Education Statistics.
注：破線は50％を示す。博士学位には、医学博士（M.D.）、法務博士（J.D.）、博士（Ph.D.）を含め、すべての博士学位が含まれている。

今日、家庭の外で働く女性が、これらの仕事に不均衡に就かされ続けており、最近のある研究によると、異性間の結婚において、女性の賃金が彼女らの配偶者より倍以上であっても、女性は44％以上の家庭の仕事を行っているという（Siminski and Yetsengan 2022）。

同時に、最近の数十年において、いわゆるベビー・ブーム世代（大体、1946年から1964年に生まれた人々）の高齢化、出生率の削減が、高齢者ケアの需要増を引き起こしてきたが、その一方で、より若い労働者の供給の抑制をもたらしている。16歳から64歳までの年齢の人々に対する65歳以上の人々の比率、しばしば、老年依存率と呼ばれるが、過去70年間で倍以上になっている。こうしたことが、成人した子供からのケア需要の増加に貢献してきたのであって、高齢者ならびに若者家族メンバーの両方のケアに責任を持ついわゆるサンドイッチ世代を創出しているのである（図1-13）。2017年と2018年において、800万人以上の18歳未満の子供を持つ親が、また高齢者のケアを提供しているのであり、そこに

はほぼ500万人の母親が含まれる（BLS 2019）。

女性の労働力への移行と人口動態的変化は、有給労働者の増加する需要と関連しており、以前は無給の、とりわけ幼い子供のケアや高齢者、身体不自由成人へのケアであった（図1-14）。これらケア労働者は、しばしば低賃金であり、不均衡的に女性、それも有色女性であった。

ケアの必要に適合するように、近年では、複数の州と都市が、労働者ための有給家族休暇と医療休暇を提供する法律を通過させてきた（National Partnership 2022）。加えて、有給家族休暇と医療休暇、在宅労働調整手当、そして、彼らのケアと労働責任とのバランスをとる労働者を支援するその他の手当て、これらを提供する民間企業が増えてきた（図1-15）。しかしながら、全国的な有給家族および医療休暇、十分な手ごろな子供ケア、そしてケア責任がある労働者のために柔軟性を保障する連邦労働法、これらの欠落は、ケア提供者、とりわけ労働力として残ることを望む女性の能力を制限してきた。

民間セクターの行動は、この問題の規模に適合

図 1−13　18 歳未満の子どもを持つ世帯のうち、65 歳以上の成人のいる世帯の割合、1989〜2021 年

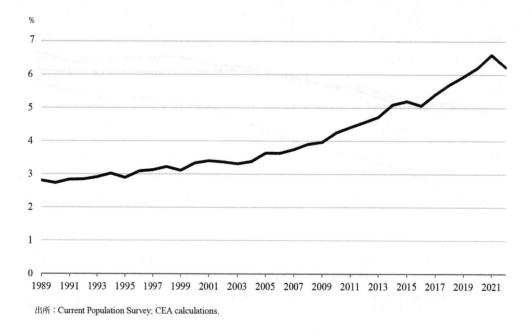

出所：Current Population Survey; CEA calculations.

図 1−14　介護施設および保育サービスの消費と女性の労働参加率、1960〜2022 年

出所：Bureau of Economic Analysis; Bureau of Labor Statistics; CEA calculations.

図1-15　福利厚生へのアクセスを持つ民間産業労働者の割合

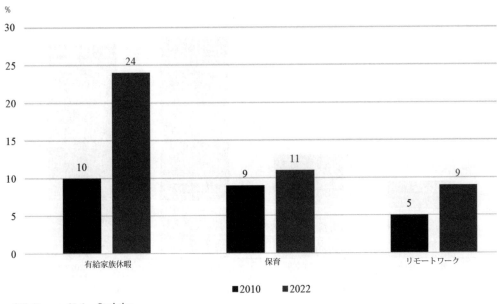

出所：Bureau of Labor Statistics.

させるには十分ではなかった。これらの便益への
アクセスの不平等の意味するものは、賃金分布の
上位10％の労働者は、もっとも低い賃金労働者
のほぼ8倍の有給家族休暇、そして、彼らの労
働を通じた子供ケアへ4倍以上のアクセスをも
つことになるというのである（BLS 2022a）。低
賃金、かつ時間給の労働者は、とりわけ、公正
かつ予測可能な計画性という職場の柔軟性が制
限されるゆえに、働きかつケアの責任を全うす
ることにもがき苦しまなければならないのであ
る。データは限られているとはいえ、市場と公共
セクターは、子供ケアと高齢者ケアの両方を過小
提供していると示唆する証拠が存在する。たとえ
ば、2019年幼児期ケアと教育の全国調査のCEA
分析は、ほぼ4分の3の幼児ケア・センターは、
超過需要を経験している（すなわち、制限された
収容能力のゆえに待ちリストあるいは子供ケアを
拒否するということである）。

　ケア産業が現下の必要性に応えるべく発展して
いないのには、多くの理由がある。とりわけその
中でも、他のサービス供給産業が、生産性増進の

技術的前進から利益を得ているのに対して、ケ
ア産業はそうでないことであり、ケア産業では、
50年前に行っていたように、今日においても10
人の子供をケアするのに多くの人が必要とされる
からであり、子供ケアのコストは、供給者の賃金
の上昇によってかなり上昇しているのである（彼
らの賃銀はなおまったく低いのではあるが）[3]。
1990年から2021年の間において、子供ケアの
価格は、225％上昇したのであるが、一方で、家
計所得の中央値は、ほぼ150％の上昇にすぎな
かった。加えて、家族は流動性制約、つまり将来
の所得を考えると借金ができないというような事
態に直面したから、彼らはしばしば、彼らの必要
性に応じた子供ケアを行うことが不可能なのであ
る。

　これらの諸困難は、とりわけ女性の労働参加
に否定的な影響を与えている。2022年において、
25歳から54歳までの女性14.6％は、彼女らの
家庭や家族のケアのために労働参加ができないと
いい、ほぼすべての働き盛りの女性の60％が労
働しなかったのである。かなりの女性が労働参加

図 1−16　理由別の労働非参加率

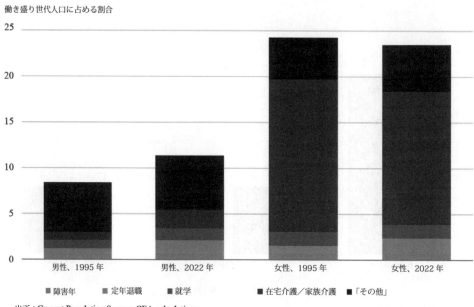

働き盛り世代人口に占める割合

■ 障害年　　　■ 定年退職　　　■ 就学　　　　　　■ 在宅介護／家族介護　　　■「その他」

出所：Current Population Survey; CEA calculations.

のために家族ケアの供給を選択する一方、調査が示すところによると、そのほかの女性はケアのコストが彼女らの選択を制限しているという。諸研究が示していることだが、ケアのコスト削減のための政府の諸政策は、とりわけ女性の労働参加を高めることがきるという（Morrissey 2017; Shen 2021）。しかし、その他の米国と同等の国に比べて、米国はこれらケアの必要性に直面する家族を援助する政策に乏しいのであって、米国の女性労働参加の傾向を議論するときに、観察研究者がいうのは、有給家族休暇や医療休暇、そして子供ケアへの投資などがその対象というわけである（Blau and Kahn 2013）。確かに、1985 年において、米国の 25 歳から 54 歳までの女性の労働参加率は、カナダ、連合王国、日本、オーストラリア、そして EU を上回ったのであるが、近年では、米国は、これら諸国の後塵を拝している（OECD 2022b）。

さらに、ケア責任は、女性のとりわけジェンダー規範の発展とともに、経済における男性の労働参加に影響を及ぼしている（図 1-16）。2022

年において、25 歳から 54 歳までの男性の 2％は、家庭あるいは家族に責任を果たすため労働しなかったが、それは、1995 年から比べると 0.9％の上昇を示している。子供ケアの供給を増やすために投資することと同時に家族ケアに補助することは、労働力に参入する労働者の数の全体を増やすことになり、それゆえ経済成長を促進することにつながる可能性があるということである。

物的資本への投資─気候変動の増大する影響に適合する

物的資本は、経済成長の次なる重要な投入である。必要とされる物的資本の種類と量は、常に変化している。人類の長い歴史においては、インフラストラクチャーは、動物力の周囲で、たとえば馬などがそうであるが、デザインされてきた。19 世紀においては、インフラストラクチャーは、鉄道に移行し始めたが、一方で 20 世紀になるとインフラストラクチャーは、自動車と飛行機に傾き、急速に移動し始めた。20 世紀に建設された運輸インフラストラクチャーの多くは、現在

今日の変化する世界において、成長促進の諸政策を追求する

図1−17　二酸化炭素濃度の経時変化

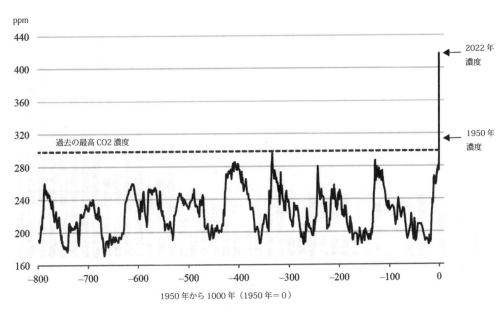

出所：Lüthi et al. 2008.
注：データは氷床コアからの復元によるものである。

でも使用可能であるが、21世紀になると、より速くより信頼性のある通信とインターネットアクセスを可能とするネットワーク・インフラストラクチャーへと大量の投資が行われるようになった。

　同時に、気候変動の増大する影響は、物的資本に甚大かつ広範に浸透するリスクを突き付けている。過去百年以上にわたって、空気中の二酸化炭素量は、劇的に上昇した（図1-7）。2013年、大気中のCO_2濃度は、100万分の400を歴史上はじめて超えた（Blunden 2014）。2021年には、ほぼ平均で100万分の415の濃度であった(Lan, Tans, and Thoning 2022)。気候モデルが発見するところだと、空気中の温室効果ガスのレベルの上昇は、海面レベルの上昇、より暖かい気候、そして、より共通する深刻な気候事象として降りかかってきて、——温室効果ガスの排出の野心的な削減があるにもかかわらず継続することが予測される傾向にあるのである。

　気候変動の経済的打撃は、すでに生じ始めており、地球のいたるところでコミュニティに衝撃を与えている。これら打撃のかなりのものは、人的資本に出現しており、人間の健康への影響以外に（たとえば、Carleton et al. 2022）、研究者が跡付けているのは、移民の流れへの気候変動の影響であり（Missirian and Schlenker 2017; Jessoe, Manning, and Tayor 2018）、狂暴化する犯罪であり（Ranson 2014）、労働生産性であり、（Graff Zivin and Neidell 2012）、そして、学問への影響である（Park et al. 2020; Park, Behrer, and Goodman 2021）。しかしながら、この打撃はまた、物的資本にも観察されてきている。米国では、何十億ドルもの災害による打撃（図1-18）があり、それは、年間ほぼ1200億ドルにも上る（Smith 2023）。異常気象から発生するコストは、気候変動と危険な地域の開発の両方によってより引き上げられてきた（Climate Central and Zillow 2018; Iglesias et al. 2021）。気候変動は、作物のでき、農業の生産性に影響を与えることが明らかになっており、度重なる熱波は電気グリッドへ大きな負荷をかけ悪化させることになるであろう（Woetzel et al. 2020; Auffhammer, Baylis, and Hausman 2017）。気候変動による不安定性

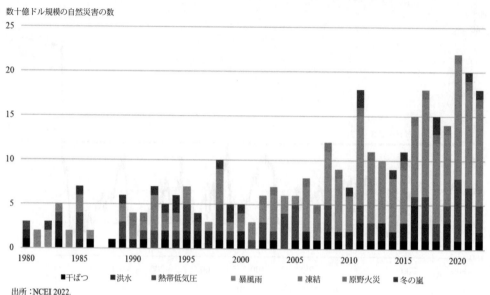

図 1−18　米国における数十億ドル規模の自然災害数、1980〜2022 年

数十億ドル規模の自然災害の数

（凡例）■干ばつ　■洪水　■熱帯低気圧　■暴風雨　■凍結　■原野火災　■冬の嵐

出所：NCEI 2022.
注：Disaster costs are adjusted for inflation using the Consumer Price Index for All Urban Consumers.

は、金融市場への制度的な新しいリスクの原因となることが予測されている（Financial Stability Oversight Council 2021; Brunetti et al. 2021）。保険市場においては、異常気象による被害は、支払いのより高い事態を引き起こしており、それは保険料の引き上げと保険適用の削減をもたらしうる（Lara 2019; Botzen, van den Bergh, and Bouwer 2010）。巨大災害は、保険会社がともに倒産する要因ともなりえ、──それは、1992 年のハリケーン・アンドリューの資産被害 155 億ﾄﾞﾙにみられ、また、最近のハリケーン急襲後の湾岸地域にもみられる（Gelzinis and Steele 2019; Elliott 2022）。たとえ、市場が過去の経験に適応し続けているとしても、気候不安定の上昇は、将来の破綻のリスクを増加させうるのであって、保険会社に予測しえないコスト上昇をもたらすのである。

　これらの気候変動の諸影響は、物的資本に重要な結果をもたらすのであり、保険市場と金融市場に始まり、建設会社、エネルギー生産者、そして政府まで、そうした諸機関による適切な対応が求められることとなろう。気候変動の経済的打撃を

削減するために、これら諸機関は、グローバル経済のその他のアクターたちとともに、早急に化石燃料から抜け出し、温室効果ガスを削減する必要があるであろう（これは、「緩和」〔ミティゲーション〕として知られる）。それら諸機関はまた、打撃から物的資本を保護する必要があり、（「適応」（アダプテーション）として知られるが、それは弾力的なインフラ建設であり、また、しばしば引き起こされる異常気象による諸事件に直面したとき、弾力性を改善する自然ベースの解決を採用し、リスクの高い地域から新しい投資を移動させることによって可能であろう。多くの研究者は、気候変動の規模とタイミングに直面し、「緩和」と「適応」の 2 つが必要であるという結論を出していく（IPCC 2014）。適応措置には個人レベルの行動から、コミュニティ・レベルの行動まであるが、個人レベルとしては、海面上昇に適応して家の基礎レベルを上昇させるとか、農産物の作付け方法を変えるとかが考えられるし、後者の適応としては、防潮堤を建設するとか、変動する降雨に備えて溜池のキャパシティを拡大するなどが考えられ

今日の変化する世界において、成長促進の諸政策を追求する

図1－19　長い時間インターネットを使用していると報告する成人の割合

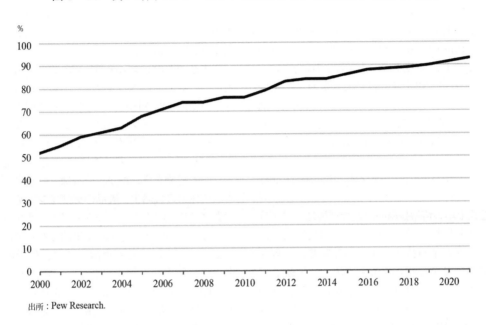

出所：Pew Research.

①

る。

　気候変動はまた、生産性と複雑なやり方でさまざまな資本形態の価値を変えることが予想される。現存のインフラストラクチャー、それはより昔の気候条件においてデザインされたものであるから、これら新しい条件下では、その実力通りの力を発揮できないかもしれない。たとえば、南西部にある水力発電用ダムは、何十年もの間続く干ばつによって電力を産出することをまもなく終了するかもしれない（Ramirez 2022; Partlow 2022; Kao et al. 2022）。それに対してその他の資本形態はより価値のあるものとなるかもしれない。現存の防潮堤と川の洪水防御堤は、海岸と内陸の洪水リスクが高まっている変化する気候に対面して大きな価値をもつ。加えて、クリーン・エネルギー技術の勃興とともに、太陽と風のような資源は新しい価値をもち、重要な資本価値の種類となっている。たとえば、諸社会は何百年にわたって風車を使用してきたが、風が、この過去数十年の間、広範に使用されている唯一の電力源となっており、それは、技術進歩が変化する気候の必要に合わせ

てきたからなのである。

　気候変動はすでに、GDP 成長を減少させており、減少させることを継続させる可能性が高い（Burke, Hsiang, and Miguel 2015;Newell, Prest, and Sexton 2021; Kalkuhl and Wenz 2020）。このタイプの被害は、適応へのより大きな投資とともに削減させることは可能かもしれない。最近の CEA と OMB（2022）によってまとめられた文献が示しているものには、米国の GDP への地球温暖化のインパクトの推計に大きく異なったさまざまなものがある。たとえば、CBO の推計によれば、気候変動は、2020 年から 2050 年にかけて、年平均 0.03％ポイ GDP 成長率を減少させるであろうといい（Herrnstadt and Dinan 2020）、結局それは、米国の GDP レベルが 2050 年までに 1％に達しない程度の減少となることを示唆しており、一方でイングランド銀行による研究では、（2021）、気候打撃は、予想されるシナリオよりもより悪く、2050 年までに 11％以上、米国の GDP を減少させうるといっている。これらの推計は、気候変動コストのほんの一部をとらえ

ているにすぎず、しかしながら、増加する死亡リスクやエコシステムの混乱のような多くの影響は、完全に市場取引やGDP推計には反映されてはいない（Rennert et al. 2022; Bastien-Olvera and Moore 2021）。ある1つの推計によれば、グローバルGDPの半分以上は、自然とかなり、あるいは高度に依存しているとされ、それは、人間の活動によって失われ、あるいは劇的に変化させられるのである（World Economic Forum 2020）。

経済の生産性への投資──デジタル市場の新しい世界

最近数十年の情報技術の急速な進展は、アメリカ人の働きと生活に重大な影響を与えてきた。コンピュータと情報技術にかかわる職業は、現在、米国において全雇用の3％を占め、労働統計局（BLS）の予測によれば、これら雇用数は、次の数十年において、15％増加するであろうという（BLS 2021, 2022b）。さらに、明確にコンピュータと関連しない他の職業もまた、強力なデジタル技術に依存している（Muro et al. 2017）。

コンピュータ使用の拡大は、職場だけに限られてはいない。1984年、8.2％の家計が家でコンピュータをもっていたが、2021年までには、このシェアは95％に跳ね上がった（File 2013; U. S. Census Bureau 2021）。さらに近年では、情報技術は、伝統的なアナログ器機にも適用されるようになり、──電話、車、時計、そして、しばしば「インターネット・モノ」と呼ばれるものへの適用である（Armstrong 2022）。図1-19は、いかに急速にインターネットが最近数十年において拡大してきたかを示しており、2021年では、ほぼすべての成人がインターネットを使用しており、2000年のそれはちょうど半分を上回る程度のものであった。

新技術は、市場と社会の双方において、人々がお互いに交流する仕方を変えつつある。オンライン販売は現在、全小売販売の14.8％にも及び、過去十年でそれは倍以上の伸びを示した（U. S. Census Bureau 2023）。職を求める人々の大多数は、現在、雇用をオンラインで探す（Hernandez 2017）。そして、人々は、考えと情報を交換するのに、デジタル社会メディア・プラットフォームでお互いが繋がりあう。最も大きいそのようなプラットフォームであるフェースブックは、2022年12月時点で、月29億6000万の活発な使用者数を数える（U. S. Securities and Exchange Commission 2023）。

総生産関数のレンズを通してみると、最近の技術進歩の経済成長への貢献は、二重である。第一は、技術進歩が米国経済の物的資本を増大させてきた。コンピュータ・パワーのコスト減ならびにマシーン・ラーニングとAI（人工知能）は、職場にコンピュータの拡大をもたらし、工場にロボットの普及を導いたが、それは、労働者が、大きな全体像の戦略化、製品のデザイン、そして消費者との交流のような、彼らの最大の比較優位を持つ分野での課題に特化する手助けをしている。

第二は、少なくとも理論上では、最近の技術進歩は、新生産工程を可能とし、資源のより効率的配置を行うことによって、全要素生産性を増大させてきたのである。確かに、増大するコンピュータとソフトウェアへの投資は、ほぼ間違いなく、1990年代末と2000年代初めの速い生産性増大に大きな役割を果たした（Weller 2002）。たとえば、ブロードバンド・インターネットへのアクセスの経済的便益は、広範囲に認められてきた。1996年から2007年にかけて、OECD加盟諸国の比較研究の1つが発見したことだが、10％㌽上昇のブロードバンド浸透率は、1人当たり経済成長を0.9から1.5％㌽増大させたという（Czernich et al. 2011）。とりわけ米国においては、1999年から2007年にかけてのブロードバンドへのアクセスの拡大についての1つの研究の推計によれば、1つの国のどこでもブロードバンドにアクセスできる場合、その国は、そうでない国と比較すると雇用率が1.8％㌽上昇するという（Atasoy 2013）。そして、COVID-19パンデミックが、多くのアメリカ人を対人の仕事と学校から遠ざけたとき、新しいオンライン技術は、人々をして学習と仕事に従事することを可能としたのである。

マシーン・ラーニングとAI（人工知能）の近年のより大きな発展の生産性効果の実践的重要性は、議論すべき課題として残るのであるが、なぜならそれは、直近の十年は、第2次世界大戦後において最も低い生産性成長の時期であったからである（BLSデータをもとにCEAの計算による）。

今日の変化する世界において、成長促進の諸政策を追求する

ある見解によれば、最近の技術革新は、より漸進的であり、かつての技術革新のように独創的なものではないからであるという（Gordon 2016）。対照的に他の研究者は、伝統的産出測定は、これら新しい革新の価値を全部把握することに失敗しているからであり、それらによる生産性増大は、時間とともに実現していくものだからであるという（Brynjolfsson and Petropoulos 2021）。

産出成長へのこれら技術的前進の直接効果に加えて、政策立案者は、これら技術的前進が米国経済の構造に影響する間接的方法により多くの注目を払っている。たとえば、ブロックチェーン技術は、高度に浮動的となり、詐欺の影響を受けやすい、金融革新的デジタル資産の興隆を焚き付けたのである（White House 2022）。インターネットとそのほかの新しい技術は、デジタル・サービスの供給を許し、人々が離れていてもサービスにアクセスする能力を増進させ、それは、貿易に影響し、技術進歩を前提すると過去よりも、輸出入サービスを行うことをより容易にしたのである。加えて、技術進歩は、そのアクセスとその使用の両方に関して、配分上の関心事を引き起こしてきた。黒人、ヒスパニック、そして低所得のアメリカ人は、コンピュータとブロードバンド、そしてそれらの技術が提供する機会に家でアクセスすることが少ない傾向にある（Pew Research Center 2021b, 2021c）。そして、AI（人工知能）は、住宅、刑事裁判制度、あるいは不動産貸付のような分野において、人種的経済的不平等を深めると議論されてきた（ACLU 2021）。

これらの関心事の分野への取り組みは、しばしば、新しい状況の下に伝統的な政策立案者のツールを引きだしている。たとえば、政策立案者は、デジタル経済における高度なレベルの市場集中に注力してきた。経済理論は、長らく市場支配力と独占化を生産性と産出成長への脅威とみなしてきた。デジタル経済は、——財と情報のオンライン取引を促進するプラットフォームを広くとらえてきたが——高いレベルの集中によって特徴づけられるのであり、そこでは、市場はしばしば、少ない企業によって支配される（Digital Competition Expert Panel 2019）。この集中は、これらプラットフォームの経済的ファンダメンタルズの結果であり、その規模が参加者にとっての価値を創り出

すことができる。本来的に、これら市場の多くは、かなりのネットワークの外部性の形を示している。たとえば、電子商取引のプラットフォームにおける買い手と売り手は、一般的により多くの売り手と買い手が同じプラットフォームにいるときがより良い状況である。

集中へデジタル市場がかかりやすいということを基礎とする経済学は、新しいものではない。しかし、デジタル市場の規模は、混雑することなく実質的に無制限の数の参加者を許容する事実によって大きくなる。このことが意味するのは、デジタル市場での「勝者」は、——市場を支配する小さな企業グループであり——全体の経済においてより大きなものとなり、全体の経済において十分重要性をもつということなのである。なぜなら、それは、周知のことであるが、市場を決定するのは困難なことであり、集中を測定する多くの方法があるからであり、デジタル市場において集中の度合いを数量化することはまさしく難しいからである。それにもかかわらず、アマゾン、アルファベットとメタのような大きなハイテク企業は、近年になってもっとも広範に使用されるサービスのかなりのものを供給してきており、一般的に彼らの規模に近い競争相手を直接もつことはほぼないのである。

政策的観点からいうと、これらの進展は、新しい課題を突き付ける。デジタル市場での集中の度合いは、支配的なプレイヤーがこれらの市場で競争とイノベーションを封じ込めるために市場力をつけるかどうかについて、長期的関心事を高める。しかし、いくつかの伝統的市場と異なって、デジタル会社の価値の多くは、ネットワーク効果から出てくるのであって、——反トラスト行動は、集中とともに関連する諸問題に対処する一方で、消費者のために価値を保つ、より大きな課題に直面するかもしれない。デジタル技術が貿易をますます容易にするサービスを行う世界は、国際貿易政策への調整を必要とする。そして、デジタル資産は、かなりの規制を少なくともアップデイトしておく必要がある。

将来においてインターネットとデジタル市場は、——そしてさらなるイノベーションは——生産性の恒常的な上昇をかり立てる可能性をもっているであろう。しかしながら、これら技術によって提

示された新しくかつ古い課題に対処するための注意深い政策形成は、生産性と産出増進を強力に維持するためには必要となるであろう。

結 論

今年の『報告』は、米国の経済的かつ社会的システムのこれらとそのほかの諸変化に光を当て、それらがいかにして確定された経済的および政策形成に挑戦するかを示す。

第2章では、過去1年のわが国の経済を総括し、COVID-19パンデミックから継続的な回復がどのようにして行われているかを特徴づけ、ロシアのウクライナ侵略のインパクトがわが経済をいかに規定しているか、そしてまた、継続される需要のインバランス、サプライチェーンの遅れ、そしてパンデミック政策がいかにして成長、インフレ、そして失業に影響を及ぼしてきたかを示す。それはまた、バイデン―ハリス政権の2024会計年度予算を支えるマクロ経済予測を提示する。

第3章では、2022年の国際貿易と投資の傾向を叙述し、グローバルな相互関係の過去数十年の変化が、いかに米国に対して新しい課題と機会をもたらしてきたかを特徴づける。経済的つながりを通した大きな便益と、国際的経済相互関係が帰結する経済的かつ国家安全保障のリスクとの間のバランスをとる必要性がある。米国の同盟国とパートナーとの協調における働きによって、変化するグローバル環境の中で共有する課題に効果的に対処し、新しい機会を有利にとらえることが可能となるであろう。

第4、5ならびに6章では、それぞれの章において、ケアの供給、高等教育の供給、そして労働供給における欠陥を指摘し、経済繁栄のためのそれらの重要性に光を当てる。第4章は、早期の幼児保育の重要性と経済的福利と繁栄のための教育について論じるが、とりわけ、広範な社会的便益と同時に子供と家族における幼児保育の効果に光を当てる。この章では、アクセスと利用可能性とのギャップを特徴づけ、そして、高いコストのケアの供給を含め、幼児保育産業における諸困難がいかに、市場が最適な量と質の幼児保育を供給することを阻止しているかについて詳論する。こ

の章では、これら諸困難に対処する政策が、ケアにアクセスする家族とケアを供給する業者をサポートすることによって、大きなかつ長期の経済便益を、いかにして持つことができるのかを説明する。

第5章では、この状況下における高等教育の重要性に光を当て、とりわけ、高校卒業後の諸機関がスキルをもった労働力の創出に果たす役割に注目する。この章では、高等教育市場のさまざまな特徴を記述し、約束された機関に焦点を当てた政策とプログラムが学生の成績の改善に意味があり、すべての学生が価値のある大学の学位にアクセスすることができることを示す。

COVID-19グローバル・パンデミックからの回復は、経済における労働供給の重要性を明らかにしている。第6章においては、米国における現下の労働供給不足は、単にパンデミックがもたらした影響のみならず人口の高齢化と長期の労働参加の低下によるものであることを示す。成人を労働力に引き入れる政策が必要となるであろうし、それがなければ、労働供給は、たちまち抑制されることとなってしまうであろう。

第7章においては、現代米国経済におけるデジタル市場の重要性を叙述し、競争の促進と規模の経済を可能にすることの間で呻吟する市場環境規制官の緊張について論じる。デジタル市場は急速に成長してきており、高いレベルの統合が示唆するのは、政府が反トラスト行動を通じて消費者を守り、イノベーションを促進する役割をもっているということである。ネットワーク効果の重要性が意味するのは、デジタル経済における規制介入は、含蓄のある効果をもつということである。

第8章では、機会とリスクが伴う、デジタル資産の近年における発展について検討する。唱道者は、デジタル資産、とりわけ、暗号資産は、革命的なイノベーションであると主張するが、これら資産のデザインは、しばしば、長年、経済学や

今日の変化する世界において、成長促進の諸政策を追求する

金融において学ばれてきた基本的な経済原則の無視が反映されることがあり、この不十分なデザインはしばしば消費者と投資家に致命的なものとなる。

　最後に、第9章においては、気候変動が米国の経済生産に突き付ける物理的リスクを叙述し、米国のコミュニティの福利、連邦政府の財政状況、そして、これらリスクの管理と削減について論じられる。国際的、国内的気候政策は、歴史的に温室効果ガス排出の削減への政策に光が当てられてきたが、それは、気候変動の最悪の結果を緩和するために決定的である。しかしながら、気候変動の諸結果は、すでに米国のいたるところで感じられてきており、野心的な排出量削減を伴ってきているとはいえ、それらは、ネットでのグローバル排出がゼロになるまで増加し続けるであろう。気候変動に対して、家計、企業、コミュニティの計画を可能とする政策と出現する気候リスクに対処し管理することは、気候変動のコストを減少させる排出量削減のための重要な補助的手段となる。第9章では、それゆえ、これら適応政策の経済的根拠を叙述し、連邦の適応政策戦略を通知する4つの柱の概略を論じる。

　注
1　このシリーズでは、WPAとCCCのような連邦緊急ニューディール・プログラムに参加していた労働者を「雇用者」として取り扱うのであるが、公式な労働市場統計は、その時期いまだ揺籃期にあり、これら労働者を「失業者」として分類していた。
2　これは、インフレ調整済み2021年ドルで計測したものである。
3　ボーモル・ボーウエン・コスト病とは、エコノミストが、より大きな生産性上昇を見ている産業からの賃銀とコストの上昇に対応して、より少ない生産性の上昇を見ている諸産業における賃金とコストも上昇する傾向を指して言ったものである。

第2章
2022年の回顧と将来の展望

2002年、米国経済は、空前のグローバル・パンデミックをうまく切り抜け、ロシアによるいわれなきウクライナ侵略によって引き起こされたエネルギーならびに食糧への追加的価格ショックを乗り切った。こうした困難にもかかわらず経済は、適度の産出成長と強力な雇用成長を伴って弾力性を維持し、インフレはピークを迎え、その年の遅くには、緩和し始めた（図2-1）。供給制約と需要要因の変化に直面し、2022年の財政・金融政策の主要目的は、供給と需要のバランスを回復させ、インフレとたたかい、経済を安定かつ確実な成長軌道に回帰させることとなった。

　2月のロシアのウクライナ侵略は、エネルギー、食糧、その他商品の急激な供給制約を創出し、インフレをグローバルに引き起こした。加えて、その年の前半、COVID-19ウイルスは、世界中で経済に重荷となり続け、──それは、異なる程度ではあったが、2021年と同じように（Chetty et al. 2022）──米国と海外におけるオミクロン変異株による発症と死亡の上昇をもたらした。パンデミックに関連する混乱によって、グローバル・サプライチェーンには圧力がかかった。米国経済をサポートするために、連邦準備制度は、フェデラル・ファンド利率の目標値を3月までゼロ近くにおいた。CARES法、米国救済計画、そして関連する立法からの直接家計支援の大部分は、2021年末までに配分されてはいたが、これら資金の多くは、家計によって支出されてしまってはおらず、アメリカ人は、これまでにないほど積み上がった貯蓄とともに2022年を迎えた。

　リセッションは、長く続く傷を残すものであるが、2020年と2021年に提供された財政・金融支援によって、2022年の米国の実質GDPは、パンデミックの前になされた2022年の予測（CBO 2019）に近い水準までになった。過去2年の多くは抑えられた成長を経験した後、サービスへの実質消費支出成長は、とりわけ2022年の4つの四半期を通して強力であり、支出パターンは通常に回帰し始めた。多くの測定値によれば、2022年の労働市場は、全くタイトな状況であり、職を求めるには、ここ数十年で最も有利な状況を作り出していた。

　この章で示すことであるが、政府のパンデミックに対する包括的対応は、2022年において手堅いプラスの結果を達成するのに役に立った。同時に、数多い諸要因のさまざまな取り合わせと相互作用は、上昇するインフレを悪化させた。それぞれの要因の相対的重要性を決定することは困難とはいえ、パンデミックとそれへの対応が経済の供給と需要の双方に重大な影響を与えた。記録すべき特定の要因として、パンデミックが引き起こした供給の混乱、消費需要の移動、過剰貯蓄の形成、そして、刺激的な財政・金融支援が2020年と2021年に行われたことが挙げられる。

　2022年において、金融政策はインフレ退治に転化し、財政政策は、インフレ退治の補完的役割を果たす戦略に力を入れたが、一方で、2022年と将来の経済の安定と確実な成長を導くために働いた。その年が始まる前から、政府支出と赤字は、パンデミック前の傾向に近づくように落ち込んだし、3月には、連邦準備制度は、その資産買い取

図2−1　米国経済、2018〜22年

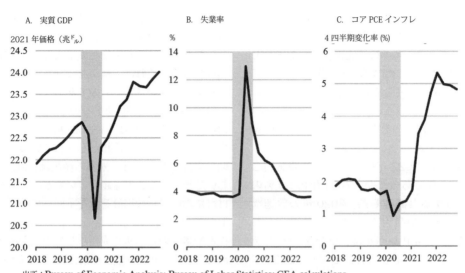

出所：Bureau of Economic Analysis; Bureau of Labor Statistics; CEA calculations.
注：名目GDPは、GDP物価指数を用いて2021年価格に変換された。PCE=個人消費支出物価指数。コアPCEインフレ率は、変動の激しい食料とエネルギーのインフレを除外している。すべての数値は季節調整済み。

りプログラムを反転させはじめ、一連の急速な利子率上昇となり、株式市場と住宅投資は、急速に低下した。バイデン大統領は、ロシアのウクライナ侵略後、ガソリン価格の低下を目的として、戦略的石油備蓄（Strategic Petroleum Reserve）の取り崩しを命じた。7月と8月には、経済の長期的供給サイドを押し上げるため、主要な諸立法が成立した。タイトな労働市場とインフレに対するいくつかの諸措置が、穏やかになりはじめ、インフレはその年の末には緩やかになった。インフレに対するたたかいは、2023年においても継続さ

れることが期待され、それは、直ちにGDP成長の下方傾向という結果となり、失業率はほどほどに上昇し、インフレが収まることとなるであろう。

　この章では、2022年の経済概観とともに始め、第一にGDPとその構成要因の回復を検討し、労働市場と金融市場の状況を総括する。次に、この章では、2022年のインフレを叙述し、政府対応とともに可能な諸要因について議論する。最後に、この章では、大統領の2024会計年度予算を裏付ける予測と短期と長期の見通しの総括を提示する。

2022年の回顧──継続する回復

　この節では、2022年の米国経済を要約する。多くの測定値によれば、経済は、COVID-19パンデミックによって引き起こされたリセッションから2022年末までには回復したが、いくつかの測定値では、経済はまだ回復してはいない。たとえば、実質GDPは、パンデミック前のピーク

2019年第4四半期から2010-19年の平均成長率が継続したとすれば、実現したであろうレベルに近づいた。失業率は、2022年においてほぼそのパンデミック前の低さに近づいた。そして、労働市場の他の指標は2019年第4四半期よりもよりタイトな状況を示した。平均するとインフレ調

整の賃銀は、その年を通じて低下したが、後半では上昇を見た。株式市場は、記録的な高さでその年を開始したが、その年を通じて低下し、それは、ある程度インフレとよりタイトな金融政策によるものであった。多くの測定値、そしてまたとりわけ以前のリセッションからの回復と比較して、2022年の経済は、健全であった。

2022年の産出——そのトレンド近くへの回帰

　実質GDPは、2022年の4つの四半期を通して0.9％の上昇であったが、2021年の5.7％のペースからすると減速した。2020年の急速な落ち込みの後、2021年に大きな立ち直りがあり、2022年のGDPレベルは、ほぼそのパンデミック前のトレンドとなった。しかし、2022年のGDP成長は、不均等であり、前半はマイナス、後半はプラスである。構成要因のいくつかは、増加し、他は、収縮したが、それは、「平常」に回帰する調整が引き続き行われていることが反映され、過去3年間を通じて見られた異常な支出と投資のパターンからの乖離を示すものである。

　図2-2に示されている通り、2022年の実質GDPは、GDP成長の以前の諸年から推計された対数直線トレンド上か、それを超えているレベルに回帰しており、それは重要な達成度といえるであろう。以前のかなりの経済サイクルにおいて、それには、2007-9年の大リセッションからの回復が含まれるのであるが、経済がその推計トレンドに回帰するにはより長い時間がかかり、それは、長い期間にわたって労働者と消費者がマイナスの諸結果を耐え忍んだことを意味する（図2-3、Hパネルを見るとこの回復とその他の回復との比較が行われている）。GDPのより長期にわたるトレンド・レベルは、しばしば、潜在GDPと呼ばれるものの単純な推計であり、それはその時の特定時においてフルキャパシティで生産しうるGDPの測定値である。リセッションは、そのトレンドを下回る産出の要因であり、リレッションの後には、そのトレンドに向かって産出レベルに回帰するより、より速い成長が続く可能性があるということである。成長はまた、あまりに速ければ産出レベルはそのトレンドを超えてしまうが、そうした状況においては、総需要が、財サービスの望ま

れるレベルを生産する経済のキャパシティを超え、急激なインフレに導かれる可能性がある。これは、加熱した経済としてしばしば指摘されるものである。普通は、急激なインフレは政策対応を刺激し——たとえば、連邦準備制度によって利子率が高められるが、それは、経済を冷却し、経済をそのトレンドに回帰させるものである[1]。

　GDPトレンドを推計するのは、簡単なものではない。図2-2では、異なる期間を通して推計された、2つの対数直線が示されている。より長期の推計においては、米国の産出は、2022年においてそのトレンドを超えているが、一方短期の推計において、産出はそれを下回っている。タイトな労働市場、激しくなるインフレ率、そして、投資や輸入の対応する成長なしでの消費成長を含めると、多くのその他の測定値は、経済が2022年においてそのトレンドを超えて動いていたことを示唆する。さらに、より低い労働参加、特定のスキルの労働カテゴリーへの需要の移動、そして人口の動きというようなパンデミックにかかわる混乱や上昇するインフレ率を前提にすると、経済の生産キャパシティは、2022年において、その通常状況を一時下回っていたと推定する十分な理由がある。経済の立ち位置は、2022年の成長説明には重要なことであり、短期の経済見通しにとって意味を持つ。もし、GDPがトレンドを超えているとすると、2022年の成長の鈍化は、連邦準備制度の利率上昇によって影響され、経済がそのトレンドに回帰することを意味するし、また、短期の成長の鈍化継続の前兆かもしれないのである。

　以前の景気回復と比較して2021年と2022年の景気回復の強さを示すために、図2-3は、8つの「蝶図」を提示しており、それは、全米経済研究所（NBER）によって決定された米国における第2次世界大戦後の12の景気循環ピーク前後の実質GDPのさまざまな構成要因の展開をプロットしたものである。これらの図を作るために、取り上げられたGDP構成要因は、各景気循環のピークにおける四半期においてすべて等しく100に標準化されている。図のオレンジの線は、現循環前の11景気循環における各構成要素の最大経路を示したもので、ライトブルーの線は、最小経路を示したもの、そして、グレーの領域は、その差

図2-2　GDPとGDPトレンド、2012〜22年

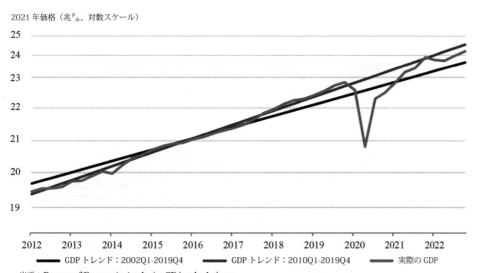

2021年価格（兆㌦、対数スケール）

―― GDPトレンド：2002Q1-2019Q4　―― GDPトレンド：2010Q1-2019Q4　―― 実際のGDP

注：GDPトレンド線は、実質GDPの対数を指定の間隔の時間に対して回帰し、その回帰から予測される値をプロットして計算された。
　　名目GDPは、GDP物価指数を用いて2021年価格に変換された。すべての数値は季節調整済み。

②

の範囲を示している。ダークブルーの線は、パンデミック後のリセッションの回復をプロットしたものである。もし、グリーンの垂直線の右の領域においてダークブルーの線が、ライトブルーの線よりオレンジの線に近いとすれば、過去のリセッションと比べて回復がその構成要因においてより強力であるということを意味する。

図2-3のパネルAにみられるように、2019年第4四半期の前循環のピーク以降、すべての財の実質支出の連年の成長は、2022年を通して過去の経験のトップの位置にある。反対に、図2-3のパネルBに明らかなように、すべてのサービスの実質支出は、2021年末においては、過去の経験の範囲のはるか下であり、2022年を通しての成長は、2022年末まで、より低い過去の範囲へようやく回帰したのである。図2-3のパネルCとDにみられるように、実質固定資本投資は、過去の範囲の中間に留まったが、住宅実質投資と構造物投資は、2022年に下落し、その回復はその過去の範囲の底近くにとどまっている。

表2-1は、実質GDP成長をその構成要因に分解したものである。第1列は、2022年を通じての各構成要因の4半期成長をリストアップしたものである。第2列は、これら四半期を通して全体の実質GDPへ、それぞれのカテゴリーの貢献度をリストアップしたものである。貢献度はマイナスかプラスである。たとえば、実質輸出は、その年の4つの四半期において、5.2％成長し、それはGDPの約11.7％とみなされ、その実質GDP成長への貢献度は0.6㌽であった。第3列の第1行は、実質GDPの2022年第4四半期レベルを、もし2010-19年の対数直線トレンドにしたがって動いていたならば実現したであろうレベルと比較したものであり（図2-2のライトブルーの線）、すべてその他の行は、この偏差への実質GDP構成要因のおよその貢献度を示したものである。2022年において、全GDPよりも顕著により速く成長した主要セクターは、サービス消費支出、設備投資、知的財産権投資、そして輸出である。輸入もまた、比較的速い成長であったがこれは、GDPを減少させる。全GDPよりも成長が遅い支出カテゴリーは、財の消費支出、非

図 2−3　過去の景気循環と比較した 2019〜22 年期間

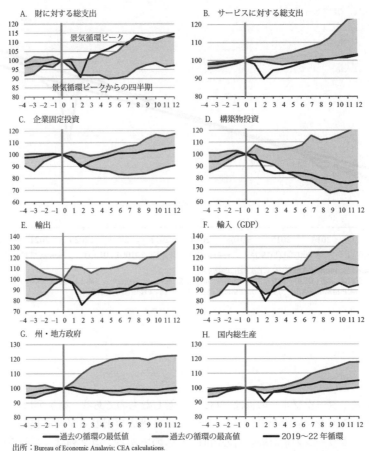

出所：Bureau of Economic Analayis; CEA calculations.

注：「国民所得・生産勘定」の表 1.2.6 に定義されているように、パネル A と B には、消費者、企業、政府による財・サービスへの支出、国際貿易の一部としての財・サービスへの支出が含まれている。パネル D には、同じく表 1.2.6 にある企業、住宅、政府の構造物投資が含まれる。すべての数値は季節調整済み。

住宅ならびに住宅投資、連邦政府購入、そして、在庫投資である。

　消費支出　財・サービス消費支出比率（名目）——それは長期には低下の傾向にあったが——2020 年と 2021 年には、2006 年以降最高のレベルに上昇した。パンデミックに襲われたとき、実質サービス消費支出は、急激に落ち込んだ、外食や旅行などの対人サービス活動がより困難になったからである。それに対して、実質財支出は、パンデミックに襲われて、最初の 2 つの四半期においては落ち込んだが、リバウンドし、パンデミック前のレベルを超えたのであるが、それは、人々が家にこもり、家具や設備、スポーツ用具などの

財への総消費の比率が増加し、サービスへの支出シェアが減少したからである。

　2022 年を通して、財・サービス支出比率の正常化が始まり、実質財支出は 2022 年の 4 つの四半期において 0.9％下落したが、実質消費サービス支出は、3.2％の成長であった。そうだとしても、この比率は、パンデミック前の状況の水準の上であった。全体として、実質消費支出成長は、2022 年の 4 つの四半期を通じて控えめであり、年率 1.8％、サービスも含めた全成長を算出したものである。

　投資　実質企業固定資本投資は、2022 年の 4 つの四半期で 4.3％の上昇であり、パンデミック

が導いた低さから着実な回復を継続させている。投資成長は、とりわけ知的財産権において強力であり、それは、過去十年においてもそうであった。しかし、企業構築物投資はその年の4つの四半期において3.3%の落ち込みであり、商業用およびヘルスケア構築物と電力ならびに通信構築物における投資減を伴っていた。投資は、製造業と石油ならびに天然ガス鉱業構築物において増加した。

企業固定資本投資の増加は、住宅ならびにその他の構築物への固定投資の減少によって相殺されたが、それは、連邦準備制度の引き締めサイクルに伴うモーゲージ利率の上昇による住宅市場の冷却化によるものである。企業固定資本投資と住宅ならびにその他構築物投資の双方は、そのパンデミック前のトレンドを下回った。全体として、構築物投資の支出は、景気循環範囲の最低値近くであり、図2-3のパネルDにみることができる。

2022年GDP成長の減速のかなりは、――2021年の強力な成長に続いておこったもので――在庫投資によって説明される。全体の実質在庫・販売比率は、2021年第2四半期に記録的な低さに縮小したが、それは企業がサプライチェーンの縮小とたたかったからであり、しかしその後急速に回復し、在庫投資は2021年第4四半期と2022年第1四半期では高レベルになった。実質在庫のストックは、2022年に強力に成長し続けたが、2022年第1四半期より、同年第2四半期、第3四半期においては、より低くなったがゆえに、在庫投資は、それら四半期とその年の4つの四半期を通して、実質GDPを減じた。

政府支出 連邦政府実質購入（支出と総投資）は、少ないながらじりじり上がり、2022年の4つの四半期を通じて0.1%上昇した。2020年と2021年における家計、企業、州と地方政府をサポートした連邦支出の大部分は、直接的にはGDPの部分を形成するものではない、移転と補助から成り立っていたが、これらの移転と補助は下落した一方で、購入は変化なかった。国防支出と総投資は、この年の4つの四半期を通して、ほぼ変化なしであったが、非国防購入は、じりじり上がった。州と地方政府購入は、その年の4つの四半期を通じて、1.3%、ゆっくり上昇した。平均的周期的対応に応じて、州と地方政府購入は、景気循環範囲の最低値近くであったが、そ

れは、図2-3パネルGにみることができる。

輸入と輸出 最後に、実質輸出は2022年の4つの四半期を通して全体のGDPより速く成長し、年率で5.2%成長、それは、世界経済の継続する再開によるものであった。実質輸入は、この年の4つの四半期を通して、輸出よりもゆっくり上昇し、1.8%であったが、それは、実質GDP成長を0.9%㌻ほど超えていた。輸入に対して実質輸出のより強力な成長によって、実質ネット輸出は、ある程度そのパンデミックによる2022年の減少から回復し、実質GDP成長全体の0.3%㌻貢献した（2022年のより深い国際貿易と投資の議論については、この『報告』の第3章を見よ）。

2022年の歴史に残る労働市場の強さ

2022年の労働市場は、非常にタイトであったが、それは、パンデミックによる解雇と雇用停止の後、強力な経済が企業をして労働者を雇用し続けたからである。この年の終わりにおいて、失業率は、3.5%、2019年9月とパンデミック前の2020年に匹敵する最低値であり、1969年以来である。その他の労働市場の測定値もまた、歴史的に高い逼迫度を示し、図2-4に示されている失業者1人当たりの求人比率、そして離職率を含み、それは、労働市場の逼迫度の最良の測定値であるとみなされている（Furman and Powell 2021）が、少なくとも、2021年末に、20年来の逼迫度となり、2022年を通してさらに度合いが強まった。

図2-4は、総求人数を総失業数で除した比率を示している。リセッション中は、この測定値は、下落の傾向であり、なぜなら企業は雇用を落とし、求人を削減し、労働者を解雇したからで、2020年に急落した。しかしながら、2022年4月までに、その測定値は、記録的な高水準に上り、労働市場は、通常、逼迫することになった。その年の後半、求人は、減少し、失業者の数は、少々上昇した。

図2-5は、労働市場のもう1つの見方を示しており、ベヴァリッジ曲線というもので、失業率と労働需要に対する求人の比率の関係、後者は「欠員率」と呼ばれる[2]。パンデミック・リセッションからの回復期におけるベヴァリッジ曲線は、ダークブルーの点で表されているが、労働者を雇

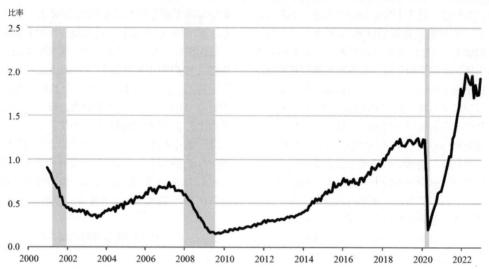

図2−4 失業者1人当たりの求人、2000〜2022年

出所：Bureau of Labor Stastistics; CEA calculations.
注：すべての値は季節調整済み。

図2−5 2つの期間でのベヴァリッジ曲線

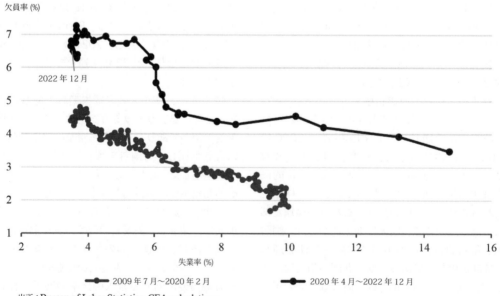

出所：Bureau of Labor Statistics, CEA calculations.
注：すべての値は季節調整済み。

表 2 − 1　実質 GDP 成長とその構成要素、2022 年

構成要素	第 4 四半期比成長率（%） （1）	第 4 四半期比成長率への寄与度（% ポイント） （2）	トレンドから 2022:Q4 の GDP の乖離への寄与度（% ポイント） （3）
合計	0.9	0.9	−1.1
消費支出	1.8	1.2	0.5
財	−0.9	−0.2	0.9
耐久財	0.5	0.0	0.3
自動車および部品	−1.5	0.0	−0.3
非耐久財	−1.7	−0.3	0.5
サービス	3.2	1.4	−0.4
投資	−4.0	−0.7	−2.3
企業固定投資	4.3	0.6	−1.4
非住宅設備	4.0	0.2	−0.8
非住宅構築物	−3.3	−0.1	−0.9
知的財産	8.5	0.4	0.4
住宅投資	−19.0	−0.9	−1.1
民間投資の変化	–	−0.4	–
純輸出	–	0.3	–
輸出	5.2	0.6	−1.1
輸入	1.8	−0.3	−0.3
政府	0.8	0.1	1.3
連邦	0.1	0.0	1.2
国防	−0.2	0.0	0.6
非国防	0.5	0.0	0.5
州・地方政府	1.3	0.1	0.2

出所：Bureau of Economic Analysis; CEA calculations.

注：第 2 列は、実質 GDP の年成長率に対する各構成要素の寄与度を示している。これらは、国民所得・生産勘定で用いられている計算式に近似しているため、正確には合計に合わない場合がある。第 3 列は、GDP が 2022:Q4 にパンデミック以前のトレンドを 1.1% 下回ったことを示している。そして、プラスでもマイナスでも、GDP の各構成要素がトレンドからのこの乖離にどれだけ寄与したかが示されている。それは、実質 GDP の各構成要素の対数を 2010 年から 2019 年まで時間に対して回帰し、各構成要素の実際の 2022:Q4 水準からその回帰によって予測される 2022:Q4 水準との差（%）を算出し、GDP 全体に対するその構成要素の重要性（名目 GDP 合計に対する GDP のその名目構成要素の 2019:Q4 と 2022:Q4 の比率の平均）を乗じた。

用し定着させることにおいて、増大するパンデミックの困難がゆえに、上に移動し、外側に位置することになる。2022 年のすべての月は、この図の上方左の角の辺に位置するが、そこでは、「欠員率」は高く、失業率は低く、それは、労働市場が逼迫しており労働需要が供給に対して高いことを示している。

　エコノミストには、この労働市場の逼迫の多くが、どの程度、労働者への過度の需要に対して、労働者の供給不足によって引き起こされるのかについて意見の一致はない。需要サイドでは、この章の後で叙述される高い総需要が、企業による労働者への増大する需要に導いたのである。潜在的供給サイドの要因については、その一連のものがあるが、それについては、この『報告』第 6 章において議論される。

図 2−6　株式市場と債券価格、2019〜22 年

指数：2019 年 1 月＝100　　　　　　　　　　　　　　　　　　　　　　　指数：2019 年 1 月＝100

S &P500 指数（左目盛り）　　　　10 年物財務省証券価格指数（右目盛り）

出所：Federal Reserve System; Standard & Poor's (S&P).
注：10 年物ゼロクーポン財務省証券価格は、対 2019 年 1 月比で示されている。

2022 年の金融市場を冷やす

　株式市場は、COVID-19 パンデミックにおける大減退から急速に回復し、2021 年末には新しいピークに達した。2022 年初め、インフレが高まったので、連邦準備制度は、フェデラル・ファンド利率を上げ始め経済の沈静化に取り組み、株価は下落した。2022 年の損失は、過去 2 年間において作り出した利益の一部を破棄させた（図2-6）。

　株式価格とともに債券価格も下落した[3]。10年物の財務省証券の価格は、利回りと逆に動くのであるが、その年、歴史的高価格で始まった、しかし、年末には全く低い価格で終わった。それは、ある程度、インフレの将来経路における市場期待の上方修正とフェデラル・ファンド利率の経路についての市場参加者の協調した修正によるものである[4]。COVID-19 パンデミックの開始近くから、2022 年の末まで、株価と長期の債券価格の変化の相関関係は、当初から逆転していた。2000 年

から 2020 年の COVID-19 パンデミックが開始されるまで、株価と債券価格の変化の相関関係は、一般に逆であった（Rankin and Idil 2014）。この20 年間連邦準備制度は、フェデラル・ファンド利率を下げ、債券価格を上げた。この上昇は、総需要のネガティブ・ショックへの対応を主としており、それは典型的リセッションの間、株価を下落させた。

　図 2-6 にみられるように、パンデミックによるリセッションは、2020 年初めにはこのパターンが当てはまった。株価は下落し、債券価格は上昇した。対照的に、2022 年において、インフレは連邦準備制度がフェデラル・ファンド利率を上げるように導き、株と債券の両方の下落の要因となった。この関係は、図 2-6 にみることができ、引き締めが始まるかなり前から始まったのであり、これは、市場の金融政策予測によって可能となったと思われる。パンデミックの開始後この相関関係の信号の変化が示唆しているのは、ネガティブな供給ショックが、2022 年、米国の金融市場において重要であったことである。これらショック

は、価格レベルをより高く持ち上げ、産出を低下させた。これは、株価を傷つけ、利子率上昇に導き、債券価格も傷つけたということなのである。

2022年のインフレーション

産出成長、歴史的に強力な労働市場、そして、金融市場を議論することにおいて、上述に要約される諸展開以外に、2021年のインフレの勃興とその継続された2022年を通したその上昇、それは、ロシアのウクライナ侵略によって悪化したのであるが、2022年の全体的な経済状況における重要な諸要因であった。2010年から19年の時期の大部分において、インフレ率は、連邦準備制度の長期2%目標を下回っていた。そして、COVID-19が、2020年初頭の米国を急襲した。2020年春、諸価格は一時下落したが、それは、パンデミックが最初は経済活動の多くの形態を攻撃し、中断させたからであるが、諸価格と経済は急速に回復した。

インフレは、2021年に上昇し始めた。2021年末には、多くの予測家達は、インフレは急速に落ち込むであろうと予知したが、それに反してインフレは、2022年においても継続した[5]。2022年は、歴史的にいってもインフレが上昇していった年の1つであった。しかし、その上昇するインフレを抑え込む多くの手段がみられた年でもあった。BOX 2-1において論じたように、インフレを計測する手段は多くある。もっともよく知られているものは、消費者価格指数（CPI）として公表される12カ月の変化率であり、2022年6月に9.1%のピークを打ったがそれは、1981年以来のものである。インフレとの戦いは容易なものではなかったのであるが、前進はなされてきており、2022年12月時点において、CPIインフレ（公表された12カ月変化）は、6月より2.6%ポイント低かった。

2021年と2022年の予期せぬインフレの性格は、図2-7によって表されている。この図は、フィリップス・カーブの推計を示しており、2009年から2019年第4四半期までのインフレ、失業、そしてインフレ期待の関係をダークブルーの点で示し、2020年第4四半期から2022年第4四半期までの関係をライトブルーの点で示している。ライトブルーの点は、ダークブルーの点のかなり上にあるが、それは、インフレが、過去の経済拡大よりも経済回復期に、より強力に失業率とともに動いたことを示している。なぜインフレはそんなに強力に反応したのか、そして、それに対する財政金融対応を検討することが、この章の残りの部分の多くを占める。（もちろん、BOX 2-2を見よ）。

インフレの計測は、財とサービスのサブカテゴリーの貢献度にほぼ分解することができる。図2-8は、3カ月ごとに公表される年率CPIインフレを5つの範疇に分解してプロットしたもので、食品、コア財（食品とエネルギー財を除く）、住居（家賃、所有者によるそれに匹敵する家賃）、そして、住居を除くコア・サービス（もちろん食品とエネルギー価格は除かれる）である。図が示していることであるが、2022年の米国のインフレは、広範囲にわたっており、サブカテゴリーの各々が、全体のインフレに十分貢献しているということである。

この貢献度は時によって異なり、興味ある事実をわれわれに伝える。2021年初め、サプライチェーンが分断され生産能力が需要の増加に対応して増加することができなかったとき、全インフレへのコア財インフレの貢献は、消費者の購買がパンデミックによってサービスから財に移動するにつれ高まった。消費者の行動とサプライチェーンが正常化した2022年、コア財の月次インフレは減少し、2022年遅くには実際に落ち込み始めた。食品とエネルギー・インフレの貢献は、2021年に高まり、それは2022年に継続された。2022年2月ロシアのウクライナ侵略が、世界の石油と農産物商品市場へ圧力をかけた。ある程度その結果、食品とエネルギーのインフレへの貢献は国内的にもグローバルにも高まった。コア・サービスのインフレは、パンデミック前の十年においては全インフレへの主要な貢献要因であったが、2021年においては、そのパンデミック前のペースを少々上回った。

図2-7　2つの期間における期待拡張フィリップス曲線

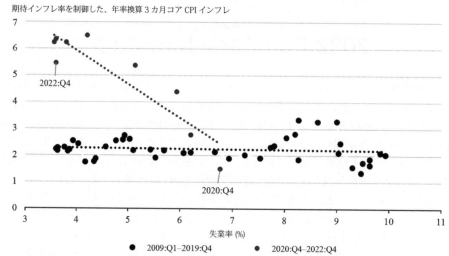

期待インフレ率を制御した、年率換算3カ月コアCPIインフレ

失業率 (%)

● 2009:Q1–2019:Q4　　● 2020:Q4–2022:Q4

出所：Bureau of Labor Statistics; Federal Reserve Bank of Philidelphia.
注：CPI＝消費者物価指数。y軸は、実際のインフレ率から、期待インフレ率と長期インフレ率の差を差し引いたもの、つまり、π - (E[π] - π*)。ここで、π＝コアCPIインフレ率、E[π]＝フィラデルフィア連邦準備銀行専門家予測から得た1年遅れの中位1年先コアCPIインフレ期待、π*＝コアCPIインフレ長期（2000年以降）平均である2.3%。実際のCPIインフレ値は季節調整済み。

図2-8　インフレ率の分解、2019〜22年

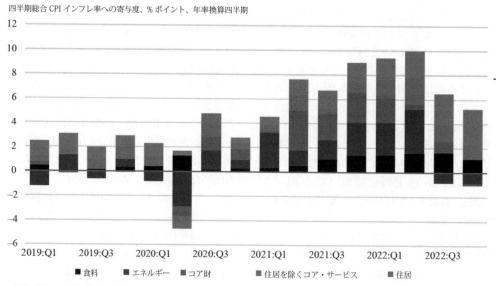

四半期総合CPIインフレ率への寄与度、%ポイント、年率換算四半期

■食料　■エネルギー　■コア財　　■住居を除くコア・サービス　■住居

出所：Bureau of Labor Statistics.
注：LFPR＝労働参加率、TFP＝全要素生産性。

BOX 2―1　消費者価格インフレの測定

インフレは、正確に定義し測定することに対する挑戦的課題でありうる。このボックスでは、インフレでないものとそうであるものとを、そして、政府はどのようにしてインフレを測定し、カギとなるインフレ測定の情報は何を提供するかを叙述する。

インフレを定義する　インフレは、論じるに扱いにくいものである。第一に、インフレは、価格レベルの変化率であり、諸価格のレベルをいうものではない。高いインフレとは、価格が急速に上昇することを意味し、諸価格が高いということを意味するものではない。第二に、特定の財とサービスの価格上昇は、必ずしもインフレを反映したものではない。相関的な需要と供給の変化によって、特定の財とサービスはいつの時間でもお互い相関的に上昇し、下落する。たとえば、COVID-19パンデミック中は、テレビ・セットへの需要は上昇し、そしてその価格は上昇した。同時に、航空チケットの需要は落ち、その価格は

下落した。価格指数――それは、消費者価格指数（CPI）と個人消費支出（PCE）価格指数については、以下において述べるが、価格レベルの測定を試みる経済の総価格のことである。インフレは、価格レベルのプラスの変化率である。

インフレ測定　価格レベルを測定すること、つまりインフレを測定することは、困難な仕事である。この章では、しばしば、消費者が直面する価格レベルを概算する2つの測定値に言及する。第一は、CPIであり、労働統計局（BLS）によって作成されたもの、第二は、PCE価格指数であり、経済分析局（BEA）によって作成されたものである。

（主要なテキストは、もっぱら、CPI-Uに言及するが、それは、都市部の消費者の市場バスケットに従うものである。「都市部」の叙述は、極端な田舎以外に住んでいる人に言及され、したがって、米国人口の約90％をカバーする。BLSはまた、CPIのいくつかその他のバージョンをもっている。CPI-Wは、賃金受給者の市場バスケットに従う

図2－i　タイプ別消費者価格インフレ、2011年から2022年まで

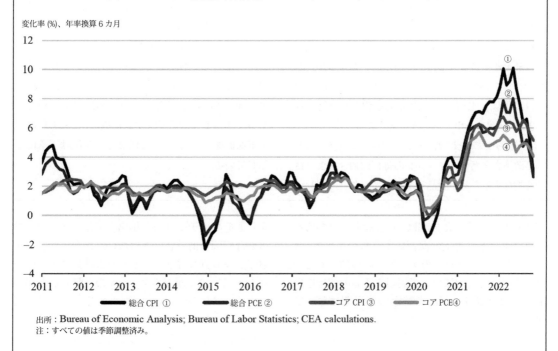

変化率(%)、年率換算6カ月

出所：Bureau of Economic Analysis; Bureau of Labor Statistics; CEA calculations.
注：すべての値は季節調整済み。

もので、CPI-E は、高齢者のそれに従うもの、連鎖 CPI は、CPI-U と同じ消費者に従うもので、しかし、それは、より代替的フォーミュラーとともに総計するのである）。

CPI は、消費財とサービスの固定されたバスケットの価格を測定する（BLS 2020）。バスケットは、2002 年から 2022 年にかけて、2 年ごとにアップデートされ、将来は、毎年アップデートされる予定であり、年次消費者支出調査で調べられた家計の平均消費を概算する。固定された消費者バスケットの想定は、時間を超えて同じ財とサービスの価格を比較するのであり、かなり容易にできるが、しかし、もし家計が、価格が変化したとき彼らの消費を変化させるなら、家計が実際に直面（あるいは経験）する価格変化率を誤って表現しうる。たとえば、もしオレンジの価格が、リンゴの価格と比較して下落するとすれば、消費者は、普通より多くのオレンジを買い、リンゴを買い控えるであろう。PCE 価格指数は、CPI と比較して、そのような代替行動を許すフォーミュラーを使用している。さらに、CPI は、自己負担の支払いに焦点を合わせるが、PCE 価格指数は、消費者コストのより広い範囲をカバーし、それは、たとえば、雇用主提供の健康保険も含まれる。大雑把に言えば、PCE 価格指数は、より多くの代替行動を考慮する（またその他の違いもあるが）ので、ここ 20 年において、PCE 価格指数の 12 カ月変化は、平均すると対応する CPI の変化より 35 ベーシス・ポイントほど低くなる。

公表インフレ対コア・インフレ　エコノミストと政策立案者は、インフレの継続的動きをより良く把握するため、食品やエネルギーなどの浮動性の高い財とサービスを除いた価格指数に焦点を合わせる（Gordon 1975）。食品とエネルギー価格は、天候や国際商品市場によって影響されるので、大きく不規則に動き、それゆえ、大きな部分が国内的に決定されるその他の財・サービスの価格とは独立に動く。コア CPI とコア PCE 価格指数は、食品とエネルギーを除き、一方で、それに対応する公表 CPI と公表 PCE 価格指数は、食品とエネルギーを含む。もちろん、消費者は食品とエネルギーを購入するから、公表インフレ測定値の方が、消費者が実際に直面するコストをより良く反映している。

月次インフレ対年次インフレ　毎月、BLS と BEA は、CPI と PCE 価格指数のそれぞれ、そして、各価格レベルの月次変化をアップデートしている。彼らは、また、12 カ月の％変化を報告するが、それは、12 か月にわたる月次％変化の蓄積だからかなり浮動性は低くなる。年率換算の 3 カ月あるいは 6 カ月インフレの測定値は、また——3 カ月あるいは 6 カ月％変化を 12 カ月あるいは年率と比較できるように数学的に調整されたものであるが、——未加工の価格指数から算出されうるものである。これらの測定値は、月次インフレより浮動性は低いが、しかし、年次インフレよりよりも、よりタイムリーである。図 2–i は、4 つの価格指数の年率換算された 6 カ月インフレをプロットしたものであり、公表 CPI、コア CPI、公表 PCE 価格指数、そして、コア PCE 価格指数である。すべて 4 つのインフレ指数は、2021 年に上昇を開始し、しかし、2022 年後半には下落に転じている。

図 2-8 に示された分解は、有益なものであるが、それは単なる計算上の演習にすぎないもので、1 つのカテゴリーが他のカテゴリーに移動するその重要な経済的要因について説明するものではない。1 つのカテゴリーがある特定の四半期において、他のカテゴリーよりも、より「貢献した」ということは、そのカテゴリーの価格が他のカテゴリーの価格に対して増加したということであって、必ずしもそのカテゴリーの価格上昇が、インフレの重要な原因であるわけではない。たとえば、コア財インフレがマイナス 2.0％の貢献でコア・サービス・インフレがプラス 2.0％の貢献という場合、CPI インフレの公表は 0.0％である。財とサービスのインフレにおける相違は、サービス価格が財価格に対して上昇していることを意味しているのであって、どちらもインフレの原因を言っている

図2-9　世界各国の消費者物価指数

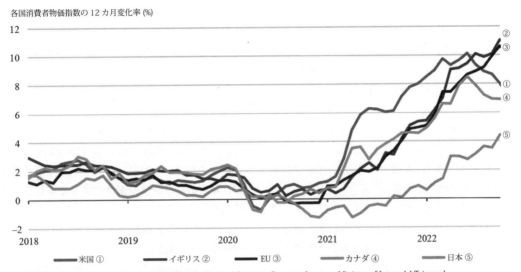

各国消費者物価指数の12カ月変化率 (%)

注：計測値は総合消費者物価指数から所有者居住住宅を差し引いたもの（EU基準消費者物価指数と呼ばれることがある）である。

わけではない。次の項においては、2022年の米国におけるインフレの要因として可能性のあるものが詳細にわたって検討される。

　2022年の高いインフレは、米国だけの現象ではなかったことは、図2-9に示されている。2021年、かなり安定的な数年が続いたのち、インフレが多くの国において鎌首をもたげ始めた。2022年後半では、インフレは、EU、連合王国においては、米国よりより高く、それはある程度EU諸国や連合王国が、ウクライナの戦争の影響をより強く受けたことを反映していると思われ、とりわけエネルギー価格への戦争の影響は特別なものであった。日本のような、いくつか他の国においては、比較的低く、しかし、パンデミック前の水準よりは上であった。

2021-22年インフレへ影響した諸要因

　BOX 2-2において論じたように、インフレの根本要因は、不完全にしか理解されてはおらず、それをモデル化し研究するため、エコノミストは多くの理論的フレームワークを使用する。インフレ分析に使用される最もありふれた共通のフレームワークは、総供給と総需要であるがゆえに、この項では最初に一般に「供給」要因として考えられるものを議論し、そしてそれから「需要」要因として一般に考えられるものを議論する。期待の役割は、多くのインフレフレームワークにおいては共通のテーマであるから、もちろん議論される。財政金融政策行動は、普通短期における需要要因として考察される、なぜなら、それらは両方とも特別に重要であり、それらは、それぞれ分けて論じられる[6]。

　過去2年にわたって、現下のインフレの諸原因について多くの仮説が、アカデミズム、ジャーナリストそして政治家によって提起されてきた。この項の目的には、単一仮説やそのセットの議論ではなく、普及している仮説提起を概観することも含まれている。ここで議論される可能性のある諸原因は、2022年のインフレの水準と高められた性質においてかなりの役割を果たし、——そして、パンデミックがお互いのより大きな悪化した

BOX 2—2　フィリップス曲線とインフレのその他のモデル

エコノミストは、多くの時間と努力をインフレの説明と予測に費やしてきたが、それには、さまざまな方法とアプローチがある。このボックスでは、フィリップス曲線タイプの関係によらないインフレ理論を簡単に議論する前に、1つの共通モデルである、フィリップス曲線を説明し、その近年の歴史を叙述し、その構成要因のそれぞれについて議論する。その構成要因とは、インフレ、経済的緊張あるいは「ゆるみ」、インフレ期待とその他の要因である。

「フィリップス曲線」という言葉は、インフレの形態と、経済的緊張とゆるみの測定値の2つの間の実証的関連に言及されることで使用され、クラインとゴールドバーガー（Klein and Goldberger, 1955）によって開発されたマクロ経済的モデルにおいて用いられ、フィリップス（Phillips 1958）によって（賃金インフレと失業に関して）と、その2つの間の理論的関連について注意が払われたものである。今日、政策立案者と予測家は、しばしば、「期待値・増幅型のフィリップス曲線」に言及し、それは、インフレ期待が、経済的緊張とゆるみに関係なく独立にインフレに影響することができると認識する。

本書の図 2-7 にみられるように、緊張の1つの測定値としての失業率とコア CPI インフレとの間の実証的関係は、インフレ期待をおさえているときでも、徹底的に変化しうる。フィリップス曲線は、2016 年『大統領経済報告』で議論したように（CEA 2016）、2000 年代になって「フラット」（平ら）になって現れた。より詳しく言えば、失業率変化に関するインフレ係数がゼロ近くであった（それゆえほぼ平ら）。2009-19 年循環拡張期のフラット化は、図 2-7 では、ダークブルーの点で示されており、それに沿って平らなダークブルーの点線が付き添っている。上昇する失業率は、この循環の前半では、よりインフレを抑えることに失敗しており、一方でこの循環の後半では、低下する失業率はインフレ上昇を起こすことに失敗している。

2022 年末からみると、フィリップス曲線は、十分に変化しており、2022 年の歴史的に低い失業率の下落は、1980 年以来初めての米国インフレの上昇と軌を一にしているが、それは、図 2-7 のライトブルーの点によって明らかで、それに沿ってライトブルーの点線が傾斜を深くして付き添っている。2021 年から 2022 年にかけてのインフレ上昇は、経済予測のコンセンサスを大いに上回っており、それは、なぜなら大体の予測家が、安定的なインフレ期待によって重しをつけられたフラットなフィリップス曲線を信じることになったからである（Federal Reserve Bank of Philadelphia 2020）。

2023 年の経済が直面する重要な問題の1つは、フィリップス曲線が、インフレが収まり続ける中でその傾斜が深く傾いたままにとどまるのかということである。もし、フィリップス曲線が深いままとどまるとすれば、このことが意味するのは、インフレが失業率の増加をもたらすことなしに下落するということである。パンデミック前のスロープに近くフィリップス曲線が戻るということは、インフレが 2022 年後半におけるよりも高い失業率を伴って下落するかもしれないということである。

フィリップス曲線におけるインフレ測定　BOX 2-1 において叙述したように、食品とエネルギー価格を含んだインフレ測定は、国内経済に関係ないさまざまな理由によって浮動的なのである。というわけで、食品とエネルギーを除いた、コア・インフレ測定は、応用予測のためにより良く、フィットし、好まれる。フィリップス曲線の適格性と予示能力を増進させるため、かなりの実践家は、より深い、より継続し、そこに横たわるインフレ率の推計を使用するが、それは、アスカリとスボーダン（Ascari and Sbordone 2014）、イエレン（Yellen 2015）、ルッド（Rudd 2020）によって叙述され、示唆されている。図 2-7 は、年率換算の3カ月コア CPI インフレを使用している。（この根深いインフレの簡単な推計は、2011 年デトマイスター〔Detmeister 2011〕によって議

論されているように、風変わりな方法と測定が含まれる。これらの測定値は、インフレデータの月を通した平均が含まれ、クリーブランド連銀からの CPI 中央値のような、特別な支出カテゴリーのインフレ率を使用し、そして、とりわけ、ダラス連邦準備銀行からのトリムド・ミーン PCE のように、インフレ率を計算するとき最も高いインフレと低いインフレを見るカテゴリーを摘み取って算定している)。

　フィリップス曲線における経済的緊張とゆるみの測定　的確な経済的緊張とゆるみの測定を選択することは、1 つの困難な概念問題である。「ゆるみ」は、経済の資源利用の集約度に言及される (Yellen 2015)。図 2-2 は、可能な 1 つのゆるみの測定値を示しているのであって、それは、実質 GDP と実質 GDP の長期のトレンドとの差異である。2022 年末の状況は、実質 GDP がそのトレンドより高いのであり、それが意味するのは、資源の稼働が通常よりもより高いということであり、それは、産出一単位を生産する企業へ増大するコストを通してインフレ的な圧力が伝わるということである (Boehm and Pandalai -Nayar 2020)。

　もう 1 つの普通使われているゆるみの測定は、失業の自然率からの失業の偏差であり、失業の自然率とは、経済が長期に安定し、ショックによって乱されていないときに存在しているとされる失業率のことである。失業の自然率を推定することは、それ自身観察できるものではないから、困難な任務である (多くの実践家たちは、フィリップス曲線とともに失業の自然率を推定する。しかし、分かれて測定力を持つためには、自然率の推定は、ミカエラートとサエズ (Michaillat and Saez 2022) がやったように、フィリップス曲線それ自身の推定の外部からの方法によって行う必要があるであろう)。簡単化のために、自然率の外部からの推定を行うことなく、図 2-7 は失業率だけを使用している。

　フィリップス曲線におけるインフレ期待　期待・増幅型フィリップス曲線は、インフレ期待を含んでいるが、それは、なぜなら多くのインフレ

理論は、期待がかなりのケースで予定通り成就されるかもしれないと示唆するからだ──それは言葉を変えれば、人々が、インフレが起こると信じれば、インフレが起こり、そして、もし、人々が、インフレが落ち着くと信じれば、インフレは落ち着くのである。実証的に言えば、期待は、1970 年代以来のインフレ下落と 2010 年代のその安定を説明するのに重要である (Blanchard et al. 2015)。インフレ期待と実際のインフレとの厳密なリンクについては、なお議論がなされている (Rudd 2021; Bernanke 2007, 2022; Werning 2022)。図 2-7 は、専門的予測調査からのコア CPI インフレの見通しを使用している。

　インフレ期待の重要性を前提にすると、期待を管理することは、インフレを管理する重要なものである。インフレ期待は、それらが多く変化しないときは、たとえ経済環境が変化しているときでも、「落ち着いている」ということができる。多くの人は、連邦準備制度が 1990 年代かそれより早くインフレを落ち着かせることを望む暗黙のインフレ目標をもったと信じているが、それは、ただ 2012 年において、連邦準備制度が明白な長期のターゲット 2% の年率 PCE 価格指数インフレを宣言したに過ぎないのである (Federal Reserve 2012)。2020 年において、連邦準備制度は、その「長期の目標と金融政策戦略の表明」を修正し、2% のインフレ期待に落ち着かせるように求めるやり方において実施し、長期にわたって平均 2% のインフレに帰結する政策を実施すると表した (Federal Reserve 2010)。後に述べられるように、2021 年と 2022 年のインフレは、2% を軽く超えたとはいえ、長期のインフレ期待の測定値が、比較的安定的にとどまり、それは連邦準備制度が成功裏にインフレ期待を落ち着かせたという観念をもたらしたのである。

　その他の要素　フィリップス曲線は、しばしば、インフレの出し惜しみモデルであるといわれる一方、期待とゆるみよりほかの要素が、その影響による曲線とコントロールを実証的に推定することを促進するよう使用されうるかもしれな

い。イエレン（Yellen 2015）は、輸入財価格の変化の重要性に光をあてたのであって、輸入財は、多くの生産プロセスへの投入財であるし、為替相場の動きを代理している。同様の流れで、以下では、サプライチェーン圧力の測定と生産者サイドのインフレ測定に関連することに光を当てる。コア・インフレと底流のインフレを測定するのにエネルギー価格は除かれているのではあるが、エネルギー価格がまた含まれる可能性はある、だが、それは、近年小さくなってきていた（Calrk and Terry 2010）。

インフレのその他のモデル フィリップス曲線は、エコノミストがインフレを理解するときに使う最も普通のフレームワークの1つである。しかし、それがただ1つというわけではない。たとえば、彼らが供給と需要がどのようにインフレに影響するのかを語るとき、彼らは、普通、ケインジアン総需要・総供給モデル（AD-AS）に言及しているのであって、それは、1930年代におけるジョーン・メイナード・ケインズ（John Maynard Keynes）の考えをジョン・ヒックス（John Hicks）が定式化した試みによるものである（Hicks 1937; Keynes 1936）。フィリップス曲線はしばしば、ケインズ理論の一部として考えられており、なぜならそれは、雇用と実質産出との間のリンクによるもので、AD-ASモデルから考えられたものとどこか似ているからである。ケインズ理論は、実証的なフィリップス曲線において観察されるインフレとゆるみとの関係の1つの説明として理解することが可能だからである。ニュー・ケインズ理論、それは、ケインズ理論を現代的に、数学的に形式化し、発展させたものであり、1つの関連する説明を提供する（Gali 2015）。標準的なニュー・ケインジアン・フィリップス曲線は、インフレを理論によるゆるみの測定と関連づけ、多くのケインズ・モデルよりも期待の役割を大きく取り上げる。

マネタリズムには、フォーマルな数学モデルのグループを叙述する理論とフォーマルな考えが少ない一連のものという2つがある。理論として、それはミルトン・フリードマン（Milton Friedman）と最も関係が深く、これは彼の有名な言葉であるが「インフレはいつでもどこでも貨幣現象であり、産出よりも貨幣量が急速に増加することにより生み出されるということなのだ」（Friedman 1970）。マネタリスト・モデルは、産出のレベルと成長に比較して、貨幣量のより大きな成長の結果インフレが起こるというもので、インフレと事業のゆるみとの関係に注目しないのである。

最後に、多くのインフレモデルは、政府負債の重要性を強調する。これらの中でよく知られた1つは、価格レベルの財政理論（FTPL: Fiscal Theory of the Price Level）であり、政府負債は、未来の税収の増加や未来の支出の削減を通じた信頼のおける払い戻し約束によって裏打ちできていないとインフレに導くというものだ（Cochrane 2023）。FTPLの支持者と批判者は、この関係における因果関係の方向について、またその因果関係が含む暗黙の仮定について意見が合わず議論している（Bassetto 2008）。

原因であった。諸原因の相互作用が、おそらくインフレ圧力を悪化させたようである。しばしば、良く言われる仮説には、ロシアのウクライナ侵略に伴うエネルギー、食品、そしてその他商品価格へのショック、パンデミックにかかわるサプライチェーン問題、ゼロ金利政策とそれに伴う量的緩和政策、CARES法、米国救済法、関連する諸立法の一部として制定された家計移転、そして、「過剰貯蓄」の家計での蓄積が含まれる。

インフレへの供給要因のインパクト

2022年版『大統領経済報告』で叙述した通り、COVID-19パンデミックは、労働力への難題と財・サービスの供給への制約をもたらした（CEA 2022）。2022年半ば、これら混乱要因は、最終的に緩和し始めた。

図2-10にみられるように、サプライチェーン圧力は、2022年の財のインフレ上昇と強力に関連していた。その図のサプライチェーン圧力の測定は、サプライ管理調査（IAM）によるもので、その中で、サプライ管理者は、原料の配達時間が、

以前の月と比較して短かったか、同じか、あるいはより長かったかが問われている。ISM測定値の結果は、配達時間の月次変化をとらえており、これらの対応は、蓄積されて時間がたてば、配達時間のレベルの指数を作ることができるに違いない[7]。図2-10において、配達時間測定の変化は、適当な期間をとれば、最終財のコア生産者価格指数（PPI）の変化に対して描かれている。PPI測定値は、製造業者によって支払われた価格を反映する。1990年以降、配達時間の変化とコアPPI最終財インフレとのかなり高い相関性は、サプライチェーン問題は、最終財の財インフレへ甚大な影響を与えることを示している。

ISM調査によれば、供給者の配達時間は、COVID-19パンデミック発生時後すぐかなり長くなり始めた、そして、多くの供給管理者は2022年9月まで配達時間が長くなることを報告していた。その年の最終3カ月間は、配達時間は短くなったが、なお、2022年末においてはなお高いままであった。もう1つのサプライチェーン・ストレスの測定値は、グローバル・サプライチェーン圧力指数、であり、ニューヨーク連邦準備銀行によって作成され、それは、2020年から21年において顕著に上昇を示したが、2022年の多くでは下落した。これらの測定を総合すると、サプライチェーンの遅れは、2022年末までには悪化が停止され改善が始まったことを示している。なお、全体のインフレは高くとどまっているが、それは、インフレ駆動因が広範になり、サービス経済を含めたものになっていることを示している（Powell 2022a）。

図2-11は、ガソリンと食品インフレを表した商品価格が2021年に上昇し始めたことが示されている。これらの商品は、国際市場において取引されるので、価格は、グローバルにインフレ要因となる。そして、2022年2月にロシアがウクライナを侵略した。直接的間接的に引き起こされた混乱は結果として、食品価格の急騰が引き起こされ、ガソリン、天然ガスがその後を追った。商品供給者が戦争による混乱に対応したので、商品価格は下落した。商品は、大概の生産過程における基礎的投入の1つであり、——消費者は食品、ガソリン、そして天然ガスのような商品を直接購入するので——、より高い商品価格は、急速に全体的インフレに吸収される。ロシアの主要な石油輸出国としての地位は、多くのエネルギー価格の急伸に導き、米国のレギュラー・ガソリンの価格は、6月には1㌠当たり5.02㌦のピークとなった。しかし、その年の末までレギュラー・ガソリンの価格は1㌠当たり3.20㌦に下落した、それは、バイデン—ハリス政権が戦略的石油備蓄を取り崩すという決定にある程度よるものであったが、それについては後述する。

経済が2020年のリセッションから回復を続けており、財とサービスの消費需要が増加したので、労働者がこれら財とサービスを生産する需要も増大した。図2-4の欠員と失業との比率によって示されているように、労働力の供給に対する需要は、パンデミック関連のリセッションからの回復において高い状況が続いた。もし企業が労働者を雇い入れるのに困難をきたすとすれば、時間給で示される労働者の相対価格は、上昇するはずである。図2-12に示されているが、労働力構成の変化に対応する時給の測定値、雇用コスト指数（ECI）は、2022年のインフレにおいて、賃金上昇が伴っていることを示している。しかし、賃金の上昇は、インフレの原因であり、また結果でもある（Jorda et al. 2022）。BLSによる実質平均賃金の測定値、あるいは全物価レベルに対する賃金は、2022年前半に落ち込み、後半に上昇した。労働所得分配のかなりの部分では、より良い実質賃金という結果を見ており、最低4分位の労働者において結果はプラスであった（Federal Reserve Bank of Atlanta, n.d.）。

2022年を通して、「賃金—価格スパイラル」の危険があった——それは、労働者が上昇するインフレを予期し、高賃金を要求するというもので、——より高いインフレの実現に導き、さらに労働者がより高い賃金を要求するというものであるが、2022年末にはこうした恐れは消滅、なぜなら、インフレも賃金上昇も広範囲にスローダウンを示したからである。とりわけ、ミシガン大学調査結果（図2-19を見よ）とともに以下示されているように、消費者の短期のインフレ期待はその年の実際のインフレを下回り、長期の期待は、固定されたままであった。

価格への反応、それゆえCOVID-19ショックに対してのインフレに影響したその他の要因を指

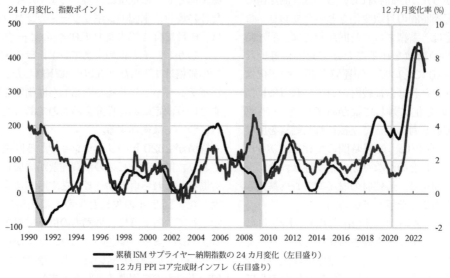

図 2−10　サプライチェーン圧力と生産者インフレ、1990〜2022 年

24 カ月変化、指数ポイント

500

400

300

200

100

0

−100

1990 1992 1994 1996 1998 2000 2002 2004 2006 2008 2010 2012 2014 2016 2018 2020 2022

12 カ月変化率 (%)

10

8

6

4

2

0

−2

── 累積 ISM サプライヤー納期指数の 24 カ月変化（左目盛り）
── 12 カ月 PPI コア完成財インフレ（右目盛り）

出所：Bureau of Labor Statistics; Institute of Supply Management (ISM).
注：PPI＝生産者物価指数。濃い線は i=0.23 でΣ (Si - 50) に等しい。ここでは、Si=ISM サプライヤー納期指数で、納期が長くなったと報告している製造業者数が短くなったと報告している製造業者数と等しい場合、50 となる。遅れが長くなるほど情報が多くなり、24 カ月変化は PPI インフレの変化に関する最近のデータに適合している。

摘していた人もいたが、それは、米国産業の市場集中の上昇である。より多くの米国産業は、過去 20 年にわたって、少数の巨大な企業によって支配されてきた。これらの企業が、過去に企業支配力のない企業が行ってきたこと以上にコスト上昇への対応を、価格を上昇させることによって行うという証拠はかなり存在する（Brauning, Fillat, and Joaquim2022）。しかしながら、パンデミックのようなショックの下で、市場支配力と価格付けとを結びつける関連は、明白ではない（Syverson 2019）。市場支配力を測定することは困難な仕事であり、2022 年において、増大する需要と制約された供給の影響から分離して、投入のコストを超える、彼らの「マークアップ」を要求する価格を測定することはさらになお困難である。

　インフレへの金融的要素のインパクト　短期金利、そしてそれらを通じて長期金利を支配することによって、連邦準備制度は、消費者と企業が、貯蓄に対して貨幣を支出するとき、影響を及ぼすことは可能であり、そのことによって総需要に影響を及ぼすことは可能である。伝統的なケンジア

ンとニュー・ケインジアンの総供給と需要のフレームワークの双方において（BOX 2-2 を見よ）、より高い金利は、その他すべて変わらないとして、産出とインフレを減少させることになる（Miranda-Agrippino and Ricco 2021）。図 2-13 が示しているように、連邦準備制度は、2020 年 4 月から、勃興するインフレに対応するため 2022 年 3 月に利率を上げるまでフェデラル・ファンド利率をほぼゼロに保った。2022 年末まで、連邦準備制度は、フェデラル・ファンド利率を 4.25％から 4.50％の範囲に上昇させた。フェデラル・ファンド利率の急速な上昇は、需要を供給とより良い関係に置き、インフレを抑制する試みであった。フェデラル・ファンド利率だけでは、金融政策のスタンスを決定するのに十分ではない。フェデラル・ファンド利率は、名目レートである。だから、その実体経済への効果は、インフレに依存しているのである。実質フェデラル・ファンド利率は、図 2-13 に大体示されており、消費者インフレの短期期待を差し引いたものである[8]。

　もう 1 つの金融政策のスタンスについての見方

図2−11　コモディティ圧力とPCEインフレ、2006〜22年

出所：Bureau of Economic Analysis; U.S. Energy Information Administration; Bloomberg Agriculture Spot Index.
注：FAO＝国際連合食糧農業機関。コモディティ価格とガソリン価格はインフレよりもはるかに変動が激しいので、2つの軸で示
　　されている。PCE物価指数は季節調整済み。

図2−12　雇用コスト指数とインフレ、2013〜22年

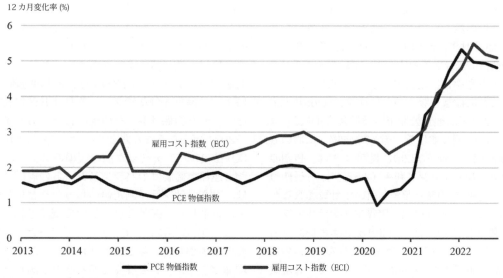

出所：Bureau of Labor Statistics; Bureau of Economic Analysis; CEA calculations.
注：PCE物価指数は季節調整済みであるが、ECIはそうではない。

図2-13　政策金利の名目値および実質値、2016～22年

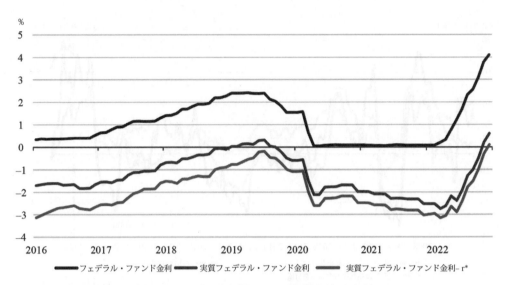

出所：Survey of Professional Forecasters (SPF); Federal Reserve System; CEA calculations.
注：明るい青色の線は、濃い青色の線からSPFの1年先期待インフレを差し引いたものである。オレンジ色の線は、明るい青色の線から連邦準備制度理事会の四半期ごとに発表される経済予測サマリー（SEP）の適切な長期フェデラル・ファンド金利中位推計値を差し引いたものである。

は、r*に対する実質レートであり、長期のトレンドで成長する経済と調和する長期の実質レートである。それは、推計するのは難しいがr*は、最近の数十年で下落したという証拠がある（Powell 2018）。r*の下落がゆえに、そしてインフレ期待に依存するがゆえに、低いフェデラル・ファンド利率は、過去のように刺激的であるということにはならないかもしれない（Jorda and Tayor 2019）。連邦公開市場委員会（FOMC）は、2022年12月における「経済予測要約」において、（Federal Reserve 2022a）、長期のr*は、長期のフェデラル・ファンド利率（2.5％）から長期のインフレ率（2.0％）を差し引いて計算されるが、0.5％であったと述べた。実質フェデラル・ファンド利率とr*の差は、図2-13ではオレンジの線で表現されているが、金融政策のスタンスの妥当な測定値である。2022年末において、金融政策のスタンスは、実質フェデラル・ファンド利率と実質フェデラル・ファンド利率マイナスr*の両方で測定すれば、0を超えており、それは、制限的な金融政策であった。

金融政策のスタンスを判断するもう1つの要因は、連邦準備制度のバランスシートである。2020年、2007-8年金融危機中で使用されたプレイブックに従い、連邦準備制度は、経済への追加的サポート作戦を宣言したが、それには、緊急貸付と資産買い上げを含む、いわゆる「量的緩和」であった。図2-14は、連邦準備制度によって保有された資産——それは財務省証券、モーゲージ担保証券、その他の合計であるが——2021年末までに8兆2000億㌦に膨れ上がり、COVID-19パンデミック前の規模の2倍を超えた。連邦準備制度のバランスシートの規模増大は、マネーサプライ測定値のしっかりとした増大に貢献した。BOX 2-2において議論されたように、2020年において、マネタリストは、実質産出が縮小しているときの「貨幣」のかなりな増加は、インフレを導くであろうと予測したものである。2021年と22年において、いくらかの遅れを伴ったが、彼らは正しかったのかもしれない。

しかし、10年前は、彼らは間違っていたとい

表2—2　2022年における特定の立法上、行政上の措置

日付	措置	目標
4月から10月	戦略石油備蓄から1億8000万㌅の原油を放出	ガソリンの供給を増やしてガソリン価格、その他の財の価格を引き下げる
5月	国内肥料生産と農業における技術支援への追加資金拠出、二毛作保険の適格性の拡大	農業経営者が生産を拡大することを奨励し、食料価格を引き下げて安定させる
5月	住宅供給行動計画	入手可能な住宅の供給を増やし住宅コストを引き下げる
6月	海上輸送改革法	競争促進により海上輸送コストを引き下げ、サプライチェーンを改善する
7月	太陽光発電導入とエネルギー効率改善にインセンティブを与える一連の措置をバイデン大統領が発表	化石燃料に対する需要を減少させ、エネルギー価格を引き下げる
8月	IRAはクリーン・エネルギーの導入を促進し、メディケアに薬価交渉の権限を与え、処方薬の年間自己負担額に2000㌦の上限を設定する	クリーン・エネルギーの供給を増加させてその価格を引き下げ、製薬業界において価格を低下させマークアップを引き下げる
10月	米国経済における競争促進に関する行政命令	手数料と隠されたコストを引き下げ、消費者および中小企業の交渉力を高める

注：IRA＝インフレ抑止法。この表は2022年に講じられた多くの措置の一部を把握しているにすぎない。

えるであろう。2007-9年金融危機後の5年間において、連邦準備制度のバランスシートは、4倍以上となったが、インフレは、急激には起こらず、それは2%以下の安定比率に急速に回帰した。そこには重要な相違があった。2007-9年リセッションは長くかつ深かった、家計も企業も悪いバランスシートをもっていた、ユニークなパンデミックに関係するサプライサイドの困難も存在はしなかった、そして、危機への財政対応もより小さかったのである（Guerrieri et al. 2021）。やはり、2007-8年と劇的に異なる結果は、2020-22年の連邦準備制度のバランスシート行動とインフレを直結させるには無理があるということなのである（Grawley and Gagnon 2022）。

インフレへの財政要因のインパクト　途方もな

い2020年から2021年の金融政策は、拡張的財政政策を伴った。2020年、パンデミックは、連邦政府支出のGDP比10%㌅を少々超える増加を促進した。これは、米国が第2次世界大戦に突入するときのほぼ20%㌅の増加以来の増加である。この増加せる支出の多くは、直接家計への経済的インパクト支払いとして配分された。サポートはまた、臨時の失業手当の大規模な拡張、また中小企業へ給与支払いと経営維持のためにも供給された。

総供給・需要フレームワークは、その他すべて変わらないとして、政府支出の増加は、産出とインフレを増進させると予告する。「財政乗数」の推定、あるいは、拡張的財政政策行動に対する実質総産出の変化は、相当にさまざまであるが、推

図2−14　連邦準備制度のバランス・シートの構成、2007〜22年

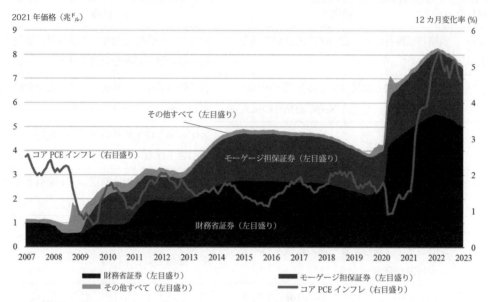

出所：Bureau of Economic Analysis; Federal Reserve Bank of St. Louis; CEA calculations.
注：保有証券の未償還のプレミアムおよびディスカウントを除く。名目価格は、PCE物価指数を用いて2021年価格に変換されている。PCE物価指数は季節調整済み。

計は異なっても、政府支出は、政府支出それ自身より多かれ少なかれ全産出を増加させることを示す（Ramey 2019）。政府支出がインフレに及ぼすインパクトの実証的推計は、複雑であり、最近の状態変化分析が示すところだと、政府支出の増加はより緊縮的な金融政策によって相殺され、しばしばインフレよりデフレ的な傾向となるようである（Jorgensen and Ravn 2022）。

図2-15は、ハッチンズ・センターの財政インパクト測定値（FIM）をプロットしたものであるが、財政政策の四半期ごとの実質GDP全体への貢献を見積もるために、財とサービスへの連邦政府支出、財とサービスへの州・地方政府支出、そして、税と補助金プログラムについての情報を使用している。（Belz, Sheiner, and Campbell 2022）。プラスの財政インパルスの意味するものは、実質GDPへの財政政策の貢献が、前の四半期より、より大きいことである。図2-15が示していることは、FIMが2020年第2四半期に突出していることであるが、それは、主に移転プログラムの拡張によるもので、拡大は、次の3つの四半期の

2つにおいてプラスであったが、しかし2022年中大きな後退があり、2023年と2024年にはマイナス続きと予測されている。それは、議会予算局（CBO）のカレント・サービス・ベースラインによる財政政策予測を使っている。

表2-2は、「財政政策」とは簡単に性格付けのできない立法的・行政的行動に光を当てる。それゆえ、FIMの範囲の外にあり、FIMは、その多くは、主として政府収入と支出、そして、赤字の経路に主たる関心が向けられる経済的定義によるものである。行動は、大きく2つのカテゴリーに分けられ、第一は、海洋航行改革法、バイデン大統領の米国経済の競争を促進する行政命令、そして、インフレ抑止法（IRA）のように、2022年と将来にわたって競争を促進する諸措置である[9]。第二に、特別な財とサービスの供給拡大を直接間接に行うことを意味する処置であり、たとえば、ガソリン価格を下げるために大統領による戦略的石油備蓄に手を付けること、農業生産を増加させることを促進する意図をもった5月の行政行動、そして、手ごろな価格の住宅のストックを付け加え

図 2−15　財政指標変化とインフレ、2012〜24 年

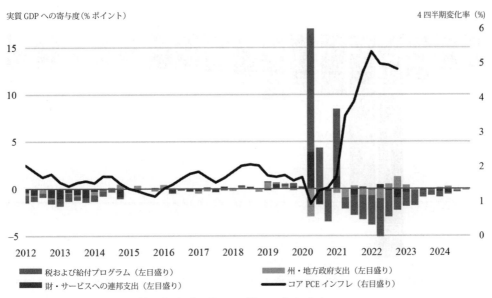

実質 GDP への寄与度（% ポイント）　　　　　　　　　　　　　　　4 四半期変化率（%）

税および給付プログラム（左目盛り）　　　　　州・地方政府支出（左目盛り）
財・サービスへの連邦支出（左目盛り）　　　　コア PCE インフレ（右目盛り）

出所：Hutchins Center at Brookings Institution; Bureau of Economic Analysis.
注：すべての値は季節調整済み。

ることなどである。これらの表 2-2 に挙げられた行動は、特定の財やサービスのコストを引き下げ、それらの多くは他産業にとっての鍵となる投入だから、多くの生産物の未来の供給を増大させることになる。これらプランの長期のインパクトは、インフレ抑制的なものになるはずである。

図 2-16 は、連邦政府の基礎的財政赤字を歴史的に示したものであり、負債残高の利子支払いを除いた全体の支出を総収入から差し引いたもので、これら赤字は、予算管理局（OMB）によって次の 10 年を予測したものである。それには、次の節で提起される政権の予測からの経済予測が使われている。CARES 法、米国救済計画、そして関連する立法の下での支出の螺旋的な減少が、GDP 回復によるより増加する税収と相まって、2022 年のより小さな赤字を導いたが、それは、2020 年 2021 年あるいは、2007-8 年の金融危機後の 3 年よりも GDP シェアとしては、より小さかったのであるが、しかし、赤字は、パンデミック前の戦後の平均よりは大きかった。バイデン—ハリス政権によって実施された税制改革——それには、

法人最低課税の増加、内国歳入庁が未収の税や税の税逃れを防ぐための資金の増加、そして、株式買戻しへの新しい税が含まれるが——その意図するものの 1 つは、将来の赤字を削減することにある（Gleckman and Holtzblatt 2022; Congressional Research Service 2022）。

2022 年 5 月 30 日、バイデン大統領は、新聞の署名入り特別ページで、2022 年の連邦赤字の削減は、価格圧力を緩和することを促進するであろうといった（Biden 2022）。より小さい赤字（またより大きい黒字）は、時間がたてば、インフレ圧力を緩和することができるという議論もある。（BOX 2-2 を見よ）。インフレに対する政府赤字のインパクトの実証的推計は、首尾一貫した解答を与えてはいない（Catao and Terrones 2005; Banerjee et al. 2022）。それにもかかわらず、2020 年に始まったグローバルな前例のない赤字の財政行動とこの 40 年において最も高いインフレとが同時に起こったことは、かなりのエコノミストにこの 2 つには関連があるということを確信させてきた（Bordo and Levy 2021）。

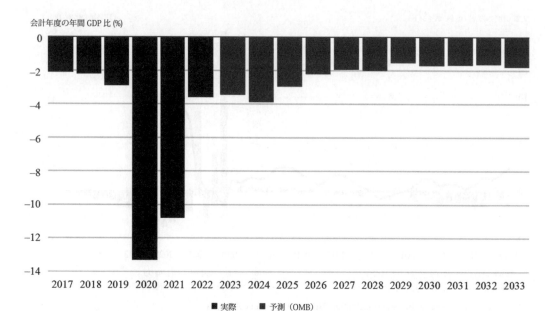

図 2-16　OMB の基礎的財政収支赤字予測、2017〜33 年

会計年度の年間 GDP 比 (%)

2017 2018 2019 2020 2021 2022 2023 2024 2025 2026 2027 2028 2029 2030 2031 2032 2033

■ 実際　　■ 予測（OMB）

出所：Office of Management and Budget (OMB); CEA calculations.

　2020 年と 2021 年において、ある程度、パンデミック時期の財政措置やパンデミックに関連した対人サービス支出の抑制によって、消費者の所得は、消費者支出を通常よりも一段と大きく超えたのであり、それは、もし貯蓄率（すなわち、可処分所得におけるシェア）が、パンデミック前のレベルに留まっていたとしたら起こったであろう水準をはるかに超えて貯蓄過剰に導いたのである。過剰貯蓄の形成は、用心のための貯蓄の増加によるものであり、消費者を通常よりもっと節約し、支出を控える行動に導いたことによるものであり、パンデミックに関連する制約によるものであった（Bilbiieet al. 2021）が、それはまた、CARES 法、米国救済計画、とそれに関連する法律に含まれる、直接支払いと所得サポートプログラムに伴ってのものであった。図 2-17 は、過剰貯蓄の 1 つの測定値をプロットしたものであるが、ダークブルーの線は、2010 年から 2019 年にかけての平均四半期別貯蓄率（7.3％）において起こったであろう水準からの現実の貯蓄の逸脱を表しており、ダークブルーの線とライトブルーの線の間

のグリーンの網掛け領域は、四半期での過剰貯蓄を示している。2021 年末まで、蓄積された過剰貯蓄は約 2.7 兆ﾄﾞﾙに上り、パンデミック前の消費支出の 2 か月分より多いものであった。

　過剰貯蓄を前提にすると、家計は負債に陥ることなく、また財政回復プログラムのかなりがやめられた後においても通常よりも多く支出する潜在力があったのである。総供給・需要フレームワークにおいて、もし、家計がその過剰貯蓄を支出し、支出が総需要を押し上げ、供給が制約されたならば、インフレは悪化する（Alandangady et al. 2022）。過剰貯蓄は、図 2-17 にみられるように、2022 年に約 0.6 兆ﾄﾞﾙ引き出され、消費者支出がアップ、図 2-15 にみられるように、マイナスの財政刺激の総需要効果がそれを打ち消すように働いた。もし、現下の所得とともに、過剰貯蓄の引き出しが総需要を押し上げたとすれば、それらは、2021 年と 2022 年におけるインフレ激化に貢献したことであろう。

　インフレに影響する追加的需要要因　パンデミックと回復、それは、CARES 法、米国救済計画、

図2-17　余剰貯蓄とインフレ、2016～22年

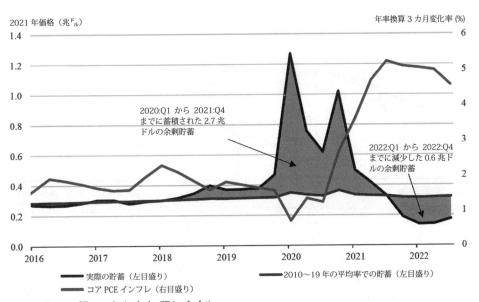

出所：Bureau of Economic Analysis; CEA calculations.
注：2010年から2019年までの平均貯蓄率は7.3%であった。名目価格は、PCE物価指数を用いて2021年価格に変換された。
　　すべての値は季節調整済み。

そして関連立法によってサポートされたが、消費需要の大きくかつ尋常ではない移動を生み出した。より重要なのは、需要が対人サービスを離れ、遠くから運ばれる財へと移動したことであり、そしてそれはまた前に戻る動きをしたのである。それについては、図2-18のパネルB、Cに示されている。2021年4月、おそらくは、財に対する異常な支出に駆られて、それ前の12カ月を超えて、財価格のインフレが、PCE価格指数によって計測すると、この十年近くにおいて初めて、サービス価格のインフレより高く引き起こされたが、それについては図2-18のパネルDおよびFにおいてみることができる。2022年後半になると、財のインフレはいくらかおさまり、しかし、消費者需要のローテーションでいくとサービスに戻り、上昇するサービス・インフレの原因となった。それに対応して、実質サービスの消費に対して、実質財への消費の比率もまた上昇し、それからいくらかパンデミック前のレベルに戻り落ちたのであるが、しかし依然高止まりである。

　消費者支出は、GDPのほぼ70%を占めるので、2022年の経済がそのトレンドに対してどこに位置するかを計測するには、それ自身における消費者支出を見ることが有益である。図2-18、パネルBは、2022年を通して、財の消費がそのトレンドの上方に留まっていることを示している。サービス消費は、――図2-18、パネルCに示されているが、――パンデミック中の対人サービスの困難から回復し、急速な価格上昇を見るが、そのトレンド以下に留まっている。全体的には、それはパネルAにみることができるが、消費者支出は、そのトレンド近くである。企業固定投資は、図2-3においてみることができ、――それは、国内の生産能力を付け加えるのに必要であるが、消費と同様の急速な増加を見ることはなかった。トレンドの上を行く消費と増大する生産の欠落というこの分断が、生産の供給制約あるいは緩慢な投資によるかどうかは別として、国内供給が財とサービスの需要のレベルを供給することができないのである。サプライチェーンの混乱が、増大する輸入を通してアンバランスに対処することを困難としているから、インフレは、財の価格が

図 2−18 消費財・サービス・ローテーション、2018〜22 年

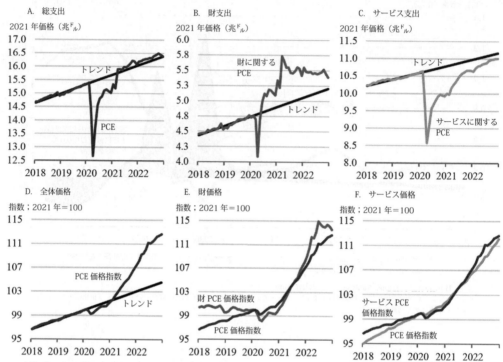

出所：Bureau of Economic Analysis; CEA calculations.
注：PCE＝個人消費支出。トレンド線は、個別統計を 2015 年から 2019 年の期間に対し回帰することによって計算された。すべての値は季節調整済み。

図 2−19 実際のインフレと期待インフレ、2012〜22 年

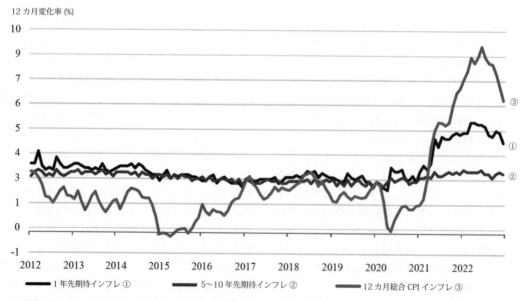

出所：University of Michigan; Bureau of Economic Analysis; CEA calculations.

上昇するので悪化した。

インフレ期待のインパクト　期待は、インフレを分析するエコノミストが使用する主要なフレームワークにおいて重要な役割を演じるが、それについてはBOX 2-2において論じた。かなりのエコノミストは、将来のインフレへのより高い期待は自己達成予言のようなものであり、インフレとたたかう努力をより困難にし、痛ましいものにすると考えている。もし企業、消費者そして金融市場参加者がインフレを高いものと期待すれば、彼らはこの期待と矛盾しない方法で行動し、実際により高いインフレを招いてしまうかもしれない。たとえば、高いインフレ期待をもつ労働者は、より高い賃金を要求するかもしれず、高いインフレ期待を持つ企業は、財の価格をより高くするかもしれない。これらの効果が行ったり来たりして、より高いインフレの増進を導くかもしれない。2022年において、長期のインフレ期待は、その歴史的水準の近くに留まっていた、そして、短期のインフレ期待は、現実のインフレとともに動いたのであって、さらなるインフレへ導く道筋とは独立に促進されるよりはむしろ現実のインフレに依存したインフレ期待に向かったのである。

インフレが2021年に起こり始まった時、長期のインフレ期待は何十年も安定的であって、インフレが上昇し始めたときでもこれら期待は低くとどまっていた。図2-19は、もっともふつうの軌跡を描く2つのインフレ期待をプロットしたものであるが、1つは、ミシガン大学月次家計調査からの、次の12カ月を通した年間価格変化の期待中央値であり、第二が同じ調査からの次の5年から10年にかけての平均年間価格変化の期待中央値である。両測定値は、2022年中は上昇したが、実際のインフレとほぼ同じようには上昇しなかった。長期のインフレ期待は、（5年から10年にかけての期待インフレで、ライトブルーの線）とりわけ、確定的に安定しており、それが示しているのは、進行するインフレが短期において予測されたとはいえ、長く続くものではないということである。BOX 2-2において議論されたように、この安定性は、インフレ期待は、おさまっているという証拠としてとらえられる。なお、2022年末に向かって、かなりのエコノミストは、長期のインフレ期待の適度の上昇を心配しており、そして、期待の維持された上昇の可能性は、インフレを納めさせることを難しくさせている（Powell 2022b）。

将来の予測

バイデン―ハリス政権は、2022年11月28日にその公式な経済予測の最新版を終了させた。この予測は、次の11年、2023年から2033年を通しての鍵となる経済変数についての政権の推定予測であり、もちろん、2022年の予測を含む。この予測が終了した時とこの『報告』の公表時との間の期間において、2022年のより多くのデータが利用可能となるから、この章で論じられた公式の予測とよりもっと新しく出版されるものとは異なる。

この全体の予測は、大統領の2024会計年度予算への重要な貢献であり、なぜならそれは、多くの連邦諸機関の予算見通しへの貢献であり税収の見通しへの貢献でもあるからである。予測展開はまた、前途に何が課題として横たわるかの洞察で

もあり、経済は、どこで追加的な投資とサポートを必要としているかの洞察でもある。

COVID-19は、引き続き予測の不安定性をもたらしている。米国のCOVID-19の死者は、新しいオミクロン変異株によって2022年第1四半期において、一日1700人に上ったが、4月には一日500人に落ち込み、4週間の移動平均で言うと、年末にかけて300人から500人の範囲で推移しているが、――ワクチン接種、免疫の増加、そして新治療法によって抑えられている。さらなるCOVID-19の低下あるいは将来の感染の波は、予測の上振れ、下振れリスクをもたらしている。COVID-19の感染の波そして海外の戦時における混乱による将来起こるかもしれないサプライチェーン分断の可能性は、さらなるリスクをも

表2－3　経済予測、2021～33年

| 年 | 変化率（第4四半期比） | | | 変化率（第4四半期比） | | | |
| | インフレ計測値 | | | 失業率 | | 金利 | |
	実質GDP	GDP物価指数	CPI	年間	第4四半期	3カ月物財務省証券	10年物財務省証券
実際							
2021	5.7	6.1	6.7	5.4	4.2	0.0	1.4
2022	0.9	6.4	7.1	3.6	3.6	2.0	3.0
予測							
2022	0.2	6.6	7.6	3.7	3.8	2.0	3.0
2023	0.4	2.8	3.0	4.3	4.6	4.9	3.8
2024	2.1	2.1	2.3	4.6	4.5	3.8	3.6
2025	2.4	2.1	2.3	4.4	4.4	3.0	3.5
2026	2.0	2.1	2.3	4.3	4.3	2.5	3.4
2027	2.0	2.1	2.3	4.2	4.2	2.3	3.4
2028	2.0	2.1	2.3	4.1	4.1	2.2	3.4
2029	2.1	2.1	2.3	4.0	4.0	2.3	3.4
2030	2.2	2.1	2.3	3.9	3.8	2.4	3.4
2031	2.2	2.1	2.3	3.8	3.8	2.4	3.4
2032	2.2	2.1	2.3	3.8	3.8	2.5	3.4
2033	2.2	2.1	2.3	3.8	3.8	2.5	3.4

出所 :Bureau of Economic Analysis; Bureau of Labor Statistics; Department of the Treasury; Office of Management and Budget; CEA calculations.

注：これらの予測は2022年11月28日時点で入手できるデータに基づいている。2022年についての実際のデータは後で届いた。3カ月（91日）物財務省証券の金利は、流通市場割り微率に基づいて計測されている。

たらし、ロシアのウクライナ侵略は、もう1つの不確実性の源である。これらのリスクを平均して、わが政権は、重要な予測を提示する、表2-3は、そのカギとなる諸局面をまとめたものである。

　　短期

　この『報告』の短期予測に関して、2つの問題が、非常に重要である。第一は、実質GDPは、現在、その短期あるいは長期の潜在レベルを超えているかどうかということである。そして第二が、いか

にしてまもなくインフレは連邦準備制度の目標値、2％に回帰するか、そしてこの回帰は、産出と雇用にどのような影響を与えるかということである。

　わが政権の予測は、大きくは、ブルー・チップ予測官たちのコンセンサスにしたがっているが、そのGDP予測は、下方修正している。2022年3月と10月の間、6カ月にわたって、ブルー・チップ・コンセンサス経済予測は修正され、実質GDP成長は、かなり低く、そして2022年と2023年の2つの年においては、インフレは高くなっている（表2-4を見よ）。この修正の組合せ

表2－4　ブルー・チップ・コンセンサスの実質GDP予測の推移

年	成長率、対前年平均比				
	2022年	2023年	2024年	2025年	2026年
実質GDP					
2022年3月	3.5	2.5	2.1	2.0	2.0
2022年10月	1.6	0.2	1.5	2.1	2.1
修正	–1.9	–2.3	–0.6	0.1	0.1
CPI					
2022年3月	6.2	2.6	2.3	2.2	2.2
2022年10月	8.0	3.9	2.4	2.2	2.2
修正	1.8	1.3	0.1	0.0	0.0

出所 :The Blue Chip panel revises its long-term forecast in March and October, with growth rates that are annual average to annual average.

注 : ブルー・チップ・パネルは3月と10月に長期見通しを改定しており、その成長率は対前年平均比である。

② —

が示すことは、このコンセンサスは、――暗黙に――需要は2022年中、利用可能な供給を超えていたこと、そして、コンセンサス・パネルは、引き続く二年においていかなる上方修正も相殺しようとしなかったことを認めたことである。2024年と2025年における実質GDP成長のコンセンサス予測をするにあたって、回復力を欠落させたことは、2022年における、供給への制約が、ある程度長期の要因に反映しているかもしれない。2022年10月と12月の間、2022年のインフレは、より低くなり、2022年中の実質GDP成長は、わが政権が11月時点において予測したものよりより高かった。予測が終了してから新しい利用可能なデータの下で、今日集められた予測は、11月に終了した予測と異なることになる。

　表2-3においての予測は、2023年の4つの四半期の実質GDP成長を低く（0.4%）みるのであるが、それは、GDP成長が、現下のタイトな労働市場を緩和するには、トレンド成長より低くなる必要があるからである。ブルー・チップ・コンセンサス・パネルも2023年GDP成長は、その年の4つの四半期を通じて低いと予測した[10]。

　第二の問題であるいつどのようにして、インフレは連邦準備制度の目標値に整合的なレベルに回帰するかについては、金融および財政政策と上述した立法的行政的行動の成功いかんにかかってい

る。2022年2月のゼロ%近くから12月の4.25と4.50%へのフェデラル・ファンド利率目標値のFOMCによる引き上げ決定の結果、その他の短期利率も引き上げられ、それには、91日物財務省証券の利回りが含まれ、その年の12カ月で4.2%㌽の上昇し、年末には4.3%になった。長期証券の名目利率も上昇したが、短期ほどの上昇ではなく、それは、インフレは次の10年越しに引いていくという市場確信を反映したものである。2022年11月時点で、わが政権は、利率は2023年中上昇を続けるであろうが、2024年において下落が開始されると予測した。わが政権はさらに、インフレは、サプライチェーンが修復されるにつれその2022年のペースから2023年には急速に落ち、連邦準備制度の長期の目標値と整合的な率に2024年までには回帰するであろうと予測した（たとえば、FOMCの2022年12月14日の声明、Federal Reserve 2022bを見よ）。

　緩慢なGDP成長と歩調を合わせるように、2022年11月において、わが政権は、2023年に失業率は少々アップし、平均で4.3%、しかし、2023年第4四半期には4.6%でピークを打つであろうと予測する。この失業率の上昇、GDP成長の緩慢化、欠員率の低下、予期される財政政策と行政行動の結果、そして、2%目標率への連邦

準備制度による継続するコミットメントへの確信、これらの組合せは、2023 年中には CPI インフレを 3.0％率へ下落させ、2024 年中には 2.3％にすることを期待させる。BOX 2-1 において述べたように、CPI インフレのトレンドは、PCE 価格指数を乗り越えるのであり、2.3％の CPI インフレ率は、連邦準備制度の目標値 PCE 価格指数インフレ率 2％と整合的である。もう 1 つのインフレ測定値、GDP 価格指数は、2022 年の予測された 6.6％から 2024 年には 2.1％に下落することが予測される。

第 2 次世界大戦後の歴史が示していることは、金融政策やその他の手段によるインフレ抑制は、雇用成長と産出成長をより低めるであろうということである。この関係を認識して、11 月のわが政権は、失業は、2023 年の 4 つの四半期を通して増大し、2024 年になり低下し始めると期待する。2023 年第 4 四半期に 4.6％の予測されるピークを打ち、失業率は、2024 年末までには 4.5％へ少々下落することが期待されるが、その結果、2030 年には下落し、長期では、3.8％となり、わが政権が考える安定的なインフレと整合的になるということである。

わが政権による、2023-24 年の実質 GDP 成長、短期でのインフレ、失業率、利子率の短期予測は、ほぼ、2022 年 11 月のブルーチップ・インディケーター（コンセンサス）と FOMC 予測と一致する[11]。

長期

短期の概観と対照的に、わが政権の長期の実質 GDP 成長予測は、2022 年ブルーチップ・コンセンサスの長期予測を 2025-33 年において年間 0.2％ポイント平均で上回っている。わが政権は、長期の潜在実質 GDP 成長が、適度により高くなるとみるからである、それは、大統領の提案する経済政策の効果が予期されるからであり、人的資本形成を向上させる一連のプログラム、子どもケアの供給、そして、移民政策の改革、これらが、もし、立法化されれば、実現可能と信じる。加えて、わが政権は、ベビー・ブーム世代の退職による労働参加の下方圧力が、予測範囲（2028-33 年）の最後の 5 年間で弱まると認識するからであるが、それについては BOX 2-3 において議論された。

表 2－5　予測実質産出成長の供給サイドの構成要素

	成長率、対前年平均比				
	1953 年第 2 四半期－ 2019 年第 4 四半	1990 年第 3 四半期－ 2001 年第 1 四半期	2001 年第 1 四半期－ 2007 年第 4 四半期	2007 年第 4 四半期－ 2019 年第 4 四半期	2019 年第 4 四半期－ 2033 年第 4 四半期
構成要素	（1）	（2）	（3）	（4）	（5）
1　人口	1.4	1.2	1.1	1.0	0.7
2　労働参加率	0.1	0.1	−0.3	−0.4	−0.2
3　労働力のうち雇用されている割合	0.0	0.1	0.1	0.1	0.0
4　週平均労働時間	−0.2	−0.1	−0.2	−0.1	0.0
5　1 時間当たり産出	2.0	2.4	2.4	1.4	1.6
6　労働者 1 人当たり産出の差	−0.3	−0.3	−0.6	−0.4	−0.2
7　合計：実質 GDO	3.0	3.5	2.4	1.7	1.9

出所：Bureau of Economic Analysis; Bureau of Labor Statistics; Department of the Treasury; Office of Management and Budget; CEA calculations.
注：これらの予測は 2022 年 11 月 28 日時点で入手できるデータに基づいている。合計は四捨五入のために合わない場合がある。1953:Q2、1990:Q3、2001:Q1、2007:Q4、2019:Q4 はすべて、景気循環のピークを迎えた四半期である。人口、労働力、家計雇用は、人口統計の不連続について調整されている。行の詳細な定義。（1）非軍事非収容人口、16 歳以上、（4）非農業平均週労働時間、（5）非農業 1 時間当たり産出、産出は所得サイドと生産サイドの計測値の平均として計測されている。（6）経済全体と非農業セクターにおける労働者 1 人当たり産出の伸びの差、（7）国内総産出（GDO）は、GDP と国内総所得（GDI）の平均である。

BOX 2─3　高齢化と成長

米国は、多くの先進諸国と同じように、人口動態的移行期にあるが、これは、経済変数へさまざまな大きな影響を与えている。図2-iにおいて、ブルーの線が示しているのは、2011年における米国の人口分布であり、棒グラフは、現在の年齢分布を示しており、オレンジの線は、2033 年における予想される人口分布をプロットしたものである。米国の人口はいまだ増加を続けているが、年齢分布の大きな中心部は、右に傾いている——ということは高年齢層に傾いているということである。とりわけ記録しなければならないのは、ベービ・ブーム世代であり、この世代は、2022 年において 58 歳から 76 歳までの人達となる。多くのこの世代の人たちは、現在、退職かそれ以上の年になる。彼らが年をとるにつれ、この世代が、この人口分布を右に押し出すことを続けることであろう。

たいていの人は、62 歳から 70 歳の間で退職するが、62 歳は年金受給の最も若い年齢であり、70 歳は、図 2-iii の年齢労働参加率プロフィールにみられるように、急激に労働参加率が落ち込む年齢である。年齢労働参加率プロフィールとともに、2033 年を通してのソーシャル・セキュリティ庁の年齢分布予測を用いると、全体の参加率は次の 5 年で、1 年あたり約 0.4 ％（あるいは 0.2 ％﹅﹅）下落するとある。しかし、その予測期間の最後の 5 年を見るとこの下降傾向の圧力が 1 年で約 0.2 ％へ削減されている、というのは、たいていのベビー・ブーム世代の人々は、退職しているからである。表 2-5 に示されている同じものを使用すれば、労働参加成長率のより少ないマイナス成長は、GDP 成長にプラスのインパクトを与えると期待される。

②

図 2－ii　米国人口の年齢構成の推移

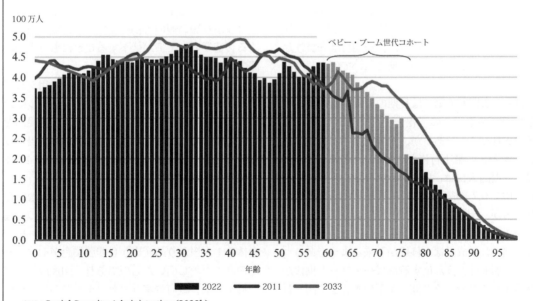

出所：Social Security Administration (2022b).
注：米国社会保障人口は米国非軍事非収容人口とわずかに異なっている。

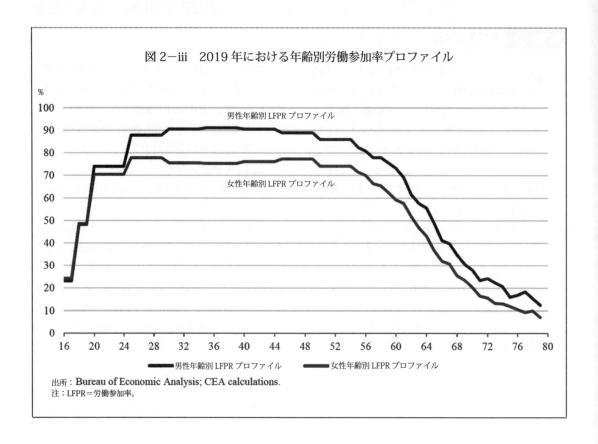

図 2-iii　2019 年における年齢別労働参加率プロファイル

男性年齢別 LFPR プロファイル

女性年齢別 LFPR プロファイル

━━ 男性年齢別 LFPR プロファイル　　━━ 女性年齢別 LFPR プロファイル

出所：Bureau of Economic Analysis; CEA calculations.
注：LFPR＝労働参加率。

　今年の短期の予測を取り巻く状況は 2022 年に特有のものであるが、長期の予測は、最近の事態に縛り付けられることは少ない。これらの問題は、多くは GDP の供給サイドの構成要因の条件によって叙述されえ、それは、短期では一貫性がないといっても、長期の運動においてはより理解可能なのである。

　鍵となる問題の第一は長期の労働供給にかかわるものである。この『報告』の第 6 章において議論されることであるが、米国人口の高齢化である。表 2-5 の第 1 行においては、16 歳以上の民間・非機関人口は、2019 年から 2033 年まで年間平均で 0.7％成長するであろうとわが政権は予測するが、それは、2007 年から 2019 年までの平均 1.0％の年成長率を下回るものである[12]。この予期される成長は、移民から来るようである[13]。労働参加率は、高齢化するベビー・ブーム世代が退職することで、その低下が継続すると予測される。この労働参加率への低下圧力は、2028 年以降弱まると予測されるが、しかし、それについては、BOX 2-3 において議論される。週の労働時

間は（表 2-5 の 4 行に示されるが）女性が参加することに原因がある長い歴史的な低下の時期の後、安定すると予測されるが、女性は平均して男性よりより短い週の労働時間であり、総雇用に占める製造業のシェアが低下することにも週労働時間の低下に貢献している。

　わが政権の予測において、労働力の雇用シェアは、2019 年景気循環ピークにおけるレベルに近づきとどまると予想され、それゆえ、予測範囲を超えて変わることはない。生産性（1 時間当たりの産出として測定）は、15 年間を通して年 1.6％の成長と予測され、長期の平均 2.0％より、よりゆっくりしているが、しかし、2007-19 景気循環の 1.4％成長より速い。最後に、労働者の相違に基づく 1 当たりの産出であるが、これは、経済全体の 1 人当たりの産出から非農業企業セクターでの産出を差し引いたものであり、国民所得勘定の慣例では、政府や家計のセクターでの生産性成長はゼロだから、それは、マイナスになると予測される。経済におけるこれらのセクターの生産性成長はゼロであり、一方で非農業企業セクターの

生産性成長はプラスと予測されるから差し引いたものは必ずマイナスになる。ということは、この差は、歴史的な平均より少なくマイナスになると予測されるのであって、それは、総産出における政府の減少するシェアが予測されるからである。

　長期のインフレ予測は、連邦準備制度が、PCE価格指数によって測った、インフレ率目標値2%

を実現することに成功するという仮定がもととなっている。将来の利子率の予測は、フェデラル・ファンド利率のFOMCの短期予測によって知らせられる。10年物財務省証券の利回り予測は、ブルーチップ・コンセンサスと米国財務省証券の市場価格から導き出された先物比率によって供給された暗黙の予測との間に存在する。

結　論

　COVID-19パンデミックの開始以来、米国経済を激しく揺さぶる諸力は、ただ2022年に静まり始めた。米国は、先進諸国の中でうらやましく思われる立ち位置にあったといえる、というのは、2021年の十分な成長と2022年のプラス成長、低い失業率、他のかなりの諸国と比較してより低いインフレを伴ったからである。さらに、インフレ圧力は、2022年中頃の最高潮の時からすると年末には治まってきたからである。それは、公表値からもそうだし、さらに重要なのは、将来のコア・インフレの点からいってもそうである。米国経済は、記録的な低失業率とトレンドを超える産出の回帰というような、いくつかの経済測定値によれば、完全にCOVID-19が導いたリセッションから回復した。

　この章において議論したように、この時期のインフレは、抑えられた供給と強力な需要との交差によってかなりの程度引き起こされた。これらのダイナミクスは、パンデミックの影響が消費者需要とサプライチェーンに反映したものであり、またCOVID-19によって引き起こされたユニークかつ力強い否定的な力を相殺するために必要であった財政・金融政策に伴うものであった。これら財政金融政策の介入は、インフレ圧力を導き出す役割を果たした強力な需要に貢献したが、また、歴史的に強力な2021-22年の労働市場のためのステージをセットし、スムーズに機能する金融市場をサポートした。同時に、これらの介入は、そうでなければ、何百万の米国人家計を悩ますことになったであろう深いかつ永続的な困難を避けることを援助した。この不安定な環境で、バイデン大統領が言ったように、あまり何もしない

リスクは、やりすぎるリスクを超えるものである。(White House 2021)。

　全般的に言えば、パンデミックによって引き起こされたリセッションからの回復は、2022年に十分に進行し、米国経済は、短期において予測されたトレンドを下回る成長を乗り切ることに成功したのである。パンデミックからの回復のスピードと強さは、最大級のマイナスショックとたたかう財政・金融政策の力を試したのである。政府は団結して、持続可能な成長、低インフレ、そして包括的繁栄を目指して働いたのである。

注
1　より高いGDPは、一般に有益なものであるが、急激なインフレは、経済にコストをかける。政策対応においてこれらのコストは避けることが求められる。
2　労働需要は、求人と雇用を加えたものに等しい。
3　債券利回りというよりは、債券価格をここで議論するのは、株価との比較を簡単にするためである。10年物の財務省証券のスポット価格は、市場の利回りから計算され、利札ナシが前提にされている。
4　年物財務省証券の利率変動の駆動因についての完全な叙述は、この章の範囲を超えている。Stigum and Crescenzi（2007）を見よ。
5　たとえば、2021年12月、ブルー・チップ・コンセンサスによって予測された、2022年第1四半期の年間CPIインフレは、3.3%であり、連邦準備制度の目標値に近く、9.2%の実際の四半期インフレより、さらに低かった。
6　中期から長期にかけては、金融ならびに財政行

動は、供給に影響することができる。たとえば、低金利は、長期の投資を活発にすることができる。政府支出は、インフラを建設し、――たとえば、Donaldson and Hornbeck（2016）――そして、研究開発をサポートする――たとえば、Gross and Sampat（2020）――法的行政的行動については、次のテキスト以下のパラグラフにおいて議論される。一般的に、これらの供給サイドの要因は、金融および財政政策行動の需要サイドの効果より経済に影響するのにより時間がかかる。

7　ISM 供給者配達指数は、配達時間がより短いといった供給管理者の％から、配達時間がより長くなったといった供給管理者の％を差し引いて、2 で割りそれに 50 を加えて算出する。配達時間レベルのこの指数を作るには、50 を ISM から引き、指数は、24 カ月かけて積み重ねたものである。ISM 配達指数は、たった配達遅れの 1 カ月を示すものであるから、より多くの月を積み重ねれば、より多くの情報を含むことになる。過去 24 カ月の積み重ねは、PPI インフレの変化についての最新のデータにフィットする。

8　名目フェデラル・ファンド利率を実質に換算するために、どのインフレ測定値が適切かを正確に議論することは、この章の範囲を超えている。

9　競争促進の IRA 措置には、薬品会社と処方薬価格交渉にあたって、メディケアにより大きな交渉力を認める条項が含まれている。IRA のクリーンエネルギー条項は、長期的に目標を定められた産業における供給の押上を行うことであろう。

10　10 月において、ブルーチップ・パネルは、第 4 四半期から第 4 四半期にかけての実質 GDP 成長が、0.4％と予測したが、それは、12 月の調査において、マイナス 0.1 に引き下げられた。

11　議会予算局（CBO）の予測は、このリストから除かれているが、2022 年の最新予測（わが政権の予測が行われている期間中）は、2022 年 3 月で終了しており、GDP とインフレ・データの多くの発表前のものであり、それゆえ旧いからである。

12　民間・非機関人口には、囚人や精神病院収容者や老人向け施設収容者、また軍人は含まれない。成長率予測は、ソーシャル・セキュリティ庁の人口統計学者によってなされる。表 2-5 は、2019 年第 4 四半期の景気循環ピーク以降の 15 年間の予測成長率を示している。これら供給サイドの構成要因を議論するこの長期期間の選択は、これら多くの構成要因が、景気循環の理由で鋭く動くからであり、（週の労働時間と生産性）、そして、その他は短期において大きく変動するからである（労働参加率と生産性の差）。

13　また、Social Security Administration（2022a）を見よ。

第3章
強力な国際的経済パートナーシップとともに、新しいグローバルな困難に立ち向かう

2022年において、グローバル経済は、困難に直面し続けており、COVID-19パンデミックに伴う経済的ショックは3年目になっても終息はしていない。加えて、ロシアによるいわれなきウクライナ侵略は、グローバル商品市場を混乱させ、それは、企業と政府に重要な貿易と投資のつながりを再評価させる原因となっている。にもかかわらず、米国では、継続的かつ強力なグローバル経済とのつながりが、製造業産出、強い消費、弾力的な企業投資（BEA 2023a）を回復させ、ショックに対する弾力性の引き続く回復に貢献した。それらはまた、地政学的侵略に反撃する戦略的余地をもたらした。

過去3年のグローバルな経済的ショックは、これら経済的つながりの便益とそれらがもたらす経済的かつ国家安全保障上のリスクとのバランスをとる政策の必要に光を当てた。外的困難への政策対応は、国内での環境保護とより内包的な経済成長を求めることと協力してともに、財・サービスとデータを通して表現される、国際的経済連携を変形させるであろう。強力な政府間のパートナーシップが、これら困難に効果的に対処するためには重要である。

この章では、2022年のグローバルな経済的事件が、いかに米国の活発な国際貿易と投資フローに反映されたかを叙述することから始める。そして、現在進行中のCOVID-19、より最近の地政学的緊張、そして、デジタル経済の拡張が、どのようにして、グローバルな経済政策策定における優先権に影響を与えてきたのかを検討する。同盟国とパートナー、これら諸国が共有する困難に集団的に対応する有効な効果を確実にすることにおいて、米国と同盟国・パートナー間における国際的パートナーシップ、その決定的に重要な役割を強調することで、本章を閉じる。

2022年における米国の国際貿易と投資

執拗なCOVID-19に伴って大きく報じられたサプライチェーンをめぐる困難が退き、しかし、ロシアのウクライナ侵略が始まったにもかかわらず、米国の国際貿易と投資は、2022年に記録的な高さに達した。2021年に比較して、財とサービスの貿易（輸出プラス輸入）は、インフレ調整後、実質的に8％上昇し、2019年の記録的な水準を突破した（図3-1）が、それは、緩慢化するグローバル成長と強い米ドルから生じる逆風にもかかわらず引き起こされた活発な財の輸入と輸出の反映であった。（BEA 2023a）。

記録的な輸入は、2022年第1四半期における高まりによって促進されたが、その年の後半には退いた。輸入は、第1四半期の高まりからは後

図 3−1　米国の実質財・サービス貿易、2012〜22 年

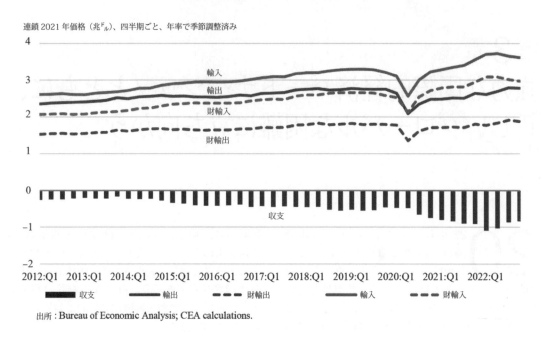

連鎖 2021 年価格（兆ドル）、四半期ごと、年率で季節調整済み

出所：Bureau of Economic Analysis; CEA calculations.

図 3− 2　米国の貿易収支、2018〜22 年

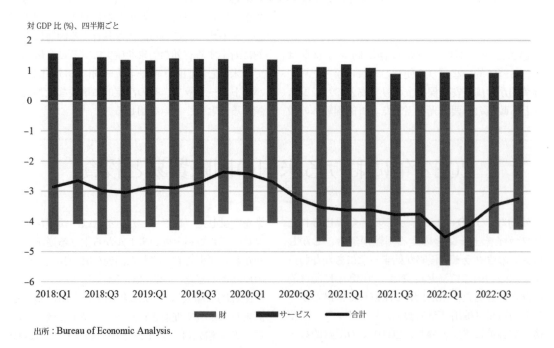

対 GDP 比 (%)、四半期ごと

出所：Bureau of Economic Analysis.

強力な国際的経済パートナーシップとともに、新しいグローバルな困難に立ち向かう

図3-3　米国の実質サービス貿易、2012～22年

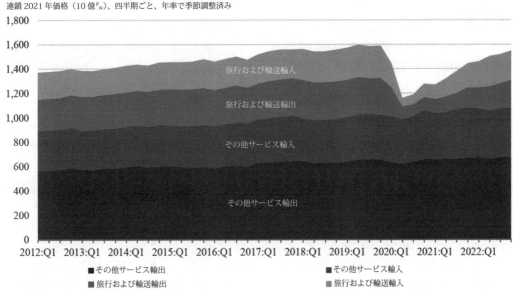

連鎖2021年価格（10億ドル）、四半期ごと、年率で季節調整済み

旅行および輸送輸入

旅行および輸送輸出

その他サービス輸入

その他サービス輸出

2012:Q1　2013:Q1　2014:Q1　2015:Q1　2016:Q1　2017:Q1　2018:Q1　2019:Q1　2020:Q1　2021:Q1　2022:Q1

■ その他サービス輸出　　　　　　　　　■ その他サービス輸入
■ 旅行および輸送輸出　　　　　　　　　■ 旅行および輸送輸入

出所：Bureau of Economic Analysis; CEA calculations.

退したが、依然歴史的な条件から言うと強力にとどまった。それに対して、輸出は、第3四半期にかなり着実に増大し、第4四半期における浅い後退を伴った。これら明瞭な経路は、2022年において、貿易赤字（輸出マイナス輸入）の急激な増加と引き続くその縮小に反映される（図3-2）。2022年第1四半期に、貿易赤字は、国内総生産（GDP）の4.5％にもなり、――それは2008年第3四半期以来最も大きかった。それ以降、赤字は、輸入がそのピークから下落するにつれ小さくなったが、第4四半期には、GDP比3.2％に達した。

　過去20年を通して、米国の財貿易の赤字は、部分的にはサービス貿易の黒字で相殺された。それは、米国のサービス輸出は、常にサービスの輸入を上回ったからである。しかしながら、サービス貿易の黒字は、COVID-19パンデミックの到来による国際的動きの急激な停止以来縮小されてきたのであって、旅行・運輸サービスの輸出は、輸入よりその回復が緩やかであったからである[1]。2022年において、旅行・運輸サービス輸

出は、2019年レベルの実質でたった67％にすぎず、それに対して輸入は、89％にまで回復したからである（図3-3）。

　2022年において、旅行サービス輸入（アメリカ人旅行者の海外での支出）が、輸出（米国への外国人訪問者による支出）に比較して急増したのは、かなりの程度、ドルの強さによるものであったようである。（BOX 3-1）。運輸サービスにおいて、回復の経路の違いは、その構成要素にあり、米国運輸サービス輸出は、典型的には航空旅客サービスによって占められており、COVID-19による外国人訪問者の激減が、これら輸出を超えたのである。多種多様な米国の運輸サービスの輸入において、その典型が航空旅客サービスなのであるが、大きなシェアは、海運サービスが占める。多くの海運企業は外国によって所有され、記録的な財の輸入が、これらサービスを押し上げたのである。（BEA 2023b）。

20 22 年、米ドルは、主要貿易パートナー、とりわけ他の先進経済諸国通貨に対して強くなった。連邦準備制度による概略実質為替レートは、2022 年 1 月から 2022 年 10 月のピークにかけて、10.7％上昇し、2022 年末までには、戻したが、2022 年 12 月において年率 5.4％の上昇となった（図 3-i）。ドルの上昇は強力な米国の成長と上昇する利子率格差によって引き起こされると同時に、ロシアのウクライナ侵略がグローバルな不安定性をもたらし、安全性への投資としての米国資産の魅力によってもたらされたものでもあった。年末のドルの弱化は、連邦準備制度の利率上昇のペースを落とすシグナルを反映したもので、他国の先進国経済での相対的に強い経済状況の知らせによるものでもあった。

ドルの為替レートは、貿易パートナーに重要な影響を与えたが、それは、彼らが米国の財とサービスの価格をその貿易パートナーの国民通貨の価格で評価したからである。ドルが高くなれば、ド

ル建ての財とサービスを購入するには、より多くの国民通貨が必要とされる。と同時に、それは、米国の購入者の、外国通貨建てで評価される輸入財とサービスの支払いコスト、それらがより安くなることで、下落する。その他条件が変わらないとして、この相対価格の変化は、米国の購入者が米国で生産された財サービスから離れ、外国で生産された財とサービス向かうことを促進し（輸入）、米国の貿易赤字を拡大した。

2022 年、強いドルは、貿易パートナーを形作る多くの強い通貨の 1 つにすぎない。というわけで、その影響を他の諸力から区別することは困難である。しかしながら、1 つの例として、ドルの強さが図 3-3 において描かれているように、旅行サービスの輸出に対して、輸入のより強力なリバウンドに貢献したことはあり得るのである。上述で説明した通り、ドルが強い時には、外国通貨に換算すれば、それはより高い価値をもち、旅行予算の積み増しとなるのであって、アメリカ人が

図 3-ｉ　連邦準備制度理事会の実質総合ドル指数、2016〜22 年

指数；2021 年＝100、2022 年 12 月まで

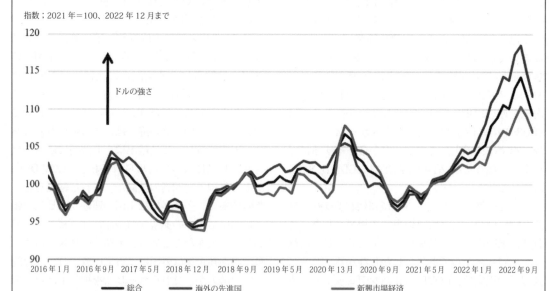

出所：Federal Reserve Board; CEA calculations.
注：海外の先進国には、オーストラリア、カナダ、ユーロ圏、日本、スウェーデン、スイス、イギリスが含まれる。新興市場経済には、アルゼンチン、ブラジル、チリ、中国、コロンビア、香港、インド、インドネシア、イスラエル、韓国、マレーシア、メキシコ、フィリピン、ロシア、サウジアラビア、シンガポール、台湾、タイ、ベトナムが含まれる。

強力な国際的経済パートナーシップとともに、新しいグローバルな困難に立ち向かう

海外でホテル、レストラン、そしてその他の財やサービスに支出するインセンティブを高めることになるからである。反対の効果として、外国旅行者に対して、米国への旅行をより高くすることになるであろう。

2022年、強いドルはまた、大豆、綿花、そしてトウモロコシのような農産物の米国からの輸出に被害を与えた（Jiang et al. 2022）。確かに、経済分析局の食品、飼料、そして飲料の最終用途カテゴリーの大雑把な輸出額、それには、これら農産物も含まれているのであるが、ドルが高かったもう1つの時期の、2015年以来実質タームでその最も低いレベルに落ちた。（BEAは、貿易財を6つの最終用途カテゴリーに大雑把に分類している：消費財、食品・飼料・飲料、工業用供給・材料、資本財、自動車など、そしてその他）農産品は、比較的その原産地国を超えて、その差はあまり存在しないから、購入者とすれば、米ドルが強くその相対価格を上昇させているときには、米国の種類を選ばず離れていくものである。確かに、調査が示唆するように、為替レートは、購入者にとり、そんなに差のない商品を購入する場合、とりわけ重要な要因となるもので、米国からの農産物輸出は、実質ドルが強いときには下落の傾向をもつのである（Cooke et al. 2016; Mattoo et al. 2017）。

2022年における、製造業製品の強力な実質輸出というのは、一見すると米国通貨の競争力の弱体化と矛盾するように見える（これら輸出は、北米工業分類システム、第31章から33章、米センサス局2023b; BLS2023の下での財の輸出と定義されるもの）。しかしながら、これは、2つの相殺要因によるものと、ある程度説明できる。第一は、ドルの強さが、輸入投入のドルコストと外国通貨によって価格付けされた資本設備のドルコストをより引き下げ、これら輸入財に依存する米国製造業のコスト上の競争力を高めた（Goldberg and Crockett 1998）。第二に、2022年、米国の製造業の通貨上の競争力の喪失は、エネルギー価格の急騰にさらされた他国のコスト競争力の喪失によって、相殺されたようである。

強いドルはまた、輸入消費財価格のドル価格をより低くし、インフレ圧力に水をかけた。実際は、しかし、米国の消費価格インフレの動きに対するドルのインパクトは、歴史的に言って限定的なものであり、米国輸入価格への為替レートの動きは、比較的影響の少ないものであった（Gopinath and Itskhoki 2021; Gopinath, Itskhoki, and Rigobon 2010）。さらに、輸入財は、インフレの測定に普通使われるバスケットの財においては、小さいシェアしか占めなかったからだ——ある推定によれば、消費者価格指数のたった12.6％を表しているにすぎなかった（Borusyak and Jaravel 2021）——そこで輸入財の価格下落は、その時期、測定されたインフレへの重大な影響はほぼなかったのである。

パンデミック関連ならびにマクロ経済的トレンドが、記録的な財輸入を形成した

強力な需要成長とパンデミック時期のサプライチェーン圧力のゆるみが2021年を通して高まり、2022年第1四半期の劇的な財の輸入増の下支えとなった。（米国輸入相手のトップについてはBOX 3-2を見よ）。ドルが強くなるにつれ、これら諸力は、その年の終わりまでを通して輸入をどんどん引き上げ続けた。いかにして、このパターンが、消費財の広範な最終用途カテゴリーの記録的な輸入において、明らかになるのかを示すために、図3-4では、このカテゴリーを2つに分ける。家計財シリーズは、家計消費に最も関連する財の実質輸入のトレンドを描いたもので、アパレル、フットウェア、携帯電話、家具ならびに家庭設備のようなものである。その他の消費財シリーズは、薬、芸術作品、美しいダイヤモンドのような、日常の家計支出にあまり関係しないものである[2]。

図3-4が明らかにしていることは、第1四半期の輸入の急増は、家計財によって引き起こされたものであり、パンデミックの引き起こした消費支出がサービスから離れ財に移動したことを反映したのである（この『報告』の第2章をみ

図3-4　実質消費財輸入、2018〜22 年

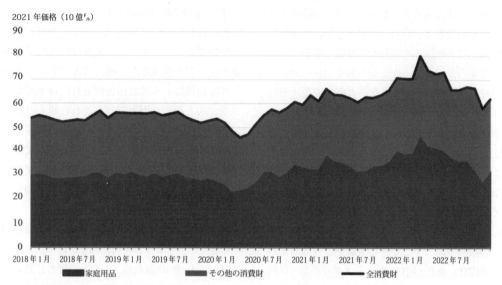

2021 年価格（10 億㌦）

出所：Bureau of Economic Analysis; Bureau of Labor Statistics; CEA calculations.
注：消費財は自動車および部品を除く。家庭用品には、次のものが含まれる。衣料品、履物、その他家庭用品。家具とその他家庭用品。家電製品。携帯電話とその他家庭用品。玩具、ゲーム、スポーツ用品。実質統計は、労働省の輸入物価指数で調整されている。

図3-5　実質資本財輸入（自動車を除く）、2018〜22 年

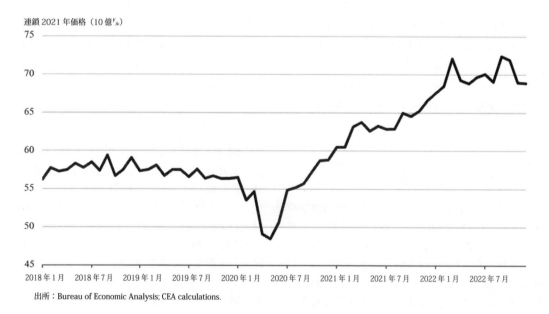

連鎖 2021 年価格（10 億㌦）

出所：Bureau of Economic Analysis; CEA calculations.

強力な国際的経済パートナーシップとともに、新しいグローバルな困難に立ち向かう

BOX 3—2　米国における上位の財貿易パートナー

財の貿易の製品構成は近年変化した、と調査は示すのであるが、米国の財貿易の上位パートナーは、ほぼ同じくとどまっている（Bown 2022a）。米国輸出の目的地と輸入の仕入れ先のトップは、依然中国とEU──米国以外における2つの巨大経済──であるが、同時に米国の北米近隣国、メキシコとカナダでもある。合わせると、これら4つの経済は、米国貿易の半分を超えることになる（図3-ⅱ、図3-ⅲ）。

図3−ⅱ　米国の財輸入の上位供給元　2022年

輸入名目額のシェア

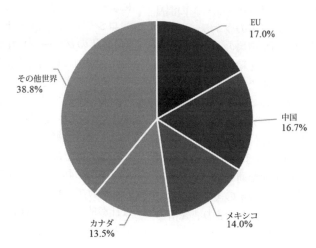

EU
17.0%

中国
16.7%

メキシコ
14.0%

カナダ
13.5%

その他世界
38.8%

出所：U.S. Census Bureau.

図3−ⅲ　米国の財輸出の目的地、2012～22年

輸出名目額のシェア

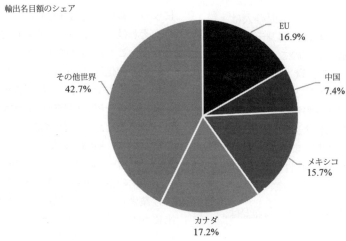

EU
16.9%

中国
7.4%

メキシコ
15.7%

カナダ
17.2%

その他世界
42.7%

出所：U.S. Census Bureau.

よ）。この移動はこの時期を通じて不均衡的に輸入需要を増加させたのであるが、それはかなりの程度、財がサービスよりもより輸入集約的であるからである。これと重なって、リモートワークが増加し家の外でのレジャーへの支出が減少し、コンピュータや米国にとってとりわけ輸入集約的なホーム改善用の製品などの需要を増大させたのである。（Chetty et al. 2022; Higgins and Klitgaard 2021; IMF 2022a）。

　第1四半期において、港の混雑が解消に向かい――COVID-19関連のサプライチェーンの混乱から数カ月がたち、またロシアのウクライナ侵略が差し迫る中でのグローバル市場の不安定性に対応するため、企業は在庫投資を積極的に行ったので、さらなる輸入の増加をもたらした。消費支出がサービスに戻りはじめたので、家計財の輸入は、その第1四半期のピークから減少し、サプライチェーンの未処理の仕事も片付き、在庫投資の再構築が継続された（第2章を見よ）。しかしながら、輸入は、その年の第1四半期を通してパンデミック前の水準を超え続けた。その年の後半になって、金利が上昇し、消費需要の抑制が始まり、家計財の輸入は、決定的に落ち始めた。

　資本財の実質輸入はまた、2022年に記録的な状況となり、2021年の以前の記録を10％も超えた。工業用物資と原料――燃料、金属、そしてその他の重要な工業用投入財の活発な輸入を伴って、――これらの輸入は、2022年の国内産出の強力なリバウンドをサポートした（第2章を見よ）。家計財と同じように、資本財輸入は、第1四半期に急増したが、それは、パンデミックの時期の港の混雑から解放されてのことであった（図3-5）。家計財と異なって、資本財輸入はパンデミック前の水準を十分超えてとどまったのであり、輸入は、さまざまなタイプの電気設備、工業用機械、運輸設備、そして情報・通信技術設備などであり――それには半導体も含まれ――供給制約からの解放と強力な企業需要の組合せから利益を生み出したのである。

地政学的ショックとグローバルな需要は、記録的な財輸出を形成した

　財の実質輸出は、2022年において、そのパンデミック前の最高値を2.6％ほど上回った（BOX 3-2米国輸出相手先トップを見よ）。米国のエネルギー輸出への増大する需要が、カギとなる駆動因であるが、多くの国が――とりわけヨーロッパが――原油と天然ガス供給源として、ロシアに取って代わる国を探したからである。工業供給と原料の広範な最終用途カテゴリーの米国からの輸出は、―それにはエネルギー財も含まれるのであるが――消費財の輸出のように、2022年に最高値を打った。図3-4に描かれている消費財の輸入と対照的に、実質消費財輸出の増加は、薬品財によって促進された。（図3-6）。

　ロシアのウクライナ侵略によるショックは、2022年のグローバルな商品市場へ甚大な影響を与え、米国の輸出に影響した。他の取引財と異なり、石油のような商品は、――多くの金属、ミネラル、そして農産物が比較的産出国を通して標準化されているように――買い手は比較的簡単に産出国を取り換えることを可能とする。それゆえ、いかなる国であろうとその価格は、大体はグローバル市場の動きによって決定されるのである。そんなわけで、ロシアとウクライナが米国にとっては比較的小さな貿易相手国――つまり、2021年において、米国輸出のたった0.5％であり、輸入の1.1％にすぎないのであるが――彼らは重要な商品の主要な生産者であり輸出業者であるので、彼らの輸出の混乱は、米国の消費者が、食品と燃料に支払わなければならない価格に影響し、また全体のインフレにも影響するのである（第2章を見よ）。加えて、米国は、ロシアとウクライナによって輸出されるかなりの商品の輸出者でもあり、それはエネルギーと農産物において顕著であるから、これらの諸国からの供給の混乱や輸出パターンの変化は、同時に米国輸出に影響することがありうるのである（IEA 2022a）。

　最初、ロシアの侵略は、大きくウクライナをグローバル市場から、食物商品、とりわけ小麦、トウモロコシ、植物油の輸出者としての地位を切り離し、グローバルな食料の安全性を脅かした。ウクライナの輸出供給の喪失は、グローバルな買い付け業者にロシアの輸出者の穀物と菜種油の輸出にかかわることをためらわせ、さらにロシア自身の輸出業者が肥料やその他農産物の輸出規制を行ったので、重要食品と燃料と肥料のような農業用投入財の重要な供給ラインの収縮に帰

強力な国際的経済パートナーシップとともに、新しいグローバルな困難に立ち向かう

図3−6　実質消費財輸出、2018〜22 年

連鎖 2021 年価格（10 億㌦）、四半期ごと、年率で季節調整済み

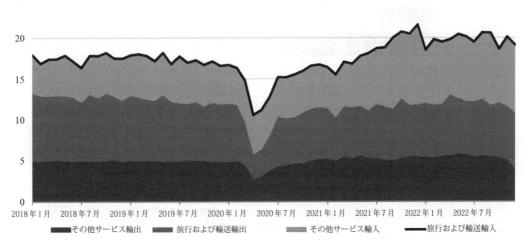

■その他サービス輸出　　■旅行および輸送輸出　　■その他サービス輸入　　──旅行および輸送輸入

出所：Bureau of Economic Analysis; Bureau of Labor Statistics; CEA calculations.
注：消費財は自動車および部品を除く。家庭用品には、次のものが含まれる。衣料品、履物、その他家庭用品。家具とその他家庭用品。家電製品。携帯電話とその他家庭用品。玩具、ゲーム、スポーツ用品。小売統計は、BLS の輸入物価指数で調整されている。

③

図 3−7　米国の液化天然ガス輸出、2021 年と 2022 年

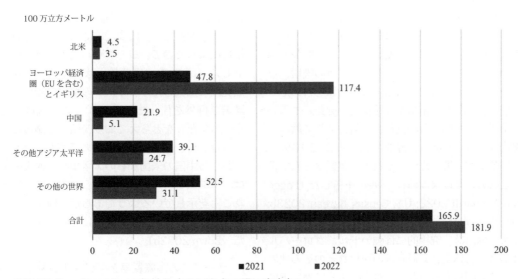

■2021　■2022

出所：U.S. Census Bureau, accessed with Trade Data Monitor; CEA calculations.
注：液化天然ガスは HS271111 に含まれる。その他アジア太平洋には、オーストラリア、日本、韓国、ニュージーランド、東南アジア諸国連合に属する全 10 カ国（ブルネイ、カンボジア、インドネシア、ラオス、マレーシア、ミャンマー、フィリピン、シンガポール、タイ、ベトナム）が含まれる。

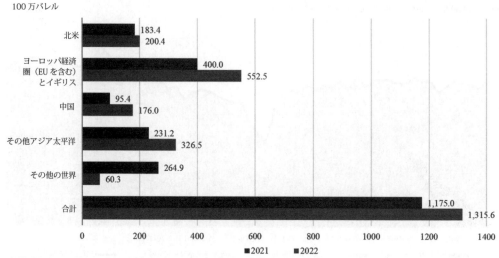

図 3-8　米国の原油輸出、2021 年と 2022 年

100 万バレル

	2021	2022
北米	183.4	200.4
ヨーロッパ経済圏（EU を含む）とイギリス	400.0	552.5
中国	95.4	176.0
その他アジア太平洋	231.2	326.5
その他の世界	264.9	60.3
合計	1,175.0	1,315.6

出所：U.S. Census Bureau, accessed with Trade Data Monitor; CEA calculations.
注：液化天然ガスは HS271111 に含まれる。その他アジア太平洋には、オーストラリア、日本、韓国、ニュージーランド、東南アジア諸国連合に属する全 10 カ国（ブルネイ、カンボジア、インドネシア、ラオス、マレーシア、ミャンマー、フィリピン、シンガポール、タイ、ベトナム）が含まれる。
訳者注：脚注が図 3-7 と同一で明らかに原文が間違えている。

結し、侵略直後、価格急騰が起こった（Glauber and Laborde 2022）。価格高騰は、同盟諸国がこの混乱を緩和するために成功裏に協調したので下落した。しかしながら、ロシアの国内行動とウクライナへの侵略を伴う不安定性は、——貯蔵と輸出食物商品の輸出に使われるインフラの破壊、ウクライナの黒海の取引航路の海上封鎖を含めて——引き上げられる価格上昇を継続させた。こうした事態は、米国からの食料、飼料、そして飲料の輸出を、2021 年の記録を名目タームで 10％も上回る増加に導いたが、それは、実質タームで言うと 2015 年以来、最低レベルに下落した（Foggo and Mainardi 2022; U.S. Census Bureau 2023b; Yale School of Public Health 2022）。これら産物の実質輸出は、究極的には強いドル、グローバルな需要の弱体化、気候状況の悪化などのその他の特別な要因もあったが、これらによって押し下げられた。

ロシアのウクライナ侵略による混乱は、米国のエネルギー財、とりわけ天然ガス（LNG）と原油の輸出により重要な実質的インパクトを与えた。米国からの LNG と原油の輸出量は、2021 年に達成された高いレベルを超えてかなり上昇した。LNG について、米国輸出は、ロシアがパイプラインを通じて一時支配的であった天然ガス供給を制限したので、ヨーロッパ諸国へ劇的にシフトした（図 3-7）。原油輸出は、仕向け地向けに広範囲に拡大したが、中国への輸出の減少という顕著な例外を伴った（図 3-8）。この図は、ただ単一の年だけをとらえており、傾向を測ることができないが、調査が教えるところでは、2022 年における中国の米国からのエネルギー輸入の減少は、ロシアを含め他の諸国からの輸入にシフトしたことを示しているようであるが、同時に中国の経済成長の鈍化による需要減にも原因があるようだ（Bown 2022b）。

サービスの国際貿易とデジタル貿易は、弾力的であり続けている

2022 年末を通して、米国のサービス貿易は、旅行と運輸を除いて、継続する COVID-19 パンデミックと勃興する地政学的緊張のさなかにあり

強力な国際的経済パートナーシップとともに、新しいグローバルな困難に立ち向かう

図3−9　米国の潜在的な ICT が創るサービスの貿易、1999〜2021年

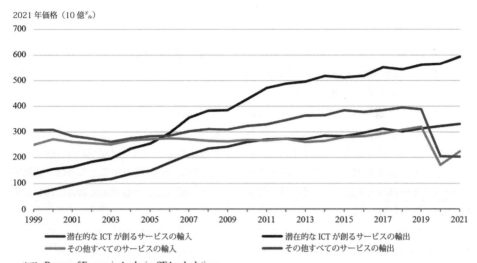

2021年価格（10億㌦）

注：ICT＝情報通信技術。潜在的な ICT が創るサービスの輸出および輸入についての物価指数は、その構成要素（保険サービス、金融サービス、知的財産権使用料、情報通信、コンピュータ、情報サービス、その他対企業サービス、対人・文化・余暇サービス）についての物価指数の平均として算出され、そのカテゴリーの名目シェアでウェイト付けされている。その後、名目統計はこの物価指数で変換されている。

ながら、非常に安定的であった（図 3-3）。ある程度これは、デジタル技術が多くのサービス貿易をリモートで供給することにより対応することを可能としたからである。さらに、多くの国では、電子支払いへのアクセスと効率性を促進することなどによって、デジタル貿易の障壁を削減してきたからである（Klapper and Miller 2021）。ちょうど、リモート・ワークがパンデミック関連の多くの国内産業の混乱を小さくしたように、これら産業は、情報とデジタル技術に特化し、サービス供給業者の動きをデータの動きに変え、これら産業の国際貿易における混乱を小さくしたのである（Brynjolfson et al. 2020; Dingel and Neiman 2020; Espitia et al. 2021; Pei, de Vries, and Zhang 2021）。さらに、移動の制限は、仕事や家計消費がオンラインに移動したように、そのほかのデジタルサービスの取引への需要を増加させた。

事実、パンデミックは、デジタル貿易の流れを加速したようである。デジタル貿易の標準化された定義は、存在しないが、一般に３つのタイプの取引を含むものとしてとらえることができる。第

一は、伝統的な電子商取引であり、そこでは、インターネットがオフラインで運ばれる購入を促進する。第二は、デジタルに供給されるサービスであり、オンラインを通じて供給され消費される。このカテゴリーには、日常生活において大きな部分を占める一連の広範なサービスが含まれるのであり、流れる音楽やビデオ、インターネットに組み込まれているサービス、「賢い」家計設備と関連した医療手段、そして企業活動ためのクラウド・コンピューティングのようなものが含まれる。第三のカテゴリーは、データであり、国境を越える多くの取引の基礎的な要素であり、また会社営業や宣伝を目的として他企業へ販売する部分として会社から配置され、製造活動を改善し、その他多くの使用目的で人工知能（AI）手段を学ばせる機械に力をつけるのである（Meltzer 2019; OECD 2023a; Staiger 2021a; Wharton 2019）。

デジタル貿易は、詳細には今日のデータソースを用いて計測することはできないのであるが、過去 20 年間に劇的な増加を見ているという証拠はある。デジタル貿易取引を証拠づける、国境を越

Box 3—3　デジタル貿易の勃興と米国労働市場

デジタル技術の前進、それは離れた生産を促進し、財とサービスを供給するが、米国の労働者に重要な機会と困難を創造するであろう（Amiti and Wei 2006; Eppinger 2019; Grossman and Rossi-Hansberg 2008）。米国の労働者は、多くの貿易サービスと洗練されたかなりの財に比較優位があるが、それは、スキルのレベルと教育によるものである。巨大なグローバル市場へのアクセスは、これら産業の拡大を許すものであり、これらのスキルへの増大する需要、それは、賃金を持ち上げ、労働力の一部において雇用の機会を創り出すことになることであろう。しかしながら、デジタル的に可能な輸入と直接競争するサービス産業での他の労働者（すなわち、外国の電子商取引会社と競争する伝統的な量販店の小売商で働く労働者）は、より低賃金と雇用喪失に直面するかもしれない。重要なことは、調査が示しているように、これらの喪失は、不均衡的に、米国において、経済的に傷つきやすく悪化する経済的不平等にある個人に影響を与えるかもしれない（Oldenski 2011）。とりわけ、ボールドウィン（Baldwin 2022）が議論しているように、デジタル・サービス貿易の拡大は、中間サービス（すなわち、行政的援助、グラフィック・デザイナー、旅行代理店、情報技術援助スタッフ）を提供する米国労働者にマイナスの影響を与えるかもしれないのであり、彼らは、発展途上国の同業の低賃金労働者からの勃興する競争に直面するかも知れないのである。

労働条項は、バイデン―ハリス政権のデジタル貿易に関して米国パートナーとの仕事の中核となる目玉であり、米国・EU 貿易技術会議（DOL 2022）の下での米国 EU 貿易と労働対話との米国の議論として特徴付けできるが、それは同時に繁栄のためのインド・太平洋経済フレームワークの柱 1 においても行われる（USTR 2022b）。これらの条項の目的とするところは、貿易条項がデジタル経済における米国労働者に対し公正な競争をサポートすることを確実にすることにあり、低賃金標準の基礎上で競争を促進するのではなく、むしろ外国の労働者の標準を引き上げることが目指されるのである。

以前の労働市場へのショック――これは、いわゆる中国ショックというものであり、輸入による競争の激化が特定の製造業セクターを襲い、かなりのコミュニティに集中的かつ執拗な雇用喪失に導いたものなのであるが――それへの調査が明らかにしていることは、彼らの労働への需要における変化の後の調整が、多くの労働者にもたらすコストは、甚だ大きいということだ（Autor, Dorn, and Hanson 2013, 2016, 2021; Eriksson et al. 2021）。このことが示唆しているのは、補正的国内政策には、デジタル貿易を通じて増大する競争にさらされる米国労働者をして、適切な資源をもって準備させることが必要であり、それには重要な役割があるということである。

えるデータ・フローは、合わせると、2010 年から 2019 年までは 45％、2019 年から 2021 年までは、40％の、年成長率だけ、増加した（Birshan et al. 2022）。それに比較して、財とサービスのフローは、2010 年から 2019 年にかけて、それぞれ、あわせると約 3％から 4％の年成長率で上昇した。（BEA 2023c）。推計値が示唆していることであるが、電子商取引は 2010 年から 2019 年にかけて 14.5％、2010 年から 2021 年までは 30.3％の平均年成長率で成長した。電子商取

引は、価値額で評価して、2022 年には、小売り販売額の平均 14.5％を形成し、2010 年の 4.5％、2019 年の 10.5％からアップした（U. S. Census Bureau 2022）。

同様に、BEA が「ICT 可能な」（すなわち、情報通信技術――可能な）と定義される取引サービスは、時とともに劇的に増大してきた（図 3-9）[3]。潜在的に ICT 可能な実質輸出と輸入サービスは、1999 年から 2021 年にかけてそれぞれ 7.0％と 8.5％の平均年率で成長した。これは、

強力な国際的経済パートナーシップとともに、新しいグローバルな困難に立ち向かう

その他全サービスの実質輸入と輸出よりも速い成長であり、同じ時期、その他全サービスは、それぞれ、0.5％とマイナス1.1％の平均年率で成長した。

　伝統的な財・サービス貿易とは異なり、多くのデジタル貿易取引は、国境を越える財と人との物理的な運動は存在しない。むしろ、取引は、完全にデータの流れで実現される。物的交換と大きな相違は、国境を越えてデータを動かす限界費用はほぼゼロである。さらに、デジタル的に運ばれるサービスを近くから得ようが遠くから得ようが、その獲得費用の違いもほぼゼロである（Goldfarb and Tucker 2019）。規制のハードルの急激な増加もなく、デジタル貿易は、インターネットが拡大し、デジタル技術が改善されることが継続すれば、より一層増加することとなるであろう（Baldwin 2022）。

　現在のところ、米国の潜在的ICT可能なサービス貿易は、先進経済諸国に集中している（BEA 2022）。しかしながら、デジタル技術が発達し、インターネット使用を可とするインフラが改善するにつれ、広範なデジタルサービスを供給し需要する世界からより多くの労働者と消費者を引き付けるより多くの機会が生まれることであろう。これは、新興市場とのデジタル貿易を十分にしっかり増大させることであろう（Baldwin 2022）。そしてそれは、米国の消費者、労働者、そして企業へ多大なる便益を供給することになる。しかしながら、増大する外国のサービス供給業者との競争は、また、かなりのアメリカ企業と労働者に否定的な効果をもたらすことにもなるであろう（BOX 3-3）。

引き上げられる不安定性にもかかわらず継続する外国直接投資の増大

　グローバルな外国直接投資（FDI）のフローは、2022年の最初の3つの四半期において強力に成長したことを示し、実質全グローバルFDIフローは、2021年の最初の3つの四半期と比較して、2022年のそれは、9％の伸びであった、2022年の最初の3つの四半期でのグローバルFDI成長は、過去5年において二番目に高いレベルとなり、年間を通して15％以上の増加であり、前四半期と比較すると40％以上の増加であった（BEA

2023d; OECD 2023b）[4]。グローバルなFDIは、世界のGDPシェアから言うと、2022年前半において、約2％に到達したが、COVID-19パンデミックの到来によって国際投資の鋭い落ち込みからの継続的な回復であった。FDIは、しばしば、リスク（たとえば、限られてはいるが国家安全保障に対するというような）をもたらすものであるが、調査は、FDIの流入・流出は、経済成長への重大な貢献の源であり、ショックへの弾力性を増大させるものである（Alfaro 2016; OECD 2020a）。

　FDIフローは、国際貿易のように物的混乱の同様なタイプに直接的に影響されるものではないが（たとえば、金融取引の実施能力は、港の閉鎖や物理的距離のような問題によって影響されない）、グローバルな経済状況の変化へは同様に対応することになる。グローバルな経済状況への引き上げられた不安定性と経済政策環境の変化は、投資フローを削減し、反転させることがありうる（Choi, Furceri, and Yoon 2020; Gulen and Ion 2016; Julio and Yook 2016）。企業は、不安定性が高く、投資家がいつ状況が正常化するかを決定することが困難なとき、投資決定を遅らせたり、停止させたりすることがありうる。2022年第1四半期の強力なフローに引き続き、インフレの高まり、タイトなグローバルな金融状況、そしてまた、ロシアのウクライナ侵略の複合的な諸影響は、2022年第2・3四半期において、個人、会社、そして政府のグローバルFDIフローを緩和させることに帰結した。（それは、2021年の第2・3四半期と比較すると、なお5％の成長であった）。

　米国に焦点を当てると、2022年前半において、わが国は、グローバルに、最も大きいFDI受け取り国であり、最も大きい流出国であった（OECD 2022a）。米国へのFDIフローの流出入は、とりわけ、巨大新興市場諸国への流出入と比較すると、多くは、発達した諸国からのものであった（G7諸国のような）（図3-10、3-11）。

　これらの流れに沿って、米国、その同盟国、そしてパートナーは、これら産業において特大の役割を果たしている他の諸国、明らかなのは、中国であるが、そうした国への依存を削減する道として、お互いの経済において重要な産業へ深く投資する諸措置をとっているのである。たとえば、米

図 3−10　米国の実質対外直接投資、投資先別、2012〜22 年

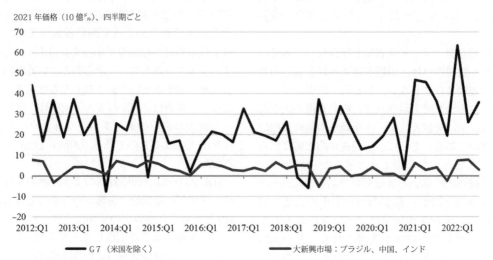

2021 年価格（10 億㌦）、四半期ごと

出所：Bureau of Economic Analysis; CEA calculations.
注：データは、方向に基づいた純金融取引（経常コスト調整なし）であり、このケースでは、対内投資（海外の米国への直接投資）に関連したものである。名目統計は、米国の個人消費支出物価指数を用いて 2021 年価格に変換されている。データは 2022:Q3 まで。

図 3−11　米国の実質対内直接投資、投資元別、2012〜22 年

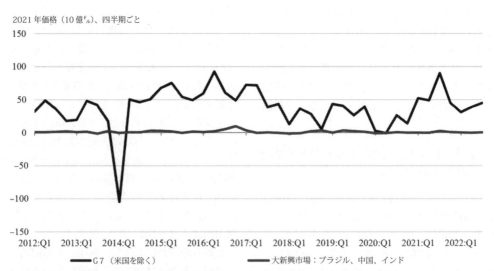

2021 年価格（10 億㌦）、四半期ごと

出所：Bureau of Economic Analysis; CEA calculations.
注：データは、方向に基づいた純金融取引（経常コスト調整なし）であり、このケースでは、対内投資（海外の米国への直接投資）に関連したものである。名目統計は、米国の個人消費支出物価指数を用いて 2021 年価格に変換されている。データは 2022:Q3 まで。

強力な国際的経済パートナーシップとともに、新しいグローバルな困難に立ち向かう

国、その同盟国、そしてそのパートナーは、半導体の生産能力を集団的に増大させるため協力している（Shivakumar, Wessner, and Howell 2022）。米国のチップスおよび科学法の一部として、国務省は、国際技術保障とイノベーション・ファンドを管理するであろうが、それは、米国の半導体産業の強化とサポートを促進することになるであろう（U. S. Department of State 2022a）。同様に、グローバルインフラと投資のためのパートナーシップを通しての新興および発展途上諸国へのインフラ投資を促進する協調努力は、とりわけデジタル経済とグリーンエネルギーへの移行をサポートし、不安定性の削減、サプライチェーンの安定性強化に寄与し、企業と労働者へ新しい機会を創出し、全面的な経済成長の起爆剤になることであろう（White House 2022a）。増大する政策の明確化は、これらタイプの介入から帰結するものであり、パンデミック中の供給制約を共有する経験は、相互の投資をさらに促進し、それゆえ、米国の重要な同盟国とパートナーとの投資関係を深めることになるであろう。

転換点にあるグローバル経済関係

第2次世界大戦以来、米国、その同盟国ならびにそのパートナーの国際経済政策の焦点は、より大きな経済的繁栄をもとめて貿易と投資の障壁を削減し続けることにあった（Irwin 2022a; CRS 2023）。これらの政策は、グローバル・サプライチェーンの形態で、統合された経済的関係の網を拡大し強化することを導いてきたし、世界中の国民所得をしっかりと増大させてきた国境を越える財とサービスのフローをサポートしてきた（CEA 2022, chap.6; Irwin 2022b; World Bank 2020）。しかしながら、COVID-19 パンデミックによるこれらフローの混乱は、サプライチェーンの重要な結節点への打撃となり、企業と家計への特定の重要な財の供給についての制約を増幅させた（Espitia, Rocha, and Ruta 2022）。加えて、ロシアのウクライナ侵略は、米国、その同盟国、そしてパートナーが、ロシアの軍事的攻撃を促進する可能性のある経済的関係を断ち切ることを焦眉の急とした。結果として生じた経済制裁、かなりの国際企業による、ロシアとの経済関係維持の嫌悪、そして、ロシアによる報復的輸出規制は、多様化していないサプライチェーンのリスクをより一層明らかにした。それらはまた、対外政策のツールとしての経済統合の力を強調した（Yellen 2022a; Lagarde 2022）。

これらショックとともに、時間とともに増大する輸入からの競争はまた、かなりの労働者グループの雇用と報酬を痛めつけてきた（BOX 3-3）。米国内における上昇する所得不平等における国際貿易の関連した役割についての長期にわたる憂慮すべき事態（Auto et al. 2014; Chetverikov, Larsen, and Palmer 2016）は、——米国内の取引財・サービスの消費に内在している温室効果ガス排出を通した、気候危機についての憂慮とともに——米国とその他諸国の貿易政策へのアプローチを再評価し、アップデート化させることへの要請に導いてきた（CEA 2022; chap3; Tai 2021a, 2021b; WTO 2022）。

市場のインセンティブと現下の貿易ルールが、生産と貿易フローを、必ずしも国境の社会的、政治的、環境的あるいは国家安全保障と適合させることにはならないとしても、国際貿易と投資は、経済的増進の力強い源になり得るものである。実証的調査が示すところだと、企業と消費者にとってより低いコストをサポートするのに付け加えて（de Loecker et al. 2016; Jaravel and Sager 2019）、輸出産業での労働者への雇用と高賃金（Feensra et al. 2019; National Security Council 2022; Riker 2015; U. S. Department of Commerce 2021）、貿易と投資は、国境を越えて知識のフローを促進し、生産性増進とイノベーションに活力をいれるのである（Goldberg et al. 2010; Keller and Yeaple 2009）。米国の国境を越える貿易と投資は、多くの発展途上国に、潜在的に安定を脅かす貧困と戦う機会を供給し（Irwin 2022b）、他の領土において、米国とのより親密

BOX 3—4　米国の経済的パートナーシップへの新しいアプローチ

バイデン―ハリス政権は、経済パートナーシップを通じてより深い商業的絆を追求しており、それは、外的ショックへの脆弱性へ対処し、一方で国際貿易と投資をより環境保護的かつ公正にすることを可能とする。繁栄を求めてのインド・太平洋経済的フレームワークには、旗艦的役割があり、それは４つの柱から成り立つ。貿易における柱は、高水準、包括的、自由、公正、そして、開かれた貿易コミットメントをつくりあげることが求められる。サプライチェーンの柱は、サプライチェーンを透明にし、多様にし、そして協調するコミットメントを確立することが求められる。クリーン・エネルギーの柱は、クリーン・エネルギー、脱炭素化、そしてインフラストラクチャーにおける協力を求める。そして、公正な経済の柱では、税を課し、反贈収賄、腐敗防止システムの経済的フレームワークを求める。４つの柱のそれぞれの中でのコミットメントは、米国と世界各地の労働者の便益を増大させるために設計されることであろう。（White House 2022b）。

な関係の基盤となり得るのである（Chivvis and Kapstein 2022）。

さらに、指導者たちが強調してきたように、グローバルな経済統合は、経済的弾力性と防衛を促進する戦略の一部でもある（Georgieva, Gopinath, and Pazarbasioglu 2022; Lagarde 2022; Yellen 2022a）。広範な調査が明らかにしたところだと、広範囲にセットされた状況下で、企業は、集中した投入財の供給源よりは、地理的に分散した供給源に頼ることができるとき、供給の混乱に対してより弾力的でありうるという。簡単に言えば、地理的に配分された諸供給は、異常な供給混乱の時期においては、供給困難に対する「圧力バルブ」のような役割を果たすということである（Bonadio et al. 2021; Eppinger et al. 2021; Caselli et al. 2020; D'Aguanno et al. 2021; Espitia, Rocha, and Ruta 2022; Grossman et al.2021）。取引の機会は、自動的に源の地理的多様性をもたらすものではないが、それはなしうるものである。同様に、グローバル市場は、需要の歯止めとして機能し、国内需要が小さいときに企業に対してそれに代わる市場を提供するものである（Caselli et al.2020; Lagarde 2022）。その結果、より環境保護的で、公正で、より貿易と投資のパートナシップを固くする、より低い貿易コストをのためのアプローチを追求することは米国の利益になるのである。

米国、その同盟国とそのパートナーは、そういうわけであるから、国際貿易政策の転換点に到達しているのであり、そこでは、広範な任務を考える必要がある。一方では、国際貿易と投資に関連する便益を維持することは望ましいし、デジタル分野でのこれらの便益の成長を促進することが望ましい。他方、貿易政策の焦点は、障壁を乗り越えて拡大する必要があるのである。政策決定者には、政策がグローバル・サプライショックに増大する弾力性をサポートすることを確実にする必要がある。また米国の損害に対して経済統合を武器に敵対する諸力を制限することが必要であるし、巨大な非市場経済の存在と公正な競争関係を維持することが必要であるし、デジタル貿易を促進するとき、サイバーリスクと規制リスクにさらされることを最小化することも必要である。貿易政策はまた、国際市場と交流する他の諸目的を前進させることもでき、たとえば、気候変動との闘い、内外の労働者の権利と労働標準の促進、そして、行政サービスが行き届いていないコミュニティに貿易利益を拡大することなどがあげられる（Metzer and Kerry 2019; USTR 2022a）。これらの優先権のバランスをとる権限は、個人の政策措置のレベルと米国政策全体という２つのレベルにおいて存在し、米国政府内の機関間の相互調整と米国パートナー間との相互調整が重要になってきている。この困難な環境において、国際経済政策において採る米国のアプローチは、企業と消費者、そして世界のさまざまな政府に米国の優先権についてのシグナルを送るのである。そういうわけで、それは、米国対外政策のカギとなる要因を形成する。

強力な国際的経済パートナーシップとともに、新しいグローバルな困難に立ち向かう

　国際的経済統合の便益を最大限維持しながら、過去２年間を通して顕著に明らかになってきたシステムの傷つきやすさに立ち向かうには、米国とその同盟国、ならびにそのパートナー間の密接な協力が必要不可欠である。この項では、国境を越える貿易と投資が経済的福利を促進するのに重要な役割を果たし、現下の困難に立ち向かう貿易政策を調整するのに必要な３つの決定的な政策目標を検討する。第一はより弾力的なサプライチェーンを建設することであり、第二は外国での敵対的あるいは好ましくない政治的経済的政策への適切な対応であり、第三は安全な進歩的なデジタル貿易の実現である。この章の範囲はこれら３つの領域に限定されているとはいえ、米国とその同盟国ならびにそのパートナーは、また、21世紀の環境において国際事業と経済関係を強化するルール、規範、そして機関を現代化し、強化する広範な権限に直面する。これには、社会政治的課題に直面することと気候変動を克服することが含まれる（CEA 2022, chap.3）。グローバルに議論し、協調するための現存する機関とフレームワークは、複雑かつ出現する困難の解決のための重要な培養器として残る。（Steiger 2021b）。今日の諸困難はまた、米国に、より環境保護的な、より包括的な、より弾力的な、そしてより確実なグローバル経済のための現代的コースをその同盟国とそのパートナーとともに創り出す、指導的な役割を演じる決定的な機会をもたらす（BOX 3-4）。

グローバルなサプライ・ショックにおける弾力性

　COVID-19パンデミックに襲われた初めの日々においては、半導体、自転車のような消費財、そして医療供給設備のような製造業への投入財の供給の混乱は、アメリカ人をして「サプライチェーンの弾力性」の重要性を急激に気づかせたのであるが、――その弾力性とは、つまり、供給源や分配が突然利用できなくなりときに、財やサービスを継続的に供給する企業と公共サービスの能力のことである。過ぎ去った３年は、１つの産業の投入や設備の不足がいかにして関連する産業の生産

と分配を混乱させ、全体の経済産出を落とすかを示した（Cerdeiro and Komaromi 2020）。さらに、アメリカ人は、供給の混乱がいかにして公衆衛生や安全性をリスクにさらしたかを目撃したのである。この経験は、企業と政府双方に、弾力性を構築する動機付けをし、そのステップをとらせた。

　貿易の障害を取り除くこと――それは政策と技術変化の両方によってなされるのであるが――企業をして、世界中に手を伸ばし、その投入財と設備を仕入れることを可能にしてきたのであり、その投入財と設備は、究極において、消費者と公共サービス供給者によって購入される財をより安く、より多様に、そして、より高質に生産するためにともに役に立つのである。（Baldwin and Freeman 2022; de Loecker et al. 2016; Fan,Li,and Yeaple 2015; Krugman 1980）。しかしながら、投入財と設備は、それら自身、しばしば、ある国において抽出され、他の国で加工され、第三国の材料と混合された統合財である。このグローバルな生産過程の結果として企業と政府は、しばしば、サプライチェーンの決定的な結節を少ししか見ることができないのである、これは、地政学的緊張、気候に関連する被害やその他のリスクを再評価しそれらが明らかになることを妨げる。というようなわけであるから、調査者たちが強調するのは、サプライチェーンの可視化の増大、サプライチェーンの透明性の増進のためのイニシャティブをとる政府のサポートは、弾力性を増進させるより広範な諸手段の情報コストを削減することができるということである（CEA 2022, chap.6; National Academies 2022）。

　生産段階がグローバルに行われているがゆえに、情報を収集し、共有するパートナー政府と一緒にかかわることは、サプライチェーンをより完全に地図化し、監視することを可能とする。そのような協力は、政府をして、供給依存の不安定性を緩和する実りの多い手段を知らせることができるのであり、なぜならそれは、情報を共有することによって国境間のつながりに光が当たり、危機に対しての協調的な対応を引きだすことができるからである。確かに、専門家たちは、決定的に健康に関連する財とサービスの供給に影響を与える情報を共有し、政策を協調することに、諸国が協力し

て介入することは、未来の公衆衛生危機への備え
として重要なことになるであろうと議論してきた
（Bown 2022c; National Academies 2022）。サプ
ライチェーンの透明性を増進させることのための
パートナーシップはまた、気候政策や、米国の
ユーグア強制労働阻止法（Uyghur Forced Labor
Prevention Act）にみられるように、強制労働に
よって生産されたものの取引を排除することを目
的とした政策を満足させる情報収集のコストを削
減できる（Baldwin and Freeman 2022）。より一
般的に言えば、より大きなサプライチェーンの透
明性は、企業と消費者の双方に、「自分の金銭的
損得を考えて投票する」ために必要な情報を提供
するのであって、自分の価値と整合性のある実践
性をもつ生産者と売り手から購入することを選択
するのである（Mollenkopf, Peinkofer, and Chu
2022）。このやり方によって、透明性は、市場の
力を上昇させることができ、環境に配慮し、より
包括的な、かつより安全な企業慣行に報酬を与え、
前進するのである。

バイデン―ハリス政権は、サプライチェーンに
ついての引き続くいくつかの対話を開始したので
あって、それは、情報を共有し、サプライチェー
ンの混乱をいち早く察知する警戒システムをデザ
インし、技術標準を発展させ、民間投資を促進す
ることとなる。これらの議論は、米国・EU 貿易
と技術に関する会議、クワッド・クリティカル新
興技術ワーキング・グループ、鉱物資源安全パー
トナーシップ、そして、インド・太平洋繁栄のた
めの経済フレームワークを通して行われてきた。
米国はまた、多くの諸国とサプライチェーンに関
して定期的二国間協議を行っているが、それら諸
国には、カナダ、メキシコ、連合王国、日本、そ
して韓国が含まれる。

これらや他のパートナーシップは、重要な財や
原料の生産的能力を高める政府インセンティブの
便益を最大化することに貢献することができる―
―すなわち、それは、経済的にも本質的にも重要
な財とサービスのための欠かすことのできない基
礎である貿易財であり、医療とエネルギー供給そ
して中核的な技術というようなもののことであ
る（Baldwin and Freeman 2022; Miroudot 2021;
IMF 2022a; OECD 2020b; White House 2021a）。
国境を越えた協調は、競争する政府の補助金が、
非生産的な過剰供給に導き、さらなるイノベー
ションのためのインセンティブを鈍らせるリスク
を削減することができる。同様に、外国政府から
のサポートが、国内競争者への経済的歪みを科す
ので、違いを解決する同盟国とパートナーとのフ
レームワークはこれらの歪みに制限を科し、コ
ストのかかる報復的措置を避けることができる。
（Bowen and Hillman2019; Staiger 2021b; Sykes
2015）。

最後に、貿易財とサービスの工業標準について
の協力とコミュニケーションを促進するパート
ナーシップは、サプライチェーンの弾力性に貢献
する貿易の能力を高めることができる。諸国が、
生産物デザインと分配に影響する規制と標準への
異なったアプローチをもつ正当な理由があるとは
いえ、規制の相違があることによる全サプライ
チェーンの分断化は、弾力性を減少させうる。た
とえば、異なった産業標準は、デジタルシステム
を適用させるには難しく、生産システムを通して、
標準的製造業投入財の代替性を少なくするかもし
れず、供給の混乱があったときなどに変わりのも
のを見つけることなどはよりコストがかかるもの
である。というわけで、国際的に認められている
生産物標準と国内規制措置を共有する情報を開発
するフォーラムは、弾力性を促進する貿易と投資
の能力を促進するのに重要な役割を演じるのであ
る。

地政学的課題への対応

勃興する地政学的緊張と地政戦略的競争の今日
的環境において、米国の経済的力は、グローバル・
パワーと影響のもっとも根源的源の１つである。
この力は、それが行使することのできる集団的経
済力によって増進されるのであり、その同盟国と
パートナーとともに自由で開かれて繁栄する確実
な世界をサポートすることをシェアすることを伴
う（National Security Council 2022）。米国と同
盟国、そしてそのパートナー間の協調は、結びつ
く諸国の能力を上昇させることができるのであっ
て、敵対的行為に直面したときに、それに対する
シェアされた安全と弾力性を供給するのであって、
たとえば、仕入れや市場機会の代替的ネットワー
クを可能とすることによってである。

強力な国際的経済パートナーシップとともに、新しいグローバルな困難に立ち向かう

BOX 3—5　ロシアへの制裁政策の成功にとって協調は決定的に重要とされてきている

ロシアへの制裁政策の成功にとって協調は決定的に重要とされてきている。2022年2月24日、ロシアは、ウクライナ侵略によって、少なくとも1990年代のバルカン紛争以来、ヨーロッパにおける最大級の紛争を開始した。この紛争の規模と残忍性は、第2次世界大戦後——とりわけ、冷戦後——のグローバルな政治経済体制を基盤とするルールからの突然の逸脱を示した（National Security Council 2022）。米国と30カ国以上の同盟国とパートナー諸国の連携による協調された対応は、ロシアにコストをかけ、グローバル経済への関連する脅威に対処したが、それは、政策目標を達成するのに資源をプールし共同で行動することが、個別的対応より、いかに、より効果的であるかを明らかにしている（Aslund and Snegovaya 2021; Berner, Cecchetti, and Schoenholtz 2022）。

今日まで、ロシアに対する共同での制裁は、ロシア経済の重要な諸局面を目標にしてきた。拡大された金融制裁は、ロシアへの資本フローを制限してきたし、その戦争を遂行する資金に必要とされる収入をロシアから奪ってきている。たとえば、米国は、米国の個人が新しい投資をロシアに行うことを禁止してきたし、米国とその同盟国ならびにパートナーは、ロシアの主要な金融機関へ制裁措置をとり、主要なロシアの銀行をSWIFT金融メール送信制度から排除する行動をとった（CRS 2022a）。2022年初めそして一年を通じてロシアへの外国からの直接投資は鋭く下落した（図3- iv）。それが明らかにしたのは、協調された金融制裁の規模と強さであり、ロシアの攻撃に対する民間セクターの対応であった（OECD 2022b）。

連携メンバーの国々はまた、輸出規制を広範囲にかけ、ロシアの通常の貿易関係における地位を取り消し、それゆえ、ロシアからの輸入へは高率の関税をかけ、ロシアとのビジネスのコストを高くしたのである（U. S. Department of Commerce 2022; Tai 2022）。米国とその同盟国そしてその

パートナーとの輸出統制に関する協調関係は、軍事的あるいは軍民両用の輸入を穴埋めするロシアの能力の妨げとなった（U. S. Department of State 2022b）。制裁と輸出統制は、ロシアの輸入の全面的な鋭い下落に貢献し、その2つは、研究者がロシア経済を痛めつける重要な要素として特徴づけられるとしている（Demertzis et al. 2022）。

IMFが推計するには、ロシア経済は、2022年に3.4％収縮したという（IMF 2022b）。加えてかなりの分析家が推計するところ、ロシア経済は中期から長期にかけて、継続的に被害をこうむるであろうという。たとえば、かなりの予測によれば、ロシア経済は、実質GDPにおいて、5年あるいはそれ以上、戦前のレベルに戻ることはないという（Economic Intelligence Unit 2022）。

重要なことは、金融ならびに貿易上の制裁からグローバル経済への否定的な影響が流れ出る可能性を認識して、米国とその同盟国ならびにパートナーは、グローバル市場の緊張を解きほぐすため協調してきたのであるが、それには、ロシアとウクライナから輸出される一定の商品を選定し、貿易のチャンネルを開いておくことが含まれる（IMF 2022b; OECD 2022c）。これが意味するのは、ロシアのエネルギーを明確な方法によって求めることであり、パートナーと同盟国と協調しながら、エネルギー取引を継続することなのであるが、それはまた、ロシアの海上輸送の石油とその製品に価格の上限を設定し、ロシアの収入に制限をかけ、エネルギーの安定的なグローバル供給を確保することなのである（U. S. Department of the Treasury 2022a, 2022b）。（海上輸送の石油の価格制限は、2022年12月に実施された。石油製品の価格制限は、2023年2月に効力を発揮した）。

加えて、米国は、農産品、肥料、医療用供給品を制裁から切り離し、これらに関して、権限者によく理解できるように広範な公的ガイダンスを発行した（U.S. Department of the Treasury 2022c）。

米国はまた、国連と協力してウクライナの小麦が再びグローバル市場に参入できるように、その道を発見すべく働いた。黒海穀物イニシャティブを通して、1110万立方メトン以上の穀物とその他食物が、このプログラムが開始された2022年7月22日から、2022年11月17日まで、ウクライナの港を離れた（United Nations 2022）。

　ウクライナに対するロシアの戦争のグローバル市場への影響は、この章の広範なテーマだが、昨年は、グローバル商業にもたらされた新しい根底的な混乱によって示される。それにもかかわらず、グローバル市場は、比較的活発な状況であった、そして、経済的協調——それは、第2次世界大戦後の重要な要素であるが——米国とその同盟国そしてそのパートナー間のそれは、決定的であった。2022年の協調がなかったならば、分裂した制裁政策は混乱と不安を市場に持ち込み、とりわけグローバル価格の安定性の欠如は、グローバル経済に損害を与え、それは、些細なリスクどころではなかった。協調の欠落はまた、これら制裁のロシア経済へのインパクトを減じたことになったであろう。将来にわたって、米国とその同盟国ならびにそのパートナーは、これらの種類の混乱に対応する効果的な政策を作り、地政学的緊張の結果として勃興するかもしれない経済的かつ政治的不安定性を緩和させために重要であり続けることであろう（Georgieva, Gopinath, and Pazarbasioglu 2022）。

図3−iv　ロシアの実質海外直接投資純流入、2017〜22年

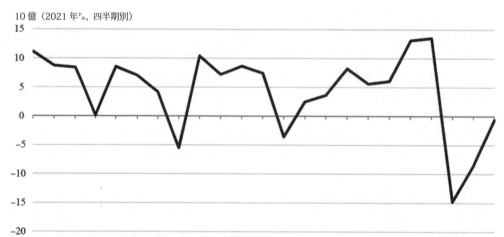

10億（2021年㌦、四半期別）

出所：Bureau of Economic Analysis; Organization for Economic Cooperation and Development.
注：米国個人消費支出指数を使用した、2021年ドルに換算した名目シリーズ、2022年第3四半期を通してのデータ。

　最新の例でいうと、米国とその同盟国、そしてパートナーは、ロシアの2022年2月からのウクライナ侵略に対抗してロシアに重大な経済的コストをかけることを可能としてきた（BOX 3-5）。彼らの行動を協調させることによって、米国とその同盟国とそのパートナーは、ロシアの違法な戦争遂行に必要な財とサービスのアクセスを制限させてきた。確かに、調査によれば、一方的な措置を行うよりも、協調された経済的行動が、目標とされた国の経済的諸結果を回避する能力を削減するのにいかに効果的なものなのかを広範に示してきたのである（Bapat and Morgan 2009; Drury 1998; Peksen 2019）。

　同様に、経済的パートナーシップは、米国とそ

BOX 3-6　米国とEUとのエネルギー・パートナーシップは、ロシアの影響力を削減している

ロシアの最大の経済的力の源は、ヨーロッパへの天然ガスパイプラインを通したエネルギー供給者としての支配である。歴史的に言って、ロシアは、そのガスのほぼ3分の1を供給した（Corbeau 2022）。ウクライナ侵略の開始以来、ロシアは、ヨーロッパへの天然ガスのパイプラインによる運送の半分以上を削減したが、それは、2023年を通じて全部の流れがとどまるであろう（IEA 2022b）。

しかしながら、EUは、かなりのロシアからのガス供給を、米国も含め、輸入された液化天然ガスによって置き換え、この貴重なエネルギーをヨーロッパの家計と工業に供給することの制限によって経済的ダメージを与えようとするロシアの能力を弱体化させた。エコノミストの推計によると、ヨーロッパの天然ガスの不足は、もし、グローバルなLNG市場が対応することができないということになる。かなりのヨーロッパ経済に最大6％の収縮をもたらすかもしれないという（Flanagan et al. 2022）。天然ガス不足を緩和することに貢献する米国の能力は、決定的なものとなってきた。

ロシアのウクライナ侵略以降、米国とEUは、エネルギー安全供給についてその協力を強化してきた。エネルギー安全性への共同タスクフォースを通じて、米国は、2023年においてヨーロッパにLNGを供給する関与を行ってきた（White House 2022c）。このパートナーシップを通じて、米国とEUは、LNGの短期エネルギー供給に対処し、一方で、エネルギー効率性を向上させる措置を通じてLNGからの温室効果ガスの排出を最小化し、ガス需要を削減し、メタン排出を規制することに合意した。タスクフォースはまた、追加的に再生可能エネルギーへの関与に導き、再生可能エネルギープロジェクトを促進し、クリーンエネルギー技術の開発を加速させるのである（White House 2022d）。

米国はまた、ヨーロッパ諸国との二国間パートナーシップを強化しているのであり、それは、エネルギーの安全性を高め、グローバルな脱炭素化努力に力をつけ、クリーンなエネルギー技術を通じて、削減困難なエネルギーセクターのネットゼロを達成することを目指すのである。2022年、米国は、フロントエンドのエンジニアリング・デザイン研究への支援を宣伝したが、それは、ルーマニアに小規模モジュラー原子炉発電プラントの配備の基礎を提供し（U. S. Department of State 2022c）、ウクライナに小型モジュラー原子炉からのクリーン燃料の商業規模での生産パイロットのサポートを行い（U. S. Department of State 2022d）、ポーランドで民間原子炉プロジェクトの開始のための技術的援助を行うものである（U. S. Department of Energy 2022）。これらの投資は、中・長期にわたって、東ヨーロッパのロシアへのエネルギー依存を削減することに役に立つことであろう。

③

の同盟国そしてパートナーを目標とした敵対的行動の経済的諸結果を緩和することができる。ちょうど外国の敵対諸国への集中した依存が、傷つきやすさを創り出しうるのと同じように、同盟国とパートナーとの多様性のあるつながりは、それらを軽減することができる。強力な、多様な、そして頼りになる、信頼されるパートナー間のつながりは、企業に、もし敵対的行為によるインパクトを軽減することが必要となったとき、企業の仕入れと販売を移動させる、代替的市場を与えることができる（Harrell, Rosenberg, and Saravalle 2018）。たとえば、ロシアは、そのウクライナ侵略への代償としてロシアにコストをかけることを継続し、ウクライナをサポートするヨーロッパの決断を弱めることを狙って、天然ガスの供給についてのヨーロッパのロシア依存を武器として使用することを求め続けてきた。しかしながら、米国、その同盟国そしてそのパートナーによる貿易パートナーシップは、ヨーロッパが代替的エネルギー源をシフトさせ、家計、企業、そして労働者に対するロシアの強制的行動による被害を制限する能力を持ち続けることを確実にしたのである（BOX

3-6)。

　デジタル貿易における機会の促進とリスクの管理

　この章ですでに論じたように、デジタル貿易は、仕事と消費がオンラインで行われることが増加するにつれ、劇的に拡大する構えであり、インターネットは、毎日の事象をデジタルに結びつけ、最先端の技術によって大量のデータが基本的にインプットされ、それは、AI にみられるが、発達を継続している。デジタル貿易は、上述したグローバルな貿易と投資への中軸的な課題のいくつかへ解決をもたらしうる。たとえば、3 次元印刷あるいは、いわゆる製造業に追加的なその他の形態を伴って、デジタル情報フローは、潜在的に製造業サプライチェーンの全体のステージにおいて代替を促進することができ、そこでは、現下の財の物理的運動が含まれ、供給の混乱が引き起こされたとき弾力性を改善するのである（Freund, Mulabdic, and Ruta 2022）。同様に、成長する「貿易技術」産業における製品は、進歩した技術を使い、それには、AI が含まれ、サプライチェーンの透明性と追跡可能性を可能とする。これらの製品は、貿易をより安全、より環境保護的、そしてより公正な、安全保障基準、社会的基準そして環境基準にあったサプライチェーンを確実にするコストを削減することができよう。（Capri and Lehmacher 2021）。しかしながら、デジタル貿易はまた、とりわけ、地政学的緊張の高まりを前提にすると、管理されなければならない傷つきやすさを創り出す。

　デジタル貿易は、2 つの基本的必要条件をもっている。第一が、データのフローを送り、貯蔵し、加工するインフラと設備であり、それには、国際データの 95％以上を運ぶ地下の光ファイバー・ケーブルのネットワークが含まれる（Comini, Foster, and Srinivasan 2021; Morcos and Wall 2021; World Economic Forum 2020）。第 二 は、適切な安全基準をもって国境を越えるデータのフローを許可する規制環境である。ガードレールがなければ、デジタル貿易は、経済的福利と国家安全保障という 2 つの出入り口を通って、決定的なリスクを可能性として導きいれることになってしまう（Meltzer 2020）。

含まれているリスクは、明白でありかつどうでもいいものではない。なかでも最も顕著なものが、サーバーセキュリティ・リスクであり、デジタル情報の巨大な分量の一定のフローは、データの盗用の明らかな目標となりうる。これは、競争者に知的財産の捕獲を許すことであり、そこには、取引上の秘密が含まれ米国企業への脅威となる。それは、アメリカ人の個人的情報への許されないアクセスにつながり、プライバシーの侵害であり、金融その他の犯罪を潜在的に可能とする。デジタル技術は、財とサービスの取引業者に情報を偽造させ、国内法、規則、そして基準を逃れることを促進する可能性を与えるのである。デジタルシステムはまた、知られると困る国防や重要なインフラを遠くから操作し、不可能化させることができる（Meltzer 2020）。推定ではあるが 2020 年を通して情報と技術の安全性が破壊された経済的コストは、世界の GDP の 6％にも上るとされた。それは、約 6 兆㌦である。その他の研究が示唆していることであるが、コストは、ヘルスケア、運輸、エネルギー、金融サービスのような重要な産業に不均衡的に高くなっているという（IBM 2022; UNCDF 2020）。

　デジタル経済の拡張は、既存の市場を修正し、新しいものを創り出し、消費者と労働者を保護し、競争を促進するという新たな課題を持ち込んでいる。たとえば、それが本人かどうかや質についてオンラインで確認する困難は、消費者保護法と労働市場保護と妥協する余地を残している（Goldfarb and Tucker 2019）。同様に、データの大量の使用者とその分量の多さの重要性、そして、世界各地から製品の供給者と消費者を引き付けることのできるデジタル的に運営可能な会社の能力は、新しい市場集中ダイナミクスを創出し、競争政策を仕事にしている規制官に新たな課題を突き付けている（これについては、第 8 章を見よ）。

　政府は、これらの課題に対処するために、動きを規制し、貯蔵し、データを加工することによるさまざまな措置を採用している。デジタル貿易に影響する規制は、一般的には、少なからぬカテゴリーに分類される。第一は、データ・フロー制限であり、――これは、たとえば、デジタル・メディアへのアクセスの制限などを意味するが、――とりわけ、知的財産権保護あるいは安全性の増進の

強力な国際的経済パートナーシップとともに、新しいグローバルな困難に立ち向かう

BOX 3―7　米国デジタル貿易イニシャティブ

デジタル貿易は、さまざまな国際ワーキング・グループと協定において、ますます顕著な要因となっているが、それは、経済成長と安全保障を含めた重要性、そして、世界の政策立案者が、適切かつ一貫した規制アプローチの開発において直面する諸課題を反映しているからである。バイデン―ハリス政権は、デジタル貿易が、労働者と消費者としての人々に便益を与えるということを確実にし、それを証明しようとしているが、米国は、今まで、デジタル経済への信頼を醸成し、イノベーションと競争をサポートし、弾力的かつ確実なデジタル・インフラを促進し、消費者保護とプライバシーを確実にし、そして、差別に対処する努力を導いてきた。米国は、地域的パートナーシップにおける協力によって、これら努力を追求しているのであり、この地域パートナーシップに

は、繁栄のためのインド・太平洋経済的フレームワーク、WTO の電子商取引に関する共同声明イニシャティブ、経済的繁栄のためのアメリカのパートナーシップ、米国・中央アジア貿易と投資のフレームワーク協定、そしてまた、連合王国、ケニヤ、台湾、その他諸国との二国間協定が含まれる。(CRS 2022b; USTR 2021; 2022a, 2022b, 2022c, 2022d, 2022e; White House 2022f)。米国はまた、積極的に最良の実践にかかわる情報を交換する多国間フォーラムに参加してきており、デジタル貿易にかかわるリスクと取り組むための標準とフレームワークを促進している。これらには、WTO、APEC フォーラム、OECD、そして、G20 と G7 があり、それらは、世界中の多くの諸国を一緒にカバーしているのである。(USTR 2022e)。

ために使用される。第二が、いわゆるデータをどこに集中させるのかについての政策であり――市民、政府、そして企業に関連するデータをどこにどのように貯蔵するかを決定する政府による規制であり――おそらく、消費者のプライバシーや規制の促進を増進させるために使われる（Casalini and Gonzalez; CFR 2022）。そのような政策は、おそらくまた、国際競争から産業を守るための国内の経済優先権を反映したものと思われる。

　これらの規制措置はデジタル貿易にかかわるかなりのリスクを削減しうるであろうが、しかし、それはまた、保護の場所に置かれた彼らのまさに便益を鈍らせることともなろう（Meltzer 2020）。たとえば、データ・フローの制限は、イノベーションを阻止する可能性があり、イノベーションは国境を越えた情報と知識を共有することによって便益を得るからである。(Valero 2016; White House 2011a)。これらの制限は、AI 技術の発達と使用に関してとりわけ有害となるが、AI 技術は、巨大なデータセットの利用に依存し、企業にとってますます重要となり、また国家安全保障にとっても欠かせないものとなっているからである。集計し、貯蔵し、加工する能力、そしてデータを国境を越えて送ることは、同様に金融サービ

スとその発展にとっても同様に重要なものである（Carrm French, and Lowery 2020）。同様に、データの場所集中の必要性は、サイバー攻撃への脆弱性を増進させる、というのは、データの集中は、簡単にシステムをターゲットにしやすくなるからである（Bauer et al. 2014）。これらの必要性はまた、グローバル企業と機関が統合化されたリスク管理――それは、モニタリングし、不正をつきとめ、サイバーセキュリティ・リスクに対応することを含め――それを実施することをより困難にし、それはとりわけ金融サービスセクターにおいて起こるであろう。設備の基準と規制におけるミスマッチは、システムの相互利用可能性を制限し、デジタルシステムの弾力性を弱体化する。

　データ・フローとデジタル・サプライチェーンに関連する弱点を定義する国際協力と弱点を削減する諸措置は、リスクを軽減し、デジタル貿易の経済的便益を増加させることができる（Ahmed 2019; Casalini et al. 2019; Huang, Madnick, and Johnson 2019; OECD 2015, 2022d）。国境を越えるサイバー犯罪と詐欺から労働者の権利を増進し、消費者保護を強める努力は、これらの努力の積み重ねである。確かに、研究者、政策立案者そして、企業指導者は、すべて、データ・フローの

信頼を促進する国際的なデジタル組織を創設することの重要性を強調してきた。（CFR 2022）。そうすることで、政府は、貿易の便益を不必要に制限することなしに、安全で確実な規制システムをいかに供給するかについて取り組まなければならない。国際貿易の最良の実践が示唆することには、規制は透明でなければならないし、製品とサービスのようなものに対して差別してはならないし、安全と経済的弾力性を高めることを含め、その目標を達成するのに必要以上に負担をかけ制限的であってはならないのである（Casalini and Gonzalez 2019）。

この点に関して、バイデン―ハリス政権は、この信頼されるシステムを構築するためにさまざまなフォーラムと結びついている（BOX 3-7）。これらには、パートナーと同盟国とともに働きグローバル経済の発展を育み、そして、プライバシーと安全性の双方に整合的な国境間の積極的なデータ・フローを促進する環境を促進することが含まれているのである。しかしながら、デジタル経済が急速に進展し、さまざまな国内規制の諸目的を前提にすると、デジタル規制のすべての面にわたって協議することは、かならずしも好ましくかつ可能であるということでもない。こう考えると、共通の原則を確立し、規制の透明性を供給することは、途方もない価値をもつのである。

結 論

2022年の記録的な貿易と投資のフローは、米国が深くグローバル経済と結びついていることを示すものである。しかしながら、COVID-19パンデミック中に経験し、引き起こされる地政学的緊張の混乱は、グローバルに結び付いた生産システムへの根本的課題を突き付けている。ロシアによるウクライナ侵略からのショックは、主としてグローバルな商品市場において広がっている。侵略はまた、地政学的不安定性のレベルを持ち上げたが、それはすでにパンデミックが引き起こした緊張の2年後に引き上げられていたものである。ウクライナにとっての、いわれなき侵略によって、地政学的亀裂がさらされ、そしてそれは深まったが、パンデミックが引き起こしたサプライ・ショックの経験とともに、グローバルな財貿易と国境を越えるかなりのタイプの投資に関して、知覚されるリスクと不安定性を増進させた。これらの不安定性の影響は、貿易に長期にわたる効果をもたらすかもしれない、というのは、政府が彼らの国際経済政策を調整させ、企業は彼らのグローバルな仕入れパターンを変化させるからである。確かに、ロシアとその他世界との経済的つながり、そして、ロシアが重要な関係者とする商品のグローバル市場は、一変させられることであろう。国際貿易と投資からの便益を保持するために、そして、一方では、国家安全保障を守り、気候変動の影響に対処し（Tai 2021a; USTR 2022e; White House 2021b）、再活性化された国内経済における弾力性と公平さを促進するには、存在するリスクと沸き上がるリスクの両方に対応する新しい政策アプローチが必要とされる。

この章で議論された困難のグローバルな性格を前提にすると、米国、その同盟国、そしてそのパートナーが現在行っている政策決定は、いつか必ず国際貿易と投資に反響し鳴り響くことであろう。現代グローバル経済のパートナーシップの重要性は、見逃すことができない。情報を共有し行動を協調させる介入を演出する増進するパートナーシップは、不安定な時代におけるグローバルな経済統合を通してもたらされる経済的ダイナミズムと生産性を維持するには欠かせないものである（Yellen 2022b）。一方では、開くことによってその間に起こる摩擦を緩和することを展開させなければならないが、また他方、国家安全保障と国内的必須事項も行わなければならない（Staiger 2021b）。政府間と政府内の両方での効果的な協調は、個々の政策、それは、国際経済政策の全体をまとめたものであるが、今日の課題に対応する意図的かつ協調された政策方向の反映を確実にすることを促進することができよう。

強力な国際的経済パートナーシップとともに、新しいグローバルな困難に立ち向かう

注

1　米国のサービス貿易の公式データにおいて、このカテゴリーは、「transportation」よりむしろ「transport」と名付けられている。

2　CEA は、この分割について示唆を与えてくれた、米国センサス局・経済インディケーター部の国際貿易プログラムティムに感謝する。

3　潜在的に ICT 可能なサービス領域（サブセット）とはデジタル技術が最も顕著に役割を果たすと考えられるサービス貿易のカテゴリーを含む。これらには、ICT サービスそれ自身、保険サービス、金融サービス、そして、知的財産権使用チャージ、（それにはロイヤリティとライセンスが含まれる）が含まれる。

4　実質 FDI フローは、ドルによるグローバル FDI インフローとアウトフローの平均として算出され、それは、U.S. 個人消費支出価格指数（チェーン・タイプ）によって、デフレートされたものである。

第4章
幼い子どもの保育と教育への投資

子どもの一生の早い時期に投資することは、子どもの人生を通じて、コストを大幅に上回る利益を生むことがある。多くの実証的証拠が示すように、とくに幼児保育・教育プログラム（ECE）は子どもの短期的な発達と長期的な幸福を向上させ、彼ら自身だけでなく社会全体にも利益をもたらすことになる。

ECEプログラムは両親の就労支援もしているが、親が在宅でフルタイムの育児をする世帯が減少するなか、ますますその重要性を高めている。過去50年間で、女性の労働市場での選択肢は大幅に拡大し、労働からの離脱や短縮することの機会費用を高めている（Yellen 2020）。男女ともに、育児や家族の責任がキャリアアップの主な障害となっていると指摘し、特に母親はキャリアの中断や労働への関与が低下しやすいと報告している（Parker 2015; Pew Research Center 2022）。仕事と家庭のバランスをとるという課題は、幼稚園から高校までの学校に入学していない幼い子どもの両親がもっとも大きく、両親のキャリアにも予期せぬ影響を及ぼしている。

このような傾向の結果、保護者ではないECEサービスの市場が発展してきた。幼い子どもの育児は、親戚や隣人、家庭内保育などの（有償・無償の）非公式ケアから、在宅型、センター型、学校現場などの公式ケアまで広範にわたる[1]。家庭やセンター、学校で子どもたちを保育する、事業者が分散したパッチワークは、より構造化されている米国の公立幼稚園から高校までの（K-12）の教育システムとは対照的である。ECEは多くの家族が依存する市場であり（NCES2018）、ECEプログラムが子どもの健康的な発達の促進や、両親の就労支援にとって効果的だという十分な証拠があるにもかかわらず、ECE市場は十分に機能しているとは言い難い。

はじめに本章では、ECEへの投資が子どもやその両親、そして社会にとって効果的であるという証拠を提示する。次いで、離職率と低賃金、質の高い保育を提供するための高額な費用、ECE利用者の価格感応度、保育ビジネスモデルの脆弱性、その結果、社会的に最適とされるものに比べて質の高いECEの供給が不足しているというECE市場の課題について説明する。本章はより機能的なECE市場を支援するための公的補助金の役割について説明して締めくくる。

幼児期への投資の有効性

多くの研究はECEへの投資がもたらす利益は、参加する子どもたちや保育に頼る働く親に対しては直接的に、家族や地域社会への波及を通じて間接的にもたらされることを立証している。この節ではECEへの投資による子どもや社会への利益、成果を向上させるうえでECEの質が果たす役割、働く親にとってのECEの利益に関する関連証拠を要約し、明らかにする。

幼い子どもの保育と教育への投資

図4−1　年齢別の人的資本投資への投資利益率

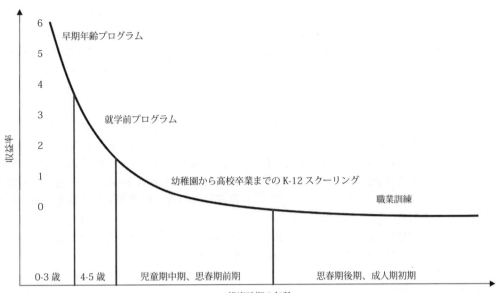

出所：Adapted from Heckman (2008).

④

子どもや社会への利益

ECEへの投資は出生時から子どもの健康的な成長や早期学習を支援し、その子どもや地域社会、そして経済へと長期的かつ広範な利益につながっていく。多くの研究が指摘するように、ECEでの経験は、入学準備や早期の社会・情緒的、認知能力の開発など、子どもの短期的な成果だけでなく、教育達成度や実行機能、雇用や所得などの長期的な成果にも影響する（Deming 2009; Duncan and Magnuson 2013; Heckman and Kautz 2014; Weiland and Yoshikawa 2013）。これらの長期的なプラスの効果は、保育、ヘッドスタート、その他のモデル就学前プログラムの研究でも実証されている（Bailey, Sun, and Timpe 2021; Campbell et al. 2014; Gray-Lobe, Pathak, and Walters 2023; Heckman et al. 2010; Herbst 2017）[2]。

短期・中期的なプログラムの効果について、試験得点の上昇が時間とともに薄れることを示す研究もある。しかし、これらの研究が長期的な成果を追跡したところ、試験得点の増加は短期的に失われたとしても、人生機会の大きな改善がみられることを見出した（Chetty et al. 2011; Deming 2009）。さらにECEへの投資とその後の学校への投資との間に補完性があることを立証している（Johnson and Jackson 2019）。最近の実証的証拠は、ECEを経験したことが兄弟やECEプログラムを経験した子どもたちに及ぼす世代内および世代間の波及効果を捉えている（Barr and Gibbs 2022; García et al. 2021; García, Heckman, and Ronda 2021）。

ECEへの投資がうまく展開されれば、経済効率と公平性の両方を高めることができる。投資のリターンは個人の人生機会を改善させるだけでなく、高い経済生産性や経済成長、政府移転支出への依存度の低下、健康不良や高校中退、犯罪など社会コストを高める悪影響を減らすなどといった形で、社会的利益となって表れることがある（Heckman and Masterov 2007）。図4-1は、人生のそれぞれの段階における投資のリターンを、各時期のプログラムの例とともに様式化して描写したもので

ある。この図は、人生の早い段階で投資した1ドルは、のちに投資した1ドルよりも大きなリターンを生むという経済学の議論をヘックマン曲線として知られる図として描いたものである（Heckman 2008）。言い換えれば、人的資本への投資の効率性は年齢とともに低下するのであり、この結論は子どもの脳の発達と乳幼児期の順応性に関する科学研究とも整合する（Knudsen et al. 2006; Shonkoff and Phillips 2000）。この議論によれば、人生の最も早い時期を対象とした政策やプログラムが個人にも社会にも最も大きなリターンを生む可能性が高く、次いで就学前の3～5歳への投資となる。

幅広い年齢層を対象とした人的資本投資のリターンを推定する研究は、概してヘックマン曲線と一致している。特定の幼児教育プログラムの長期的な利益についての包括的な評価によれば、ペリー幼稚園での1ドルの投資は7から12ドルのリターンに（Heckman et al. 2010）、さらにカロライナ初学者プロジェクトとカロライナ反応教育アプローチ・プログラムでの収益率はさらに高くなると研究者は推定している（García et al. 2020）。

ECE の質を定義する

長期的にみて ECE への投資が有効であるという確かな証拠があるにもかかわらず、子どもの成果を向上させる根拠となる ECE の*特徴*を直接示す経験的証拠は少ない。この研究上のギャップは、ひとつには、ECE プログラムからのインプットとアウトプットに関するデータが限られること、またひとつには ECE の多面的な目的に求められる。さらに ECE の経験の質は、子どもたちが過ごす可能性のある代替的な環境と比べて測定されるが、これらも環境次第で大きく異なる。とはいえ、いくつかの側面が質の高い ECE の重要な特徴であることを示唆する研究もある。

保護者による「良い」ECE の環境の定義とは主観的なもので、場所や言語的・文化的適合性、開園時間やプログラムの種類など、家族特有の優先傾向がみられるが、米国中の混合型提供システムでは、プログラムの質を客観的に測定して定義する取り組みが行われてきた[3]。中核となる安全や安心などの要件を越えて、ECE の質を高める体系的な取り組みには、ヘッドスタート・プログラム業績基準や各州の品質評価・改善システムがある（Office of Child Care 2011）。これらの制度は、免許、主任教員の学歴、保育士の割合やその他の指標など、州によってさまざまな要素に依拠するが、ほとんどの州では、州の制度で定義された高い質を達成した保育事業者に直接インセンティブを与えるようにしている。州は、プログラムの質に関する情報を一般に公開して利用できるようにしている。研究では、品質評価・改善システムと測定可能な子どもの成果との関連性は明らかではないが（Cannon et al. 2017）、実証的証拠によれば、低評価を受けると、測定された面でプログラムは改善し、両親の選択肢に影響を与えることが分かっている（Bassok, Dee, and Latham 2019）。

ECE の質の重要かつ測定可能な側面とは、保育現場における ECE スタッフと子どもの間の関係や相互作用の性質である。実証的証拠が示すように、最も早い時期における子どもと保育者の安定した愛着関係は、その後の健康的な成長にとって重要な基盤を提供する（Hatfield et al. 2016; Pianta 1997; Sabol and Pianta 2012）。実際に研究は保育者による集中的注意の重要性を指摘しており、幼い子どもに教育者がいること、また子どもとの良いかかわり方を学んできた教育者がいることによって、経済全体の長期的な生産性の上昇を生み出す可能性がある（Blau and Currie 2006）。関連して、ECE スタッフの離職率は、子どもの言語や社会的スキルの発達の弱さと関係していると指摘する研究もある（Caven et al. 2021）。経済的ストレスを抱えた保育士は、子どもたちと十分な関わりを持ち、質の高い学習体験を提供することがより難しくなる（Schlieber and Mclean 2020）。また報酬や労働条件の改善は離職率を大幅に減らし、より良い保育や子どもの成果の向上と関連することを示す証拠もある（Bassok et al. 2021b; Grunewald, Nunn, and Palmer 2022; King et al. 2016）。

いくつかの包括的なモデル・プログラムは、大きなリターンをもたらしたが、それらは家庭訪問、子育てプログラム、そして健康と栄養の提供などさまざまな構成要素のパッケージであるため、実証ベースでこれらプログラムの特定の特徴の影響

BOX 4—1　幼児期における栄養支援

ECEの環境では、両親向けのプログラムや公共医療サービス、食料へのアクセスなど、教室を超えたサービスや支援がよく提供される。たとえば 1965 年の開始以来、ヘッドスタート・プログラムは、包括的な幼児期の発達プログラムとして設計され、健康と栄養を構成要素として重視してきた（Vinovskis 2005）。幼児期の間には、子どもおよび大人のケア食品プログラム（CACFP）がヘッドスタートやその他の ECE 計画において子どもたちの健康的な食事やおやつを提供するための資金を提供している。研究によれば、CACFP のような資金提供と基準設定プログラムは、子どもの栄養提供を改善し世帯の食料不安の軽減と結びついている（Heflin, Arteaga, and Gable 2015; Korenman et al. 2013; Ritchie et al. 2012, 2015）。

研究者たちは、家族への栄養支援や保育、学校での食事を通じて、子どもたちが健康的な食事にアクセスしやすくすることは、健康や認知機能、長期的な幸福の向上につながることを立証している。フードスタンプ・プログラム、現在の補助的栄養支援プログラム（SNAP）と女性・乳幼児向け特別栄養補給支援制度（WIC）が米国中で導入されたことによって、両計画は幼い子どもたちの健康状態を向上させ（Almond, Hoynes, and Schanzenbach 2011; Hoynes, Page, and Stevens 2011）、それが 5 歳未満で提供されたなら、長期的な経済成果も改善することを実証的証拠は示している（Bailey et al. 2020; Hoynes, Schanzenbach, and Almond 2016）。

幼い子どもたちは、参加する保育園や幼稚園、幼稚園に入る前の環境において提供される全国学校給食プログラム、学校朝食プログラム、特別牛乳プログラムを利用することもできる。いくつかの研究は、学校給食が栄養と健康成果を改善できることを示している（Gundersen et al. 2012; Bhattacharya, Currie, and Haider 2006）。例外はあるものの（e.g., Schanzenbach and Zaki 2014）、

図 4-i　幼い子どものいる世帯の食料不安、2000 ～ 2021 年

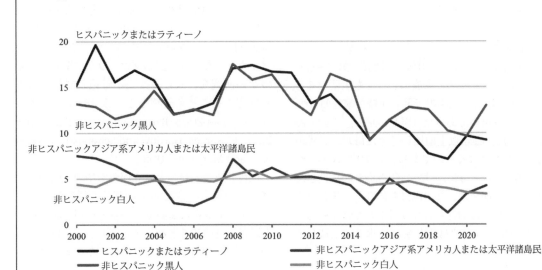

出所：Current Population Survey; CEA calculations.

多くの研究はこれら給食プログラムへの参加率が高いほど、学業成績や教育達成度の向上につながると結論づけている（Imberman and Kugler 2014; Frisvold 2015; Hinrichs 2010）。これらの研究成果は、栄養が認知能力にとって重要であるという臨床的証拠とも一致している（Alaimo, Olson, and Frongillo 2001; Wesnes et al. 2003）。

食糧援助計画は、多くのアメリカ人の食糧難を軽減させるための重要な手段であり、とくに経済的困窮時には顕著である。COVID-19パンデミック前の10年間で食料不安は減少傾向にあり、それはヒスパニックとラティーノ世帯において最も著しかったが（図4-i）、非白人の子どもたちは2020年と2021年に食料安全保障の後退を経験した。そのうえ、COVID-19パンデミック前の黒人とヒスパニックまたはラティーノの子どもと

白人とアジア系アメリカ人または太平洋諸島民の子どもたちとのギャップは依然として残っている（U.S. Census Bureau 2021a）。2021年時点の食料不安の割合は、子どものいる世帯、とくに6歳未満の子どものいる世帯と女性の単身世帯が、世帯全体と比べて高くなっている（USDA 2022a）。

子どものいる世帯が食料不安に直面するなか、ECEの現場や学校は、子どもたちの栄養支援の重要な源泉として機能し続けるであろう。2024年には、家庭の食料安全保障を促進させるための継続的な取り組みの一環として、無料または割引価格で学校給食をうける子どもたちが、栄養支援へのアクセスにおける夏のギャップに対処するため恒久的な食糧支援プログラムが利用できるようになるであろう（USDA 2022b）。

を切り分けることは難しい。注目すべきは、ECEの環境では早期のアカデミック・スキル形成や教育的インプットとともに、遊びをベースとした社会活動、身体・精神的な健康と栄養サービスなどを含む子どもの健康的な発達と並行して提供されることである。BOX 4-1では幼児の発達における栄養支援の役割を説明している。

共働きの親への利益

ECEプログラムは、子どもへの利益だけでなく、子育てをしながら両親が労働市場に参加することができるため、家族にとっても重要である。2021年には6歳未満の子どもを持つ家庭の62%が、共働き世帯であった（BLS 2022）。この大部分は、過去50年以上増加してきた母親の労働市場への参加によるものである。1970年代半ばから1990年代半ばにかけて、働き盛りの女性と母親の労働参加率は、約20%ポイントも伸びた。それ以来、両者の参加率は頭打ちとなり低下した時期もあったが、1970年代半ばよりも高い水準を維持している（図4-2）。

本報告の第1章で説明した通り、母親の労働参加率の上昇は、有償ECEと高齢者介護の増加と並行して起こったものである。時間使用データ

によると、幼児の母親の間で、とくに高学歴の母親は雇用の増加とともに子どもの世話をする時間を減らしている（Flood et al. 2022）。公式ECEの増加は、部分的には母親の労働参加の結果であるように見えるが、研究によればECEはそれを可能にしたということも指摘される（Herbst 2022; Morrissey 2017）。具体的には、ECEの利用可能性、拡大、助成金の提供を検討した研究によれば、ECEは母親の雇用に大きな正の効果をもたらしたとしている（Blau and Tekin 2007; Gelbach 2002; Herbst 2017）。カナダやドイツ、ノルウェーなど他の国のプログラムに関するいくつかの研究も、ECEの拡大が母親の雇用に素早く反応することを確認している（Baker, Gruber, and Milligan 2008; Bauernschuster and Schlotter 2015; Finseraas, Hardoy, and Schøne 2016; Lefebrve and Merrigan 2008）。

保育助成金の受給と公立保育園や幼稚園のプログラムの導入を含むECEの状況を横断的に分析した実証的証拠によれば、特定の母親の雇用が最も影響を受けることを示唆している。プログラムが導入され利用できるようになったことでより働くようになったのは、末子がプログラムの対象で、シングルマザーや教育水準の低い母親など、不利な立場にある母親であった（Cascio 2009; Cascio

図4−2 母親の立場別の労働参加率の経年変化

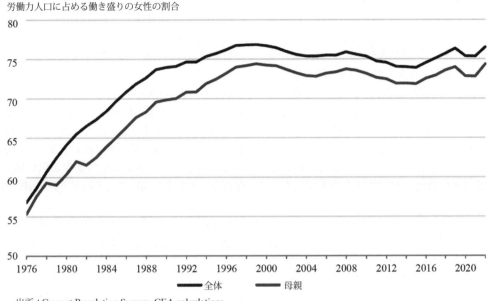

出所：Current Population Survey; CEA calculations.

④

and Schanzenbach 2013; Fitzpatrick 2010, 2012; Gelbach 2002; Tekin 2005, 2007）。ヘッドスタート・プログラムに関する研究も同様にプログラムの利用がシングルマザーの雇用や結果を改善させたことを実証している（Wikle and Wilson 2022）。

ECE の利用を拡大させる政策は、親が少しでも働く可能性を高めるだけでなく、追加的な教育や職業訓練の機会を得て、フルタイムで働く可能性を高めることで、職場での生産性を上昇させることができる（Davis et al. 2018; Herbst and Tekin 2011）。これらの効果は、COVID-19 パンデミックの状況でとくに重要であったと思われる。調査証拠によると、両親、特に母親は、仕事を継続させたとしても、労働時間や生産性を下げる傾向があった（Pew Research Center 2022）。ECE へのアクセスを拡大し、利用可能性を高めてコストを下げる政策を通じて、より多くの親が働けるようになり長期的な経済成長を支え、経済の生産能力を拡大させる可能性がある。しかし次の節で述べるように、ECE 市場は根本的な課題に直面しており、家庭のニーズに合った ECE を確保する能力が妨げられている。

保育・教育市場の課題

前述したように、子どもへの投資は、子ども自身だけでなくその家庭や地域社会にも影響し、社会に波及するような変化をもたらすが、ECE 市場が事業者と家庭の双方にとって機能するかと言えばまったく明らかではない。以下のような重要な課題が残っている。ケアを必要とする家族はそのニーズを満たす、十分に機能する市場にアクセスできるのか？また社会全体からみて ECE の供給

は非効率的で不足しているのであろうか？実証的証拠は、ケア・エコノミーが需要と供給の両面から根本的な課題に直面しており、したがってこの市場の機能を改善するための効果的な政策には重要な機会が存在することを示している。

供給面における中心的な懸案事項とは、より良いスタッフの報酬、早期教育者の専門的な能力開発と指導、そして保育士比率の引き下げなど、より質の高いケアへ投資する保育事業者が、増加したコストを回収しながら、家庭が負担できる料金設定にできるかということである。

需要面では、子どもが幼いうちは経済的に苦しく、親の所得軌道の初期で比較的不安定な時期であることから、家族は流動性制約に直面する（Davis and Sojourner 2021）。すなわち多くの家庭では、単に必要なときに質の高いケアに投資する資源が不足し、将来の収入を担保に有利な金利でローンを組むことができない。特に低所得世帯にとって質の高いケアは家計の大部分を占めることにもなる（Landivar, Graf, and Rayo 2023; U.S. Department of the Treasury 2021）。そのため、多くの家庭は保育料に敏感であり、市場ベースの保育を控えて、代わりに親による子育てや非公式に用意されたケアに頼ることで対応している（Morrissey 2017）。

労働者の課題

幼児保育・教育は、労働集約型産業であり、前述したように質の高い ECE サービスを提供するには、安定した、資格をもつ労働者が不可欠な構成要素である。パンデミック前に実施された、全国を代表する保育事業者の調査である、2019 年幼児保育・教育全国調査（NSECE）によると、センター型保育の保育士の平均離職率—幼児に直接かかわる職員のうち過去 12 ヵ月間にそのプログラムを離職した者の割合—は 17％であった。この離職率は公立の教職（16％）に匹敵するが、教職離職者の半数が別の教育専門職に就いている一方で、多くの保育士はこの業界から完全に去っていることを示す実証的証拠もある（NCES 2016）。ルイジアナ州の調査では、全体として離職率はさらに高く、ECE 教育者の 3 分の 1 以上が毎年離職しており、その大部分が ECE 専門職から離職していることを明らかにしている（Bassok et al. 2021a）。離職率はセンターによって大きく異なっており、3 年間の調査期間の各年で、10％近くは労働力の半数以上が離職しており（Doromal et al. 2022）、離職率の高いセンターの賃金は低く、乳幼児を対象としていた（Caven et al. 2021）。

2019 年の NSECE によれば、在宅型 ECE 事業者の継続期間は比較的短く、在宅型事業者の約 46％は運営期間が 5 年以下であった（NSECE 2019）。これら調査データはパンデミック以前のものであるが、経済全体で失業率が低い時期に、保育士の失業率が高いことを示す実証的研究もある（Brown and Herbst 2022）。したがって労働市場が厳しいパンデミックからの回復期に労働者の離職率を悪化させ、パンデミックがもたらした保育の雇用喪失からの回復を遅らせる可能性がある（BOX 4-2 を参照）。労働者が次々と入れ替わることは、現場経験の機会や職員の ECE 環境での継続性を妨げ、保育の質を低下させる可能性がある。

ECE における労働者の課題は、主に労働者の低賃金によるものである。後に述べるように、この低賃金は、ひとつには消費者の価格感応性とケア・ビジネスが薄利であるために生じている。保育士については BOX 4-3 で詳しく述べるように、一般的な非管理職の労働者と比べても低賃金である。2022 年 12 月の米国における一般的な生産労働者や非管理職労働者の平均時給が 28.19㌦であったのに対して、生産・非管理職の保育士はかなり低く 17.95㌦であった（BLS 2023）。ある分析によれば、保育士の収入は、年齢、学歴、その他の人口統計学的特徴を持つ他の職種に比べて平均で 23％ 低い（Gould 2015）。とくに、保育士、プレ K、幼稚園、そして小学校の教師の収入を比較すると、ケア労働者の低さの程度が分かる。

保育士の収入は平均して、幼稚園や小学校の教師の年収の半分以下、就学前職員は半分強である（BLS 2021a）。また保育士は、金銭以外での従業員給付を受け取ることも稀である。全労働者の 58％ が雇用主や組合が提供する健康保険制度に加入しているのに対して、保育士ではわずか 15％ である（Gould 2015; BLS 2021b）。

一般に家計への報酬が唯一の収入源である労働

BOX 4—2　米国救済計画と育児支援

COVID-19 パンデミックが始まった頃、保育産業は深刻な影響を受けた。2020年2月から2020年4月まで、保育産業の雇用は35%以上も減少した。パンデミックがもたらした保育インフラの混乱を認識したために、米国救済計画法（ARP）は、新しい保育安定化プログラムに対する240億ドルの資金を含む、保育を安定させるための資金を割り当てた。米国保健福祉省のデータ（2022; White House 2022 も見よ）によれば、合計950万人もの子どもたちを収容できる米国の20万以上の保育プログラムがこの助成金から資金を受けていた。賃金や手当、家賃や公共料金、プログラムの資材や必需品などの運営コストを補うために、保育プログラムに助成金を提供することで保育産業を回復させようとする目的があった。2022年秋の時点で、最も一般的な用途は、センター型保育では人件費、家庭の在宅保育では家賃や公共料金となっている。

　これら助成金は、保育士や保育事業者への影響を超えて、経済的な影響も及ぼしていると考えられる。本章の前半で説明したように、保育へのアクセスは親の雇用、とくに女性の雇用を提供するにあたって重要である（e.g., Morrissey 2017）。この雇用と保育へのアクセスとの関係は、COVID-19 パンデミックが始まったときに、女性が経験した労働力への定着の大幅かつ異常な低下を説明するのに役立ちそうである。2020年2月から2020年4月にかけて、全体の雇用・人口比率（すなわち就業率）が16%低下したのに対して、女性の就業率は18%低下した。いくつかの研究は、その数ヶ月間で、幼い子どもを持つ母親の雇用がとくに大打撃を受けたことを示している（Boesch et al.2021; Collins et al.2021; Heggeness 2020; Tüzemen 2021）。

　CEA の分析では、ARP から資金援助を受けた保育事業者の定員（人口比）が比較的多い地域と少ない地域に住む人々の母親の雇用を比較すると、安定化補助金に支えられた収用可能人数の多い地域のほうが母親の雇用は早く回復したことを示唆している（図 4-ii）。この分析は、地域の特性な

図 4−ii　母親雇用の変化率

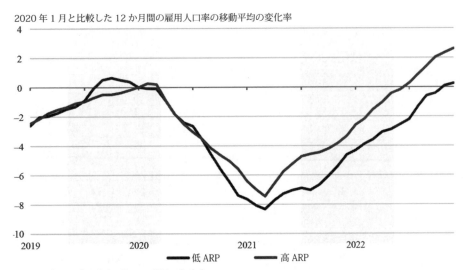

2020 年 1 月と比較した 12 か月間の雇用人口率の移動平均の変化率

出所： Current Population Survey; CEA calculations.
注：データは少なくとも 6 歳未満の子どもが 1 人いる母親に限定される。「低 ARP」とは、人口あたりの米国救済計画（ARP）資金でカバーされる事業者の収容能力が最も低いコアベース統計地域（CBSA）の半分に住む人々の雇用を指す。「高 ARP」とは、人口当たりの ARP 資金でカバーされる事業者の収容能力が最も高い地域の半分に住む人々の雇用を指す。

どの根本的な違いなどを含めて、ARP の高低で母親の雇用の違いを説明するほかの可能性を排除するものではない。しかし、ARP 保育安定化資金が保育産業とそれに依存する親に与える影響をよく理解するためにも、さらなる研究が必要な領域であることを示唆している。

BOX 4—3　誰が ECE で働いているのか？

保育士の大部分は女性で、有色人種に不均衡に偏っている（Banerjee, Gould, and Sawo 2021）。図 4-iii は、労働力全体と比較した性別と人種・エスニシティ別の保育士雇用の内訳を示したものである。保育士の約 14％が黒人で約 24％がヒスパニックであり、労働力全体における黒人とヒスパニックの割合（それぞれ 6％と 8％）よりも高い。

そのうえ、一般的に女性が行ってきた介護労働の価値を軽んじてきた歴史的規範と、女性や有色人種に影響を与える労働市場における差別が、低賃金をさらに悪化させる可能性がある。現在の介護労働者の構成は、黒人女性が抑圧と強制を通じて介護者として働かされてきた奴隷制の遺産である（Glenn 2012）。南北戦争の終結以来、介護労働者はニューディールの下で制定されたような労働者保護から締め出されてきた（Burnham and Theodore 2012）。立法者たちは、最低賃金法、有給休暇、退職手当、残業代を含む労働者保護や手当から、多くの介護労働者を排除し続けている。この介護労働を軽んじてきた歴史的ルーツと、現在も続く、女性や有色人種が労働市場で直面する無差別待遇への障壁は、おそらくは今日の ECE 労働者の賃金と労働条件にも影響を与え続けている。

図 4−iii　雇用者の人種と性別の内訳

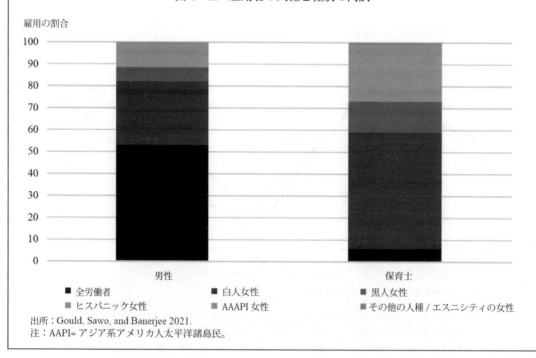

出所：Gould, Sawo, and Banerjee 2021.
注：AAPI= アジア系アメリカ人太平洋諸島民。

図4-3　所得水準別の公式 ECE 消費

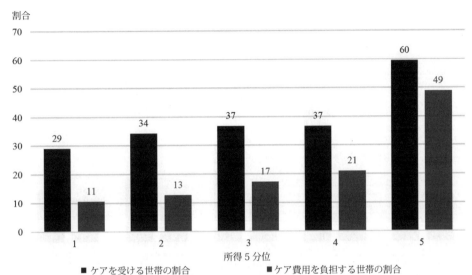

■ ケアを受ける世帯の割合　　■ ケア費用を負担する世帯の割合

出所：2019 National Survey of Early Care and Education; CEA calculations.

注：幼児ケア教育（ECE）対策は、6歳未満の子どもと「公式」ECE、すなわち（事前に関係がない）有給の個人、センター型ケア、就学前教育、地域密着型ケア、その他定期・不定期の組織的 ECE に限定される。

④

集約型産業では、保育事業者は、高い賃金を払うためにコスト削減して収入を上げるための選択肢が限られる。低賃金は、ECE 労働者が連邦貧困線を下回る所得となる可能性を高めている。この基準値を下回るのは、全体では 16 世帯に 1 世帯であるのに対して、保育労働者の 7 人に 1 人がこの基準値を下回る家庭で暮らしている（Gould 2015）。さらに保育士の 53% がメディケイドや SNAP などの公的扶助制度に依存するのに対して、米国の労働者全体では 21% である（Whitebook et al. 2018）。

質の高いケアにかかる高額なコスト

　乳幼児に安全で安心な質の高い ECE を確保することの重要性を考慮して、また家庭にとって質の高さをより明示的にするため、公式な（すなわち認可され統制された）保育事業者には規則や基準が設けられている。州によって異なる規制もあれば、連邦による規制もある。たとえば、子どもおよび大人のケア食品プログラムの育児基準とは、

保育所が連邦政府償還を受けるために満たさなければならないもので、保育所には 3 歳未満（少なくとも生後 6 週間以上）の子ども 4 人につき少なくとも 1 人、3 から 6 歳までの子どもの場合、6 人につき 1 人の幼児教育者がいることが義務付けられている。この品質規制は子どもの安全や幸福を確保するうえで不可欠であり、必要な職員数を増やして、需要の高いスキルを持つ保育士を必要とする限り、事業活動の事業者コストは必然的に高くなる。

　さらに、大きな技術的進歩がみられる製造業のような産業では、品質や労働生産性は向上するが、ECE のような労働集約的なサービス産業では、こうした進歩はあまりみられない。多くのサービス業と同じように、保育事業費の 60 から 80% は人件費である（Workman 2018）。労働生産性の高い他の産業の賃金が上がるということは、ケア労働者が働き手を獲得するためにも賃上げをしなければならず、したがって全体としての相場が上がることを意味する。すでに説明したように、子どもと保育者との安定的な関係は質の高い ECE

図4−4　所得水準別の所得に占める公式 ECE の平均年間支出の割合

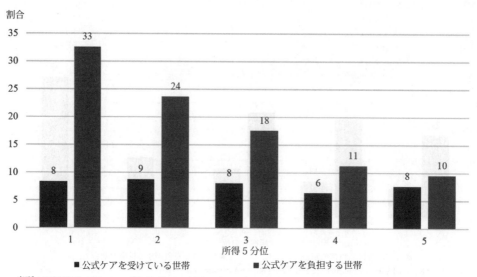

割合

出所：2019 National Survey of Early Care and Education; CEA calculations.
注：幼児ケア教育（ECE）対策は、6歳未満の子どもと「公式」ECE、すなわち（事前に関係がない）有給の個
人、センター型ケア、就学前教育、地域密着型ケア、その他定期・不定期の組織的 ECE に限定される。

の鍵となる構成要素で、ある研究によれば ECE 労働者の継続性を向上させるには、競争力のある賃金を支払うことである（Bassok et al. 2021b; Grunewald, Nunn, and Palmer 2022）。

質の高い ECE とは基本的に高額サービスである。そのため利用やコストが所得分布によって大きく異なることは驚くべきことではない。図 4-3 は、家庭の所得水準別の公式 ECE 消費であるが、ケアを受ける世帯とケアを支払う世帯の両方の割合が示されている。どちらの指標も所得が伸びるにつれて増加し、所得分布の至るところで、補助金つきケアに参加しているが、最低所得五分位では顕著である。所得が最も低い 5 分位では幼い子どものいる世帯の 15% が、最高所得五分位では 53% が、ECE 費用を支払っている（NSECE 2020）。

低所得世帯ほど補助金サービスを受ける資格がある場合が多いが、ECE 費用を支払っている世帯は、中高所得世帯よりも大きな割合を割いている。最近発表された労働省の全国保育価格データベースによれば、パンデミック前の全国各地の地域社会における、子ども 1 人あたりの保育価格の中央値は、世帯収入の中央値の 8 〜 19％を占め、乳児保育の場合、さらに高いことが示されている（Landivar, Graf, and Rayo 2023）。低所得世帯の場合には、その負担はさらに顕著なものとなる。図 4-4 は、公式 ECE を受けている幼児を持つ全世帯と ECE の費用を支払っている世帯の、所得に占める年間の ECE 平均支出額を示したものである。ECE 費用を支払う世帯では、所得水準によって収入に占める ECE 費用の割合が大きく減少している。公式 ECE を支払っている最も低所得世帯では、年間所得の 3 分の 1 を ECE に割くのに対して、最も高所得世帯ではそれが 10％である。

ECE の価格設定と価格に敏感な消費者

すでに述べたように、ケアサービスを提供する企業は、質の高いケア費用を支払う余裕がない、経済的に制約された消費者たちに直面している。特に低・中所得の家庭は、高所得の家庭よりもサービス価格の上昇の際に、これらサービスの

幼い子どもの保育と教育への投資

図4−5　2018年の保育定員に対する幼児の割合

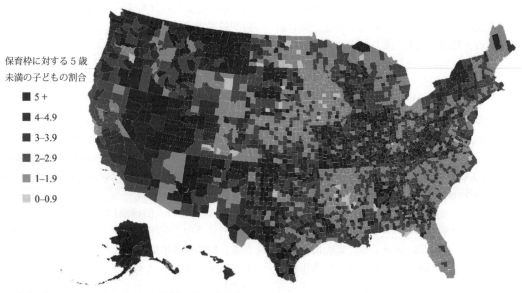

保育枠に対する5歳
未満の子どもの割合

- ■ 5+
- ■ 4–4.9
- ■ 3–3.9
- ■ 2–2.9
- ■ 1–1.9
- ■ 0–0.9

出所：Center for American Progress (2020); CEA calculations.

④

購入を抑える傾向があり、親以外のケアを完全に放棄し、非公式、無給、あるいは質の低いECEサービスに頼ることになる。

　家庭が直面する予算上の制約は、次に質の高いケアの供給にも影響を与える。価格により敏感な世帯を対象としたECE事業者は、費用のかかる質の改善に取り組む余裕がない可能性がある。ケアを供給する際に事業者は、限界収益が限界費用と等しくなる時点、すなわち1㌦追加投資すれば1㌦追加で稼げるようになった時点で、質への投資を選択する。低所得世帯にサービスを提供する事業者は、比較的低い水準から質を改善させる経済力をほとんど持ち合わせていない。彼らの顧客は、予算上の制約からより質の高いケアにそれ以上の費用を支払うことができない可能性がある。理論的には、十分な情報と分かりやすい信用市場があれば、将来の収入を担保に幼い子どものニーズを満たす質の高いECEを利用するために、喜んで借金をする両親もいるかもしれない。しかし、そうした信用取引は一般的には利用できない。そのため、家庭は現在の収入から保育料を支払わな

ければならず、子どもが幼く親がキャリアの低収入段階にある場合には、特に制約が多い可能性がある（Davis and Sojourner 2021）。逆に高所得世帯向けの事業者は、品質への投資コストを回収するための高額請求が容易になる。このような事業者がより質の高いケアへの投資する場合、その顧客は家計や所得で賄うことができるため、一般に高額料金を支払うことができる。ECE市場のこのような側面は、高所得世帯を対象とした事業者において、品質と総収入との間の強い関係を生じさせる。

　ECEの価格設定は、フルタイムで家にいる親や非公式のケア事業者がいることによっても複雑になる。入手可能な最新の実証的証拠によると、2016年に5人に1人はフルタイムの在宅保育者であった（Livingston 2018）。さらに自分の子どもの世話をしながら保育サービスを提供する人のもいるため、彼らの費用便益の計算法が変化している（Porter et al.）。こうしたケア提供者は、認可を受けた大規模事業者よりも平均請求額が低く、より広範なECE市場の価格に下落圧力をかけて

おり、センター型ケアを受ける余裕のない家庭を惹きつけている（National Women's Law Center 2018）。保護者はまた、市場ベースの選択肢ではニーズを満たせない場合、その場しのぎであれ恒久的であれ、親戚、隣人、または家庭内保育に移ることもある。実証的証拠によれば、こうした非公式な ECE の環境は、多くの場合、親による子育てやセンター型保育に比べて質が低いことが示されている（Bassok et al.）。

2018 年、保育事業の 88％は個人事業主（すなわち自分以外の従業員がいない）であり、1 事業所あたりの平均収入は約 1 万 6000㌦であった（U.S. Census Bureau 2018）。事業者には、経費がかからないという不合理な仮定の下であっても、この収入は平均的な個人事業主の収入分布の約 20 パーセンタイルに位置する。実際に他の資金がなければ、この収入レベルでは、保育事業を営みながら世帯を維持することは難しいであろう。これらのデータから、保育者の中には自分の子どもや家族の世話をしながら副収入として、あるいは利他的な動機や雇用の選択肢が限られていることから市場価格以下の料金で保育を提供している可能性があることが示唆されている。

ビジネスモデルの脆弱性

本章を通じて説明しているように、ECE 市場は、家庭が支払える価格で質の高い保育を提供できないという根本的な課題を抱えている。ECE 市場には、そのビジネスモデルの要因となっている、経済的逆風に弱いという他の基本的な特徴もある。研究者たちは、保育は他の低賃金産業よりもマイナスの経済ショックに強く反応し、その他の経済活動よりも不況からの回復に時間がかかることを確認している（Brown and Herbst 2022）。まとめると、ECE は高度に非常に細分化された産業であり、多くの場合が個人事業主の小規模企業によって構成され、低賃金で、労働者の離職率が高く、ほとんどの保育事業者が 1％未満の低い利益率に直面している（Carson and Mattingly 2020; Grunewald and Davies 2011; U.S. Department of the Treasury 2021）。

COVID-19 パンデミックの際に明らかになったように、保育事業者にとって数週間の無収入でさえ耐えられないことが多い理由は、保育事業者の流動性に問題がある。CEA による 2021 年 11 月の中小企業パルスのデータの分析によると、社会的扶助をうけた中小企業（保育事業者を含む）の 82％が、パンデミックによる事業への悪影響が大きいか中程度であると報告し、一般の中小企業の 66％と比べている。同じデータでは、一時的または恒久的な閉鎖を報告した社会扶助を受けた事業者の数は、すべての中小企業（2％）のほぼ 2 倍（約 4％）であった。2021 年には、社会扶助をうけた事業者、向こう 6 ヶ月間で財政支援や追加資本が必要であると報告する傾向も高かった。

保育事業者の人口構成は、資本への限定的なアクセスという問題をさらに悪化させる可能性がある。民間保育事業の経営者は、圧倒的に女性と有色人種が多く、これは ECE 労働者の構成とも一致しており（BOX 4-2 を参照）、これら事業者は資本市場においてより顕著な障壁に直面する可能性がある。ほとんどすべての保育事業、すなわち 97％近くの経営者は女性であり、半数はマイノリティが経営している（National Women's Business Council 2020; Mueller 2020）。しかし女性やマイノリティは、厳しい時代を乗り切るための資産が少ない傾向にある。ある研究によれば、その他の違いの調整後でさえも、女性や有色人種の中小企業経営者はローン承認率が低く、事業のために融資で支払う利息も高いことが示されている（Asiedu, Freeman, and Nti-Addae 2012）。

ECE への参加と利用可能性

ECE 参加に関するデータは、ECE 枠の需要と供給の交線を表している。ECE に参加するには、用意されている枠の利用可能性と、家族のケアの優先傾向とニーズを組み込んだ利用枠の両方が必要である。つまり米国で家族が ECE を利用するには、費用、場所、運営時間、品質などの面で家族のニーズを満たす利用可能な枠がなければならない。郡別の保育定員と人口に関するデータによると、アメリカ人の半数以上が、幼児数が認可保育枠の利用可能性を 3 対 1 以上上回っている地域に住んでいる（Malik et al.）。図 4-5 は、5 歳未満の子どもと認可保育枠の比率を全米の郡別にマッピン

幼い子どもの保育と教育への投資

グしたものである。

2018年の入手可能なデータによれば、図4-6に示すように、ある州の郡の乳幼児保育に注目すると、保育枠に占める幼児の割合は高くなる。ある分析によれば、データがある郡の80%は3歳未満の子ども保育枠1つに対して、少なくとも3人の乳幼児がいることが分かった（Jessen-Howard, Malik, and Falgout 2020）。農村部や低所得の地域社会では、定員に対する子どもの割合が高い傾向があったが、これはその地域における親以外のECEの需要が低いことを反映している可能性があり、ヒスパニック系の家庭は定員に対する子どもの割合が高い地域に住む傾向があった（Malik et al.）。

ECE枠の供給不足は、公式ECEへの参加不足を悪化させる可能性がある。2019年には、小学校入学前の3〜6歳の子どもの53%が、家庭の外で公式の就学前教育を受けていた（U.S. Census Bureau 2021b）[4]。パンデミック前のデータでは、人種、エスニシティ、家族の社会経済的状況の大きな違いを指摘している。特にヒスパニックの子どもは、歴史的にフォーマル・ケアに参加する割合が低く、黒人の子どもは他の子どもに比べて親族による保育を受ける傾向が強い（de Brey et al.）。低所得で不利な家庭では、親以外の保育を利用する割合が低いため、社会経済的分布の最下位にある家庭の参加率は、より裕福な家庭の参加率と似ている（de Brey et al. 2019; NCES 2022）。

社会経済的状況や地域によって子どものECEへの参加に差があるのは、適切な枠が利用できないことに起因すると主張する人は多い。しかし、利用可能な枠が不足しているように見えるのは、定員より幼い子どもが多いからであり、実際には両親の優先傾向による需要の低下の結果である可能性はないのであろうか。

調査を含むデータソースは、観察された参加率が、子どものためのECE枠に対する家族の需要に達していないかどうかを特定するのに役立つ。たとえば全国ヘッドスタート影響研究を実施するために、研究者たちはヘッドスタート受領者の全国代表サンプルを作成した。超過需要が研究デザインの決定的な特徴であったため、2002年秋に超過需要が予測される受領者のみが参加することができた。全国代表サンプルのヘッドスタート受

領者の89%は、地域社会でヘッドスタートを望む適切な子どもたち全員にサービスを提供していなかった（U.S. Department of Health and Human Services 2005）。パンデミック前のデータ分析によれば、ヘッドスタートのセンターから5マイル以内に居住の、適格な所得がある就学前の子ども100人に対してヘッドスタートの枠は63であった（Ghertner and Schreier 2022）。

ヘッドスタート・プログラムに加えて、他のデータソースも同様に、ECE事業者の限られた枠に対する超過需要を実証している。2019年幼児保育・教育全国調査のデータによると、センター型の保育事業者の73%は満員や待機リストによって、申し込む家族の受入れを拒否したことがあり、保育枠に対する超過需要を経験している。図4-7が示すように、超過需要は事業者の種類によって異なっている。乳幼児のみを対象とする事業者と、すべての幼児を対象とする事業者は、就学前の子どものみを対象とする事業者（65%）よりも、そのサービスに対する超過需要を報告する傾向が強かった（それぞれ81%と79%）。超過需要は地域社会の貧困度と直線的に変わるわけではないが、都市化の度合いは重要であり、農村部の事業者は超過需要を報告する傾向は低かった。連邦政府や州が提供する保育に対する補助金の供給にも限界があり、2019年に定員以上の申込のあった補助金を受け取った子どもは、わずか16%であった（Chien 2022）。

消費者側からみても、世帯はニーズに見合った保育の利用が困難であると報告している。2019年には、幼い子どもの保育を探した世帯の76%が、ニーズに合った保育を見つけることが困難であった（National Household Education Surveys Program 2019）。このグループのなかで、回答者が困難さの主な理由を尋ねられたところ、最も一般的な障壁は費用で、次いで空き枠がないことであった（図4-8）。保育を探す際のその他の重要な障壁とは、場所的な課題と不十分な質などであった。とくに費用に関する懸念が顕著だったのは、都市部の世帯と貧困線以下の所得の世帯であった。働く母親がいる世帯や貧困基準以上の世帯、農村部では、連絡をとったECE事業者に空き枠がないことがより顕著な困難であった。ECEを見つけるのが難しいという家庭の報告

図4−6　景気拡大期の経済成長率

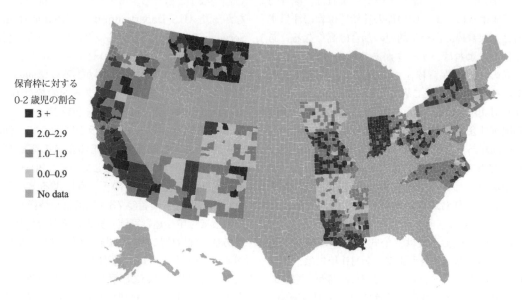

保育枠に対する
0-2 歳児の割合
- ■ 3 +
- ■ 2.0–2.9
- ■ 1.0–1.9
- ■ 0.0–0.9
- ■ No data

出所：Malik et al. (2018); CEA calculations.

図4−7　事業者タイプ別の超過需要

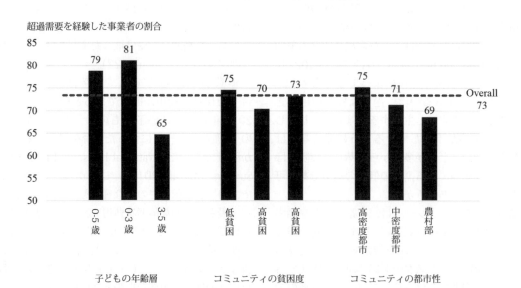

超過需要を経験した事業者の割合

出所：2019 National Survey of Early Care and Education; CEA calculations.
注：超過需要とは過去1年間に事業者の収容能力不足を理由に家族を受け入れなかったか、順番待ちリスト
　を出したかで定義される。線は超過需要を経験した事業者全体の割合を示している（73.4％）。

図4−8　ケアを受けることが困難な世帯の理由

ケアを受けることが困難な全世帯のうち、困難な主な理由を報告した世帯の割合

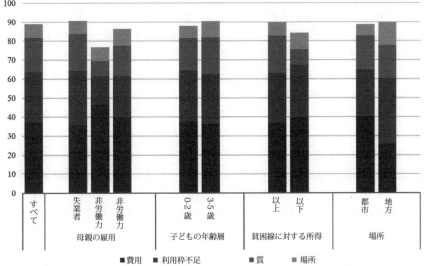

■費用　■利用枠不足　　■質　■場所

出所：National Center for Education Statistics (2019); CEA calculations.
注：世帯とは、子供のために希望するタイプの保育や保育プログラムを見つけることが多少なりとも困難もしくは見つけることができなかった世帯を指している。
　　「保育もしは幼少期プログラムを見つけるのが難しかった主な理由は何ですか」という質問に対する回答によってグループ分けされている。最も頻度のたかい4つの理由が表示されているため、棒グラフの合計は100ではない。

④

と、農村部では超過需要の発生率が低いという事業者からの報告との間の断絶は、おそらく、農村部で提供される利用可能な保育の種類、対象年齢、またはその他プログラムの特徴が、家庭のニーズを満たしていないことを示唆する。先行研究でも、黒人やヒスパニック系の世帯では、保育を探すのがより困難であることが実証されている（NCES 2018）。ECE の供給不足は、個人の幸福と力強い経済成長にとって重要であり、親の労働力への定着を促進し、子どもの短期的・長期的な成果を改善するための投資の有効性が実証されていることから、注目に値する。

保育市場における助成金の役割

　質の高い ECE がもたらす大きな社会的利益と ECE 市場における課題は、政策改革の機会を創出する。ヘンドレンとシュプルング・カイザー（2020）は、連邦政府の増収と経費節約を含む公的資金の限界価値と呼ばれる指標を用いて、ライフサイクルに渡るさまざまな投資に対するリターンを実証しており、子どもの健康と教育への投資が最も大きなリターンを生むことを明らかにした。米国ではその他の公的機関や民間団体も ECE に資金を投じているが、連邦政府の資金を増やすことで、幼児保育の質を社会的に最適なレベルに近づけることができる（Davis and Sojourner 2021）。研究によれば、ECE の改善と子どもへの投資の社会的・経済的利益を手に入れるには、（1）利用者アクセスを拡大し、特に人種、エスニシティ、家庭の社会経済的状況による格差に対処すること、（2）労働力支援を含む供給体制の構築を奨励すること、（3）質を確保することが必要である。

現在、連邦政府はいくつかの経路を通じて ECE に投資しており、無料または補助金サービスを提供するために民間および公的機関に資金を向けるものもあれば、直接家庭に向けて ECE サービスに支出する財源を提供するものもある。ヘッドスタートは連邦政府が資金提供するプログラムで、公的機関、民間の非営利・営利団体、部族政府、学校制度によって運営され、低所得家庭の就学前の子どもたちに無料で ECE を提供している（ECLKC 2022）。早期ヘッドスタート・プログラムは、低所得世帯の妊婦と乳幼児を対象とした家庭訪問と保育所をベースとしたサービスである（ECLKC 2019）。

「就学前開発助成金—誕生から 5 歳まで」は、戦略的計画、家族の関与、労働力開発、そして質の向上を、州の就学前プログラムに限定することなく、すべての ECE プログラムの体系的強化の支援を目標に、ECE に投資している（OESE

2023; Office of Early Childhood Development 2022）。

保育開発交付金（CCDF）は、育児と子どもの発達のためのブロック補助金法（CCDBG）によって認可され、ECE 投資のために州、地域、部族政府に資金を提供するだけでなく、仕事、教育、訓練の機会を求める低所得世帯には直接、保育のための資金を提供している（Office of Child Care 2022）。

いくつかの ECE 給付は税法を通じて運営されており、現在、全額還付型の児童扶助税額控除は、勤労者世帯の育児費を支援する税額控除であり（IRS 2022）、企業提供型の育児控除は、事業所内での保育施設の運営や従業員に対してサービスを提供するために保育業者と契約するなど、適切な保育支出を行う事業者に対して税控除を行っている（Smith, McHenry, and Mullaly 2021）。

国際比較

世界中の多くの国が ECE に補助金を出している（Olivetti and Petrongolo 2017）。経済協力開発機構（OECD）のすべての加盟国の中で、各国政府は ECE に対して、平均して国内総生産の0.74％を費やしているが、米国はわずか 0.33％である（OECD 2021）。本報告の第 6 章で説明したように、米国における女性の労働力参加率は停滞し、他の多くの比較可能な国の参加率から遅れをとっている。研究者たちは、米国の女性の労働力参加率が、他の同等な国と同じ割合で増加しなかった理由の潜在的な説明の 1 つとして、米国における家族に優しい政策の相対的な欠如を挙げている（Blau and Kahn 2013）。

OECD 加盟国の中で、米国は 3 〜 5 歳の子どもの ECE 参加率が最も低い国の 1 つであり、66％である（OECD, n.d.）。この割合は、COVID-19 パンデミック前に測定された 2015 年から 2020 年までの間に基本的には変わっていない。注目

すべきは、いくつかの OECD 加盟国では、3 〜 5 歳までの子どもの ECE 参加率が普遍的、あるいは準普遍的だったことである。このグループには 2015 年の 79％から 2020 年には普遍的な参加率へと大幅な上昇を遂げたアイルランドも含まれており（OECD, n.d.）、早期教育者に対する報酬の改善を含む、ECE に対する一大改革と国家投資と同時に進められている（Moloney 2021）。

米国は、就学前の子ども（3 〜 5 歳）に対する支出額が先進国の中で比較的低いことで際立っているが、子ども 1 人当たりの支出額や国内総生産に占める割合で測ると、乳幼児期から 2 歳までの ECE への公的支出が特に低い（OECD 2021）。他の多くの国、特に北欧諸国では、乳幼児期の ECE に最も多く支出しており、小学校に入学するまでの数年間に多額の投資を続けている。

米国の ECE の状況は他の多くの OECD 諸国のそれとは異なっているが、ECE プログラムの機能に影響を及ぼす異なる政策的状況に深く根付いていることも重要である。入手可能なデータがある OECD 加盟国の 70％以上は、米国とは異なり、

BOX 4—5　子どもへの投資情報を提供するための新しいデータと新しい手法

ECE の状況を理解し、子どもたちへの効率的な投資を行うには、データインフラと研究方法の継続的なイノベーションが必要となる。ECE のプログラミングやデータ、成果横断的な混合提供システムに関する体系的に収集された指標はなく、世帯調査から得られる ECE 登録に関する情報はリアルタイムから大幅に遅れている。費用対効果のタイミングと発生率のズレは、子どもたちへの公共投資に課題をもたらしている。こうした投資が利益を実現するまでの計画対象期間は長く、ほとんどの予算のスコア計算は長期的な利益を考慮していない。

タイムリーで迅速なデータ収集。ECE の設備や参加に関する限られたデータやその入手の適時性についての問題は、COVID-19 パンデミック以前から存在していたものの、パンデミック中は、どのプログラムが、あるいはプログラムのどの要素が目標を達成しているのかを評価するために、リアルタイムのデータ収集がますます重要になっている（Cajner et al. 2022）。これに応えて登場した 2 つの調査、すなわち世帯パルス調査と学校パルス・パネルは、広く分析に使われている。理論上これら継続的な調査は、政策に情報を提供し、研究を支援する多くの可能性を秘めているが、世帯パルス調査には代表性と低い回答率という問題がある（Bradley et al. 2021）。再設計しインセンティブを与えることで、これら問題に対処できる可能性があり、世帯と学校に関して長期的に収集したデータは、将来の研究や政策立案の活用に期待されている。

既存のデータソースの可能性を引き出し、拡大することは、新しいデータを収集するよりも費用対効果が高いと考えられる。たとえば多くの場合、行政データにはサービスと子どもや家族の相互関係に関する豊富な情報が含まれている。行政データを長期的かつソース間で関連づけることができれば、政策と実践に情報を提供するための多くの有益な研究を促進させることができる（Bigelow et al. 2021）。

長期的な効果を測定する。いくつかの新しい手法は、介入による長期的かつ広範な影響を予測、推定するために、短期的な指標と関心のある長期的な結果との間の実証された関係を利用している。ある最近の論文は、因果的方法が考案され、十分な時間が経過したことから、データの利用可能性が向上し、米国のソーシャル・セーフティネットが子どもに与える影響に関する経済学研究におけるこうした進化を示している（Aizer、Hoynes、Lleras-Muney 2022）。長期的な効果を捉えるための新しく活力あるアプローチには、ライフサイクル便益予測（García et al. 2020）、代理指標（Athey et al. 2019）、公的資金の限界価値に関する枠組み（Hendren and Sprung-Keyser 2020）などがある。この分野における継続的なイノベーションは、プログラムの広範かつ完全なインパクトを早急に測定することへの関心と緊急性があることをはっきりと示している。この必要性は、子どもに影響を与えるプログラムや政策を評価する際にとくに差し迫ったものになる。

④

出生または 1 歳から小学校入学までの子どもを対象とする制度を監督する、ECE のための中央集権的な機関が設立されている。また多くの国では5 歳までに少なくとも 1 年間の ECE 入学の権利を確立している（OECD 2019）。加えて、他の多くの国では、育児休暇政策が乳児保育を提供するための ECE インフラ圧力を緩和している。乳児保育の提供は、最もコストがかかり、少人数制で

あることや子ども対大人の比率が小さいこともあり、登録者数の変動に機敏に対応することができない。米国を除くすべての OECD 加盟国は、全国的な有給出産休暇を提供している（OECD 2016）。多くの国では子どもの出産後に父親の有給育児休暇を提供しており、OECD 加盟国の 23 カ国では、両親が育児責任を分担できるよう有給育児休暇を提供している（OECD 2016）。

米国の ECE インフラへの助成をより強化することによって、保育事業者は、労働者への十分な補償を含めた質の高いサービスに家庭が負担できる価格で投資することが可能になる。BOX 4-4 では、ECE に対する連邦政府の主な投資の概要を説明している。

最近の 2 つのワーキングペーパーによれば、低所得世帯を対象とした補助金と事業者側の投資の組み合わせが、質の高い ECE の登録者数を拡大させる最も効果的な手段であることが明らかになった（Bodéré 2023; Borowsky et al.）。補助金を質の高い保育を提供するための費用を関連付けることによって、事業者は費用のかかる質の改善に投資できるようになり、消費者は所得に応じて支払う保険料を調整することで、家庭は予算内で質の高い保育を受けやすくなる。

最近の保育政策案は、各州に質の高い ECE の供給の強化とそれを通じた ECE へのアクセス拡大を奨励しており、事業者に対しては、質の高い ECE への投資を増加させるインセンティブを与えている。さらにこれらの提案には、低・中所得世帯を対象とした補助金も含まれている。これらの特徴はともに、事業者が質への投資の追加的コストを回収することを可能にし、上述したように質への投資不足をもたらす市場の摩擦を緩和する。

質への投資には、適切なスキルを持つ人々を惹きつけ、継続させるためにプロセスの改善と保育士の仕事の質の向上という両方が必要である。

実証的証拠によれば、ECE 環境における労働供給は賃金の上昇に反応するのであり、ECE の仕事がより質の高いものになれば、より多くの有資格者が保育職に留まり、保育事業者の雇用を求めるようになることを示唆している（Blau 1993; Borowsky et al. 2022; Mocan 2007）。結果として ECE の供給と質は向上し、長年にわたる質の高い保育の供給不足を相殺するのに役立つであろう。

BOX 4-4 で説明したように、連邦政府は現在、複数の手段を通じて ECE プログラムに投資しており、多くの州は ARP からの連邦資金を利用して、ECE の利用可能性を高め、コストを下げる努力を進めている。コネチカット州、デラウェア州、ジョージア州、メイン州、メリーランド州、オレゴン州、ペンシルベニア州、バーモント州など多くの州では、保育士への一時的なボーナス支給や賃上げへの恒久的な補助を提供している（Child Care Aware 2022）。たとえばテキサス州では、議員が低所得世帯の乳幼児にサービスを提供する事業者に対する補償金を増額し、公的補助金を受けている保育プログラムに対しては、テキサス・ライジングスターという品質評価・改善システムへの参加を必須としている（Goldstein 2022）。

連邦政府はまた、利用可能性と参加に関するより良いリアルタイム情報、および実証的証拠の構築を通じて、より効果的な ECE の政策立案を支えるデータインフラの改善において重要な役割を果たすことができる。BOX 4-5 では、この面におけるいくつかの新たな進展と改善への道筋が説明されている。

結 論

幼児保育・教育プログラムは家族にとって重要な 2 つの役割を果たしている。第 1 に幼児の認知的・社会的情緒的スキルの発達に寄与し、第 2 に両親の労働市場への参加を支援するということである。この両方の経路は社会にとっても大きな利益を生んでいる。すべての子どもに質の高い ECE へのアクセスを保証するには、家族がプログラムを利用できるようにすることと、労働力開発の支援やスマートな収容定員の拡大を含む、プログラムの提供の両方に投資する必要がある。このような ECE への投資は、それを受けた子ども自身だけでなく社会全体として長期的にみて大きな利益をもたらす。

COVID-19 パンデミックが国家の ECE インフラの多くのギャップを悪化させたが、これら課題の多くは、とくに人種・エスニシティや家庭所

得の格差はパンデミック以前から存在していた。ECE プログラムとサービス市場には重大な問題があり、国家の経済はケア・ビジネスや保育士、これらサービスを必要とする家族への支援にしばしば失敗してきた。こうした課題は、最終的には労働者の低賃金につながり、家族にとって質が高く、手頃で利用しやすいケアの供給不足を悪化させることになる。しかしこうした問題は政策の改善によって緩和される可能性がある。

　政府の政策が慎重に設計されれば、労働者の課題や低賃金、高額な質の高いケア提供、家庭の価格感応度、そして ECE ビジネスモデルの脆弱性など ECE 市場の摩擦に対処することができるであろう。それによって保育をより手軽なものにし、保育士の賃金を引き上げて、質への投資を確かなものにすることができる。したがって政府は保育の質を向上させ、保育士に高い給与を支払うインセンティブを含む保育事業者への補助金の提供と並行して、家族に向けた補助金や公的に提供される ECE プログラムなどを提供することで、より機能的な ECE 市場を育成することができる。同時にこれら政策によって、家庭や社会が必要とする高品質で手頃な価格の保育を提供する意思と能力を提供する事業者を確保し、ECE 市場の需要と供給の両面に対処することができる。

注

1　本章では、保育、就学前教育、就学前幼稚園（pre-K）プログラムを包含するために「ECE」という用語を採用するが、これはプログラムの構成や資金、提供方法でかなりの重複部分があるからである。保育は通常、乳幼児期から就学前までの子どもを対象としたプログラムを指し、就学前教育やプレ K は一般的に、正規の学校の入学前 1 ～ 2 年間を対象としたプログラムを指す。そのため、就学前教育プログラムは、通常、3、4 歳の子どもを対象とし、多くの場合、通学日や学校暦に合わせて運営されている。本章では、政策、研究、データなどがより広範な ECE の状況の中の特定分野に関連する場合に、「保育」、「就学前教育」、「プレ K」という用語を使用する。

2　ヘッドスタートとは、1965 年の貧困との戦いの一環として開始された、低所得世帯の子どもを対象とした連邦政府資金による就学前教育プログラムである（ECLKC 2022）。

3　混合型提供システムでは、在宅型、地域社会型、学校型の環境を通じて保育が提供され、家庭が直接 ECE サービスに支払うことに加えて、連邦、州、地方から資金や説明責任が必要となることがある。

4　人口動態調査の 10 月就学在籍者補足調査では、回答者は子どもが「就学前教育」または「保育園」に通っているかを尋ねている。

④

第5章
より強い中等後教育機関の構築

米国の中等後教育制度は、多くの点で世界のあこがれの的である。その他の国際的な制度と比べて米国の中等後教育制度は、膨大で多彩で、分散しており、探究や編入、再入学の機会を提供する傾向にある。学生たちは、自らに最も適したプログラムを柔軟に見つけられるため、その恩恵を受けやすい。他の同等の国と比較して、教育機関の数が多いことから、学生のニーズに対応できるよう機関間で競争するため、イノベーションが促進される可能性がある。これらの特徴は、なぜ大学生の留学先のトップが米国なのかを説明するのに役立つ。2020年には100万人以上の留学生が米国の大学に在籍しており、それは1980年の3倍以上であり、今や国を越えて中等後教育に通う学生全体の移住の5分の1を占めている（Bound et al. 2021; Institute of International Education 2020）。

過去半世紀にわたり、高等教育を受けた労働者の需要が拡大したにもかかわらず、多くのアメリカ人にとって、価値ある中等後教育の修了資格を得ることは依然として困難である。米国はもはや中等後教育の達成度で世界をリードしておらず、数十年の間に所得と人種による格差が拡大してきた。このことは、個人にとっては中等後教育によって個人的な恩恵を受けられないという結果を、社会にとっては市民参加の拡大や公的給付への依存度の引き下げ、税収の増加、経済成長を向上などの恩恵が受けられないという結果をもたらした。大学は平均的にみれば良い投資であることに変わりはないが、一世代前と比べて学生の債務負担が増加したことを考えれば、この投資は、教育が期待する労働市場の利益をもたらさなければ、学生の暮らし向きは悪化するというリスクがある。

連邦および州政府による中等後教育への支援は、長い間、教育機関に対する直接的な資金提供であったが、ここ数十年で学生への学資援助に形を変えている。これらの努力は、高騰する授業料や諸経費を相殺するためにも不可欠である。1980年以来、学資援助を考慮する前の実質ベースで授業料は3倍となり、4年制公立大学ではそれ以上に高騰している（Ma and Pender 2022a）。しかし、教育機関と教育機関が提供するプログラムを対象とした政策、すなわち教育機関の能力を高め、学生に十分に役立つ大学を支援し、そうでない場合には責任をとらせることは、就学への経済的障壁を引き下げる政策を補完するうえで重要である。連邦政策は、連邦支援による教育機関への支援が学生の成果を向上させる「アメ」として、教育機関が提供する経済的価値に対して説明責任を果たすための政策という「ムチ」の両面において、中等後教育修了後の選択肢の質に影響を与えることができる。教育機関向けの政策は、アクセスへの地理的な障壁がある場合には価値の高いプログラムの公平な拡大を促進し、価値の低いプログラムを普及させないために役立つ。

教育機関向けの政策を検討する前に、この章では米国の中等後教育の状況を説明する。教育機関によって大きな違いがあることを説明し、教育機関とそのプログラムそれ自体が学生の成功の重要な決定要因であることを示す証拠を整理する。次にこの章では、中等後教育に対する連邦政府投資の理論的な根拠を説明し、米国の中等後教育財政モデルを歴史的かつ国際的な文脈に位置づける。最近の米国で採用されている分散型の「高額授業

図5−1　学生の特徴別、機関種別の在籍者分布

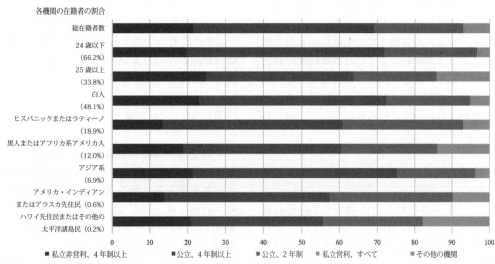

出所：National Center for Education Statistics, Integrated Postsecondary Education Data System Fall Enrollment component, 2021 provisional data.

注：「その他の機関」のカテゴリーは、2年未満の公立機関と私立非営利機関および2年制の私立非営利機関を含んでいる。

各カテゴリーの丸括弧は、集団内における全教育機関の秋季入学者総数の割合を示している。割合の合計は100にならないのは、四捨五入や2つ以上の人種を持つ学生、人種／エスニシティが不明の学生、非居住外国人の学生を省略しているためである。

料、高額援助」モデルには、いくつかの利点はあるが、卒業できなかった学生や労働市場において教育が報われなかった学生にとって経済的リスクを生み出している。中等後教育の市場は不完全であるため、市場だけで改善をもたらす可能性は限られている。このような不完全性には、地理的制約、情報と行動的制約、変動する需要に素早く対応する教育機関の能力を制限する生産制約がある。本章では生産制約の原因の1つを説明する。公立中等後教育機関に対する州予算は景気後退期に減少する傾向にあるが、これはまさに、教育機関への入学希望者が増加する時期である

本章の残りでは、教育機関の質の維持・向上、学生の成果に対する教育機関の責任、アクセスへの地理的障壁を減らすことなど、さまざまな選択肢を検討しながら、連邦政府の政策がどのように中等後教育機関を支援できるのかを検討していく。本章で説明する機関向けの政策努力には、現状の中等後教育の選択肢を改善させる可能性がある。こうした議論を通じて、本章では、すべての学生が価値ある大学教育を受けられるようにするという究極的な目標にむけて、中等後教育の状況を改善するためにすでにバイデン―ハリス政権が取り組んでいる行動を紹介する。

米国の中等後教育機関の状況

米国の中等後教育制度の際立った特徴とは、教育機関の異質性とその程度である。公立、私立、非営利、営利セクターの大学はそれぞれ異なるプログラムを提供し、異なる構成の学生が入学し、異なる方法で資金調達している。4年制大学では

特定の職業とは関連性が大きく異なる分野の学位を提供している。コミュニティ・カレッジはさまざまな資格を提供しており、4年制大学に編入しようとする学生に向けた学術準学士や職業準学士、労働市場へ早期参入しようとする学生向けの短期

修了証、そして学士号も増加している。歴史的黒人大学と部族向け大学の使命はそれだけではない。それは歴史的に中等後教育から排除されてきた地域社会の役に立つというものである。それに加えて、学生の卒業率や労働市場での活躍の程度も教育機関によって異なる。こうした教育機関の状況は、米国が高等教育をどのように支援するかの推進力であると同時にその結果でもあり、高等教育の質をどのように向上させるかについて示唆を与えている。

多様な学生層のための教育機関

米国の大学生は年齢も居住地域もそれぞれ異なっている。20歳以前に大学に入学し、全寮制の4年制大学のキャンパス内に住んでいる学部生は13%しかいない（NCES 2022a, 2022b, 2022c）。在籍学生の30%は、20歳以上でプログラムを開始した（NCES 2022a）。20歳未満の在籍学生のうち、およそ40%は2年制（もしくはそれ以下）の教育機関に通い、4年制大学に通う残りの学生の約半数はキャンパスで暮らしている（NCES 2022d, 2022e）。学部生の3分1以上は25歳もしくはそれ以上で、その割合はコミュニティ・カレッジでは44%近く、営利大学セクターでは62%近くに上昇する（NCES 2022f）。

平均すると学部生は収入と人種についてもかなり多様であり、異なるタイプの学生がどの程度在籍するのかによって教育機関は大きく異なる。どの年においても、学部生の3分の1近くは低所得家庭向けのペル奨学金を受給している（NCES 2020a）。教育機関は、低所得者層の学生がどの程度所属しているかによって大きく異なり、ペル奨学金の受給学生が4分の1以下のキャンパスは約16%、4分3以上のキャンパスは約22%である[1]。全体として、低所得者層の学生は、2年制と4年制大学ではおよそ同じ割合であるが、営利セクターには多く、約53%の学部生がペル奨学金を受給している（NCES 2020b, 2020c）。

学生の5分の2近くは、黒人、ヒスパニック、アジア系、アメリカ・インディアンもしくはアラスカ先住民、ハワイ先住民もしくは太平洋諸島民というアイデンティティをもっている。そのような学生グループの多くは、コミュニティ・カレッジや営利セクターに所属している。図5-1が示しているように、黒人、ヒスパニック、アジア系、アメリカ・インディアンもしくはアラスカの先住民、ハワイ先住民もしくは太平洋諸島のアイデンティティをもつ学生は白人学生よりも営利機関に通う傾向がかなり高い。25歳以上の学生も、営利機関に偏って集まっている。

教育機関によって異なる学生に対する価格と支出

中等後教育機関は対象となる学生だけでなく、学費や学生指導に費やす金額も教育機関によってさまざまである。図5-1で示す通り、平均的な教育機関では、学部生の年間授業料の定価はおよそ1万3000㌦であるが、家賃や食費、書籍代、その他の費用を含めて年間の総費用は2万5000㌦程度となり、補助金を考慮すると正味価格は1万5000㌦近くになる。そうした費用はセクターごとに大きく異なる。私立の非営利および営利大学では学部生の正味価格は年間2万㌦を超えるのに対して、4年制公立大学と2年制公立大学では補助金を考慮すると、それぞれおよそ一年当たり1万4000㌦と7000㌦となる。

教育機関によって学生指導に使用できる財源の総額にも大きな差がある。これは教育機関の学問に対する財政投資を示す明確な指標となっている[2]。

図5-2が示すように、この資源配分はきわめて偏っており、教育機関の70%は毎年、フルタイム換算の学生1人当たりの支出は1万㌦未満であり、5万㌦以上支出するのは9%である。そうした支出で少人数クラス、高いレベルの講師陣、より良い学業支援サービス、学生の成功に貢献しうるその他物資の購入にあてることができる。表5-1に示すように、これらの支出パターンにはセクターごとに明らかな違いがある。ほとんどのセクターにわたって、価格の上昇は、学生に対する支出の増加につながる傾向にある。教育費は、私立の非営利4年制大学で年間1万4100㌦、公立の4年制大学で1万600㌦、2年制公立大学で6300㌦があてられている。このパターンの例外は営利大学であり、学生は比較的高額な正味価格を支払うのに対して、受け取れる教育支出はどのセクターよりも低い（約3700㌦）。

図5-2　学生1人当たりの支出の変動

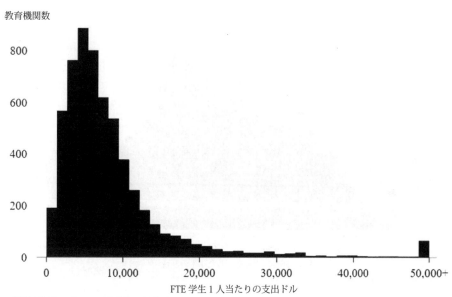

出所：College Scorecard; CEA calculations.
注：FTE＝フルタイム当量。

表5-1　セクター別の大学の価格と支出

指標	すべての機関	私立非営利、4年制	公立、4年制	公立、2年制	私立非営利、すべて
授業料および諸経費	$12,602	$34,235	$9,149	$3,338	$14,913
通学の総費用	$25,235	$49,401	$22,529	$13,170	$26,204
通学の純費用	$14,762	$26,045	$13,812	$7,101	$20,400
FTE学生当たりの教育支出	$9,633	$14,071	$10,617	6292	$3,691

出所：College Scorecard; CEA calculations.
注：FTE＝フルタイム当量。大学の価格と支出は、全日制の入学者の1学年度当たりのものである。

⑤

教育機関によって異なる学生の成果

　学位取得率などの学生の成果も中等後教育機関によって大きく異なっている。大学に在籍する米国の学部生は比較的高い割合で学位を取得できない（Bound, Lovenheim, and Turner 2010; Bowen, Chingos, and McPherson 2009）。最近の研究によれば、1990年以来卒業率がいくらか上昇したとはいえ、学士号を目指す学部生のうち、入学後6年以内に学位を取得できる者は60％未満である（Denning et al. 2022）。図5-3のパネルAが示すように、平均的な大学の学生のうち、

学部生の約55％は予定期間の150％以内（たとえば、2年制大学の場合には3年間で4年制大学の場合6年間）に学位を取得できる教育機関に通っている。学部生の卒業率が25％以下の大学は10分の1近くあり、卒業率が75％を超える大学は3分の1以上あることから、こうした平均値は実際にはかなりばらつきがあることを見えにくくしている。

　卒業しないことのすべてが問題というわけではない。米国の中等後教育機関は、経験に不安があったとしても、多くの学生が大学を探究することが可能である。COVID-19以前に大学に通っていたアメリカ人を対象とした最近の大規模調査で

図 5−3　学部生の成果の変動

A　修了率の変動
教育機関数

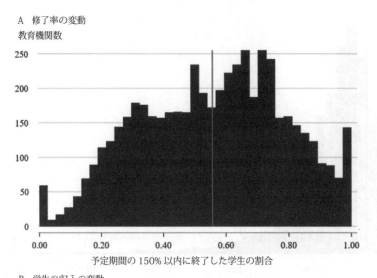

予定期間の 150% 以内に終了した学生の割合

B　学生の収入の変動
教育機関数

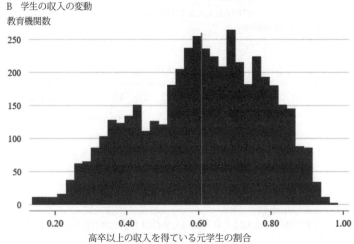

高卒以上の収入を得ている元学生の割合

出所：College Scorecard; CEA calculations.
注：パネル A のオレンジ線は学部教育を予定期間の 150% 以内で修了した学生の平均的な割合
　を示している。
　　　パネル B のオレンジ線は高卒以上の収入を得ている元学生の平均的な割合を示している。

は、卒業しなかった理由にはさまざまな自己申告の理由があることが明らかにされている（Gallup 2019）。退学理由について、ある学生はすぐれた制度的実践や学資援助政策があれば学位取得の可能性があったことを示唆し、その他の理由には、大学が自分に合わなかったことを知った後に退学した学生がいたことが報告されている。そのような探究は高い学費を払って教育機関に通う学生にとって大きな負担となる。

　このことは探究による利益と、時間と金のメ

リットの薄い投資から学生を守る必要性とのバランスをとる政策の役割を示唆している。

　教育機関によって大学卒業後の収入が大きく異なることも顕著である。それを測る指標としてカレッジ・スコアカードが利用できる。これはあるカレッジの連邦補助金を受給した学部生のうち、入学から 10 年後に、最終学歴が高卒の一般的な労働者と同程度の収入を得ている者の割合を示したものである[3]。高卒労働者の収入を比較することによって、大学にまったく進学しなかった場合

124

表5－2　セクター別学生の成果（割合）

指標	すべての機関	私立非営利、4年制	公立、4年制	公立、2年制	私立非営利、すべて
修了率	50	63	56	29	47
一般的な高校卒業者よりも高い収入	70	77	75	59	59

出所：College Scorecard; CEA calculations.

と比べて、大学進学が経済的によい成果を生むかについての大まかな指標を得ることができる。

　平均的な大学生が通う大学では、学部の連邦補助金受給者の60%が、一般的な高卒者より収入が多い。しかし図5-3パネルBが示す通り、19%の大学では卒業から10年後に高卒者よりも収入の多い学生は半数以下となる。それに関連して、所得分布の下位5分位で入学した学生がのちに上位5分位に到達する割合によって測定される、学生の経済的流動性の上昇をどの程度経験するかについても大学によって大きく異なる（Chetty et al. 2017）。学位取得率と大学卒業後の収入は、表5-2で示されるように大学のセクターによって顕著な差があることが分かる。4年制大学は2年制大学に比べて高い卒業率と収入を得る傾向にある。コミュニティ・カレッジは学生の通学費用が大幅に安いにもかかわらず、コミュニティ・カレッジの学生は営利大学の学生と同程度の収入を得ている。

学生の成果を左右する教育機関

　学生の成果の変動がどの程度、教育機関によってもたらされるのかを測ることは困難である。成果の違いには、教育機関の間の学生の違いによってもたらされるものもある。学部生の成果の違いのうち教育機関間の差の一部は、教育機関それ自身が原因であることを示す研究は増えており、大学は学生に与える影響に大きな差があるようである。ある教育機関の効果は、固有のものではないようにみえるが、一部は利用可能な資源とその使途に依存する。より恵まれた環境にある教育機関や学生1人当たりの教育資源が多い大学は、高い卒業率や労働市場における高収入など、一般に良い結果が得られる（Lovenheim and Smith 2022）。

実証的証拠が示すように、あらゆるタイプの学生は、彼らにとって最も実績ある大学に通うことでその恩恵を受け、最悪の大学ではまったく大学に通わなかった場合よりも典型的な学生を困窮させることになる。

　4年制大学のセクター内部では、学生がより多くの資源をもち、アカデミックな仲間を持ち、卒業率や収入など過去の学生の成果が良い大学に進学すると、学生はより卒業しやすく高収入を得ることが研究者によって明らかにされている。このようなパターンは異なる大学に入学したほかの似た学生を比較した場合でも当てはまる（Long 2008; Smith 2013; Mountjoy and Hickman 2021; Cohodes and Goodman 2014）。テキサスやカリフォルニア州などの証拠は、「トップ・パーセント」保証入試政策の結果として入学した人を含めて、最も資源が豊かな最高峰の大学機関にアクセスすることで、卒業率や収入が上がることを示している（Hoekstra 2009; Andrews, Li, and Lovenheim 2016; Bleemer 2021; Black, Denning, and Rothstein 2020）。

　4年制公立大学では、学生に大きく正の効果がもたらされることが明らかにされている。たとえば多くの州の調査によれば、入学難易度があまり高くない4年制公立大学に入学できた学生は、そうしたアクセスをもたない学生に比べて卒業しやすく高収入を得やすいことが分かっている（Zimmerman 2014; Goodman, Hurwitz, and Smith 2017; Smith, Goodman, and Hurwitz 2020; Kozakowski 2023）。セクター間の観察可能な資源の差と同様に、4年制大学への入学は一般に学生の成果を向上させるが、2年制と4年制の選択肢から選んだ場合にはなおのことである。2年制と4年制のどちらかを選んだ点だけが異なる、他の点はよく似た学生を比較した場合、4年制大

⑤

学への入学は学位取得率を高め、収入も増える可能性が示唆されている（Rouse 1995; Mountjoy 2022）。

　平均的には、コミュニティ・カレッジは学生に正の効果を生み、同様の学生グループが入学する営利大学と比べてかなりよい結果を生むことが示されている（Cellini and Turner 2019; Armona and Cao 2022）。2年制大学に入学し準学士号を取得すると一般的に、入学も修了も一切しなかった場合に比べて、成果が向上することを研究者たちは明らかにしている（Belfield and Bailey 2017; Mountjoy 2022）。さらに2年制大学に入学して学位を取得できなかった学生と比べて、コミュニティ・カレッジの卒業生は入学から5〜9年で、年収を大幅に上昇させることを研究者たちは実証している（Jepsen, Troske, and Coomes 2014; Bahr et al. 2015; Liu, Belfield, and Trimble 2015; Bahr 2016; Bettinger and Soliz 2016; Xu, Jaggars, and Fletcher 2016; Dadgar and Trimble 2015; Belfield 2015）。2年制大学の学位からのリターンは、入学から数年間や景気後退期にいっそう大きなものとなる（Minaya and Scott-Clayton 2022）。看護学のようなコミュニティ・カレッジで需要の高いプログラムは、学生の収入を大幅に引き上げるが、そうしたプログラムの枠を拡大することで還元される州や地方政府の税収増加を通じて、それ以上の利益を得ることができる（Grosz 2020）。

　営利大学の場合は、入学者にとって特に不十分な結果を生むことが分かっている。営利大学の支持者たちはそのような残念な結果は学生が抱える不利な状況によるものだと主張する（Cellini and Koedel 2017）。しかし、学生構成の違いだけでは、営利大学とその他の教育機関との間の成果の大きな違いを説明することはできない（Deming, Goldin, and Katz 2012; Scott-Clayton 2018a）。学生の構成のばらつきを考慮したとしてもコミュニティ・カレッジは営利大学よりも収入を上昇させているようにみえる（Cellini and Turner 2019; Armona and Cao 2022）。同じ営利大学の学生について入学前後の収入を比較した数多くの研究によれば、そのような学生は大学に通わないか、もしくは公立大学に入学した学生と比較しても、ほとんど収入が伸びないことが分かる（Cellini and Turner 2019; Cellini and Koedel 2017）。履歴書監査研究でも似たようなことが分かっている。営利大学の学位保有者が雇用主から再雇用される頻度は、同一の公立大学の学位保有者よりも少なく、大抵の場合、大学教育を全く受けていない者より少ないことが示されている（Darolia et al. 2015; Deming et al. 2016）。営利大学への入学は他の2年制、4年制の選択肢と比べて、負債を増やし労働力市場における成果を悪化させている（Armona, Chakrabarti, and Lovenheim 2022）。営利大学チェーンの5分の2近くは、連邦補助金受給者にとって労働力市場で経験を積むことと比べて、リターンはマイナスである（Armona and Cao 2022）。

公立中等後教育へ投資を提供することの論理的根拠

　中等後教育セクターへのアクセスを促進し、質を高めるための戦略を評価するには公共セクターの関与の経済的根拠を理解し、どのような関与が取り得るのか形を検討することが有益である。

公的セクターへの投資の経済的根拠

　大学進学を促進させることの主な動機とは、それが経済的投資として学生にも社会にとっても価値があるからである。たとえば、学生は中等後教育を受ける理由として個人的な探究心や成長など、多くの理由を挙げるが、より良い仕事を得ることがトップを占めている（Fishman 2015; Stolzenberg et al. 2020）。社会的な観点からは、20世紀に米国が世界をリードして大衆の中等および高等教育への移行をすすめたように、教育アクセスの拡大は経済成長と結びついているからである。これらが拡大することは不平等の緩和にも役立った（Goldin and Katz 2008）。しかしながらここ数十年で、高等教育を受けた労働者への需

BOX 5─1　大学がもたらす私的利益と公的利益

大学教育を受けた人の収入プレミアムについてはよく知られている（Barrow and Malamud 2015）。あまり知られていないこととは、大学の恩恵が幅広い学校の幅広い学生に対しても及ぶことである。4年制大学に進学した比較的成績やテストのスコアが悪い学生でも、大学に進学することによってかなりの収入を得ることができ（Zimmerman 2014; Ost, Pan, and Webber 2018; Smith, Goodman, and Hurwitz 2020）、まったく進学していなかった人よりも全入制のコミュニティ・カレッジに進学した学生の35%も同様である（Kane and Rouse 1995; Mountjoy 2022; NCES 2022g）。準学士号、そして需要の高い職業分野ではより短期コース資格の修了証でさえも、年齢の高い学生や離職者を含めて、多くの分野で大きなリターンをもたらしている（Grosz 2020; Jacobson, LaLonde, and Sullivan 2005; Jepsen, Troske, and Coomes 2014）。

　中等後教育は公共の利益にも役に立つ。大学進学は、市民参加を促し、刑事司法制度への関与率や公的給付への依存を減らし、税収を引き上げ、高い経済成長率を実現し、次世代の健康増進をもたらす（Dee 2003; Lochner and Moretti 2004; Lochner 2011; Oreopoulos and Salvanes 2011; Hout 2012; Ma, Pender, and Welch 2019; Aghion et al. 2009; Currie and Moretti 2003）。大学進学の人種的不均衡の是正は特に緊急の課題である。高度な資格を必要とする職業への過少評価が、歴史的に排除されてきた集団への待遇や結果に悪影響を及ぼしている。たとえば近年の研究によれば、同じ人種の講師と接することで学生は利益を得られ（Fairlie, Hoffman, and Oreopoulos 2014; Gershenson, Hansen, and Lindsay 2021; Gershenson et al. 2022; Lusher, Campbell, and Carrell 2018）、黒人医師と接することで黒人患者は恩恵を受けることが分かっている（Alsan, Garrick, and Graziani 2019; Greenwood et al. 2020）。最後に中等後教育や訓練の提供は、一種の社会保険のようなもので、経済変動期における労働者の回復力を強化し、景気後退における悪影響を和らげることができる（Hyman 2018; Barr and Turner 2015; Minaya and Scott-Clayton 2022; Barnes et al. 2021）。

⑤

要が拡大し続けるなか、米国は広範囲にわたる中等後教育と訓練への転換において重大な課題に直面してきた（Goldin and Katz 2008; Neelakantan and Romero 2017）。1980年以降、中等後教育への進学者は大幅に増加したが、2000年以降そのペースは落ちている（Ma, Pender, and Welch 2019）。米国はもはや25〜34歳までの成人の大卒資格取得における世界的リーダーではなく、米国の準学士課程入学者の修了率43%は、この統計に相当するOECD加盟国からの報告のなかでも最も低い（NCES 2021; OECD 2022）。広範な中等後教育への転換に失敗するということは、大学進学が私的にも社会的にも利益をもたらすことを考えると、機会を逃すことを意味する（BOX 5-1で説明）。とくに懸念されるのは、高所得および低所得家庭の間の学位取得率の格差が大きく拡大している点であり、それは1960年代生まれよりも1980年代生まれ群のほうが大きくなっている（Chetty et al. 2020; Bailey and Dynarski 2011）。大学進学の人種間格差も同期間に拡大しており、女性の間で特に顕著である（Emmons and Ricketts 2017; Ma, Pender, and Welch 2019）。

　最後に、私的および公的利益が大きいにもかかわらず、多くの学生は学資援助なしに中等後教育機関に通う余裕はない。問題は、大学進学の恩恵は一生を通じて獲得されるのに対して、そのツケを事前に支払わないといけないことである。一般的に車や住宅購入の際には、事前に投資資金を借りて解決することが多い。しかし、一般に民間金融機関が無担保の貸与奨学金（たとえば、差し押さえが可能な車や住宅のためのローン）を提供しないのは、個人が利払いを怠り貸与奨学金を債務不履行した場合に、大学教育の返還や転売ができないからである（Barr 2004）。「信用制約」のよ

うな存在は、公的セクターが補助的な金利で学生にローンを提供する重要な根拠になっている。

・・・・・・・
公的資金はどのように交付されるか──学生支援と機関支援
・・・・・・・

大学へのアクセスや卒業を促進させるための公的資金には、教育計画の支援や学費を低く抑えるために教育機関に直接提供されるか、学資援助を使って自分で選んだ教育機関の学費や諸費用の支払いができるよう学生に直接提供されることがある。初等中等教育では、政府支援はおもに教育機関を通じて交付され、フリースクールを公的に提供し、そうした学校を通じて、無料給食のような補助的な支援を行っている。多くの国は初等中等教育だけでなく中等後教育においてもこのモデルを採用し、授業料を低く抑えるために公立の中等後教育機関に対して直接支援を行っている（Marcucci 2013）。この流れに沿って、少なくとも20州が現在、州全体の無料コミュニティ・カレッジ・プログラムを提供しており（Mishory 2018; Education Commission of the States 2022）、バイデン－ハリス政権では全国規模の無料コミュニティ・カレッジ・プログラムの枠組みに発展させている（White House 2021）。

連邦政府による初期の中等後教育投資では、公立教育機関の定員拡大と費用削減の維持に重点が置かれ、今日でも米国の学部生の4分の3以上が公立教育機関に在籍している（IPEDS 2020）。現在の多くの州立大学の基礎は、教育機関に対する直接支援に端を発している。1862年の連邦モリル法では、公立の中等後教育機関を設立するために各州に3万エーカーの公有地を付与し、1890年の第2次モリル法では連邦資金を新たに指定された歴史的黒人大学に充てた。その後1960年代には、州が2年制大学の設立と拡大を大きく推進した（Cohen, Brawer, and Kisker 2013）。公立の教育機関に対する州および地方自治体への直接の政府支出は、授業料を全額負担させないようにするためのもので、20世紀末まで、米国における中等後教育に対する政府の最大の支援源であり続けた（Dynarski, Page, and Scott-Clayton 2022）。

1965年高等教育法は、現在の連邦政府による学生支援計画の基礎（ペル奨学金の前身を含む）

となったもので、教育機関中心から学生中心の支援への重要な転換点となった（Fountain 2017; Leslie and Johnson 1974）。学生に向けて支援を提供することは、補助金をもっとも必要とする学生を対象とすることによって公的資源を節約し、支払い能力のある学生から追加的資源を得ることで組織の質を支え、学生がもっとも価値があると判断した教育機関に対する助成によって、競争と選択を促進することができる（Barr 2004）。州および地方の教育機関への直接の政府支出は、1990-91年に学部生支援の3分の2近くを占めていたが2018-19年度には3分の1弱に減少した（Dynarski, Page, and Scott-Clayton 2022）。学資援助は、現在の米国における主要な支援方法であり、2021-22年の学部生に対する補助金、ローン、その他の直接支援は1740億ドルで、合計額の約半分を連邦政府が、連邦学生支援の約半分をローンが占めている（Dynarski, Page, and Scott-Clayton 2022; Ma and Pender 2022b）。図5-4に示した通り、その結果は、授業料と学生支援の両方で米国を上回る水準なのは英国だけである（OECD 2021）。よって現代の米国中等後教育財政における「高授業料・高援助」モデルは、国際的にも歴史的文脈に照らしても特徴的である。

この「高授業料・高援助」モデルの流れに沿って、学資援助を考慮する前のインフレ調整後の授業料および諸経費（『定価価格』）は2年制大学セクターでは1980年以来3倍近くに、非営利大学の4年制私立大学セクターでは3倍以上に、4年制公立大学セクターでは4倍近く上昇したが、そのような価格は過去10年以上安定している（Ma and Pender 2022a, 2022b）。同時に米国の正味価格、すなわち授業料および諸経費から補助金と奨学金を引いた額は、定価価格よりはるかに緩やかな上昇であり、実際には過去10年間以上にわたって横ばいか減少している（Ma and Pender 2022b）。バイデン－ハリス政権では、過去2年間にペル奨学金を通じて低所得学生に対する補助金を900ドル増額し、学生ローンの返済を合理化、改善させ、HEROS法を通じて債務免除を追求するなど大学費用の負担改善や学生ローンの借り手の支援を続けるために多くの措置を講じてきている。

教育機関より学生に資金を提供するモデルは、学生自らが補助金の使い方を決められるため、よ

図5−4　公立大学の平均授業料と公的学資援助を受給する学生の割合—学士号プログラム、2019-20年

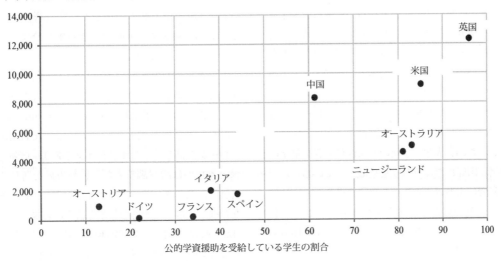

出所：Organization for Economic Cooperation and Development (2021, tables C5.1 and C5.2).
注：データは2019-20学年度のもので、2021年にOECDが実施した特別調査に基づいている。

り多くの探究や編入、再入学の機会を増やし、多様で分散化した中等後教育制度を活性化させることとなった（Labaree 2017; Goldin and Katz 2008）。その一方で、他の多くの国々では学生が無料で通学できるよう主に公的機関に資金提供されるが（Marcucci 2013）、制約も多くそれらプログラムでは限られた領域にしか提供されないことが多い。多様性と柔軟性をもつ米国の制度は、なぜ大学生の留学先のトップが米国であるかを説明している（Institute of International Education 2020）。過去数十年、かつて公的機関の完全無償化を提供していた国の中には、中等後教育の定員増加や質の向上、手頃な価格を維持する方法として、米国モデルにシフトしているところもある（Marcucci 2013; Murphy, Scott-Clayton, and Wyness 2019）。

　それでも米国の中等後教育財政モデルに課題がないわけではない。長期的にみれば、学費の実質価格は劇的に増加し、今日の学生や家族は、一世代前に比べて大学費用の支払いが困難である。2022-23年における米国最大の助成財源で

あるペル奨学金の上限は、一般的な4年制公立大学の定価の授業料および諸経費、家賃、食事代の30％しかカバーできておらず、1988-89年の50％、1975年の80％近くから減少している（Ma and Pender 2022b; Baum, Payea, and Steele 2009; Protopsaltis and Parrott 2017）。

　研究によれば、援助が利用できるにもかかわらず、最初の入学後であっても、授業料はいまだに学生の持続性や学位取得に影響を与えることが示されている（Acton 2021）。入学希望者、とくに家族のなかで大学に初めて進学する者は、学資援助の存在を知らないことから、定価の学費だけで入学を思いとどまる可能性がある（Levine, Ma, and Russell 2022）。研究が示しているように、学資援助の申請プロセスそれ自体が、アクセスへの障壁となっており（Bettinger et al. 2012）、学生たちは事前に支援を受けられることが保証されている時のほうが申請しやすいことが分かっている（Dynarski et al. 2021）。さらに研究では多くの学生は借り入れに躊躇することも示唆されている（Boatman, Evans, and Soliz 2017）。このこ

米国のように、オーストラリアと英国の中等後教育システムもまた高い授業料と学生への高い財政支援が組み合わされている。米国とは対照的に英国とオーストラリアの学生は、授業料の支払いをすべて大学卒業後まで延期することができ、所得連動型返済（IDR）によって返済することができる。IDR のもとでは、学生ローンの返済額は所得に占める一定の割合が上限に設定されているため、大学入学後の収入が低すぎて借金の返済が困難になるリスクを軽減させている。米国の研究によれば、IDR への登録は借り手の支払延滞や債務不履行のリスクを減少させることが分かっている（Mueller and Yannelis 2019; Herbst 2023）。

　IDR プランは 2 つの重要な点で、これらの国家間でも大きく異なっている。第 1 に米国の学部生向けローンは、上限が多くの学費よりも低く設定されているものの、短期の資格取得や数千もの営利教育機関も含む、幅広いプログラムに適用可能である（U.S. Department of Education 2023a; Ma and Pender 2022a）。英国とオーストラリア

の両国では学部生が公立の授業料の全額を借りられるものの、IDR の資格をもつ教育機関に限定される。英国では IDR の主な対象が公立大学の学生であるのに対して、オーストラリアではもともとは 4 年制大学に限定していたが、2009年には職業教育プログラムも対象に拡大されている（Barr et al. 2019; Student Loans Company 2022）。第 2 に英国とオーストラリアでは IDRがローン返済の唯一のオプションであり、自動登録と支払いは所得調整され、税務当局を通じて自動的に徴収される。一方で米国の借り手は IDRを選択し、自らの所得を毎年更新する必要がある（Barr et al. 2019）。2022 年の米国学生の借り手の 3 分の 1 しかそうしたプランに加入していなかった（CEA による計算。返済別プランの連邦学生ローン・ポートフォリオデータに基づく。(U.S. Department of Education 2022a)。バイデン-ハリス政権は、特に低・中所得層の借り手に対する毎月と生涯の返済額の減額と、借り手の IDR 利用を妨げる障壁をなくすための IDR 改革案を提出してきた。

とは同規模の補助金と比べてローンの有効性を引き下げる可能性がある。

　さらに、大学への投資決定にはリスクが伴う。とくに学生が得る収入が彼らの教育費用を下回るかもしれないというリスクである。幅広さや柔軟性、入学や退学を繰り返すことができる米国の制度は、失敗や道を外れるリスクが高いことも意味している（Labaree 2017; Goldin and Katz 2008; Scott-Clayton 2012）。大学に入学した学生が 6年以内に学位を取得するのは 3 分の 2 未満である（National Student Clearinghouse Research Center 2022a）。4 年制大学を卒業した学生でさえも、少なくともおよそ大卒男性の 5 人に 1 人、女性の 7 人に 1 人は、高校卒業の資格しかもたない一般的な労働者よりも収入が少ない（Ma, Pender, and Welch 2019）。

　多くの学生が教育費の一部を借り入れに依存していることから、大学に通う学生の中には、平均

的な期待利益が高いにもかかわらず、より困窮することもある。借金を引き受けた学生の 3 分の 1近くは、学位を取得することができない（Miller 2017）。学生ローンを借りた経験のある 4 人に1 人以上は大学入学から 12 年以内に債務不履行を経験するが、そのなかには黒人学生のローン借り手の約半数が含まれている（Scott-Clayton 2018b）。

　高授業料、高援助モデルにおいて返済リスクを緩和する手段の 1 つに所得連動型返済計画があるが、BOX5-2 で説明したように、これら計画の実施と利用方法は国によって大きく異なる。

　最後に、国際的な経験から示唆されるのは、営利大学への学生支援を拡大している国々は、このセクターにおける学生のふがいない結果に対処するために質を管理するという課題に直面していることである（Usher 2019; Salto 2019）。営利目的の高等教育は、米国に特有のものではない

が、米国におけるその規模と学生ローンの金額だけでなく返済不要の給付奨学金へのアクセスを含めた学生支援制度へと統合されている両面からみて米国は異例である（Kinser 2016; Levy 2019）。米国の営利大学は連邦政府の学生支援金の12%、学生ローンの債務不履行の30%を占めるにもかかわらず、学生の8%しか在籍していない（Century Foundation 2021）。

中等後教育機関の不完全な市場

理想的な市場においては、消費者の選択を支援するためのポータブルな学資援助を提供する米国の方法は、質の高い選択が存在することを保証するには十分かもしれない。少なくとも理論上は、この方法は質の低い教育機関を淘汰させるか、もしくはそれら機関の改善を促進させ、より良い機関の拡大を促進することによって教育機関の質を高めるはずである（Barr 2004; Fountain 2017）。しかし中等後教育機関の市場においては、学生の行動だけで教育機関を改善させるにはあまりに不完全である（Leslie and Johnson 1974）。たとえば教育機関は、プログラムの質に関係なく学生を集めることができる。3つの主な制約、すなわち地理的制約、情報・行動的制約、そして大学の急速な拡大に対する制約が、学生の選択と競争を通じてのみ生産的イノベーション促進し、質を向上させ、価格を引き下げるという市場原理の力を弱めている。その結果、教育機関の状況に多様性をもたらしたが、この多様性のどの部分が学生の利益なのか明らかとは限らない。

地理的制約

第1の主な制約のタイプは、地理的制約である。第1に、図5-5が示すように、ほとんどの学生は家の近くの大学に通っており、選択肢や競争の機会が限られている。米国の学部生の約60%は家から20マイル以内の大学に通っており、自宅

図5-5　自宅から大学までの距離、2004〜16年

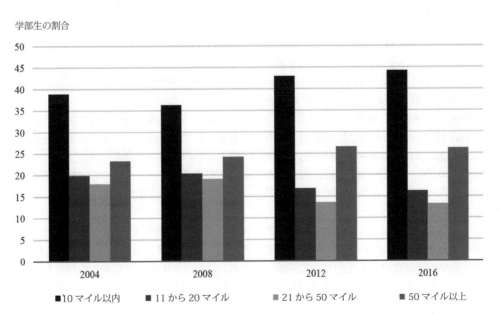

出所：National Center for Education Statistics (National Postsecondary Student Aid Study, 2016 undergraduates)

から 10 マイル以内の大学に通う割合は、2004年の 39% から 2016 年には 44% に増加している（NCES 2022h）。これらの割合は、有色人種や低所得層の学生が圧倒的に多い（NCES 2022i, 2022j）。

これらの地理的制約が大学市場を「薄く」しているのは、多くの学生が自宅の近くの大学を望む、あるいは近くないといけない場合、相当数の選択肢を持たないからである（Hillman 2016; Blagg and Chingos 2016）。通学圏内の中央値には、大学の種類やレベルを問わずに 2 校しかない。18から 44 歳までの約 23% は、通学圏内に 4 年制公立大学は多くて 1 校、約 27% は通学圏内に 2年制公立大学が 1 校あるだけである。近所に選択肢の無い学生が大学進学を希望するならば、高額な引越し費用や長時間通学が必要となる。家の近くに選択肢が限られる場合、自らの目標とは合わない教育カリキュラムを持つ大学に入学する可能性がある（Klasik, Blagg, and Pekor 2018）。通信制大学はその代わりを提供できるが、以下で詳細を説明するように多くの場合、学生の成果は不十分である。

情報・行動的制約

自宅近くに選択肢をもつ学生でさえも、情報・行動的制約が意思決定を悪化させることもある。米国の大学の状況はとくに複雑で、1 人当たりの学士号が取得できる教育機関は、カナダより63%、英国より 71%、そしてオーストラリアより 67% 多い（World Higher Education Database, n.d.）。編入学や最終学歴の準学士号を含む、複数のミッションを務める、米国のコミュニティ・カレッジは、特徴的なタイプの教育機関であり、近年ようやく他の国々でも発展し始めたものである（Redden 2010）。米国には、さらに大規模な営利大学セクターもあり、学生が直面する選択肢はすでに大きく多様である。

大学とは単純な消費財ではなく、学生が事前に適切な選択ができない可能性のある「経験財」である。大学進学の決定とは、人生のなかで頻繁に起きるものではないため、過去の意思決定から学ぶ機会は限られる。大学は教育内容や質の両面を含む多くの次元で異なるため、それを事前に気が付くことは難しいかもしれない。大学がもたらす利益は不確実で、長い時間にわたって持続するため、学生が選択肢を比較することは難しい。最もよく準備した学生でさえも、選択肢が複雑で、情報が限られ、選考が十分でない場合には、決定を過度に単純化することや決定を避けることがあるかもしれない（Hoxby and Avery 2013; Beshears et al. 2008; Lavecchia, Liu, and Oreopoulos 2016; Ross et al. 2013）。

提供される学資援助を比較することは特に不明瞭である。米国会計検査院（GAO）の最近の報告書によれば、全国規模の調査において、41% の大学が学資援助の正味価格に関する情報を提供しておらず、さらに 50% の大学では、一部コストを省略し返済の必要なローンを含めるなどして、正味価格を控えめに言っていたことが分かった（GAO 2022）。この複雑性が学生ローンの返済をうまく通り抜けようとする卒業後の学生に影響している（Turner 2021）。

最後に多くの大学進学希望者は、比較的若く、金銭問題の意思決定の経験がないため、マーケティング・キャンペーンの影響を受けやすく、意思決定を誤る可能性がある（Beshears et al. 2008; Agarwal et al. 2009）。事実、報告書によれば一部の営利大学は、公立大学を広告費で20 対 1 で上回っており（Cellini and Chaudhary 2020）、学生募集では将来の雇用予測に関する疑わしい主張していることが分かっている（McMillan-Cottom 2017; GAO 2010）。

大学拡大の制約

より単純な市場では、最良の製品への需要が高まることで、成功した生産者は事業を拡大し、新規生産者の市場への参入を誘発する。しかしのちに説明するように、多額の固定費がかかる伝統的な中等後教育の労働集約的モデルにおいては、学生の経験を薄めることなく需要の増大に迅速に対応できる教育機関の力量は制約される。

図 5-6 が示すように、学生 1 人当たりの州と地方財源は、循環に対応する性格をもち、景気後退期には減少する。しかし中等後教育への需要は循環に反する性格であり、学生は雇用不足のときに大学進学への機会費用が減少することから、雇

図5−6　公立高等教育における学生1人当たりの州および地方財源、1989〜2019年

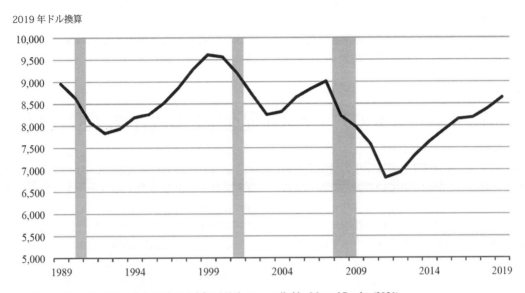

出所：College Board Trends in College Pricing 2021b, as compiled by Ma and Pender (2021).
注：網掛け部分は景気後退期を示す。

⑤

用機会が悪化したときに技術訓練を求める傾向
にある（Barr and Turner 2015）。公的資金の循
環に対応する性格と需要の循環に反する性格が
意味することとは、学生1人当たりの財源はま
さに中等後教育への入学が最も経済的に意味を
持つときに縮小するということである（Ma and
Pender 2022b; Kane et al. 2005）。このパター
ンは、景気後退期に授業料の高騰と学生1人当
たりに提供される財源の減少の両方をもたらし、
学生の成果に悪影響があることが立証されてき
た（Chakrabarti, Gorton, and Lovenheim 2020;
Bound, Lovenheim, and Turner 2010; Bound and
Turner 2007; Deming and Walters 2017）。

コミュニティ・カレッジへの進学は特に経済状
況に敏感である。なぜならコミュニティ・カレッ
ジとは失業中もしくは不完全就業中の成人がキャ
リア半ばに訓練を受けるために頼る自由入学方式
の教育機関だからである。コミュニティ・カレッ
ジの入学者は、その地域の失業率が1%ポイン
ト上昇するごとに、1から3%上昇し、25歳以
上だとより大きく反応する（Hillman and Orians

2013; Betts and McFarland 1995）。このパター
ンの唯一の例外は、COVID-19初期の労働市場が
低迷したときであり、コミュニティ・カレッジへ
の入学者が減少したのは、パンデミック下によっ
て実地訓練を必要とする教育分野が中断されたか
らである（Schanzenbach and Turner 2022）。

同時に、地元の公立大学への資金が減少する
と、学生たちは営利機関に進学する可能性が高
くなる（Cellini 2009; Goodman and Henriques
Volz 2020）。因果関係研究によれば、この結果
の根本的なメカニズムは確立されていないが、学
生1人当たりの資源が減少すれば、4年制大学は
需要をみたす入学者数を拡大できなくなる可能性
がある。コミュニティ・カレッジには通常入学定
員はないが、公立の教育機関で学生1人当たりの
資源が削減されると、学生が希望する時期にコー
ス登録をすることが難しくなり、職員不足が履修
登録や学資援助、その他の入学手続きに影響して
挫折してしまうかもしれない。逆に、営利機関で
は、高度に標準化されたカリキュラム、範囲の
限られたプログラム、少人数の対面コース、低

賃金の講師陣を提供できるため、伝統的な教育機関よりコスト削減や迅速な拡大が可能となる（Deming, Goldin, and Katz 2012）。営利目的教育の大部分は完全オンラインで、家の近くに代替手段のない学生にとって特に魅力的なものとなっている（NCES 2019）。営利機関セクターがオンライン・プログラムに集中しているために、リモート授業への需要が大幅に高まったパンデミックの初年度にコミュニティ・カレッジに比べて営利大学への進学者の減少率が著しく低かった理由の大部分を説明することができる（National Student Clearinghouse 2022b）。

価値ある中等後教育のアクセスを促進させる教育機関重視の政策

研究によれば教育機関の質は学生の成果にとって重要であることが示されている。したがって教育機関の能力を高め、学生に十分なサービスを提供し、それができない場合には責任を負わすような教育機関を対象とした政策は、すべての学生が価値ある教育にアクセスできるようにするために非常に重要である。連邦政府の政策は、すべての教育機関が提供する価値に責任をもち最悪の選択から学生を守る一方で、公立教育機関で供給を拡大し成果を上昇させるための証拠に基づく戦略を支援することによって、中等後教育の選択肢の質に影響を与えることができる。

既存の大学とプログラムの質を支援する

大学の入学者だけでなく修了者にも大きな関心が集まるにつれて、有望なプログラムや政策を裏付ける実証的証拠も増えてきた（たとえば、ディナースキーによる最近のレビューを参照のこと。Dynarski et al. 2022）。この小項では、成功実績のある特定の教育機関のプログラムを拡大させる潜在的な利点と、より柔軟な機関支援が持つ潜在的な利点について検討する。

ガイダンスと忠告の強化。個人的なガイダンスやコーチングもしくは指導は、大学生が学業と非学業の両方の課題を克服するのに役立つとされている。いくつかの無作為抽出された研究によれば、それらサービスによって学生が高い確率で貫き通し、学位を取得することが分かっている（Dynarski et al. 2022）。ベッティンガーとベイカー（2014）によれば、無作為に割り当てられた外部の専門家から個別指導を受けた4年制大学の学生は貫き通し、卒業することが明らかとなった。オレオプ

ロスとペトロニエビチ（2018）は、学部高学年のメンターによる1対1のコーチングが、学生の学業成績を改善するのに対して、時々行われるテキストやeメールによる「ナッジ」の介入ではうまくいかなかったことを明らかにしている。無作為研究によれば、コミュニティ・カレッジの学生でも関連する介入の正の効果を示している（Linkow et al. 2017, 2019; Evans et al. 2020）。

包括的な計画。包括的な計画では、多面的、財政的、学業的、非学業的な支援を提供し、とくに劇的な結果を示している。もっともよく知られているのが、ニューヨーク市立大学（CUNY's）のアソシエイト・プログラムの加速研究（ASAP）である。授業料と諸経費の免除に加えて、ASAPでは教科書引換券、無料送迎、専任のマンツーマン相談員、チューターやキャリア・カウンセリング強化などが提供されている。学生は全日制登録することが必要となる。無作為評価によれば、このプログラムによって入学後3年間での準学士号の修了率は、2倍近くに伸び（40% 対 22%）、6年後でも修了の大きな影響は持続することが分かっている（Scrivener et al. 2015; Weiss et al. 2019）。ASAPはオハイオ州でも成功を再現し（Sommo et al. 2018; Miller et al. 2020）、ニューヨーク市立大学はいくつかの4年制キャンパスでプログラムを試験的に導入している。オハイオで実施されたバージョンでは、もともとの学生1人当たりのコストはニューヨーク市立大学モデルより安かったものの、通常より学生1人当たりのコストは 42% 高かった。しかしこのプログラムによって修了率が劇的に上昇したため、学生1人当たりの平均コストは下がった（Miller et al. 2020）。ニューヨーク市立大学のASAPは、コス

BOX 5—3　教育機関への直接支援に焦点を当てた政策

バイデン−ハリス政権は、機関向けの直接支援を優先して行ってきた。中等後教育学生の成功のための大学修了基金（2022年統合歳出法によって資金調達され、米国家族計画および大統領予算教書の同様の提案に引き継がれている）は2022年に中等後教育機関に対して、「中等後教育の定着、編入、修了を奨励するためのデータ駆動型かつ証拠に基づく改革」を支援するために500万ドルの競争的助成金を提供した（U.S. Department of Education 2022b）。これらの基金は、有色人種や低所得層の学生に不均衡に対応している機関を対象としており、おもにコミュニティ・カレッジが優先された。2023年会計年度に議会は追加の4500万ドルを提供した（U.S. Department of Education 2023b）。

COVID–19の間、教育機関への直接支援は中等後教育に対する連邦支援の鍵となる側面であった。2021年米国救済計画法では、高等教育緊急救済基金（HEERF）を通じて教育機関に対して400ドル億近い支援を提供した。当初HEERFは2020年コロナウイルス支援・救済・経済保証法（CARES法）によって設立され、教育機関は資金の半分を緊急学生援助に、残りの半分は「コロナウイルスによる教育提供の重大な変化に伴うあらゆる費用」に使うことが命じられた（U.S. Department of Education 2020, 2022c）。HEERFの加盟機関の約90％は、このプログラムによって退学の可能性があった学生たちを在学させることができたと報告している（U.S. Department of Education 2023c）。大不況期における似たような計画でも公立の研究機関における研究と教育の支出を維持・拡大に役立ったことが示されている（Dinerstein et al. 2014）。多くの州では、米国救済計画による資金を大学や職業訓練計画の拡大や強化策に利用し、これらをパンデミックから再建するための中核的な戦略と考えていた（U.S. Department of the Treasury 2022）。

⑤

トをカバーするよりも修了率を上昇させると推定されたために、1000人以上の学生が入学することで、2010年のドル換算で納税者に4600万ドルの財政利益が提供されると推定されている（Levin and Garcia 2013）。

教育機関への直接支援。これまで説明したすべてのプログラムには財源が必要となる。研究によれば、学生1人あたりの機関資源は、大学を続けて修了するための重要な推進力である（Bound and Turner 2007; Bound, Lovenheim, and Turner 2012; Webber and Ehrenberg 2010; Cohodes and Goodman 2014; Deming and Walters 2017）。これは幼稚園から高校までの教育（K-12）の事情でいえば、特に低所得層の学生にとって、財源が学生の成果に重要であるという研究成果を反映している（Jackson, Johnson, and Persico 2015; Hyman 2017）。財源をどのように使うのかは重要であるが、資源の最適な使い道は、文脈によって異なるため、適切な補助レールを持った一般的な資金援助は、教育機関が最適化できるよう柔軟性を与えることかもしれない。BOX 5-3では、この分野におけるバイデン−ハリス政権の取り組みを紹介している。さまざまな学者が中等後教育に対する連邦政府の制度的支援の正規のプログラムのあり方について提案している。現行のK-12の学校に提供される連邦政府補助金は1つのモデルである。初等中等後教育法のタイトル1を通じて、長年にわたって学校区や学校、州に対して連邦補助金が提供されてきた（Skinner and Cooper 2020）。たとえば、ヒラーとホイッスル（2018）は中等後教育のための補助金タイトル1をペル奨学金の受給者数と割合に基づくものにすべきと提案している。州の歳出に見合った連邦補助金は、メディケイドのような他のプログラムに対する州の歳出を増やすのに効果的であると証明されている（Kane et al. 2005）が、連邦政府のドルが単に公立大学への州の投資を締め出すリスクを減少させる可能性がある（Deming 2017）。もっともニーズと潜在性のあるセクターであるコミュニティ・カレッジを援助の対象とするべきと

提案する研究者もいる（Goolsbee, Hubbard, and Ganz 2019）。

教育機関の説明責任

　説明責任政策とは広範囲に及び、（1）一定の最低基準を満たさない場合、連邦および州政府からの教育機関への補助金を全面的に中断させる厳格な説明責任であること、（2）実績に基づく財政援助であり、援助の一部は少なくとも教育機関の実績が条件とされ、（3）高い透明性と市場の自主規制に依存する政策、などがある。それぞれの選択肢に関する実証的証拠について順番に説明する。

　厳格な説明責任。過去から現在に至るまで連邦政府によるさまざまな規制は、中等後教育機関が学生に対する連邦財政援助の資格を得る条件として、プログラムレベルで学生の成果に対して説明責任を果たすことが、期待できる結果をもたらす可能性があることを示している。営利大学は、連邦法の下で規制当局に与えられた法的権限と、実際の学生の成果の悪さから、そうした規制から最も影響を受けている（Cellini and Koedel 2017）。退学する学生からローン返済不能になるようなプログラムへの援助を打ち切ることは、少なくともそうしたプログラムへの入学者を抑えるためにも部分的には有効である（Darolia 2013）。チェルリーニ、ダーロリアとターナー（2020）はさらに、営利大学が制裁措置政策によって年間の入学者を大幅に減らしたときには、大部分の学生は債務不履行の結果が大幅に改善されるコミュニティ・カレッジに移ることを明らかにしている。ケルチェンとリュウ（2022）は、実際に制裁措置が適用される前にトランプ政権によって撤廃されたにもかかわらず、返済負担率が規定の一定上限を超えると、業績の悪い大学やプログラムが閉講する可能性が高いことを立証した。BOX 5-4 はこうした規制をより詳しく説明している。

　実績に基づく援助。現在、おおよそ 30 の州が高等教育への政府支出金を修了率のような成果と部分的に結び付けた政策を実施している。「実績に基づく援助」として知られること戦略は、教育機関の説明責任を高めるための試みである。しかしこのような政策が学生の学位取得などの成果と

して教育機関の改善をもたらすという証拠はほとんどない（Ortagus et al. 2020）。研究者によれば、実績に基づく援助は、大学進学の機会の質を向上させることに逆行する行動を促す可能性があるとして、4 年制公立大学のなかには、入学率を引き下げ、過小評価された有色人種の学生の入学を減らすことで、成果を上げる大学もある（Ortagus et al. 2020; Birdsall 2018）。一部の州では公平性にかかわる指標を改善するインセンティブを追加するなどの計画に修正しており、このような公平性に焦点を当てた修正が低所得層の学生や有色人種の学生の入学を改善できるという有望な証拠がある（Gándara and Rutherford 2018）。

　学生の成果の透明性を高める。学生の成果の透明性を高めることは、入学希望者と教育機関の双方にとって大学の質が際立つ可能性があり、改善に向けた競争圧力を高める。たとえば労働市場における成果に関する学生の情報を改善することによって学生の専攻選択に影響を与えるという研究もある（Baker et al. 2018; Wiswall and Zafar 2015）。カレッジ・スコアカードに加えて、いくつかの州では教育機関や産業別に整理された収入データに関する独自のデータベースを持っている。たとえば、カリフォルニア・コミュニティ・カレッジ・システムによる収入データを集めたサラリー・サーファー（salarysurfer.cccco.edu）は卒業の 2 年前、卒業 2 年後、5 年後の平均収入情報を産業、サブフィールドごとに提供している。

　2017 年以来、米国国勢調査局は中等後教育の雇用実績データを公開し、卒業後 10 年目までの機関別・学位プログラム別の収入データを提供しており、さまざまな学位プログラムを修了した卒業生が進んだ各産業における雇用の流れを示している。カレッジ・スコアカードの公開とそれ以前の透明化の取り組みが示すことは、透明化だけでは短期的には学生の志願や行動に与える影響は限定的であるということである。学生にとって最高レベルまた変化する教育機関のリストを毎年公開しても、少なくとも短期的には教育機関の価格や入学者数には影響がない（Baker 2020）。2015 年には初めて、スコアカードは全国の数千もの大学に進学した学生の平均卒業率や収入情報を広く利用できるようにした。研究によれば、公開しても大学探しや出願行動にあまり影響を与えず、

BOX 5—4　有給雇用とその他の説明責任に関する規定

1965 年の制定以来、高等教育法（HEA）は、連邦学資援助プログラムの加入資格をもつ教育機関やプログラムの種類を決めてきた。現行法のもとでは、HEA タイトル 4 に基づく学資援助の対象になるには、非営利または公立機関の学位につながる教育プログラムか、もしくは学生が「認められた職業で有給雇用を得る」ための準備でならなければいけない（U.S. Department of Education 2022d）。しかし HEA の最初の数十年間、「有給雇用」の要件は規則で定められていなかった。2014 年にオバマ―バイデン政権は、援助対象の証明書と学位プログラムに卒業生の特定の負債収益率を満たすことを求める、有給雇用を定義する規則を確定させた。教育省は 84 万人の学生のプログラムがこの基準を満たさないと推定し、そのほぼすべてが営利大学であるとした（U.S. Department of Education 2014）。有給雇用の規則は、トランプ政権のもとで廃止された。バイデン―ハリス政権では、連邦資金が有給雇用に繋がらない教育プログラムに向けられないよう、新たに規則を復活させる手続きを進めている（U.S. Department of Education 2022e）。

　政権はすでに学生や納税者に対する中等後教育とプログラムの説明責任を高めるための別の措置を講じている。教育省は財政的価値がもっとも低いプログラムを特定する年間の監視項目リストの作成についてパブリックコメントを募集し、そうしたプログラムを提供する教育機関には改善計画を要請する計画を発表した。教育省は、教育機関に責任を持たせるために、連邦学生支援局に執行部を再び設置し、これまで学生の最悪の成果をもたらすことに関与してきた営利教育機関を監督してきた単位認定機関 ACIS の公認を取り消した。政権はまた、営利教育機関が積極的に退役軍人とその家族を対象として募集を奨励してきた長期的な抜け穴をふさいだ。研究によれば、それら機関が退役軍人の所得を引き下げ（Barr et al. 2021）、これら追加的財源は教育機関の質の向上ではなく授業料の高騰に使用されてきた（Baird et al. 2022）。バイデン―ハリス政権が制定した最近の規制によって私立の営利大学は、米国救済計画法の 90/10 ルールに対する議会の変更で要求されているように、退役軍人手当を含む非連邦財源から少なくとも 10% の収入を得ることを保証している。

影響はより恵まれた学生に集中することとなった（Huntington-Klein 2016; Hurwitz and Smith 2017; Meyer and Rosinger 2019）。しかし情報が学生や家族、スクール・カウンセラー、その他の意思決定者まで届くには時間がかかるため、カレッジ・スコアカードやその他の透明化の取り組みに関する長期的な効果は、短期的なそれよりも重要な意味を持つ可能性がある。データの透明性が大学の質に与える長期的な効果をはっきりさせるには、さらなる研究が必要である。

アクセスへの地理的障壁に対処する

　より直接的にアクセスへの地理的障壁に対処するには、さらなる政策努力が必要かもしれない。COVID-19 パンデミックによって大規模な遠隔教育の実現可能性への認識が高まったものの、その限界も明らかになった。この小項では、オンライン教育の有用性に関する証拠と、より多くの生徒が地元の高校のキャンパスでより高い質の大学生活が送れるためのより有望な代替策を説明する。大学に復帰した高齢の学生については、成果の改善が有望であることが実証された、地域の労働力訓練介入策に関する追加的情報を BOX 5-5 において提示する。

　オンライン・プログラム。アクセスへの地理的障壁を減らすためにオンラインの選択肢を拡大するという提案もあるが、研究成果はこのアプローチに慎重である。4 年制大学などのいくつかの環境においては、オンラインと対面授業の両方を取り入れて学生が成果を上げている例（Figlio, Rush, and Yin 2013; Bowen et al. 2014）

BOX 5—5　労働力訓練の質を支援する

コミュニティ・カレッジは労働市場のニーズを対象とした教育と訓練の主な提供機関であり、ペル奨学金は現在、低所得アメリカ人のための労働力訓練の最大の資金源となっている（Ma and Pender 2022b; Holzer 2008）。しかしながら、そうした教育を提供する中等後教育機関は、セクターの移行や従業員の特定のスキル・ニーズの変化への対応に遅れる可能性がある（Katz et al. 2022）。昔ながらの学業スケジュールやプログラムが提供する内容が、キャリア半ばで離職した労働者のような非伝統的な学生のニーズと合うとは限らない。離職した労働者は連邦学資援助を受ける資格があるものの、彼らは資格の有無や活用方法を知らない可能性がある（Barr and Turner 2018）。そうした労働者に対応するために特別に開発された連邦教育資源は、労働力投資・機会法を通じて、はるかに低いレベルで資金提供されており、有用性に関する証拠は一般的には肯定的であるが、いくぶん複雑である（Rothstein et al. 2022; Holzer 2021）。

これに関連して、セクター別の雇用・教育プログラムは有望視されている。これらのプログラムは通常、雇用者もしくは企業団体、教育提供機関（多くの場合コミュニティ・カレッジ）、労働者委員会、そして労働組合や地域の非営利団体などの仲介団体との間での連携が必要とされる（Holzer 2015）。これらのプログラムは、訓練プログラムと労働者のニーズとの間の連携を良くする可能性があり、多くの場合に提供されるラップアラウンドサービスは、学生の修了可能性を高めるかもしれない。多くはコミュニティ・カレッジ内にあるセクター別の雇用プログラムに関する調査は、これ

らプログラムが参加者の収入の大幅な増加につながると結論づけている（Katz et al. 2022）。さらなる肯定的証拠は、それは大不況後の労働力訓練能力を強化するために中等後教育機関に19億㌦の助成金が提供されたコミュニティ・カレッジおよび職業訓練貿易調整支援制度（TAACCCT）イニシアティブからも寄せられている（U.S. Department of Labor 2022a）。TAACCCT プログラムに関する準実験的研究のメタ分析によれば、この投資は労働市場の成果だけでなく、プログラムの修了にも全体的に肯定的な効果をもたらしたと結論づけている（Blume et al. 2019）。

登録養成訓練制度は、高収入の仕事へのもう1つの有力な道筋を提供した。登録養成訓練制度は労働省または州の養成機関によって正式に認められ、需要の高い分野の産業ニーズに沿うかどうか審査される（U.S. Department of Labor 2022b）。この「稼ぎながら学ぶ」モデルでは、通常は2〜4年間、労働者は指導者の監督のもとで訓練中でも給料が支払われ、同時に教室内で補習を受ける。ある研究によれば、1㌦の投資で雇用者は実習生の訓練中とその後の数年間で直接・間接的に1.44㌦の利益を得ることが分かっている（Kuehn et al. 2022）。これらプログラムの因果関係を示す研究は限られているが、文献研究によれば、プログラム終了後の1年間で労働者は大きく賃金上昇を経験することが示されている（Walton, Gardiner, and Barnow 2022）。バイデン－ハリス政権は、追加資金や「実習制度アンバサダー・イニシアティブ」を立ち上げて、登録養成訓練制度を拡大している（White House 2022）。

や、オンラインと対面授業の要素を組み合わせる教育アプローチを採用しているところもある（Bowen et al. 2014; Alpert, Couch, and Harmon 2016）。しかし他の研究によれば、オンライン形式のコースでは対面のそれに比べてしばしば学習成果が悪くなることが分かっている（Joyce et al.

2015; Alpert, Couch, and Harmon 2016; Krieg and Henson 2016）。

COVID-19 パンデミック下の研究によれば、オンラインに移行したコースやその後もオンラインを継続させた場合に大学生の学業成績が悪化したことを明らかにした（Bird, Castleman, and

Lohner 2022; Kofoed et al. 2021）。オンラインでのコースワークは、営利目的セクター（Bettinger et al. 2017; Bird, Castleman, and Lohner 2022）やコミュニティ・カレッジ・セクター（Xu and Jaggars 2013）の両方で学力の低い学生にとってとくに機能しないように思われる。完全にオンライン化された多くの現行の中等後教育のオプションは、中等後教育を受けない場合に比べて学生の雇用機会や収入を改善するようには見えない（Deming et al. 2016; Hoxby 2018）。コースワークのオンライン配信は対面教育と比べてもコストがかからないとも限らない（Hemelt and Stange 2020）。この実証的証拠はオンライン教育が質の高いプログラムにおける地理的障壁に完全に対処できるわけではないことを示している。

*地域の教育機関を活用する。*学生にとって家から近く、より早い時期に新しく価値の高い大学進学の機会を作り出すこともできる。地域のコミュニティ・カレッジは、学士号の授与数を増やしており、このようなプログラムのために必要な学生の移動距離を短縮できる可能性がある。2022年の段階で、15%のコミュニティ・カレッジで少なくとも1つの学士号プログラムを提供している（Love 2022）。そうしたプログラムの影響力に関する実証的証拠はまだない。「二重在籍」も同様に高校生でも大学レベルの授業の履修を認めて大学のコースワークを身近にするもので、移動を最小限に抑えるために高校で実施されることも多い（Marken, Gray, and Lewis 2013）。このようなコースワークの在籍者は過去20年で急速に伸びている（An and Taylor 2019）。限られた実証的証拠からは、二重在籍は中等後教育の軌道を改善させている。たとえば、二重単位の上級代数学に早くに触れることで、受講する高校数学のコースワークの厳密性が増し、4年制大学への進学率を高めることになる（Hemelt, Schwartz, and Dynarski 2020）。

早期カレッジ・ハイスクールは二重在籍をさらに徹底したもので、高校が地域の大学と連携し、生徒に準学士号やそれと同等の大学の単位を、家族がほとんど負担することなく提供するものである（Webb 2014）。早期カレッジ・ハイスクールに入学した生徒は、入学できなかった同様の生徒よりも早く大学の学位を取得しやすい（Edmunds et al. 2020; Song et al. 2021）。二重在籍や早期カレッジ・スクールを拡大させるには、公平性への配慮を重視しなければならない。二重在籍の学生は、一般的な学生よりも白人で高所得層、成績優秀者の場合が多いが、それは高所得者層の学校ほど二重在籍を提供しやすく、高所得層の学生の方がそうしたコースワークを登録しやすいからである（An and Taylor 2019）。公平なアクセスを促進するには、政策決定者や教育者による積極的な計画と働きかけが求められている。

⑤

結　論

米国の中等後教育の制度がもつ多様性と柔軟性は、教育の最大の資産であり、グローバルに展開される独自のものとなっている。これらの特徴は中等後教育を受ける学生に複雑性とリスクをもたらしている。より単純な市場においては、選択肢と競争は質の向上を促進し、悪い選択肢をなくすには十分かもしれない。しかし中等後教育への投資とは雑貨やましてや自動車購入とも違う。ほとんどの学生は地域的な制約があり、選択肢の幅は狭く、彼らの選択を事前に十分に評価、比較することは難しいかもしれない。さらに公立の教育機関は需要に見合った能力に制約があることが多

く、他方で制約の少ない私立の営利教育機関は学生の成果に関する実績が貧弱である。現在の学生は、過去の世代に比べて授業料の支払いをいっそう学生ローンに頼る傾向があり、大学に入学しても価値あるスキルを身に着ける前に退学した学生が、経済的な苦境に陥るリスクを高めている。

機関機関向けの政策オプションを考察すると、3つの主要テーマが明らかになる。第1に、多くはコミュニティ・カレッジで始まったさまざまな機関別プログラムは、学生の成果向上にきわめて大きな可能性があったことである。これらの有望な計画の多くは拡大させるための追加資源が必

要で、連邦政府は中等後教育機関に直接投資することも州政府に独自の投資を増やすよう促すこともできる。第2に、質の低い中等後教育の選択肢の急増を抑えることは、リターンの少ないあるいは負のリターンの入学選択の可能性を制限するためにも重要である。最後に政策立案者たちは、デュアル・エンロールメント、アーリー・カレッジ、そしてコミュニティ・カレッジのバカロレア学位などを通じて、大学へのアクセスの地域的障壁に対応するための方法を模索し続ける必要がある。大学の費用負担を改善させるための連邦および州の強健な取り組みによって、過去数十年で大学へのアクセス拡大は進んでいる。しかしこの章で説明してきた通り、良い教育投資を行うには、価格と質の両方に注意を払う必要がある。教育機関向けの政策は米国の中等後教育制度がその強さを築き、大学進学を目指すすべての学生に手頃な費用で質の高い選択肢の利用を確かなものにすることに役立つことになる。

　注
1　CEA の計算はカレッジ・スコアカードのデータを使用している。これらカレッジ・スコアカードのデータは 2022 年 9 月の時点で公開されている最新のもので、ほどんどの指標で 2020-21 年学年度を反映している。
2　教育機関の支出指標は、中等後教育に関する統合的データシステム（https:// nces.ed.gov/ ipeds/）から利用可能であるが、学部生と大学院生の両方の総支出を測定するものであるため、学部生の学費と比較するときには注意が必要である。
3　カレッジ・スコアカード（https://collegescorecard. ed.gov/）とは米国教育省が作成したウェブサイトで、学生、家族、その他の関係者にむけて提供される、ほぼすべての高等教育機関における費用と価値に関する情報である。ここで取り上げられる収入指標とは、最終学歴が高校卒業の 25 〜 34 歳までのうち、測定年度に学校に通っていなかった人の収入の全国平均である。閾値は 2020 年の約 3 万 1000㌦である。

第6章
米国労働市場における供給上の課題

COVID-19 パンデミックによって大きな混乱が引き起こされたにもかかわらず、米国労働市場は 2022 年を通じて逼迫したままであった。2022 年の大半、失業者 1 人につき 2 件の求人があった――労働需要と労働供給の間に未曾有のギャップがあり、労働者と企業の間のパワー・バランスに変化をもたらした。その結果採用が急増したことによって多くの労働者が職場やキャリアを変える決意をし、多くの転職者は相当額の賃金上昇を経験した。職場における労働組合加入は増加し、2022 年には組合代表申立の急増が伴った。というのは、労働条件改善を交渉するのに増大した影響力を労働者が用いたためである。

今日の採用難は、主としてパンデミックの影響が長引いているためであると考えたくなるものである。しかし、労働市場の逼迫はパンデミック以前からのことであり、人口動態上のトレンドが示すところによると、パンデミックが収束しても労働供給上の課題は残りそうである。ベビー・ブーム世代が高齢化して労働力から外れたが、彼らに代わる若い世代の労働者が十分にいない。人口高齢化による労働供給の逼迫こそが現在の採用難の主たる原因であり、企業が採用を拡大できる速度を減速させることにより、米国経済の潜在的成長力の足を引っ張っている。より多くの成人を労働市場に引きつけたり、移民の流入を増やしたりするなど、人口動態上の変化の影響を緩和する取組がなされているにもかかわらず、労働供給は当面制約を受ける可能性が高い。

本章では、米国の労働供給上の短期的、長期的課題を検証する。短期的には、パンデミックの長引く影響が残っており、主として高齢労働者の労働市場からの退出という形で表れている。移民流入は、パンデミックが始まる前から減少しており、米国国境が閉鎖され、回復が始まったばかりのときに急減した。長期的課題の中でも 1 番に挙げられるのは人口動態上のトレンド、とくに人口高齢化であるが、働き盛り世代の労働参加も低下している。本章は、米国の労働供給を加速させるいくつかの方法についての説明で結ばれる。本章はまた、マクロ経済的要因が特定の産業にいかに影響を及ぼしているのかについて知るため、とくに深刻な人手不足に陥っている労働市場を詳しく検討する。

労働供給の基本的要因

何が労働供給を決定するのであろうか？　単純に言えば、働ける人々が労働力に加わるかどうか、加わるとすれば何時間働くかを決定するのである。人々はまた、退職する、進学する、あるいは幼い子供の世話をするなどの理由のため、労働力からの離脱も決定することができる。1 国の総労働供給は、生産年齢人口の規模の関数でもあり、それは移民流出入や前の世代の出産に関する選択に影響を受けるものである。

労働供給の決定をモデル化するため、経済学の

教科書で用いられている単純なフレームワークでは、雇用は賃金を稼ぐことと、その時間の代替的用途（たとえば、家事、育児、余暇）との間の選択である。家計はまた、不可欠な財・サービスの支払いをするため、安定的な収入源を必要とする。この非常に単純なモデルは、労働の心理的、社会的報酬や、特定の仕事に関する金銭以外の側面など、労働供給の決定に関わる多くの重要な変数を無視している。しかし、この単純なモデルにより経済学者は、賃金変化、他の家計所得の有無など、容易に観察できる要因によっていかに人々の決定が影響を受けるのかについて有益な予測を行うことができる。

これらの推論で最も重要なのは、就労せずには不可欠な消費ニーズを満たせない人々は、労働市場に参加する可能性が非常に高いことである。この示唆するところによると、既存の資産や賃金以外の所得の源泉を持たない人々は、正式雇用を求めることが多い。第2の推論は、賃金が高く、参加しないと逸失利益が高くつく場合、人々は労働市場に参入する可能性が高いことである。このモデルの予測によると、たとえばマイナスの労働需要ショックのために賃金が下落するとき、参加は減少するであろう。本章でのちに論じられるように、多くの経済学者が見るところによると、大卒未満の労働者の相対賃金の低下が、ここ2、30年における男性の参加低下の主たる原因である。

米国労働市場参加の推移

労働参加率（LFPR）は、就労している、もしくは、積極的に求職している16歳以上の人口の割合と定義されている（BLS 2022）。労働参加率は、労働市場の潜在力および健全性を示す重要な1指標である（図6-1）。有給活動への非参加は必ずしも心配の種ではない——多くの非参加者は、退職者、学生、幼い子供を持つ親であり、その多くは正式雇用を望んでいない。しかし、低水準の参加率は、未開拓の潜在的労働供給を示すことがある。それには境界線上の人々が含まれており、彼らは魅力的な機会があったり、正式雇用への障害が撤去されれば労働市場に参入するであろう。

図6-1に示されているように、労働参加は、20世紀後半に顕著に上昇し、1968年から2000年までに59.6%から67.1%となった。この参加の上昇は、女性の労働市場活動の増加のためであった——社会規範の変化、避妊具の普及、教育機会および労働市場機会の改善によって促進され、とくに既婚女性の間で参加が大幅に上昇した（たとえば、Blau and Kahn 2007; Goldin and Katz 2002; Black and Juhn 2000）。女性の参加上昇は、1950年代以降における男性の参加低下を相殺するのに十分すぎるほどであった。労働市場に参入する女性が増え、人口動態上のトレンドが好ましかった（この時期にベビー・ブーム世代が労働力の一団を膨張させた）結果、米国の労働市場供給は2000年まで着実に増加した。

米国における労働参加は、需給両方の要因によって2000年以降低下に転じた。米国経済は、この期間に2つの需要ショックを経験した。1つは、ドットコム・バブル崩壊で、1990年代の景気拡大が終わった。もう1つはグローバル金融危機で、2007年に始まったものである。女性の参加上昇も2000年以降平坦化し、低下に転じた。しかし、近年参加を押し下げている最重要の要因は、労働力の高齢化であり、グローバル金融危機が始まるとき、ベビー・ブーム世代の最年長者が退職年齢を迎えたのである。

なぜ労働供給成長の低下を懸念するのか？

労働参加の低下と人口増加の減速が意味するのは、労働者の供給が減少していることである。労働供給増加の減速について懸念すべき主な理由は、経済成長の減速をそれが意味することである（詳細については、本『報告』第1章を参照のこと）。経済産出の増加は、労働供給の増加、資本投資、生産性成長によって決定されるため、他のすべての条件が等しければ、労働供給の増加が減速する場合、経済成長もまた減速する。労働市場参加は年齢と共に減少するので、人口高齢化も人口に占める現役労働者の割合を低下させ、資本投資の増加や生産性の上昇が伴わない場合、それによって1人当たり産出に下方圧力がかかることになる。力強い1人当たり経済成長は、20世紀を通じて生活水準向上の主な原動力であった。人口高齢化は、将来における米国の生活水準の向上に悪影響を持ちうるのである。

図6−1　米国労働参加率、1948〜2022年

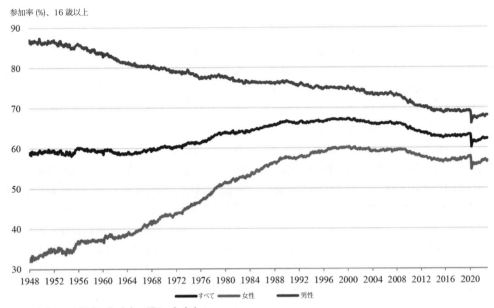

出所：Bureau of Labor Statistics; CEA calculations.
注：データは季節調整済み。率は16歳以上についてものである。

BOX 6−1　労働供給の用語法

「労働供給」という用語は総労働供給を指すのに使われる場合と、労働参加を指すのに使われる場合があるため、労働供給に関する議論は混乱しがちである。本章では、次のように、私たちが用いる用語を区別する。

・労働供給はたいてい総労働供給を指し、それは成人（16歳以上）人口の関数であり、労働市場に参加する成人人口の割合でもある。しかし、労働供給に関する分析は、人口トレンドを所与のものとし、人々の労働供給意思決定に焦点を合わせることが多い。労働供給意思決定は、次に定義さ

れるように、労働参加率と雇用率に反映されている。

・労働参加率（LFPR）は、非収監成人人口のうち労働市場に参加している割合である。これには、現在就労している、あるいは、求職している人々が含まれる。

・雇用・人口比率、雇用率は、非収監成人人口のうち雇用されている割合である。それはLFPRと同様の参加指標であるが、分子には失業者が含まれない。

　人口動態上の変化は予測するのが比較的容易であるが、技術および生産性の変化を説明するのは困難であり、それらが将来の経済成長に対する人口高齢化の影響を緩和するかもしれない。カトラーら（Cutler and others 1990）の指摘による

と、人手不足が労働節約的技術革新に拍車をかけ、人口動態変化が産出増加に及ぼす影響を打ち消すであろう。多くの研究は、人口高齢化と産出の間の関係は負であると結論づけている（たとえば、Gagnon, Johannsen, and Lopez-Salido 2021;

BOX 6—2　米国およびヨーロッパにおける労働と余暇

ジョン・メイナード・ケインズは、2世代のうちに労働者は週にわずか15時間しか労働しなくなると予測したことで有名である。今日のアメリカ人は、1900年代初頭のケインズよりもはるかに豊かな国に暮らしているにもかかわらず、これはまったく当てはまらない。生産性成長が労働者により多くの余暇時間をもたらすであろうという予測が広まっていたにもかかわらず、典型的なアメリカ人の週労働時間は、数十年減少したのち、1970年代に増加に転じた。ショア（Schor 1993）は、米国における労働と余暇に関する影響力のある書籍の中で、「働きすぎのアメリカ人」の窮状を浮き彫りにした。彼女は、労働運動の弱体化と労働者のパワーの衰退が、生産性上昇を労働者の週労働時間の短縮に転化することに挫折した大きな原因であると断じている。

現在、労働市場にいるアメリカ人は、他の富裕な国よりも長時間働き、病気休暇が少なく、休暇も少ない。1960年代には、労働時間と労働市場参加率は、米国とヨーロッパで同等であった。しかし、2000年までに、典型的な人々の労働エフォートは、米国とヨーロッパで開きが大きくなっている。典型的なアメリカ人は1970年代と同じくらい働く一方、ヨーロッパ人の労働時間は一般的にはるかに少なく、1年間の労働時間や労働週数も少ない。ショアによって示唆されているように、労働規制と組合組織化の違いが米国とヨーロッパの年間労働時間の違いを説明する有力な要因のように思われる（Alesina, Glaeser, and Sacerdote 2005）。

BOX 6—3　米国における絶望死

45歳から54歳のアメリカ白人については、平均余命はもはや延びていない。事実、数年間にわたって減少さえしており、パンデミックや戦争以外ではかつて見られなかったパターンである。これは、アメリカ黒人の余命が延びた時期に生じ、これら2つのグループ間の結果における永続的格差が縮小した。白人の死亡率の上昇は、自殺、薬物過剰摂取、アルコール濫用の割合が増加したことによって大部分説明される（Case and Deaton 2015）。「絶望死」という用語は、ケースとディートン（Case and Deaton 2020）がその影響力のある書籍で使ったものである。それは、米国における労働者階級社会の健康と幸福に経済的機会の減少が及ぼす影響を記した書籍である。彼らの説明によると、こうした絶望死は、4年制大学を卒業しておらず、生産年齢人口のうち雇用されている割合が非常に低い地域に住む白人に大きく影響している。

経済学者は通常、雇用を有給労働と時間の代替的用途の間の選択として把握するが、ケースとディートン（Case and Deaton 2020）の研究は、コミュニティに意味、構造、目的を与える良い仕事の重要性を重視している。彼らは次のように言う。「仕事を破壊すれば、結局、労働者階級の生活は生き残れない。絶望をもたらすのは、たんに、あるいは主としてお金を失うことではなく、意味、尊厳、誇り、自尊心の喪失であり、結婚生活やコミュニティの喪失を伴うものである」。彼らの研究が明らかにしたところによると、白人労働者階級の経済的見通しの悪化は、経済的危機だけでなく、公衆衛生上の危機をももたらす。

絶望死の増加は経済的に恵まれない白人独特なものであるという考え方に、最近の論文は挑戦している。自殺、薬物濫用、アルコール濫用は、米国に暮らす先住民の間ではいっそう大幅に増加している（Friedman et al. 2023）。先住民の中でも、地域経済状況は、自殺と薬物濫用による死亡に不均質な影響を及ぼしており、そのことは、経済状況の改善だけでは絶望死を減らすのに十分ではないことを示すかもしれない（Akee et al. 2022）。

Maestas, Mullen, and Powell 2022; and Sheiner 2014)。しかし、アセモグルとレストレポ（Ace-moglu and Restrepo 2020）が明らかにしたところによると、技術変化への影響が優位であり、労働力の高齢化が経済成長を高めるという。エガートソンら（Eggertsson, Lancastre, and Summers 2019）が同様に明らかにしたところによると、人口集団が高齢化するのに伴って国民貯蓄が増加し、それが金利を押し下げるため、人口高齢化は経済成長率を高めることがある。しかし、金利がゼロに接近し、それ以上低下しえない場合、このメカニズムは働かないので、彼らは、高齢化が経済成長に及ぼす影響はマイナスであるとしている。全体として、証拠が示唆するところによると、人口高齢化は1人当たり経済成長の伸びを減速させるが、生産性に拍車をかけるように労働供給の逼迫に適応するための経済の潜在力は否定しえない。

　個人の観点からすると、有給労働市場活動に関与する人が減少しているという事実は、必ずしもマイナスではなく、たんに個人的選択を反映して

いるだけの可能性がある。たとえば、ジョン・メイナード・ケインズが1930年に、技術進歩は生活水準を非常に高めるから、孫の世代は週にわずか15時間しか働かず、残りの時間を余暇に費やすであろうと予測したのは有名である（Keynes 2010; orig. pub. 1930）。BOX 6-2で述べたように、この予測は米国の労働者には当てはまらなかった。しかし、事実が示すところによると、多くの労働非参加者は、学校教育や幼い子供の世話に従事していない場合、就労している人よりも幸せではない。労働力から外れた働き盛り世代の男性は、感情的な幸福度が低く、自分の時間の費やし方にほとんど意味を見出せないと報告している（Krueger 2017）。彼らはまた、結婚している可能性が低く、貧困のうちに暮らしている可能性が非常に高い。雇用率が最も低下した地域ではまた、薬物による死亡や自殺の急増が見られ（BOX 6-3を参照のこと）、こうした地域においてはコミュニティに顕著なストレスがあることを示している。

米国の労働供給課題の諸原因

　人口増加の減速と労働参加の低下は、米国の労働供給にとって強い逆風である。もしこうしたトレンドが続き、それを打ち消す生産性もしくは資本集約度の上昇が生じなければ、長期的需要に見合うほどの労働者がいなくなるであろう。現在の労働供給課題の諸原因を理解することが効果的な政策解決策を形成するのに必要なため、本節では、2000年以降、米国の労働供給の増加を減速させた支配的要因について概観しよう。

人口動態の傾向

　人口動態上のトレンドは、短期的な米国の労働供給課題の主因である。図6-2に示されているように、今後10年にわたり、働き盛り世代（25歳から54歳）の人口に占める割合は、米国と他の多くの国で低下するであろう。こうした人口動態上のトレンドは、1960年代から1970年代後半にかけて出生率が急落した結果であり、過去3、

40年、出生率は人口置換水準以下のままであった。さらに、米国の余命は、他の富裕国のそれに付いていけず、COVID-19以前でさえ一部のグループで減少していた（BOX 6-3を参照のこと）。出生率が低いため、近い将来の生産年齢人口の伸びの大半は、移民と、米国で生まれた彼らの子孫によって占められる（Blau and Mackie 2017）。

　こうした人口動態上のトレンドに起因する労働供給状態の逼迫化は、図6-3に見られるように、パンデミック以前から進行していた。1990年から2008年まで、働き盛り世代と全世代の労働参加は、多かれ少なかれ連動して動いていた。しかし、2009年以降、2つのカテゴリーは乖離しはじめた。ベビー・ブーム世代が早期退職の年齢を迎えはじめたからである。高齢労働者の労働参加率の上昇と、金融危機後の期間における労働需要状態の低迷は、労働供給に対する退職の初期の影響を緩和したが、完全には相殺できなかった（Aaronson et al. 2014; Abraham and

⑥

145

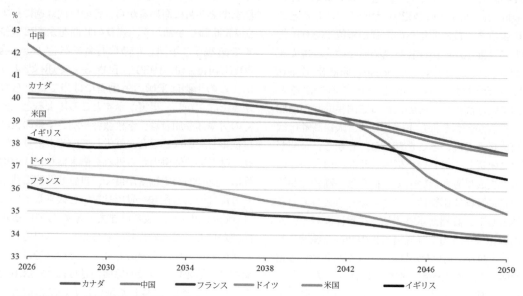

図6-2 予測総人口に占める働き盛り世代の割合、2026～50年

出所：World Bank; United Nations Population Projections.
注：「働き盛り」世代は25～54歳である。

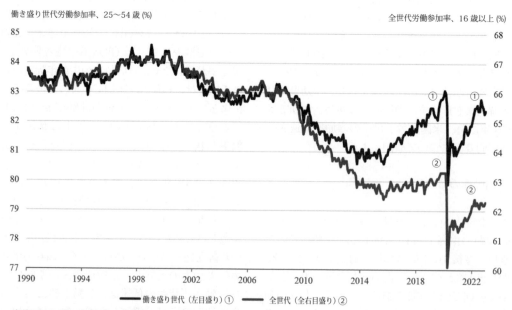

図6-3 働き盛り世代と全世代の労働参加、1990～2022年

働き盛り世代労働参加率、25～54歳 (%)　　　　　　　　　全世代労働参加率、16歳以上 (%)

出所：Current Population Survey data.
注：「働き盛り」世代は25～54歳である。

Kearney 2020）。COVID-19 パンデミック以前の数年間に、労働需要が回復し、労働市場が逼迫したので、多くの労働者は境界線を離れ、それに応じて労働市場に参入したので、労働供給に関する懸念は緩和された。その後パンデミックが発生し、COVID-19——労働者のうち高齢者にとってとくに危険なウイルス——は、労働市場を再編する多くの要因を生み出した。2022 年 12 月、働き盛り世代の LFPR はパンデミック以前のピークにわずかに届かなかっただけだが、全年齢の参加は丸々 1%ポイント低下した。人口の高齢化と、高齢労働者がパンデミック期間中に退職する傾向が強まったことが主たる要因である。

男性の労働市場参加の低下

　人口高齢化に加え、労働供給増加減速の別の要因は、男性、とくに大卒学位を持たない男性の参加の低下である。米国の働き盛り世代の男性の参加率は 1950 年代にピークに達し、1960 年代半ばから本格的に低下している。この低下は、他の先進国よりも急激である。米国とイギリスの働き盛り世代の男性は、1980 年代から 1990 年代には同等の参加率であったが、米国の男性の参加率は 2000 年以降低下に転じた一方、イギリスの参加率はほとんど一定のままである。このトレンドはとくに、経済成長にとって重要な意味を持つ。なぜなら人々が最も生産的なのは働き盛り世代だからである。

　男性の参加が低下している根本原因は、多くの学術的関心を集めてきたが、依然として未解決である。男性の参加の低下の潜在的原因を説明し、進行中の低下を防ぐための潜在的政策を明らかにするために、ここでは多くの研究を要約しよう。

　異性愛男性の配偶者所得。　既婚女性の労働供給の増加は、非参加のコストを減らし、子育てや高齢者介護など、自宅での責任を増すことによって、男性の労働参加を低下させているかもしれない。しかし、これは男性の参加を押し下げる大きな要因ではないことを、事実は示している。働く妻を持つ男性と、子供を持つ男性は、全男性のうち、参加の低下が最も少なかったのである（Juhn and Potter 2006; CEA 2016）。BOX 6-4 でより詳細に説明されている通り、非参加男性は、他の家族成員、通常は親からの所得に依存している可能性が他のグループよりも高い。親と一緒に暮らす成人の増加など、世帯形成のトレンドの変化が男性の参加を低下させるというのは、もっともなことである。しかし、因果関係は反対方向かもしれない。これらのトレンドはそれ自体が住宅コスト上昇や若年労働者に対する労働市場機会の減少の結果かもしれない（Fry, Passel, and Cohn 2020; Matsudaira 2015）。

　障害保険。　社会保障障害保険（SSDI）は、男性の労働参加率低下を供給サイドから説明するもう 1 つの候補要因である。SSDI 受給者は、数十年間増加し 2010 年にピークを打ち、その後件数が減少した（CBPP 2021）。相当数の研究が示すところによると、SSDI 給付の利用可能性は、受給資格ギリギリの労働者の参加を低下させる（たとえば、Bound 1989; Autor and Duggan 2003; Maestas, Mullen, and Strand 2013; and Gelber, Moore, and Strand 2017）。しかし、SSDI 受給者は、男性の参加率低下の重要要因ではなさそうである。1967 年から 2014 年までに、働き盛り世代男性の参加は 7.5%ポイント低下した一方、SSDI 給付を受給している働き盛り世代男性のシェアはわずか 2%ポイント増加したにすぎなかった（CEA 2016）。さらに、SSDI 給付を受給している男性の多くがその障害のために労働参加しなかった可能性が高いとすれば、働き盛り世代男性におけるこの SSDI 受給率の 2%ポイント上昇は、参加の低下を引き起こしたものとして解釈さるべきではない。CEA によって行われた分析が見出したところによると、合理的想定の下で、1967 ～ 2014 年の期間における働き盛り世代男性の SSDI 受給率を一定に保つと、働き盛り世代男性の参加の観察された低下は、0.3%ポイントから 0.5%ポイント少なくなっただけにすぎない（CEA 2016）。

　収監率の上昇。　図 6-4 に示されているように、米国において黒人男性は、ヒスパニックや白人の男性よりも労働参加率が低く、黒人男性の参加は他のグループのそれよりも急激に低下してきた。1980 年代に始まった収監率の急上昇は、黒人男性の雇用見通しを悪化させた可能性がある要因であり、黒人男性は白人男性よりも収監されるリスクがはるかに高い。標準的な労働市場統計は収監人口を除外しているため、それらは収監率上

BOX 6—4　無職の男性はどのような収入に頼って暮らしているのか？

2 5歳から54歳までの働いていない男性は、衣食住をどのように賄っているのであろうか？　図6-iは、2022年に労働力の状態にはなかった働き盛り世代男性の収入源を示している。比較のため、労働力の状態にあった男性と女性についての世帯収入の構成も示している。非参加男性の主たる収入源は、他の世帯成員、とくに親である。対照的に、その他のグループについては、他の世帯成員によってもたらされる収入は、収入のごく一部を占めるにすぎない。婚姻率の低さを反映していることもあり、非参加者が手にする配偶者所得は、労働力状態にある男性よりも少ない。政府移転所得、とくに障害保険は、一部の非参加男性にとって重要な収入源であるが、図6-iに見られるように、非参加者全体について言えば、収入に占める割合は比較的少ない。

図6−i　性別、労働力状態別に見た働き盛り世代労働者の年間収入源、2022年

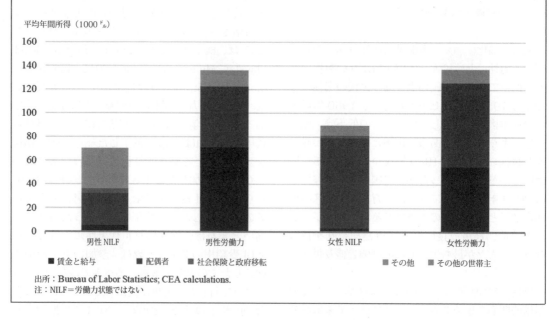

平均年間所得（1000㌦）

出所：Bureau of Labor Statistics; CEA calculations.
注：NILF＝労働力状態ではない

昇が黒人男性の雇用に及ぼす影響を過小評価している。ドレアック（Doleac 2016）は、収監人口を考慮に入れると、2014年における黒人男性の雇用率（つまり、雇用されている人口の割合）が約4%㌽低下し、白人男性の雇用にはわずかな影響しかないことを見出した。

　収監はまた、出所後の雇用にも悪影響——公式統計に反映されている影響——を及ぼす可能性が高い。元収監者は正式雇用への多くの障壁に直面している。収監中に労働市場経験が限られていること、特定の仕事への就労を妨げる法律、犯罪歴のある者の雇用を躊躇させる雇用主の慣行などの障壁である。履歴書監査研究は、応募者の犯罪歴が求職の大きな障壁になっていることを明らかにしている（Pager 2003）。ミューラー＝スミス（Mueller-Smith 2015）が明らかにしたところによると、正式労働市場に参加したことのある人々については、収監はその後の雇用の確率を低下させ、とくに刑期が長い人ほど低下させるという。行政データを用いた最近の論文の一部は、収監後の稼ぎと雇用に大きな傷跡が残るという強力な証拠を見つけられていない（Garin et al. 2022; Looney and Turner 2018）。しかし、この実証結果は、収監前に労働市場機会が乏しかった結果でもある。元収監者は、極端な経済的苦境状態の地区の出身が過度に多い。これらの事実発見のもっ

図6−4 働き盛り世代男性の労働参加率、人種別、1976〜2022年

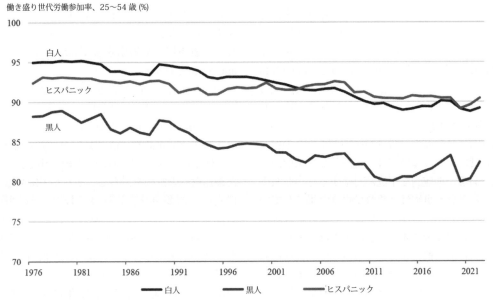

ともな解釈は、収監は将来の雇用および稼ぎに影響を持つ傾向があるが、元収監者が労働市場で直面する課題の多くは収監のずっと前から始まっていた、というものである。

エイブラハムとカーニー（Abraham and Kearney 2020）は、元収監者についての推計値と、ミューラー‐スミス（Mueller-Smith 2015）の瘢痕効果についての推計値を用い、全体の雇用率低下に対する収監率上昇の影響を概算している。彼らの推計によると、1999年から2018年は雇用・人口比率は3.8%ポイント低下した期間であるが、収監率の上昇はその期間の雇用・人口比率の0.12%ポイント低下をもたらしたという。大雑把な推計であることは認めるが、その計算が示すところによると、収監率の上昇は、全体の雇用率の観察された減少のうち、ほんの小さな部分しか説明しない。しかし、収監率上昇は黒人コミュニティに影響が集中しているので、黒人男性の参加を低下させる上で収監率が及ぼす影響ははるかに大きい。

地理的ミスマッチ。 労働参加は米国内でも大きく異なっており、働き盛り世代の間でも顕著な格差がある（Nunn, Parsons, and Shambaugh 2019）。米国内の移住の流れは、20世紀半ばに非常に増えた。立ち退く人々は一般的に仕事を見つけられる場所に移動し、移住の流れは低所得地域から高所得地域へと向かい最終的に人口を再配分した（Blanchard and Katz 1992）。しかし、1980年代以降、国内移住は減少し、移動でより豊かな地域に人口は向かいにくくなった（Ganong and Shoag 2017）。国内移住の減少は、住宅費の上昇や、一定の職業や産業の免許取得コスト上昇の結果かもしれない（Hsieh and Moretti 2019; Johnson and Kleiner 2020）。

労働力移動の減少は、労働参加の低下を増幅させた可能性があり、労働者は地域的なショックに対応して移動するのではなく、労働市場から退出することが多くなった（Dao, Furceri, and Loungani 2017）。この変化は、2000年以降、製造業雇用の減少に顕著に現れている。それ以前の不況とは異なって、職を失った人々は、他の地域に移動することが少なくなり、労働力から退出することが多くなっている（Autor, Dorn, and Hanson

2021; Charles, Hurst, and Schwartz 2018）。 しかし、一部の経済学者の主張によれば、移動性の低下は、遠方の労働市場に関する情報が改善され、遠方の場所でうまく雇用される可能性についての合理的期待を反映していることに対する適切な反応であり（Kaplan and Schulhofer-Wohl 2017）、大学教育を受けていない労働者に対する都市部プレミアムの低下に対する適切な反応である（Autor 2019）。

　地理的移動の減少が労働参加率低下をどの程度悪化させたのかについては、依然として未解決の問題である。地域的な不況に対応する転出が減少しているという事実は、それが役割を果たしていることを示しているが、この役割の重要性は証拠によって完全に確認することはできない。しかし、よりよい経済的機会を有する地域への国内移住の減少は、研究の中で十分に証明されている。これが示唆するところによると、労働市場に労働者を引き寄せることを目的とした政策は、参加が現在低い地域で雇用機会を改善できない限り、成功は限定的であることを示している。

　需要要因——輸入競争と技術変化。　本章で概説した労働供給モデルは、参加が低下している別の仮説として賃金を挙げている。このモデルでは、マイナスの需要ショックが、賃金を通じてだけ、個人の参加意思決定にマイナスの影響を及ぼす可能性がある。1970年代以降、参加が最も低下しているのは、4年制大学卒の学位を持たない男性であった。これらの男性はまた、この期間のほとんどを通じて、賃金の減少を経験してきた。それゆえ、とくに4年制大学卒の学位を持たない男性について、労働需要の減少が参加の低下を説明できるかどうか、疑問に思うのは当然である。

　なぜ労働需要は大卒学位を持たない男性が突出して減少したのであろうか？　考えられる原因には、グローバリゼーションと技術変化がある。これら2つの要因は、「雇用の二極化」——高スキル雇用と低スキル雇用の相対的増加と、中スキル雇用機会の消滅を表すために使われる用語——の主因であると考えられている（Acemoglu and Autor 2010; Autor and Dorn 2013）。一般的に中スキル雇用には、オートメーションとオフショアリング——雇用に対するそれぞれの要因の相対的影響を区別することは困難である——の影響を最

も受けやすい業務が含まれる。COVID-19パンデミック以前の2度のリセッションの期間における雇用減少は、中スキル雇用に集中しており、職を失った労働者は、より賃金の低い仕事に就くよりも労働市場から退出する傾向があった（Foote and Ryan 2015）。

　多くの研究が米国の製造業雇用の減少を中国からの輸入競争の激化と関連づけている（たとえば、Autor, Dorn, and Hanson 2013; Autor et al. 2014; Pierce and Schott 2016; and Acemoglu et al. 2015）。中国からの輸入競争は国内生産された製造財への需要を減らし、それが米国製造業労働者への需要を減らしたのであり、その製造業労働者は低学歴の男性に偏っていた。ブルームら（Bloom and others 2019）によるもっと最近の研究が示唆するところによると、米国の製造業雇用に対する「チャイナ・ショック」のマイナスの影響は、2000年から2007年には相当規模に及んだが、より近年には製造業衰退を悪化させることはなかったという。しかし、輸入競争の激化が製造業雇用減少の唯一の原因ではない。オートメーションも進展している。雇用減少にロボットが果たした役割を具体的に見ると、アセモグルとレストレポ（Acemoglu and Restrepo 2020）は、ロボット1台につき労働者を5.6人減らすと推計している。エイブラハムとカーニー（Abraham and Kearney 2020）は、1999年から2018年におけるロボットのストックの増加によってこの期間に110万の雇用が失われたと暫定的に結論づけている。

　多くの経済学者は、需要要因が男性の労働参加の低下の主な原因だと見ている。エイブラハムとカーニー（Abraham and Kearney 2020, 636）が述べているところによれば、「私たちによる証拠の点検によって、その効果を定量化できる要因の中では、労働需要要因が1999年から2018年の期間における雇用の長期的減少の最有力要因であると結論づけられる」。しかし、彼らの推計は、この期間における雇用率の低下の約半分は、需要の変化を考慮しても説明できないことを示している。経済諮問委員会（CEA 2016）も、低賃金が男性の参加低下の主な要因であり、供給要因の役割は小さかったと結論づけている。

　賃金低下が参加低下を推進しているという見解

について一見不可解なのは、男性の参加が低下を続けていた1990年代と2010年代に、低スキル男性の実質賃金が反発したことである。呉（Wu 2022）によって示されているように、1つの可能性は、参加を低下させたのは、賃金の絶対的低下ではなく相対的低下だということである。格差拡大は、4年制大学卒の学位を持たない男性の相対賃金が数十年も徐々に低下し、彼らの地位、結婚の見通し、仕事の満足度を低下させている。呉によると、1980年から2019年の間に大卒未満の学歴の男性について、相対賃金の変化は労働力退出の増加の約半分を説明する。関連した論文で、バインダーとバウンド（Binder and Bound 2019）の主張するところによると、供給要因と需要要因は足し算ではなく相互作用するもので、大卒未満の学歴の男性に対するマイナスの需要ショックは、安定雇用の減少と結婚率の低下をもたらし、それが今度は男性労働供給を減少させる世帯形成の変化につながるのである。まとめると、これらの論文は、需要要因と格差拡大があいまって、労働を通じて達成できる地位の相対的向上を妨げることにより、参加にマイナスの影響を及ぼしている。

男性のLFPR低下に関する証拠の要約。 男性の労働参加の低下に対する学界の関心は高いにもかかわらず、疑問が残されている。事実が示すところによると、需要要因が重要な役割を果たし、とくに大卒の学位を持たない男性について、グローバリゼーションとオートメーションが雇用および賃金を減らしている。しかし、労働需要の変化では説明できないほど大きな参加ギャップが残されている。収監の増加や傷害保険などの供給要因も参加低下を悪化させているが、これらの要因の影響は小さい。研究を要する問題は、性別役割分担と世帯形成の変化——とくに結婚率の低下と親と暮らす成人の増加——が、いかにして需要要因と相互作用し、参加の低下を悪化させたのか、ということである。

参加の低下に関する事実が不完全であるにもかかわらず、広範囲に及ぶ研究は、男性の参加を押し上げられる政策措置を指摘している。参加低下における需要要因と格差拡大の重要性を前提とすると、4年制大卒の学位を持たない男性の賃金および労働条件を改善する取り組みは、彼らの中で

より多くの人々を労働市場に引き寄せる可能性があるだろう。これらの要因に対処することにより参加を加速させるいくつかの政策オプションについては、本章でのちにより詳細に論じられる。

女性の労働参加——米国は遅れをとっている

男性の労働参加が低下しているにもかかわらず、主に女性の参加が上昇したという理由のため、米国の労働供給は、20世紀の大半において増加した。20世紀において女性の参加の上昇を推進した社会的、経済的要因は、数多くの研究のテーマとなっており、そのレビューは本章の射程外のことである。現在の労働供給上の課題により直結しているのは、米国における女性の参加の伸びが1990年代に頭打ちになり、低下に転じたことである。この停滞は他の先進国では発生していないもので、それらの国では女性の参加は引き続き上昇している。図6-5に見られるように、だいたい1995年ころまで、米国における女性の参加の水準とトレンドは、カナダとイギリスと類似している。米国とは異なって、この2カ国の女性の参加は1995年以降引き続き上昇した。2015年には、米国の女性の参加率は、つい2005年まで米国の女性よりも働くことがはるかに少なかった日本の女性を下回った。

2000年以降の女性の参加低下に関する研究のほとんどは、*母親*の労働供給に与える要因に焦点を当てている。米国の女性参加が他国の後塵を拝するようになった理由を論じるとき、よく指摘されるのは、米国には公的保育制度や有給家族・医療休暇制度がないことであり、そういったものはほとんどの先進国では一般的である。2017年、6歳未満の子供1人につき保育および早期教育にわずか2600ドルしか米国は支出しなかったのに対し、EUの平均は5500ドルであった（OECD 2019）。その結果、米国の保育は、家族予算の大きな部分を消費し、保育の費用はシングル・マザーの平均収入の3分の1にも上る（Ziliak 2014）。政策オプションに関する次節の中で説明されるように、実証結果のほとんどは、幼い子供の保育向けの政府支援保育オプションは、母親の労働供給を加速させることを示している（たとえば、Gelbach

⑥

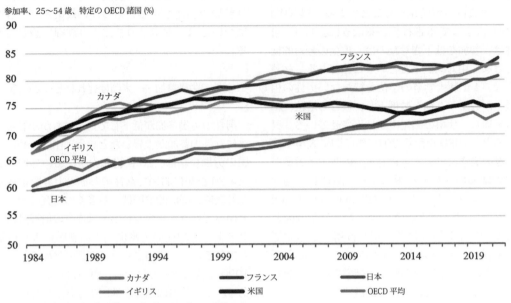

図6-5　働き盛り世代女性の労働参加率、1984〜2021 年

参加率、25〜54 歳、特定の OECD 諸国 (%)

出所：Organization for Economic Cooperation and Development.
注：「働き盛り」世代は 25〜54 歳である。

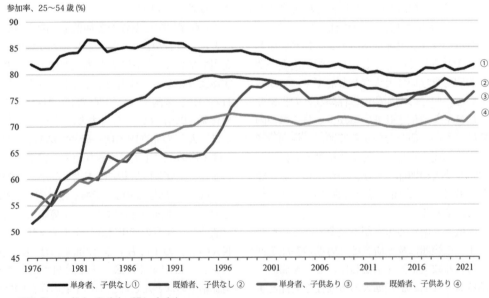

図6-6　働き盛り世代女性労働参加率、1976〜2022 年

参加率、25〜54 歳 (%)

出所：Bureau of Labor Statistics; CEA calculations.
注：「働き盛り」世代は 25〜54 歳である。データは年平均である。

2002; Baker, Gruber, and Milligan 2008; and Haeck, Lefebvre, and Merrigan 2015)。本『報告』第4章も、早期の保育および教育に対する公的支援拡充の社会的、経済的利益をより広範に説明している。

しかし、2000年以降、家族が直面している保育費用が女性の参加低下と結びついているという強力な証拠はまったくない。女性の参加の低下は広範囲に及び、子供のいない単身女性で実際に深刻であり、その参加は1989年から2016年までに7%ポイント低下した（図6-6を参照のこと）。多くの点で、2000年以降の女性の参加のトレンドは、米国の男性のトレンドと類似しており、この期間において他の先進国と比べて参加が低下している。男性の参加低下の背景にある要因は多くの研究の対象となっているが、女性の参加についてははるかに関心が乏しく、ブラックら（Black, Schanzenbach, and Breitwieser 2017）やエイブラハムとカーニー（Abraham and Kearney 2020）といったいくつかの顕著な例外があるにすぎない。母親の労働供給を加速させる上で保育が果たす役割に研究が焦点を合わせるのは分かるが、子供のいない女性の参加の低下の背景にある要因もさらに調査する価値がある。

COVID-19パンデミックが労働供給に及ぼす余波

COVID-19パンデミック発生時に労働者の供給を制限した要因は、各国がウイルスの拡散を緩和しようとしたので増幅された。ベビー・ブーム世代の退職は、すでに多くの産業で採用難を加速させていたが、高齢労働者が職場で新たな、そして

BOX 6—5　失われた働き盛り世代労働者

COVID-19パンデミックの初期には、働き盛り世代の労働市場参加の減少は、主にパンデミックに関連した混乱によるものであった。レイオフ、病気、看護の責任により、多くの参加者が労働市場から押し出された（Garcia and Cowan 2022; Goda and Soltas 2022; Cajner and others 2020）。企業や学校が再開され、ワクチン接種が広まったので、働き盛り世代の参加はすばやく回復した（Forsythe, Kahn, Lange, and Wiczer 2022; Hansen, Sabia, and Schaller 2022）。障害者は実際、パンデミック以前の水準よりも参加が高くなっているが、おそらくパンデミック期間中に採用されたテレワークやリモートワークが増加したためである（Ne'eman and Maestas 2022）。しかし、労働市場が逼迫し賃金が着実に増加したにもかかわらず、働き盛り世代の参加の伸びは、2022年下半期に著しく減速した。2022年末には、2020年2月水準を0.6%ポイント下回ったままであった。政策当局は、働き盛り世代の継続的参加上昇がインフレ懸念を緩和することを望んでいたので、これらの失われた労働者についての懸念が増した。しかし、なぜ働き盛り世代の参加がパンデミックが始まってから3年経っても依然として

パンデミック以前の水準に止まっているのかは、容易には解明できない。

1つの可能性は、前回の景気拡大期末の参加水準が例外であり、一般的ではなかったということである。前回の景気拡大により多くの労働者が労働市場に引き寄せられ、2016年から2019年まで続いた参加の上昇は多くの経済学者を驚かせた。パンデミックに先行した長い景気拡大期末に、参加率はトレンドをはるかに上回っていたということかもしれない（Barkin 2022）。

別の可能性は、現在の景気拡大が続く限り、参加が上昇し続けるということである。カイナーら（Cajner, Coglianese, and Montes 2021）は、不況時に学校に戻ったり看護を負担した非参加者が反応の遅れのほとんどを占めており、マイナスのショック後の参加の低下は最大4年続くことを明らかにした。参加意思決定は、彼らによって示された遅れを伴いながら、望ましい経済状況に反応する可能性がある。家計がパンデミックに適応するのに時間がかかっていると考えるならば、より多くの働き盛り世代の労働者がやがて労働市場に復帰するであろう。

潜在的に深刻な健康リスクに直面したため、急増した。一部の雇用主は、需要減少に直面して労働力を削減するため、労働者に早期退職を奨励した。移民禁止や国境閉鎖により、多くの産業、なかでも食品サービスや農業で不可欠な外国生まれ労働者の流れが止まった。パンデミックにより保育と対面式学校教育が利用できなくなったので、多くの親が職場に復帰するのが困難になった。

働き盛り世代の参加は、パンデミックからほぼ回復し（BOX 6-5 を参照のこと）、申請者の滞留を解消する最近の取組により移民の流れはパンデミック以前の水準に回復した。しかし、労働供給に対する余波は残っており、とくに高齢労働者の参加率は低下している。退職はそれ以前の不況期にも増加したが（Gorodnichenko, Song, and Stolyarov 2013; Coile and Levine 2011）、パンデミックに起因するリセッションはきわめて深刻な影響を及ぼした。パンデミックが始まったときに四半期の退職率は5%ポ上昇したが、それは金融危機の期間よりもはるかに大きな急増であった（McEntarfer 2022）。以前の不況とは異なり、パンデミックに起因する退職の増加は地域経済状況とはほとんど関係ないように見え、そのことは退職の急増が主として COVID-19 の健康上の懸念によるものであることを示している（Coil and Zhang 2022）。最近の論文が示すところによると、パンデミック期間中の住宅資産の増加も重要な役割を果たした可能性があり、価格上昇が力強い住宅市場においては高齢労働者の退職が増えている（Favilukis and Li 2023）。

2022 年末時点で、米国人口に占める退職者の割合の増加は、パンデミック以前の水準と比較した、労働参加の減少のほぼすべてを占めている。パンデミック期間中における退職の急増を調査した最近の論文で、モンテスら（Montes, Smith, and Dajon 2022）が推計したところによると、パンデミックが始まってからの退職のほぼ半数は、仮にパンデミックがなかったとしたら発生しなかったと思われる「過剰」退職であった。彼らが明らかにしたところによると、65 歳以上の労働者の退職が、とくに白人、しかも 4 年制大学卒の学位を持たない人々で急増した。ほとんどの過剰退職者の年齢が高いことを前提とすると、多くの人々が労働力に復帰することはなさそうである。その著者らはまた、パンデミックが始まってから約 3 年経っても、退職者への流入は高止まりしていることを見出した。彼らが結論づけたところによると、退職行動がパンデミック以前の基準に復帰するには時間がかかるかもしれない。

米国の労働供給を加速させるための選択肢

本章で詳述されているように、米国は、労働供給の長期的な逆風に直面しており、それは将来の経済成長に影響を及ぼす可能性がある。本節は、米国の労働供給を加速させる政策オプションについて論じる。ここでのその焦点は広範囲に及ぶ対策に合わせられているが、労働供給上の課題はしばしば特定の市場に独特なもので、一般的に労働供給を増加させるための政策解決策は、特定の職業や産業の労働供給問題を改善するには不十分な場合がある。この事実を浮き彫りにするため、本節は、2つの特定の労働市場、すなわち医療（BOX 6-6）と地方公教育（BOX 6-7）が直面している供給課題について、さらに詳細に議論する。

移民増加

米国への移民を増加させることは、人口高齢化という結果を緩和する方法だとよく言われている。移民は、労働力の規模を増すことにより、潜在的産出を増加させる。新規移民は典型的には生産年齢にあるので、人口高齢化が人口 1 人当たりの経済成長に及ぼす影響を緩和する。移民はまた、米国経済に対してほかにも重要な貢献をしている。たとえば、彼らが家族や社会との長年のつながりが少ないことが多いことを前提とすると、彼らはこの国に生まれた労働者よりも移動しやすく、地域経済状況に敏感に反応しやすい（Basso and

BOX 6—6 　看護師と医師の致命的な不足

COVID-19 パンデミック以前に始まった人口動態の変化は、医療従事者の供給量の顕著な減少をすでに顕在化させはじめていた。研究者は、米国の人口高齢化が、かかりつけ医や精神科医など特定の専門分野の看護師や医師の供給に及ぼす影響や、農村部に影響を及ぼす地理的に誤った配分について報告している（Buerhous, Auerbach, and Staiger 2017; Petterson et al. 2012; Satiani et al. 2018; Ricketts 2005）。ベビー・ブーム世代の最年少者がちょうど退職年齢に差し掛かったことを前提とすると、人口高齢化は、医療従事者の供給を減らすと同時に医療需要を増やすことにより、当面、医療従事者の利用可能性に影響を及ぼし続けることになるであろう。

　これらの予見可能な変化に加え、パンデミックは医療従事者に歴史的ショックを与え、既存の課題を悪化させた。医療需要のかつてない高まりは、医療従事者を圧倒した。多くは自分自身や家族がウイルスにかからないようにするため、幼い子供や高齢の親の世話をし、身体的、精神的健康に焦点を合わせ、燃え尽き症候群を軽減するために仕事を辞めた（Galvin 2021）。これらの行動は医療制度内にとどまった従事者の負担を増大させた。

　致命的に重要な医療従事者の供給を安定化させるため、迅速で短期的解決策が実施された。病院は、需要の短期的増加を埋め合わせるために出張看護師を活用した（Gottlieb and Zenilman 2020）。これらの出張看護師の仕事の賃金は、他の看護師の賃金よりもかなり高く設定されたので、多くの看護師が短期的ニーズが最大の地域へとすすんで移動する結果をもたらした。医療従事者の報酬インセンティブの修正を通じて、遠隔医療サービスへのアクセスが多くのアメリカ人に広がった。多くの州はまた、診療範囲制限を緩和し、看護師と医師アシスタントをさらに活用できるようにした（Volk et al. 2021）。

　これらの短期的解決は危機の最中に役立ったが、長期的に医療従事者の十分な供給と分配を維持するには、医療従事者の教育および研修の改善が必要であろう。現在、その需要を満たす看護教育者があまりにも少ない。また、看護学生に臨床経験を積ませる看護臨床実習先も少なすぎる。多くの病院の劣悪な労働環境は、パンデミックのずっと前から看護職の離職率の高さをもたらしていた。患者対看護師の人員比率の改善や管理方法の改善は、離職率を減少させ、患者の結果を改善するであろう（Vahey et al. 2004; Aiken et al. 2022）。医師については、研修医枠が不十分である。医師の供給を増やすには、医学研修プログラムの資金増額も必要とされるであろう（GAO 2021）。

⑥

Peri 2020）。高スキル移民はイノベーションと技術変化を加速させることが判明しており、それは全体的な経済成長への追加的な貢献である（Bernstein et al. 2022; Hunt and Gauthier-Loiselle 2010）。全体として、研究はまた、新たに到着した移民が国内人口の賃金や雇用に及ぼす影響が定量的には非常に小さいこと、そして移民の財政上の影響は全体として見ればプラスであることを明らかにしている。たとえば、新規移民は生産年齢にある傾向を持つので、彼らは若年者教育と早期教育の財政負担をもたらすことなく税金を納めている（移民の財政的、経済的影響についての包括的レビューについては、Blau and Mackie 2017 を参照のこと）。

　就労の法的認可や市民権取得への道筋を経ずに米国にすでに居住している労働者の潜在的集団もいる。合法的永住権はこの集団のかなりの部分に対して雇用機会を拡大するであろう。そのようなものであるから、推計 1100 万人の書類不備滞在者に市民権取得の道筋を提供する移民制度改革は、労働供給を増やすのに役立つであろう（Migration Policy Institute 2022）。その他の移民制度改革には、雇用に関する国別割当の撤廃、グリーンカード抽選プログラムの拡大、J-1 交換ビザ・プログラムの拡大が含まれる。J-1 交換ビザ・プログラムは、知識および方法の訓練と共有を目的として、教員、科学者、学生を米国に呼び寄せるであろう。

BOX 6—7　幼稚園から高校 3 年まで（K － 12）の教育における人材確保問題

2020 年 2 月から 2022 年 10 月の間に、地方公教育の雇用は約 30 万人、この労働力の約 3.5% 減少した。公立学校の全国代表サンプルからの調査結果によると、53% が 2022 〜 23 年の学校暦を人員不足で迎えることを示している。それらの学校について、最も必要な分野は特別支援教育教員（65%）と輸送スタッフ（59%）であると回答している（U.S. Department of Education 2022）。図 6- ii に示されているように、COVID-19 パンデミック以降の教育雇用の減少は広範囲のものではないが、実際には低所得コミュニティに集中している。

単一の教育労働市場が存在するわけではないので、これらの人員不足の原因を理解するのは複雑である（Goldhaber et al. 2015）。さらに、十分なデータがないことにより、採用難を経験している地域を特定することは困難である（Nguyen, Lam, and Bruno 2022）。人材確保問題は、貧困地域に暮らしていたりマイノリティ集団に属していたりする生徒の割合が非常に高い学校を長い間悩ませており、特別支援教育、英語学習、高校

の科学・技術・工学・数学など専門的教育分野では、人材確保問題はより深刻である（Boyd et al. 2005; Cowan et al. 2016; Murnane and Steele 2007）。資格を持つ教員は学校と生徒に均等に分布しておらず、貧困層、黒人、ヒスパニックの生徒は新米教員に当たる可能性がはるかに高い。

適切に診断すれば、とくに教員と学校の人材確保ニーズがある地域について、政策措置が浮上する。これらの地域固有の課題に対処するには、人員不足の学校やニーズの高い地域に貢献するインセンティブや、専門職に就く代替経路や免許の相互承認に関する革新や柔軟性など、目標を定めた取組が必要である（Dee and Goldhaber 2017）。教員と人材確保問題に対処するカギは、これらの地域労働市場に流動性をもたらし、ニーズが高い仕事が充足されたら定着を促すことである。免許要件の緩和など、これらの措置の一部は、より多様な教員労働力を創出するなど、長期目標を達成することにも役立っている（Bacher-Hicks, Chi, and Orellana 2021）。

図 6- ii　教員雇用の変化率、2019〜2022 年

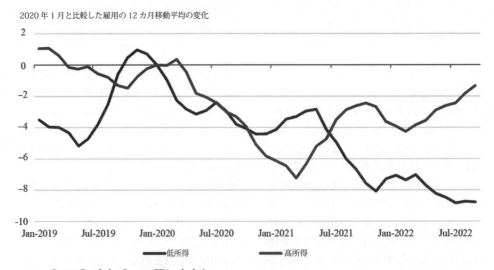

2020 年 1 月と比較した雇用の 12 カ月移動平均の変化

低所得　　　高所得

出所：Current Population Survey; CEA calculations.
注：教員雇用は政府雇用に限定されており、保育園と幼稚園教員、小中学校教員、中等教育学校教員、特別支援教育教員、チューター、その他の教員と講師が含まれる。「低所得」は、家計総所得が 5 万㌦未満の家計の比率が最も高いコアベース統計地域（CBSA）の半分で暮らす人々の雇用を指す。「高所得」は、総所得が 5 万㌦未満の家計の比率が最も低い CBSA の半分で暮らす人々の雇用を指す。

より多くの成人を労働市場に引き寄せる

　米国における生産年齢人口の労働参加は低下しており、現在、他の先進国よりも低い。考えられる原因は、他の富裕国に比べて米国では労働や家族に対する公的セクター支援が不足していることである。非参加者の労働市場での見通しを改善し、その雇用に対する障害を除去することを目的とした政策は、働き盛り世代の参加を上昇させる可能性がある。本項では、より多くの成人を労働市場に引き寄せるいくつかの政策選択肢について概説する。

　ケアの選択肢の改善。　米国における保育と高齢者介護に対する公的支出は、他の先進国と比較すると非常に少ない。米国はまた、有給家族・医療休暇がまったく保障されていない数少ない国の1つである。公的支援がなければ、家族成員の世話をする経済的負担は主として女性にのしかかり、その労働市場への参加と生涯収入は結果的に減少する。男性に比べて女性の参加率が低いことを前提とすると、ケア負担を削減する政策は、参加率を高め男女格差を是正するのに有望な道筋である。

　実証的証拠の大半は、保育と就学前プログラムが母親の労働参加にプラスの影響があることを示している（たとえば、Bauernschuster and Schlotter 2015; Morrissey 2016; and Wikle and Wilson 2022）。この証拠の一部は、ケベック州の政策変更に関する研究によるものである。ケベック州は、1990年代後半に大規模補助金付きの普遍的保育制度を導入した。これらの補助金は、保育の利用をきわめて大きく増加させ、母親の参加に大規模かつ長期的な影響を及ぼした（Baker, Gruber, and Milligan 2008; Haeck, Lefebvre, and Merrigan 2015）。モリッシー（Morrissey 2017）は、一連の研究を評価し、保育費用の10%削減が母親の参加を0.5%から2.5%の範囲で上昇させるようだと結論を下した。有給家族・医療休暇はまた、家族関連のニーズに対応しながら、仕事との関連を労働者が保ち、労働市場への長期的定着を高めるのにも役立つ（Baum and Ruhm 2016; Anand, Dague, and Wagner 2021）。ブラウとカーン（Blau and Kahn 2013）は、他の先進国と比較した、米国女性参加のギャップの

約3分の1は、そのような家族にやさしい政策が相対的に不足していることによって説明できると推計している。

　刑事司法制度改革と再就職障への壁の除去。　米国は、世界のどの国よりも高い割合で人々を収監している（World Prison Brief 2021）。米国における刑事司法制度の懲罰性を削減することによって、現行制度の大規模財政負担と、関連コミュニティに対する収監の副次的打撃を軽減できる。それはまた、収監人口と、収監が雇用に及ぼす瘢痕効果の両方を削減することにより、労働供給を増やすであろう。過去2、30年、いくつかの州は、収監率を削減することを目的として刑事司法制度改革を試みており、注目すべき成功を収めている。たとえば、カリフォルニア州は、軽犯罪に対する量刑を変更し、技術的な仮釈放違反に対する懲罰的措置を軽減し、収監の急減をもたらした（Lofstrom and Raphael 2013）。ニューヨーク州における一連の改革は、薬物犯罪者を治療施設に誘導し、絶対的最低量刑を緩和し、同州における収監率を急減させた（Greene and Mauer 2010）。両州において、こうした収監削減の期間は、一般的に犯罪率の低下と同時に生じている。

　高い収監率はまた、再就職の大きな障壁に直面する多数の元収監者も生み出している。元収監者の雇用障壁を除去することは、出所後の雇用見通しを高めるであろう。そのような改革の1つは、近年いくつかの州で行われているもので、逮捕歴や前科のある人に対する職業免許の障壁を除去することである。多くの州では、どれほど昔のことであっても、1度の逮捕あるいは前科で、免許の必要な理容師や美容師、薬物依存症カウンセラー、消防士になることはできない（Rodriguez and Avery 2016）。問題となった事件から数十年後、過去の逮捕歴や収監に関する情報は、雇用主にとって情報価値がほとんどないことを指摘し、ピール（Piehl 2016）は、雇用時の身辺調査については、過去の前科に関する情報に期限を設定するという改革を提唱している。

　勤労所得税額控除の拡充。　勤労所得税額控除（EITC）は、低所得家計、とくに扶養児童のいる家計に対し、税引き後の労働報酬を増やす大規模政府プログラムである。労働市場への参加を抑制する要因の1つは、大学教育を受けていな

い労働者の賃金停滞であるから、EITC は、労働報酬を増やすことにより参加に対する追加的インセンティブを生み出せる。EITC が、その主たる対象とした集団である低所得の母親の労働供給を増加させたことは、多数の研究によって示されている（たとえば、Bastian 2020; Eissa and Liebman 1996; Meyer and Rosenbaum 2001）。しかし、児童が 2 人以下の家族に対する最大控除額は、実質額で見ると何十年も横ばいのままであった（Hoynes, Rothstein, and Ruffini 2017）。現行の控除の手厚さを増すことや、EITC を拡充し、扶養児童のいない低賃金労働者へのインセンティブを高めることは、参加を上昇させる可能性がある。

地域経済開発。 　経済実績を改善する取組は、通常（だが常にではない）不況を経験した地域を対象としており、その居住者を支援する目的を有している。参加を高めることは明示的には目標とされていないが、衰退地域における経済的機会の改善は、地域労働需要を高めることにより、雇用率の低い地域において参加を向上させる可能性がある。

地域経済開発戦略は、さまざまな形態を取る。一般的なのは、エンタープライズ・ゾーンという形態で、税優遇措置を提供したり、ときには規制の免除を提供したりし、企業投資と成長を促進する目的を有している。エンタープライズ・ゾーンが雇用機会の改善で果たす効果についての証拠はまちまちであり、どの政策が、どの程度、誰に機能するのかについては不確実性が残されている（たとえば、Neumark and Kolko 2010; Neumark and Simpson 2015; and Ham et al. 2011）。しかし、インフラ支出や高等教育、研究への投資にかかわる地域経済開発プログラムの効果に関する証拠は、より有望である。クラインとモレッティ（Kline and Moretti 2014）によって明らかにされたところによると、テネシー川流域公社は、意欲的な地域開発計画を管理しているが、対象地域における製造業雇用と所得に対し、それはプラスの長期的効果をもたらしている。

商務省経済開発局（EDA）も、地域クラスターにおける経済開発を奨励しており、ミルウォーキーの水クラスターやセントルイスの農業技術イニシアティブなど、顕著な成功を収めている（Feldman 2022）。これらの取組を拡張すること

は、2021 年米国救済計画に盛り込まれ、それによって EDA の「以前よりも良い復興地域チャレンジ」（Build Back Better Regional Challenge）の資金が提供され、最終的に新興地域産業クラスターを開発するための資金を 21 の連合に与えた。最近のチップスおよび科学法（CHIPS and Science Act）も、イノベーションと商業活動を加速させる明確な場所ベースのアプローチを取っており、地理的格差を是正し、取り上げられることが少ないが有望な地域における技術クラスターの成長を促進するため、EDA に地域技術・イノベーション・ハブ計画の新設を承認している。

その他の地域開発戦略には、新規、新興の産業や職業において人々を研修することを目的とした労働力開発プログラムがある。これらのプログラムは、こうした産業や職業での雇用に必要な研修に（適正価格で）アクセスできない離職者らに、スキルアップや資格取得のプログラムを提供する。

非金銭的インセンティブと雇用の質。 　本章ですでに述べたように、古典的な労働供給モデルでは、労働を、取組と金銭的報酬の交換としている。この枠組みは暗黙のうちに、労働市場においては金銭だけが参加の動機づけをするという考え方をしている。しかし、事実が示すところによると、労働者は労働の非金銭的側面——雇用主の使命の意義、社会的相互作用、勤務予定の柔軟性、自主性など——を気にしている（Cassar and Meier 2018; Nikolova and Cnossen 2020; Clark 2015）。非金銭的な快適性の選好は労働者により異なり、女性と非白人は白人男性よりも仕事の質と属性を重視する傾向がある（Katz, Congdon, and Shakesprere 2022）。これらの選好は、生涯収入を大きく左右する可能性がある。ウィズウォールとザファル（Wiswall and Zafar 2017）が明らかにしたところによると、女性のキャリア初期における賃金格差の 4 分の 1 は、柔軟性と安定性の高い仕事を女性が非常に好むということにより説明される。

仕事の属性は働く人により幅広く異なっている。米国の職場における労働条件に関する全国調査が明らかにしたところによると、大卒の学位を持たない男性と、女性、若年の労働者は一般的に、かなり劣悪な労働条件を経験している。とくに、彼らは、勤務予定をコントロールしにくく、暴言や

いやがらせを多く経験し、安全上の問題に遭うことが多い傾向にある（Maestas et al. 2017）。選好に関するデータが示すところによると、驚くことではないが、労働者は、「良い仕事」の側面が多く、「悪い仕事」の側面が少ない仕事を好む。この証拠により、労働者の幸福を向上させるような仕事の質の改善が労働市場への参加を高める可能性がある、と多くの者が考えるようになった。仕事の質の一部の側面は、病気休暇の義務化や勤務予定管理方法の変更などの政策を通じ、改善できる。しかし、多くの仕事の属性は、雇用主によりなされる企業の意思決定の結果であることに変わりはないであろう。

労働者の交渉力の改善。 本章ですでに示したように、賃金停滞と不平等拡大は、労働参加の低下のカギとなる要因である。需要減少の多くの要因はグローバルなものであるが、不平等は他の先進国よりも米国で大きくなっている。これは、少なくとも部分的には、労働者の力、とくに組合組織化の減少のためである（Grossman and Oberfield 2022; Stansbury and Summers 2020）。労働者の力により、労働者は雇用主と賃上げ、安全な労働条件、予見可能な労働時間、労働環境に関するその他の側面について交渉できる。労働組合は、歴史的に見て、労働者の力を高める重要な要因であった。

組合選挙の請願が最近急増しているにもかかわらず、米国の組合組織率は引き続き低下し、1950年には民間セクター労働者の約3分1であったものが、現在ではわずか6%強にすぎない。労働者にとって組合が減少する結果には、賃下げ（たとえば、Card 1996）があるが、同一セクターの非組合加入労働者の賃下げも含まれる（Farber 2005）。組合組織率はまた、所得不平等のトレンドと関連している可能性があり、組合組織率の減少に伴って米国の不平等が拡大している（Farber et al. 2021）。要するに、組合組織化が減少しているので、産出の伸びと比べて労働者の所得は低迷しているのである。

組合組織化減少の背景にあるカギとなる要因として、グローバリゼーション、技術変化、雇用主の集中がよく挙げられる。しかし、なぜ非貿易財セクターの組織化がほぼ同じ程度に減少しているのか、あるいは、なぜ組織化が他の西洋諸国よりも少ないのかについて、これらの要因は完全には説明できない、と多くの経済学者は指摘している（Levy and Temin 2007; Schmitt and Mitukiewicz 2012）。労働者の力の低下についてより考えられる理由は、米国における制度変化である——とくに労働権法州の拡大、組織化に対する雇用主の反対の強まり、労働法の執行の減少である。

バイデン―ハリス政権は、団結権保護法つまりPRO法を支援しており、同法は、「雇用の規約と条件、その他の相互扶助または保護という目的のため、団体交渉の慣行と手続きを奨励し、結社、自己組織、自ら選んだ代表者の指定に関する完全に自由な労働者による行使［を保護する］」全国労働関係法の方針を回復するのに役立つであろう。それにより、反組合会合を開催することを企業が強制的に防ぐことにより、また、組合指導者に報復する雇用主に罰則を課すことにより、労働者が組合を結成するのを容易にする（Whitehouse 2021）。わが政権はまた、労働者の力を向上させる重要な措置を講じており、元組合関係者を全国労働関係委員会に任命し、同委員会が法に定められた任務を遂行できるように資金を増額し、実勢賃金と見習い要件を最近の半導体国内製造支援法とインフレ削減法に追加している。

⑥

結 論

米国は、引き続きCOVID-19パンデミックから回復しているので、労働供給の大幅な不足に直面している。この不足は、たんにパンデミックの余波というだけでなく、長期的な人口動態上のトレンドや、成人の労働市場への参加の低下によるものでもある。移民を増やしたり、労働市場により多くの成人を引き寄せたりする取組がなければ、労働供給は、当面制約されるであろう。労働力状態にある成人のシェアの低下と、わが国の人口高齢化は、経済成長の減速を通じてその生活水準に

マイナスの影響を及ぼす可能性がある。保育への
公的支出増額、移民の増加、労働者の交渉力の改
善など、労働供給を増やすための将来志向の政策
が、こうした人口動態トレンドに対抗するために
必要である。

第7章
デジタル・エコノミーにおける競争
——新たな技術、古い経済学

デジタル市場は、アメリカ人の日常生活に欠かせないものとなっている。小売での買い物の14%超が、現在、デジタルで行われており（U.S. Census Bureau 2022）、米国経済において、デジタル市場は今や2兆ドル以上（国内総生産の10%超）を占め、800万人の労働者を雇用している（Highfill and Surfield 2022）。デジタル市場で働く経済的諸力はとくに目新しいものではない。しかし、デジタル環境によってもたらされる規模、他者との接続にかかるコストの低さ、収集されている大量のデータと結合することで、デジタル市場の経済学は、これらの市場がどのように見え、それらがどのように働き、それらが経済と社会にどのように影響を及ぼし、それらがどのように規制さるべきかについて、新たな意味づけをもたらしている。

ほぼすべてのデジタル市場は、正の「ネットワーク効果」——ユーザー数が増えるほど（つまり「ネットワーク」が大きくなるほど）、財・サービスの価値が高まることを意味する——を特徴とするので、より少数の、より大きなサービス・プロバイダーはユーザーに便益をもたらす。たとえば、ソーシャル・メディア・ウェブサイトは、ユーザー数が非常に少ない場合、そのユーザーにとって価値はほとんどない。実際、同じウェブサイトを経由してあなたのすべての友人とつながることができる方が便利である。ネットワーク効果に加えて、デジタル環境はグローバルな規模と前例のないデータ収集を可能にし、それはすべて支配的企業の登場に望ましいものである。これらの諸力はまた、参入障壁としても働き、新規企業が支配的企業に挑戦することを妨げている。

多くの企業の間で行われる健全な競争によって、企業はできる限り低いコストで財を生産し、財・サービスを最良の価格で提供し、賃金と労働条件の改善をもたらし、新たな技術を創出し、人々が買いたいと思う新商品を開発、販売するようになる。これが今度は、経済主体が社会の資源を最大限に活用することを保証する。対照的に、顕著な市場支配力を有する支配的企業は、価格を引き上げ、品質を落とし、産出を減らし、消費者や他の市場参加者を不利にすることにこの力を用いる可能性がある。だから規制が必要なのであり、それによって競争プロセスが守られることを保証し、すべての市場参加者に公平な競争条件を維持できるようにする。

本章では、検索コストの低下や品揃えの充実など、デジタル市場によってもたらされる潜在的な経済的利益の一部を検討する。本章はまた、オフライン市場とは区別されるデジタル市場の他の特徴を追究する。たとえば、実験を行ったり、たんにユーザーの行動を監視したり、大きな価値を引き出すためにこれらのデータを迅速に処理したりして、ユーザーに関する膨大な種類の大量のデータを、ユーザーが知らないうちに企業が収集できることなどである。これらのデータは、企業の商品提供の改善のために使うことができ、ユーザーに利益をもたらすこともあるが、個別の価格設定など他の目的のために使うこともでき、企業には利益をもたらすがユーザーには不利益をもたらすこともある。

本章は、デジタル市場の規制についての議論で締め括られている。規制当局の課題は、経済的諸

力により市場が競争相手をより少数にする環境の中で、イノベーション、プライバシー、低価格など、競争のすべての利益を届けることである。その結果、規制当局は、参入障壁を引き下げると共に、支配的企業が同一市場や関連市場でその力を悪用したり、消費者や他の市場参加者になんらかの方法で損害を与える行為に及ばないように努めるべきである。オフライン市場と比較して、デジタル市場を監督する規制当局の新しい懸念材料には、消費者データの濫用や、価格設定アルゴリズムによる談合などがある。全体として、規制当局、執行機関、裁判所が新たなデジタル環境に適応できる場合、デジタル市場は社会に恩恵をもたらす大きな機会を提供するのである。

デジタル市場の利益

本章では、「デジタル市場」という用語は、経済的または社会的目的のためにさまざまな主体を電子的に結びつけるインターフェースを包括するものである。デジタル市場、あるいはデジタル市場に含まれる財・サービスについて万人に受け入れられる定義はないが、本章では、アプリ・ストア、オペレーティング・システム、検索エンジン、ソーシャル・メディア・プラットフォーム、ウェブ・ブラウザ、オンライン・マーケットプレイスなど、これら多様なインターフェースを指している。買い手と売り手が通常お互いに直接取引を行う多くのオフライン環境とは異なり、ほとんどのデジタル環境は、多様な主体を結びつける仲介にかかわっており、その相互作用を促進している。さらに、「マーケットプレイス」には、伝統的なマーケットプレイス——オフライン市場で発生するように、バイヤーが有形物を消費者に販売する場所——だけでなく、異なる経済主体のマッチングが行われる市場も含まれる。たとえば、オンライン求職情報ウェブサイトは、ドライバーと乗客を結びつける携帯電話上のライドシェア・アプリと同様、「市場」に分類されるであろう。

多くの場合、ユーザーはデジタル上で円滑にやり取りできることによる追加的な利便性に価値を見出している可能性がある（Goldfarb and Tucker 2019）。デジタル市場はまた、新たな形態の価格競争を生み出し、移動や財・サービスの検索にかかる時間を節約するなど、消費者に他の利益も与えてきた。たとえば、ある初期の研究（Brynjolfsson and Smith 2000）が明らかにしたところによると、インターネット小売価格は9%から16%低く、従来の小売業者と比較して100分の1も小刻みに価格変更を行なっており、それは価格変更を制度化するコストが低く、これらの節約は部分的には消費者に還元されることを意味している。しかし、より最近の研究（Cavallo 2017）など、他の研究は微妙に意味の異なる結果をもたらしており、カバロによりオンライン価格とオフライン価格は最大手企業間では同一であることが多いことが分かった。eコマースでは、商品が消費者に直接出荷される場合、物理的な在庫制約がはるかに少なくなるため、デジタル市場によって品揃えを大きく充実させることができる。デジタル市場はまた、企業にも利益がある。企業は、さもなければ参入にコストがかかりすぎる市場で競争できる可能性がある。次節では、デジタル市場のこうした側面の価値について検討しよう。

検索コストを削減する

スティグラー（Stigler 1961）の代表的研究は、検索コストの低下の価値を検討したものである。デジタル市場により、理論的には、同じ財を扱う小売業者間の完全な価格比較を低コストで行うことができ、情報の取得コストも低くなる。たとえば、eBayやエッツィーのようなデジタル・マーケットプレイスは、見つけるために費やした時間のコストを含め、特定の財・サービスを見つけるためにかかるコストなど、検索コストを削減できる。それは、ある独特な商品を取引するためお互いを探すのに大変な時間を費やすはずであった大量の買い手と売り手を一緒にしマッチングすることによって行われる。デジタル時代における初期の研究（Brown and Goolsbee 2002）により、イ

ンターネットは定期生命保険の価格を引き下げることになったことが判明した。同じ時期の別の研究により、オンライン自動車購入紹介サービスの顧客が平均2%節約できたという推計値（Scott Morton, Zettelmeyer, and Silva-Risso 2001）や、オンライン価格比較ツールを用いて電子製品を購入した消費者が平均16%節約できたという推計値（Bye, Morgan, and Scholten 2003）など、デジタル市場は消費者に対し価格を引き下げたことが判明した。もっと最近では、研究者は、検索コスト削減と談合可能性上昇の間の潜在的トレードオフについて調査している。談合に関連した問題は、本章でのちに扱われる。

理論的には、検索コストが低く価格透明性が高まるため、他のすべての条件が等しければ、デジタル市場は本質的にはより競争的になるはずである。しかし、これに対抗しようとする企業による自然な反応の1つは、難読化を導入することである。エリソンとエリソン（Ellison and Ellison 2009）の報告によると、価格比較を容易にするオンライン・マーケットプレイスにおいて、企業は消費者の非常に高い価格感応度に直面している。その結果、商品説明を複雑にして価格比較を難しくしたり、同じ商品に複数のバージョンを作ったり、当初の低価格に惹かれた消費者に「より高額な商品を売る」ことを試みたりするなど、売り手は価格難読化の行動をとる。そのような行動は、複数の政府筋や調査結果で報告されており、いわゆるコスト隠し戦略に手を染めたりもしている（Blake et al. 2021; FTC 2017; CFPB 2022; White House 2016）。

品揃えの充実

消費者はまた、デジタル市場によって実現した商品とサービスの品揃えの充実から利益を受けている。ブリニョルフソンら（Brynjolfsson, Hu, and Smith 2003）が推計したところによると、オンライン書店の商品の増加に起因する消費者への利益は、競争の増加と価格の低下から生じたものよりもそれぞれ7倍と10倍大きい可能性がある。クアンとウイリアムズ（Quan and Williams 2018）の推計によると、オンライン・シューズ市場の価値は入手できる品揃えが充実したために

従来の地域小売市場よりも5.8%高く、ジェンツコウ（Gentzkow 2007）の発見によると、ワシントン州におけるある新聞の無料オンライン版は1日当たり0.35ドルの価値があり、2021年価格で年間約5200万ドルの総利益に値した。ある研究はまた、オンライン・サービスの利用が可能になったことで、小さく人口密度の低い地域の消費者は全国市場とのつながりを増し、より充実した品揃えの財・サービスへのアクセスが広がっていることを見つけた（Sinai and Waldfogel 2004）。しかし、特定の企業がある市場で支配的な場合、提供される品揃えがこの企業によって制御されることは、注目に値する。

「無料」の商品・サービス

消費者にとって「無料」に見えるデジタル市場で利用できる一連の商品・サービスは膨大である（たとえば、インターネット検索エンジン、電子メール、デジタル地図、音楽配信、動画配信、価格比較ツール、オンライン・ゲーム）。研究により、消費者は検索エンジンや電子メール・サービスのようなオンライン・ツールを年間数千ドルと評価していることが判明した（Brynjolfsson et al. 2019）。この現象は、デジタル市場に限ったことではない。テレビ放送やラジオ放送は、テレビやラジオを持っていれば無料で視聴でき、一部の新聞も無料で提供されている。この一見無料に見えるアクセスは、消費者向け商品・サービスを補助する広告収入やユーザー・データの収集に依存するビジネス・モデルによって実現されていることが多い。たとえば、図7-1は、GoogleとFacebookの広告収入の急増を示しており、それによって広告付きの商品・サービスが提供されている。多くの「無料」の財・サービスと対になっているのは、それらが負の外部性を持つことであり、それらに支払われる価格を上回る外部コストが社会に生じる。言い換えると、これらの商品は結局のところ無料ではないかもしれない。そうではなく、ユーザーは、たとえば、自らの「データ」を間接的に「売る」ことによって、その対価を支払っている。本章では、このダイナミクスについて次節で検討する。

デジタル市場においては、消費者にとっては金

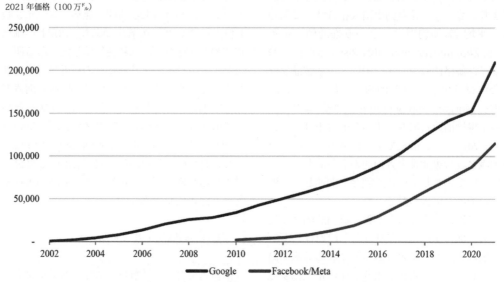

図7−1　デジタル・プラットフォーム別の広告収入の伸び、2002〜21年

2021年価格（100万㌦）

出所：U.S. Securities and Exchange Commission, Bureau of Economic Analysis, and CEA calculations.
注：Googleの収入には、Google検索、YouTube、Googleネットワーク会員からの広告収入が含まれる。Facebook/Metaの収入には、すべての広告収入が含まれる。名目値は、米国個人消費支出物価指数（連鎖）によって調整されている。

BOX 7−1　デジタル市場の社会的意味

多くのデジタル・サービスは、経済的目的だけでなく、重要な社会的、政治的目的にも貢献する。アメリカ人がより多くの時間をオンラインに費やすようになっているので、これらのサービスは、国内的にも（Suh, Vasi, and Chang 2017; DeLuca, Lawson, and Sun 2012; Carney 2016; Mundt, Ross, and Burnett 2018）、国際的にも（Gorodnichenko, Pham, and Talavera 2021; Aday et al. 2013）、現代の出来事や社会運動について学んだり情報を共有したりする重要な手段となりつつある。ソーシャル・メディア・プラットフォームを含むオンライン・サービスはまた、政治家がデジタル広告に支出する金額が増えていることによって裏付けられているように（Williams and Gulati 2017; Barrett 2021）、選挙運動や政治広告において、ますます大きな役割を果たすようになっている。

オンラインで流通する政治情報のこのような増加は、アメリカ人がいかに政治にかかわるかに影響を及ぼしている。たとえば、ソーシャル・メディア広告のようなオンライン政治情報に触れることで、投票行動を通じたものを含め、人々が自分の信念を表現する方法を変えている（Beknazar-Yuzkashev and Stalinski 2022; DiGrazia et al. 2013）。さらに、これらの影響は、友人や社会的接触のネットワークに広がることがよくある（Bond et al. 2012; Jones et al. 2017）。

ソーシャル・メディア・プラットフォームは、政治的分極化を悪化させるかもしれない（Allcott et al. 2020）。ある研究によって、反対意見を拡散するツイッターの自動発言システムに触れると、既存の政治的立場が強化されることが判明した（Bail et al. 2018）。レヴィ（Levy 2021）は実験を行い、ソーシャル・メディア・アルゴリズムが反対意見を持つニュース情報源に触れないようにし、分極化を拡大していることを示した。逆

に、ソーシャル・メディア・プラットフォームが政治的分極化に拍車をかける役割は限定的である、と他の研究は示している（Prior 2013; Fiorina and Abrams 2008; Boxell, Gentzkow, and Shapiro 2017）。

　人種差別、性差別、差別もオンライン上に存在し、場合によっては、憎悪に満ちた内容や行為にエスカレートする。eBay について行われた実験でエアーズら（Ayres, Banaji, and Jolls (2015) は人種差別の確証を見つけており、同じ商品である野球カードを販売しているにもかかわらず、黒人の出品者は白人の出品者よりも稼ぎが少なかった。同様の結果は、ドレアックとスタイン（Doleac and Stein 2013）でも発見された。ブロードバンド・インターネット接続の拡大も、憎悪犯罪の増加と関連している（Chan, Ghose, and Seamans 2016）。ソーシャル・メディアへの依存やイスラム恐怖症政策への支持も同様である（Lajevardi, Oskooii, and Walker 2022）。特に顕著な例はマイクロソフトにかかわるもので、「Tay」という名の人工知能搭載ツイッター・ボット（自動オンライン・ソーシャル・メディア・アカウントは「ボット」と呼ばれる）を 2016 年に発表し、ユーザーと対話しながら学習することを目的としていた。そのボットは人種差別的、女性差別的、トランスフォビア的な内容をツイートしたために 1 日で削除された（Victor 2016）。同様の運命は、同性愛嫌悪の中傷を始めた韓国のチャット・ボットにも訪れた（McCurry 2021）。

オンライン・サービスにかかわる別の懸念は、誤解を招いたり、事実と異なる情報をそれらが容易に拡散できることである。たとえば、ある研究により、2016 年大統領選挙期間中にはフェイク・ニュースが広く流通し、2 人の候補者のうち少なくとも 1 人に有利な不正確なストーリーが約 3800 万回シェアされたことが判明した（Allcott and Gentzkow 2017）。ボットはまた、COVID-19 パンデミック期間中に、誤った情報を拡散、増幅する役割を果たしたことが判明し（Himelein-Wachowiak et al. 2021; Xu and Sasahara 2022; Ayers et al. 2021）、それは COVID-19 のワクチン接種を躊躇させる原因となった（Garett and Young 2021; Neely et al. 2022; Pierri et al. 2022）。

　最後に、ソーシャル・メディアは社会においてより中心的な役割を果たすようになっているので、とくに若いユーザーの間で、メンタルヘルスに対する影響について、大きな懸念が生じている。2021 年、公衆衛生局長官は、「若者のメンタルヘルスを守る」（U.S. Surgeon General's Advisory 2021）と題されたレポートを公表した。それは、ソーシャル・メディア企業が「時間を有効に使うことではなく、時間を最大限使うことに［焦点を合わせる］」ときに生じる危険を具体的に挙げている。そのレポートは、ソーシャル・メディア・プラットフォームによってもたらされている具体的なリスクや害についてさらに研究することを要請している。

銭的コストがゼロの商品・サービスが非常に多く、これらの市場が非常に大きく普及していることを前提とすると、米国の現行の国民経済計算ではこれらの市場で創出された価値のほとんどが見落とされている可能性がある。ある論文は、「GDP-B」と呼ばれる国内総生産の新たな計測値で、これを計算する方法を提案している（Brynjolfsson et al. 2019）。

　多くの者が論じているところによると、デジタル市場のイノベーションの一部は、意図しない、あるいは、マイナスの副次的効果を社会一般にも

たらす。BOX 7-1 は、デジタル市場のより広い社会的意味に関する研究を探究する。

競争はデジタル市場ではどのように異なっているのか？

経済学者が競争を奨励するのに関心を持つのは、競争によって消費者や他の市場参加者に最善の選択肢、最高の品質、最も安い価格を届ける市場がもたらされるのが一般的だからである。多くの企業が消費者に類似の商品を提供しているとき、消費者は最も安い価格で買う選択をし、それによって企業は価格を引き下げるインセンティブを与えられる。競争はまた、消費者を引きつける手段であるから、イノベーションにより提供する商品の品質を向上させるインセンティブを企業にもたらす。もしたった1つの企業が1つの商品しか提供しない場合、その企業は顧客の多くを失うこともなく、価格を引き上げたり、品質を落とすことができるが、それは、その顧客がなんら良い代替品を持たないからである。だから経済学者は、少数の大企業によって支配されている市場は、消費者や他の市場参加者にとって良いものにはならないと考えるのが一般的である。

本節では、デジタル市場の主要な特徴を紹介し、それらがいかにして少数の大企業によって支配される市場をもたらすようになるのかについて議論する。これらの特徴はどれもデジタル市場に限られるものではない。しかし、本章でのちに論じるように、デジタル環境で可能となった膨大なデータや無制限の規模と結合すると、ネットワーク効果は、集中度の高い市場をもたらす可能性がある。

ビッグ・データ

デジタル市場では、活動の副産物として膨大な量のデータが生成される。従来の小売業者はあなたがどのような商品を購入したのかを観察できる一方、デジタル小売業者は、あなたが何を探していたのか、あなたが何を見たのか、あなたが最終的に何を購入したのかを観察できる。さらに、オンライン小売業者は検索結果やサイトのレイアウトを各個人それぞれに管理しているので、従来の小売業者には決してできなかった方法で、あなたの経験をパーソナライズするためにこのデータを用いることができる。このため、ユーザーのデータは範囲と規模に対してリターンが増大し（Bergemann and Bonatti 2019）、最初の規模が小さいときにはとくにそうなる。その結果、データは新規企業に対して参入障壁として働き、それが競争を減らすのである。

さらに、デジタル環境の柔軟性によって、企業が実験を実行するコストを大幅に引き下げ、その規模を大幅に拡大することにより、実験を実施するプロセスははるかに容易になった（たとえば、Dubé and Misra 2023）。実験によって収集されたデータは、商品の品質やユーザーの体験をさらに改善するために使われることもあるが、価格を設定したり、行動を操作したり、最終的には消費者に不利益をもたらす価格差別戦略を実施したりするのにも使える。この研究は、どのように消費者データが収集され使用されているのか、どのように技術がなんらかの環境で消費者に不利益をもたらすのか、このことは規制の役割を示しているのかどうか、という重要な問題を提起する。

「無料」の商品に関する先の議論に関連して、ユーザーが自分のデータを「対価」としてサービスにしばしば支払っていることで、さらなる補償がないままプライバシーを失っている。実際、一部の商品・サービスは価値があり機密性の高いユーザー・データを収集するという目的のためだけに存在している。これらのデータは、ユーザーが気づかないように使われる可能性がある。それらのデータは、ターゲット行動広告、パーソナライズされた価格設定のために使われたり、「データ・ブローカー」と呼ばれる企業に販売されたりするが、データ・ブローカーは複数の情報源からユーザー・データを集約して1つの商品として販売するのである。BOX 7-2 は、データ・ブローカーによって収集、販売されるさまざまな情報について検討している。データが不適切な方法で使われたりすれば、データ・ブローカーの存在は消費者にとってマイナスになりうる。だが、データが参入障壁になっており、データ・ブローカーに

よってより多くの企業が市場に参入できるようになれば、消費者にとってプラスになりうる。連邦取引委員会（FTC）は、透明性の向上を求めるレポートで、2014年という早い時期からデータ・ブローカー産業に対する注意喚起をしていた。

ネットワーク効果

ネットワーク効果とは、経済主体にとって商品・サービスの価値がそれにかかわるユーザー数（つまりネットワークの規模）にしたがう状況を指す。たとえば、メッセージ・アプリの数はそれが持つユーザー数次第である。また、買い手にとってeコマース・ウェブサイトの価値は、そのウェブサイト上の売り手の数次第であり、逆もまた然りである。ネットワーク効果を持つ多くの市場では、主な経済的利益は、異なるタイプの参加者間の相互作用から発生する（Rochet and Tirole 2003）。研究によって、多くのデジタル市場と従来型市場におけるネットワーク効果の重要性が明らかにされている（Gandal 1994, 1995; Saloner and Shepard 1995; Rysman 2004）。そしてデジ

タル市場の普及に伴って、ネットワーク効果はますます重要性を増している。デジタル市場の競争の結果を左右する中心的特徴は、ネットワーク効果の強さである。

ネットワーク効果は、直接効果と間接効果の2つに分類される。直接ネットワーク効果は、ネットワークに属するユーザー総数から派生する利益やコストであり、あるユーザーに対するその利益やコストは、他のユーザーの数にしたがって増加する。たとえば、テレビ会議サービスを考えてみよう。他のユーザーがほとんどいない場合、ユーザーには加入するインセンティブがほとんどない。しかし、ユーザー数が増加するにつれて、そのサービスは消費者にとってますます魅力的なものとなる。これが正のネットワーク効果の一例であり、なかでもソーシャル・メディアやインスタント・メッセージで一般的である。対照的に、情報通信ネットワークにおける負のネットワーク効果の一般的形態が輻輳［ネットワーク上の混雑］である。携帯電話のデータ・ネットワークは、たとえば大量のユーザーが同時にネットワークに接続すると、速度が低下する。

図7−2　ネットワーク効果は多くの市場に存在する──オンライン市場に限られない

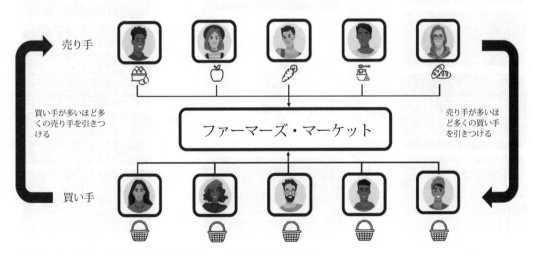

出所：Eggs, honey, bread, and basket icons from Freepik via flaticon.com; face icons from Adobe Stock images.

BOX 7—2　ビジネス・モデルとしての消費者データ

ビッグ・データの中心には、データ・ブローカーと呼ばれる企業があり、それはデータの取得とデータの収益化という2つの主要機能を果たしている（Crain 2018; Gu, Madio, and Reggiani 2021）。これらの企業は、公開政府記録や、データ・ブローカーと小売業者のような別の主体が記録を共有する提携協定など、さまざまな情報源からデータを収集する。あるいは、ブローカーは、小売業者、銀行、証券会社、他のデータ・ブローカーから消費者データを購入したり、ライセンス取得することもできる（U.S. Senate 2013; FTC 2014）。収集した情報と、これらのデータに基づいてなされた推論を組み合わせて、ブローカーは、消費者のプロファイルやセグメントを組み立て、たとえば特定の商品・サービスを購入する傾向など、いかに消費者が行動するかを予測する（FTC 2014; Mishra 2021）。

アメリカ人は、自分のデータが転売目的で収集されていることに気づいているかもしれないが、理論的、実証的研究が示すところによると、ユーザーは自分が監視されている規模や程度を認識していない可能性がある（Crain 2018; Choi, Jeon, and Kim 2019; Acquisti, Taylor, and Wagman 2016）。実際、複数のブローカーがほぼすべてのアメリカ人に関する情報を掴んでいることを前提とすると、ほぼすべてのアメリカ人は、主要ブローカーの1つ、おそらくは多くによってデータを収集されている。たとえば、2014年までに、ブローカーの1つであるアクシオムは、ほぼすべての米国の消費者について3000以上のデータ・ポイントを持ち、全世界で7億人の情報を持つようになった'（FTC 2014）。他のブローカーは、米国の全物件の99.99％の情報や、140万社の給与データを持っていた（Sherman 2021）。マーケティング目的で利用されるあるデータ・セットには、7万5000超の項目があり、ウイスキーを飲むか、生命保険に加入しているか、ロマンス小説を読むか、腟カンジダ症治療薬を使っているか

図7−ⅰ　データ・ブローカーはどのようにして政府機関、民間企業、一般公開されている情報源からデータを統合し、消費者の詳細なプロファイルを構築するのか

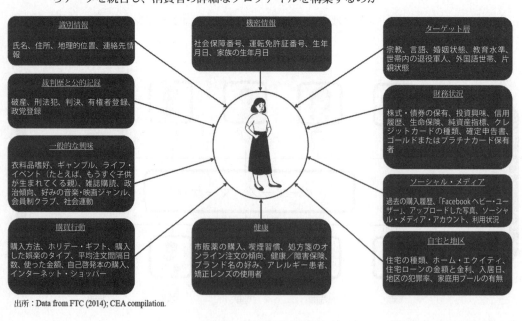

識別情報
氏名、住所、地理的位置、連絡先情報

機密情報
社会保障番号、運転免許証番号、生年月日、家族の生年月日

ターゲット層
宗教、言語、婚姻状態、教育水準、世帯内の退役軍人、外国語世帯、片親状態

裁判歴と公的記録
破産、刑法犯、判決、有権者登録、政党登録

財務状況
株式・債券の保有、投資興味、信用履歴、生命保険、純資産指標、クレジットカードの種類、確定申告書、ゴールドまたはプラチナカード保有者

一般的な興味
衣料品嗜好、ギャンブル、ライフ・イベント（たとえば、もうすぐ子供が生まれてくる親）、雑誌購読、政治傾向、好みの音楽・映画ジャンル、会員制クラブ、社会運動

ソーシャル・メディア
過去の購入履歴、「Facebookヘビー・ユーザー」、アップロードした写真、ソーシャル・メディア・アカウント、利用状況

購買行動
購入方法、ホリデー・ギフト、購入した娯楽のタイプ、平均注文間隔日数、使った金額、自己啓発本の購入、インターネット・ショッパー

健康
市販薬の購入、喫煙習慣、処方箋のオンライン注文の傾向、健康／障害保険、ブランド名の好み、アレルギー患者、矯正レンズの使用者

自宅と地区
住宅の種類、ホーム・エクイティ、住宅ローンの金額と金利、入居日、地区の犯罪率、家庭用プールの有無

出所：Data from FTC (2014); CEA compilation.

などが含まれている（U.S. Senate 2013）。場合によっては、これらのデータ・セットは経済的に困窮している人を特定することもできる。たとえば、プロファイルに関連した一部のタグには、「田舎でなんとかやっている」、「厳しいスタート、若い片親」、「移動性ゼロ［四肢麻痺］」などがある（U.S. Senate 2013）。図7-iは、データ・ブローカーが顧客に販売するプロファイルを構築するため、1人の個人について収集（あるいは推測）するさまざまなデータの事例を提供している。

2022年8月、連邦取引委員会（FTC）は、データ・ブローカーの1社であるコチャバ社を相手取って、「医療、生殖に関する健康状態、宗教施設、メンタルヘルス」、リスクに晒されている人のためのシェルターに「関連した機密性の高い場所への往復」を含む、個人の正確な位置情報を販売したとして提訴した（FTC 2022）。訴訟によると、コチャバ社は、平均して、「デバイス1台につき1日90件以上のトランザクションを観察していた」と主張している。FTCは、データを購入したコチャバ社の顧客は、（夜間の場所に基づいて）個人の身元や、生殖医療クリニック、宗教施設、家庭内暴力シェルターなど、機密性の高い場所を訪れているかどうか、特定したり推測したりできるようになると主張した。

間接ネットワーク効果は、さまざまなユーザーのグループが相互作用するとき、また、あるユーザーが他のグループのより多くのユーザーがサービスを利用することから利益（または不利益）を得るときに発生する。この状況は、eコマース・マーケットプレイス、アプリ・ストア、ジョブ・マッチング・サービス、フード・デリバリー・サービスなどのサービスに存在する。たとえば、ある求人情報サイトが求職中の応募者を最も多く持つ場合、雇用主はそのサイトが求人情報に最も魅力的だと思うであろう。同様に、最も多くの雇用主が求人情報を掲載するウェブサイトで、応募者は求人情報を探す可能性が高いであろう。これは、より多くの応募者が仕事を探し、より多くの雇用主が求人情報を掲載するという自己強化的サイクルを生み出す。別の事例は、デジタルにしろ物理的なものにしろ、マーケットプレイスであり、売り手の数が多ければ買い手の数が増え、逆もまた然りである。この動態は、図7-2に地区ファーマーズ・マーケットを用いて説明されている。あるファーマーズ・マーケットは、他のタイプの主体の数に応じて買い手と売り手の利益が増加するので、間接ネットワーク効果を示す。そのファーマーズ・マーケットがより多くの種類のものを提供するより多くの売り手を引きつけるので、そのマーケットに行く価値は潜在的買い手にとって増加する。そしてより多くの買い手がマーケットを行ったり来たりするので、追加的商品を販売する潜在的な売り手がそのマーケットに行く価値は増加する。もちろん、ファーマーズ・マーケットが混雑しすぎる場合、追加的な買い手と売り手は負の輻輳効果を生み出し始めるであろう。デジタル市場は、この物理的な空間制約に直面しないので、より多くの買い手と売り手が市場に参入するにつれて引き続き拡大するであろう。

ネットワーク効果は、デジタル市場が登場する前から、市場支配力——多くの顧客を失うことなく価格を引き上げられる力——の潜在的源泉であると見なされてきた。一般的に、ネットワーク効果の存在は、参入障壁となり、新たな競争相手が市場に参入するための競合他社のコストを高める。ある新企業が一流企業と競争するために競合するフード・デリバリー・アプリを開設しようとした場合、消費者とレストランは小さなネットワークしか持たない新興企業よりも一流企業のネットワークに大きな価値を認めるから、その新企業は非常に不利である。カイヨーとジュリアン（Caillaud and Jullien 2003）は、ネットワーク効果が競争を妨げることになる「ニワトリと卵」の問題をいかにして生み出すかを説明している。新興の競合企業が買い手を新たなeコマース・サービスに引き付け、より確立されたものから引き離すため、競合企業には多くの売り手が必要である。しかし、売り手を惹きつけるためには、それらには多くの買い手が必要である。この動態が競争を阻害し、市場をティッピングと呼ばれる現象の影

BOX 7—3　デジタル市場を説明するための用語集

両面性市場

両面性市場は、1企業が相互作用を可能にし（つまり、仲介者またはプラットフォームとして機能し）、2組の当事者（たとえば、買い手と売り手）を結びつけて、取引、運営する市場である。たとえば、ライド・シェアリング・サービスは、乗客とドライバーを結びつけることにより両面性市場で運営されている。

ネットワーク効果

ネットワーク効果は、ユーザー数が増減するのにしたがって、商品・サービスの価値が増減する現象を指す。たとえば、あるメッセージ・サービスに加入する人が増えれば、それはユーザー数の少ないメッセージ・サービスと比べて「より良い」サービスとなる。

マルチホーミング

複数の競合するサービス・プロバイダーを利用することは、マルチホーミングと呼ばれる。たとえば、ユーザーは、異なる価格や待ち時間の短さを活かすため、2つの異なるライド・シェアリング・サービスの間で切り替えを行う可能性がある。

ティッピング・ポイント市場

ティッピング・ポイント市場は「勝者総取り」市場であり、消費者は多くの企業と取引するのではなく、1つないし少数の企業に群がる。たとえば、ソーシャル・メディア・プラットフォームは、（ユーザー数の少ない多数のプラットフォームではなく）多くのユーザーを有する支配的ソーシャル・メディア・プラットフォームに「傾く」ことがよくある。

BOX 7—4　規制改革における国際的およびサブナショナルな取り組み

国際的にも、米国の州レベルでも、多数の反

トラストおよび消費者保護の取組がなされている。たとえば、欧州委員会は、デジタル市場の規制に焦点を合わせた2つの新法、つまり、デジタル市場法（DMA）とデジタル・サービス法（DSA）を提案している（Council of the European Union 2022）。

DMAは、「ゲートキーパー」と呼ばれる企業が従事できる行為のタイプについて規則を作成することにより、競争を促進することを目的としている（European Parliament and European Commission 2022）。「ゲートキーパー」に指定するには、過去3年間の各会計年度において、その企業が、ヨーロッパ連合域内に設立された少なくとも年間1万社の法人ユーザー、ヨーロッパ連合域内に設定されるか使用されている月間4500万のエンド・ユーザー、EU全体で年間収益75億㌦（2021年ドルで約74億㌦）、あるいは、時価総額750億㌦（2021年ドルで約744億㌦）を持たなければならない。また、同じ「コア・プラットフォーム」サービス、たとえば、ウェブ・ブラウザ、メッセージ、ソーシャル・メディアを、少なくともEU加盟の3カ国で提供しなくてはならない。企業間の競争を促進し、参入障壁を削減するため、DMAはゲートキーパーが遵守しなくてはならない要件を定めている。たとえば、ゲートキーパーはデータ・ポータビリティを認め、メッセージ・サービスを相互運用可能にしなくてはならない。それらはまた、合併・買収について透明性を高めなくてはならず、ゲートキーパーのOSにあらかじめダウンロードされているソフトウェアをアンインストールすることをユーザーに認めなくてはならない。同時に、DMAはまた、自社のプラットフォーム上で自社製品を競合他社製品よ

りも優遇したり（「自己優遇」）、ユーザーの個人データを当該ゲートキーパーの持つ異なるコア・プラットフォーム・サービス間で結合させたりするような、一定の商慣習に従事することも制限している。DMA はまた、ゲートキーパーが特定の企業やアプリ開発業者を差別するような価格設定を行ったり、運営条件を設定したりすることを禁止している。たとえば、ゲートキーパーが法人ユーザーに、他のプラットフォームでより良い条件（最恵国待遇条項と呼ばれる）を提示しない協定に署名させることは、DMA により違法となった。これらの協定は競争を損ない、価格や料金を引き上げ、低価格の代替品を提示する競合他社による参入を減らす（Boik and Corts 2016; Baker and Chevalier 2013; Wang and Wright, forthcoming）。

DMA は、競争を促進する取組において、少数の巨大企業の行為を規制することに主に焦点を定めているのに対して、DSA はデジタル市場に関連した幅広い社会的影響に対処し、違法コンテンツのフィルタリングと、オンライン上における消費者の基本的権利の保護を対象とした規制を確立している（European Parliament and Council of the European Union 2022）。たとえば、DSA は、どのように、なぜ広告が対象にしたのかを企業がユーザーに知らせることを義務づけている。同法はまた、ユーザーが未成年であると企業が合理的に気づいた場合、企業が個人データをターゲット広告に用いることを禁止している。さらに、DSA には、インターネット仲介業者に違法コンテンツ（ヘイト・スピーチを含む）を抑制することを義務づけるなど、他の多くの条項を含む一方、巨大オンライン・プラットフォームの商慣行やアルゴリズムへのアクセスを求める広範囲に及ぶ権限を規制当局に与えている。

海外で成立している新法に加えて、米国の特定の州も、デジタル市場を対象とした新規制を成立させつつあり、消費者のデータの権利に焦点が合わせられている。2022 年末時点で、5 つの州、すなわち、カリフォルニア、コロラド、コネティカット、ユタ、ヴァージニアの各州は、デジタル市場における消費者データおよびプライバシー権に関する包括的な州レベルの規制を成立させている（NCSL 2022; Connecticut 2022）。たとえば、コネティカット州は 2022 年に、自分のデータが収集、使用、アクセスされる方法に対するより大きな制御権を消費者に与える法律を可決した（Connecticut 2022）。2023 年 7 月にこの法律が施行されると、消費者は、自分の個人データの記録にアクセスしたり、それを修正したり削除したりする権利を持つようになる。コネティカット州の住民はまた、ターゲット広告のために自分の個人データが売却されたり使用されたりするのを拒否できるようになる。

響を受けやすくする。

ティッピング・ポイントは、一般的に、それを超えると大きな止められない可能性のある変化が発生する、決定的に重要な分岐点として定義される。ティッピング・ポイントという概念を、2 つの異なるタイプの経済主体を結びつけてその相互作用を仲介する企業——こうした市場は「両面性市場」と呼ばれる——の経済学に応用したのは、フューデンバーグとエリソン（Fudenberg and Ellison 2003）であり、彼らは支配的企業が出現する条件を生み出す上で私たちが現在ネットワーク効果と呼んでいるものの役割を解明した。こうした市場は、主導企業に有利に「傾く」ことがよくあり、1、2 社が競合他社を駆逐して市場を牛耳ることを意味する。BOX 7-3 は、デジタル市場を説明するのに使われる用語集である。

マルチホーミング

デジタル市場において競争結果を左右するもう 1 つの枢要な要因は、あるタイプのユーザーが競合企業群の中で 1 つしかサービスを選択しない程度であり、それは「シングルホーミング」と呼ばれている。別のケースでは、消費者が携帯電話で 2 つの異なるライド・シェアリング・アプリを立ち上げて価格を比較するなど、複数の競合

サービス、つまり「マルチホーム」をユーザーが使用したいかもしれない。他の条件が等しければ、ユーザーが複数の競合サービスをすすんで使用する場合、ユーザーは別の企業をすすんで選択するようになるので、これらのサービスは価格を引き上げにくく、ユーザーに不利な条件を設定しにくい（Teh et al., forthcoming）。

市場の一面がマルチホームで他面がシングルホームの場合、1つしか利用しないユーザーに対するサービス間競争は熾烈なものになるであろう（Armstrong 2006）。というのは、そのサービスはマルチホーミング面がシングルホーミングのユーザーに到達することができる排他的手段であり、シングルホーミング面にはより高い価格を請求することができる。したがって、ユーザーが複数の競合サービスを使用する意欲は市場支配力を制限できるので、ユーザーにマルチホーミングを妨げるインセンティブをそのサービスに与える可能性がある（Scott Morton et al 2021）。これは、スイッチング・コスト、つまり、ユーザーが競合他社にその業務を移転しようとする場合に負担するコストを通じ、実現できる（Scott Morton et al 2021）。企業は、排他的な契約や協定、ローヤルティ・プログラム、解約料金、データ・ポータビリティの欠如などを通じ、スイッチング・コストを課すことができる。

いつ市場は一方に傾くのか？

ティッピングは、正のネットワーク効果、貴重なデータ、潜在的に巨大な規模の結合のため、オフライン市場よりもデジタル市場の方が発生しやすい。しかし、市場が一方に傾くかどうかは、商品・サービスの入手のため異なるサービスの間を切り替えるユーザーの意欲（つまり、彼らがマルチホームするかどうか）次第である。正のネットワーク効果が存在し、消費者が単一のサービスを使用する性向が高い場合、デジタル企業はネットワーク効果をテコにしてその市場支配力を定着させられる。たとえば、ソーシャル・メディア・プラットフォームは、非ユーザーがユーザーとつながり、コンテンツを共有する能力を制限するインセンティブを持つかもしれない。消費者にとってこれが意味するところは、もしプラットフォーム

を使わなくなれば、そのユーザーがそのアプリの他のユーザーと築いたつながりを断ち切ることになるであろう。このため、たとえ他の懸念、たとえばプライバシーに関する懸念があったとしても、消費者があるサービスに縛られ続けることになる。結局、ユーザーは最大規模のネットワークに加入するインセンティブを持つようになるので、市場は1つ、または、複数の支配的企業に有利に傾く可能性がある（Kades and Scott Morton 2020）。

一度市場が支配的企業に有利に傾くと、革新的な新機能を提供したり、料金を値下げしようとしている潜在的な参入企業は、立場を確立するのに非常に険しい上り坂に直面するであろう。つまり、私たちが通常期待する競争の利益は、実現しないであろう。支配的企業はまた、その市場での競争を妨げるため、潜在的な参入企業を買収するインセンティブを持つ。支配的企業は、ある市場での支配力を使って他の市場で自社に優位性を与え、競争を阻害するかもしれない。4つの要因、すなわち、製品差別化、マルチホーミング、相互運用性、輻輳が両面性市場におけるティッピングを防止すると考えられている（Jullien, Pavan, and Rysman 2021）。

製品差別化。 競合他社が仲介者としての役割を超えて高品質の経験や他の差別化された機能を提供する場合、同社が生き残る上で、これらのサービスに価値を認める顧客を十分に引きつけることができる。企業がいかに差別化を図ろうとしているかの1例は、優れたリコメンデーション・アルゴリズムを持つことによって、顧客と商品をよりうまくマッチングすることである。別の事例としては、企業が取引プロセスをできる限りシンプルにすることによって、買い手、売り手の労力を減らしていることが挙げられる。

マルチホーミング。 サービスのユーザーが競合サービスもすすんで使用する場合、どちらのサービスもそれらのユーザーに対して大きな市場支配力を持たない。したがって、ユーザーが競合サービスも利用するのをより困難にする行動を積極的に取るかもしれない。それらの戦術には、たとえば、競合する配信サービスのなかでも、独占コンテンツを持っているといったことが含まれる。すべての動画配信サービスが同じコンテンツを提供している場合、消費者は価格の最も安いサービ

スを選択するであろう。しかし、配信サービスが消費者が望む独占コンテンツを持つとしたら、消費者は他のサービスにすすんで切り替えようとはしないであろう。別のアプローチは、ローヤルティ・プログラムを持つことで、ユーザーが他のサービスを使いにくくすることである。

相互運用性。 サービス間でデータの交換ができるように、サービスに「相互運用性」を持たせることは、個々のサービスのネットワーク効果を弱める。相互運用性があると、ネットワーク効果は企業レベルではもはや存在しない。むしろ、それは市場レベルで集約されるであろう（Kades and Scott Morton 2020）。ショートメッセージ／メッセージ・サービス（SMS）のテキスト・メッセージを例にとろう。これらのメッセージを送受信できる携帯電話を持つ人が増えるほど、SMS テキスト・メッセージの価値が増大することを前提とすると、これは明らかに正のネットワーク効果を持つ。このネットワーク効果は、1 企業に限られるものではない。なぜなら、SMS テキスト・ネットワークは、携帯電話キャリア間、電話の OS を通じて相互運用可能だからである。対照的に、アップルの iMessage はアップルの端末でしか利用できず、アンドロイドのメッセージ・アプリとはまったく相互運用性がないので、ネットワーク効果はアップル 1 社に限られる。1 企業レベルに生じるものから市場全体を覆うものへネットワーク効果を広げることにより、相互運用性は、支配的企業の市場支配力を固定化するメカニズムに直接挑戦し、市場での競争に拍車をかける。たとえば、USB 規格のように、異なる企業の製品の相互運用を可能にする公開規格は、ネットワーク効果を市場レベルで達成し、強固な競争を促進する 1 つの方法である。

輻輳。 最後に、負のネットワーク効果である輻輳によって、ユーザーがネットワークに追加されるにつれてサービスの品質低下が起こるため、サービスが一定規模を超えて成長できなくなる傾向がある。ほとんどのデジタル市場では、ほとんどのサービスの規模は無制限で輻輳に遭遇することはないので、これはあまり心配がない。しかし、ソーシャル・ネットワークが成長すると、不正、サイバーセキュリティ攻撃、投稿監視の問題が大きくなるかもしれない。

これらの要因の中で、デジタル市場で営業する企業は、製品差別化と相互運用性の程度をコントロールし、マルチホーミングに向かう傾向に影響を及ぼすことができる（Athey and Scott Morton 2022）。こうしたデジタル市場の規制当局は、そもそも市場が一方に傾かないように行動するか、一方に傾いた市場に措置を講じるかのいずれかにより、競争の利益を経済にもたらし、消費者を保護することを望んでいる。

⑦

デジタル市場における法と規制の役割

経済学者は、ある行動やイノベーションの利益とコストを、社会全体に対するその価値で評価することがよくある。数学的に表現されたとき、これは「社会厚生関数」と呼ばれる。この関数には、消費者、生産者、政府に対する利益とコストが含まれ、また、非効率性や外部性から派生する社会に対する利益やコストが含まれる。これらの利益とコストは、経済の財・サービスの価格および数量だけで計測されるのではなく、イノベーション、不平等、幸福など目に見えにくいものに対する影響も含まれることがある。これらの懸念はすべて、デジタル市場における規制当局と法執行機関の優先順位に情報を与えるかもしれない。本節では、デジタル市場における競争の基礎をなす経済モデルの直接的意味に焦点を合わせる。

米国の反トラスト法は、競争を促進し、労働者、消費者、売り手、買い手を含め、市場参加者を反競争的合併や商慣行から保護することを目的としている。これらの法律の執行は、米国司法省（DOJ）と連邦取引委員会、また他の連邦および州の政府機関によって実施されている。さらに、連邦通信委員会や連邦取引委員会などの政府機関も、関連規制（つまり規則作成）権限を有している。バイデン―ハリス政権の競争政策は、ホワイ

トハウス競争評議会によって所掌されている。それは、2021年7月9日に発行された「米国経済における競争を促進するための大統領令」によって設立された（White House 2021）。

反トラスト政府機関は企業の行為を監視し、とくに合併、独占、不公正な競争方法、談合に焦点を合わせている。1980年代以前、反トラスト政府機関は、合併と独占を重視していた。というのは、市場の大きなシェア（独占のケースでは潜在的には市場のすべて）を支配する企業は一般的に、価格を引き上げたり、数量を減らしたりする力が大きく、利潤を最大化しようとして反競争的行為に従事したりするからである。反トラスト政府機関の焦点は一時的に独占行為から遠ざかったが、独占に対する執行はここ数年再び注目されている。連邦取引委員会も不公正行為や詐欺的行為、プライバシーやデータ・セキュリティの品質低下を抑制する権限を有しており、競争監視と重なっている。そのような行為の最近の事例としては、プラットフォーム上でプライバシーについて消費者を欺いたとして、2019年にFacebookに50億ドルの罰金を科したことが挙げられる（FTC 2019）。

司法省と連邦取引委員会はまた、過去1世紀にわたって発展した大量の判例によって、その執行活動を導かれている。この判例の多くは、合併、とくに同一または類似した商品を販売する競合企業間の合併（「水平的合併」）の規制に焦点を合わせており、消費者に還元される合併による潜在的な効率性上昇と、価格引き上げやイノベーションの減少など、合併企業間の競争減退によってもたらされるリスクのバランスを取ることを目的としている。前述のように、デジタル市場は、ネットワーク効果と結合すると、少数の大企業によって非常に集中度が高くなり支配される傾向がある。集中だけでは競争促進的であるとも反競争的であるとも言えないが、非常に集中度の高い市場は、反競争的行為の影響を受けやすい。デジタル市場が出現する前に起草された既存の競争法と規制は、いかにこうした市場が機能するか完全には予想していなかったので、強固な競争を確保し、消費者や他の市場参加者を保護するには不十分な可能性がある。

ネットワーク効果は競争防御壁を創出する

企業レベルのネットワーク効果が十分に強い場合、企業規模が大きい方が顧客にとって良いかもしれない。たとえば、前述のように、メッセージ・サービスは、ユーザー数が多いほど便利になるであろう。多くの小規模で互換性のないメッセージ・サービス間の競争は、固定費と規模に関する収穫［逓増］を前提とすると、消費者に利益を与えることは起こりそうもない。しかし、放任されていると、支配的メッセージ・サービスは、競争水準以上に価格を引き上げ、品質を低下させ、イノベーションを抑制したり、これらすべてを行ったりする可能性がある。これは市場の失敗として見なされるであろう。そして規制、国有化、反トラスト法執行を通じて対処さるべきである（Joskow and Rose 1989; Joskow 2007; Smiley and Greene 1983）。

さらに、ネットワーク効果は、収益性の高い業務（「城」）を守る防御壁、すなわち「経済的防御壁」になる可能性が以前から認識されてきた。なぜなら、ネットワーク効果は顧客を特定の製品に縛り付けているので、エコシステムのどこか別の場所で同時に技術進歩が起こらない限り、新たな製品への多数の移行は起こりそうもないからである（Bresnahan 2002）。新規参入企業は、ネットワーク効果や規模のメリットを持つ既存企業に直面する場合、成功する可能性は低く、競争の何らかの利益は排除されてしまう。

メッセージ・サービスの事例は、相互運用性だけでは競争を完全に回復するには十分ではないかもしれないが、ネットワーク効果が存在する中で競争の利益を取り戻す潜在的解決策が相互運用性かもしれないという点で良いイメージとなる。相互運用性はネットワーク効果の利益を企業レベルから市場レベルに拡大する。競合サービスに相互運用を義務づけることで、すべての競合企業が同じネットワーク効果を共有するようになるので、ネットワーク効果の反競争的結果の一部を解消できる治療法の1つである。したがって、相互運用性は、古いサービスも新しいサービスも共に、そのサービスにユーザーを維持するためには品質のような他の次元で競争しなければならないこと

を意味する。

　もう１つの関連する手段はデータ・ポータビリティであり、消費者が自らのデータを別のサービスに持ち出す、つまり「運ぶ」ことができるという考え方である。これは、ネットワーク効果によって創出されるスイッチング・コストを削減する。たとえば、あるユーザーが、ある音楽配信サービスから別の音楽配信サービスに切り替えたいとしよう。その消費者の障壁の１つは、プレイリストやお気に入りの曲を手放さなくてはならないことであろう。データ・ポータビリティによってユーザーは、これらのプレイリストをダウンロードして別の配信サービスに運べるようになり、それによって切り替えの障壁を削減できる。データ・ポータビリティと相互運用性は共に、潜在的な新規企業が競合サービスを導入する際の魅力を高め、新たなイノベーションが成功できる可能性を高められる。

デジタル市場の競争を維持するための課題

　従来の競争政策分析では、消費者への影響を測定するため価格変化を推計することに焦点を合わせることが多かった。しかし、このアプローチは、デジタル市場において新しい課題に直面している。それは、いくつかの原因、とくに、無料の財・サービス供給、間接ネットワーク効果を持つ市場における相互補助から生じている。金銭的な価格をまったく持たない「無料」の財については、より競争的な市場においては、本当の価格はマイナスになるか（たとえば、消費者は広告を試聴したり、調査に個人情報を記入したりすることで報酬を受けられる）、サービスがより良くなる可能性がある。その結果、反競争的な損害を実証するには、価格以外の代替的計測値が必要となるかもしれない。

　デジタル市場における合併の影響に関する研究は、競争効果の表現の複雑さが増していることを示している。チャンドラとコラード－ウェクスラー（Chandra and Collard-Wexler 2009）が実証的に明らかにしたところによると、カナダの新聞業界への応用の中で、両面性市場における企業の合併は、市場のどちらの面でも価格引き上げをもたらさない可能性がある。ソング（Song

2021）が明らかにしたところによると、両面性市場における企業間の合併は、合併後に価格の引き上げか引き下げどちらかをもたらすが、価格上昇を経験した主体さえもネットワーク効果のために状態が改善する可能性がある。ペット・シッター・サービスのための２つのプラットフォームの合併に関する別の研究（Farronato, Fong, and Fradkin, forthcoming）が明らかにしたところによると、被買収プラットフォームが閉鎖された後、価格引き上げとバラエティの減少による損失に釣り合うほどネットワーク効果は大きくなかったため、２つの競合プラットフォームが１つになっても実質的には状態が良くならなかった。間接ネットワーク効果がある市場では、競争を高めることを目的とした政策は、一面への介入が市場の両面の幸福や行動にいかに影響するか説明する必要があるかもしれない。なぜなら価格設定は、価格設定がコストや両面のユーザーの価格感応度に関連するからである（Evans 2003; Wright 2004）。

　これらの課題は、デジタル市場における競争を保護するという任務の大きさによって悪化している。たとえば、大手ハイテク企業が買収意欲に溢れているとしよう。図7-3が示すところによると、ハイテク企業間の合併買収の数と金額は大きく、反トラスト当局の注目を引いているトレンドである。これらの買収を反競争的な損害について点検することは、市場の複雑さ、企業の高度さ、小売価格への影響だけでなくそれを超えたものを見る必要性から、多くのリソースが必要である。

　最後に、デジタル市場は非常にダイナミックであり、急激に出現し進化する。これは、現在と過去のデータを用い市場動向を分析する規制当局の力を限られたものにすることがある。さらに、規制当局が合併案を評価する上で、出現しようとしている競合企業や潜在的な参入企業を特定するのは非常に困難なことがある。さらに、反トラスト当局がそのような反競争的合併を特定したとき（DOJ 2020）、潜在的参入企業に価格が欠如していることや、出現しようとしている競合企業に顕著な市場シェアが欠如していることは、従来の競争分析にとってまたもや問題となる。というのは、反競争的な害悪は、経済的モデルを用いてその合併が価格を引き上げることで示されてきたことが

図7−3　大手ハイテク企業による成立した合併

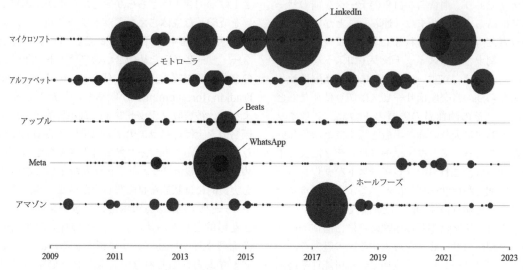

出所：Bloomberg; Crunchbase; Mergr; Alphabet; Meta; Amazon; Google; Microsoft; TechCrunch.
注：濃い青色の円の半径はディール規模に比例しており、小さな黒い点は価格が公開されていない買収を示す。ディールには、2022年
　秋時点で、列挙された企業による成立した合併・買収が含まれる。

多かったためである。これらの課題は、複雑なデジタル環境で競争効果を評価するのに、より高度な研究とアプローチが必要であることを強調する。これは、学界や他の利害関係者と協力しながら、反トラスト当局がやるのに相応しいものである。

　隣接市場への支配力の拡大を防ぐ

　ネットワーク効果、ビッグ・データ、グローバル規模を持つデジタル市場は、少数の支配的企業に集中する傾向がある。ある市場の支配力を利用して隣接市場で市場支配力を獲得したり、それを支配しようとすることが、明らかに懸念されている。この種の行為はシャーマン反トラスト法第2条により違法となる可能性がある。
　今日、デジタル市場では、ある支配的企業が隣接市場でも競争している事例が多い。Googleとアップルはアプリストアを運営しており、自社のアプリが他のアプリと競合している。アマゾンはeコマース・マーケットプレイスを運営しており、そこで自社のアマゾン・ベーシックというブランドが、他社のものと直接競合している。マイク

ロソフトはテレビ・ゲーム・マーケットプレイスを運営しており、そこでもマイクロソフトは1テレビ・ゲーム開発業者として競争している。これらの状況において、支配的企業が競合製品に対して不公正な有利性を持ち、「自己優遇」と呼ばれていることが懸念されている。たとえば、人が自社のアプリ・ストアを検索したとき、アップルは自社のアプリを優先的に表示すると言われている（Mickle 2019）。
　支配的企業がその支配力を利用して自社製品を有利にする場合、消費者は競争の利益を完全には得られないかもしれない。特定の市場の機能を改善するために規制当局や議会が講じることができるアプローチの1つは、自己優遇や類似の慣行を禁止することである。しかし、そのような禁止は執行が難しくなる可能性がある。というのは、たとえば自社の製品がより高いレビューを受けたからという理由だけで有機的に発生しているのではなく、自己優遇がサービスに意図的に組み込まれていることを規制当局は示す必要があるからである。

　自社のマーケットプレイス上で競争するマー

BOX 7―5　人口知能とデジタル市場

デジタル市場の運営の基本的側面は、人工知能（AI）を用いて、企業が利用できるデータを実現可能な予測、勧告、決定に変換することである（OECD 2019）。デジタル市場をユーザーに対して非常に魅力的にしている特徴の多くは、機械学習や他のアルゴリズム・ツールによって実現されている（Brown 2021）。実際、デジタル市場の重要な特徴の多く、つまり、効率的マッチング、低い検索コスト、商品の比類なき多様性、価格のパーソナライズは、データが利用できることと、ニューラル・ネットワーク、自然言語処理、他の形態の機械学習など、AI 技術の応用を結合させることで実現した。これらのアルゴリズムの利用はユーザーの体験を改善し企業の収益性を向上させるけれども、労働者を解雇する、これらのシステムに人種あるいはその他のバイアスが入り込む、デジタル・マーケットプレイスの規制をより困難にする、個人やコミュニティの権利、機会、決定的に重要なリソースやサービスへのアクセスに重大な影響を与える、という懸念が現在浮上している。

ウーバーやリフトのようなライド・シェアリング企業にとって、機械学習は、顧客の需要を満たすために十分な数のドライバーが仕事をしているようにするため、価格設定能力にとってカギである（Liu et al. 2022）。AI により、ソーシャル・メディア・プラットフォームはそのコンテンツを最適化できるようになる。TikTok は、ユーザーをより長く引きつけるコンテンツを選択するため、豊富なデータを用いるアルゴリズムの能力に頼っている（Smith 2021; Wall Street Journal 2021）。さらに、アマゾンのような企業が、余剰在庫を持つことなく、顧客が探している商品を在庫に持てるのは、将来の一定時点における需要について、AI をベースにした予測のためである（Amazon 2021）。デジタル市場におけるこれらの特徴すべては、データとアルゴリズムの結合ゆえに実現したのである。

しかし、デジタル市場における AI の到達点は、仕事のオートメーション化の波が押し寄せるのではないかとの懸念を生じさせている（Sisson 2022）。ウーバーのドライバーのアルゴリズム管理や、アマゾンの倉庫労働者の管理と同様に、AI が既存の労働力を補強するケースでも、監視の程度や AI による意思決定に関する透明性の欠如などのため、一部の労働者は深刻なレベルのフラストレーションや憤りを報告している（Möhlmann and Henfridsson 201）。

AI はまた、すでに社会に存在している偏見を永続化し、悪化させる可能性すらあることが示されている。この関連についてはしっかりとした研究があり、医療空間、顔認識システム、自然言語処理におけるアルゴリズムによるリスク測定において、もっぱら人種に基づく差別が発見されている（Obermeyer et al. 2019; Furl, Phillips, and O'Toole 2002; Caliskan 2021）。デジタル市場における主要プレイヤーはこうした問題に以前から取り組んできた。たとえば、AI ベースの採用プログラムを構築するアマゾンの取組は、男性候補者を優先し、女子大学に言及したり他にも女性について触れている履歴書を不利にするように自らを教育するシステムとなってしまった（Dastin 2018）。これらの偏見は、Facebook の AI ベースの広告によって、広告主が人種に基づいて特定のユーザーを排除できるようにしたように意図的なものもあれば、女性に広告を打つコストがオンラインでは高いために女性にはキャリア広告がほとんど表示されないように意図的ではないものもある（Zang 2021; Lambrecht and Tucker 2019）。アルゴリズムそれ自体が偏見を助長しない場合でさえ、Airbnb のスマート・プライシング・ツールのケースのように、アルゴリズムの利用率の差は人種格差、ジェンダー格差を拡大することがある（Zhang et al. 2021）。

世界中の政府がデジタル市場を規制する最善の方法を検討しているので、それらは、この市場における AI の役割がなんらかの不透明性と複雑性をもたらし、それが監視の合理的取組を妨げるこ

とがあるという事実に向き合っている（European Parliament 2022; Kroll 2021）。さらに、企業の意図を測定する上で複雑性が生じているが、それが多くの規制システムの重要な部分になりうるのである（Chin 2019）。アルゴリズム監査のようなプロセスは、AIの「ブラック・ボックス」的な特徴を克服するツールとして提案されているが、それは企業と規制当局の間に相当の情報の非対称性を生み出す可能性がある（Guszcza et al. 2018）。これらの監査は、採用に関連した分野で注目を集めており、それらは国際的にも、米国内でも積極的に検討されている（Lee and Lai 2021; Engler 2021; Digital Regulation Cooperation Forum 2022）。2022年、バイデン―ハリス政権は、「AI権利章典のための青写真」（White House 2022）を公表し、米国民を守るAIシステム設計を導く5原則を示した。

ケットプレイス事業者について関連して懸念されているのは、どのように競合他社のデータが使用されているかという問題である。マーケットプレイス事業者は、競合他社の商品や顧客について広範囲に及ぶデータを収集でき、自社の競合製品のデザインや、価格設定、販促戦略において、そうしたデータを戦略的に用いるインセンティブを持つ可能性がある。それらはまた、競合他社に対しサイトからのデータを意図的に制限することもできる。これらの行動のどれも、競合企業をさらに競争上不利な立場に追いやるものである。規制当局は、競争環境をリセットするために、競合他社のデータの使用を禁止したり、全企業に対しマーケットプレイスのデータを公正に取り扱うように主張したりすることを望む。もっともそのような規制の執行は、相当な監視と監督を必要とするので困難である。

支配的企業がその支配力を隣接市場に拡大する力は、競争にとって脅威である。起業家がその製品を支配的マーケットプレイス事業者にコピーされるだけかもしれないと考え、その開発への投資に反対した場合、社会は特定の革新的製品を失うかもしれない。さらに不公平な競争条件ではよりすぐれた製品が「勝利」しないかもしれない。規制当局は、収集されたデータに対し誰がどの権利を所有するのかを明確にし、オンライン市場の全企業に対して競争条件を公平にすることによって、この市場の失敗に対処することができる。規制当局が国際的、国内的に講じている一部のアプローチについての説明は、BOX 7-4で行われている。

消費者データの悪用を防ぐ

データの利用や方針がもたらす競争効果を査定することは困難である。研究が示すところによると、企業のリスク・エクスポージャー軽減にデータを使えるとき、それはイノベーションを増やしたり効率性を高めたりし、価格を引き下げる可能性もある（Eeckhout and Veldkamp 2022; Kirpalani and Philippon 2020; Competition Bureau Canada 2017）。しかし、データは、企業を競争から隔離する参入障壁にもなりうる。プリューファーとショットミュラー（Prüfer and Schottmüller 2022）は、一定の条件下では、データ優位性は市場のティッピングをもたらすことがあることを明らかにした。さらに、企業が個人に関する大量のデータを収集できることは、プライバシーに関して、またデータ保護に関しても明白な懸念を生じさせる。なぜなら大量のデータ・セットの漏洩は、個人情報の盗難やその他の金銭的損害の可能性を生むからである（Ichihashi 2020; Chapman and Bodoni 2022; O'Sullivan 2021）。

データの悪用やプライバシーの保護に関するこうした懸念すべてに対しては、データが収集、使用、共有、保存される方法を規制することが実践的な介入策である。ある研究の著者らは、ユーザーのデータ間の相関を減らすことによって、過剰なデータ共有を生み出す外部性を軽減するため、仲介サーバーを用いたデータ共有を模索している（Acemoglu et al. 2022）。彼らは、他のユーザーとの相関を取り除くため、そのデータを変換

する第三者とデータを共有してから、ユーザーが要求したサービスとそれを共有することを提案している。コストが少ない別の方針には、「忘れられる権利」条項があり、それはデータ保持に時間制限を設定するものである（Chiou and Tucker 2017）。

価格設定アルゴリズムと談合を監視する

消費者需要の不確実性を減らすことにより、価格設定アルゴリズムがあからさまな価格談合を促進するのではないかとの懸念が生じている。オコンナーとウィルソン（O'Connor and Wilson 2021）が示したところによると、この予測の改善は価格を引き下げ消費者利益を高めるか、談合協定を支援する企業の力を強めるか、どちらかである。小売ガソリン市場に関する別の研究は、オンライン価格表示や実験が企業間の価格調整を促進するという懸念を提起している（Luco 2019; Byrne and de Roos 2019）。単純な例としては、価格横並びを行うためにオンラインに価格を掲示することがある。それによって企業は、ライバル

の価格が不確かな場合よりも高い価格を達成できる可能性がある。というのは、価格横並び政策は、競合他社が価格を引き下げるインセンティブをなくすからである。たとえ明示的にプログラム化されていなかったとしても、AIベースのアルゴリズムが共同歩調をとって価格を引き上げるように適応するという事実がある（Harrington 2018）。暗黙の談合というこの形態は、検出が困難かもしれない。アルゴリズムによる価格設定の利用を通じた談合の可能性に加えて、自動化されたソフトウェアは、競争水準以上に価格を設定することがある。これは、従来の合併分析で考慮されなかった方法で合併価格効果を高め、市場でさらに大きな価格乖離を生み出す可能性がある（Brown and MacKay, forthcoming）。価格設定アルゴリズムによって実現した暗黙の談合とあからさまな価格操作の脅威から守るため、反トラスト当局は追加的なリソース（つまり、コンピューティング、人員、資金）を必要とする可能性がある。BOX 7-5は、人工知能がデジタル市場の機能に影響を及ぼす他の面について検討している。

結 論

デジタル市場の基本的な経済学は十分に理解されているけれども、デジタル世界の規模の効果やデータ収集の可能性と一緒になると、それらは新たな懸念を生じさせる。多くのデジタル市場は、少数の企業、場合によってはたった1企業によって支配されるようになり、これらの支配的企業は、既存の地位を守り、その市場支配力を他の市場に拡大し、自社のユーザーについて収集される膨大な量のデータを利用するインセンティブを持つ。

政府は、市場参加者を保護し、公正で競うことができる競争条件を促進する一方、イノベーション、プライバシー、選択、低価格など、競争の利益が実現されるようにしなくてはならない。競争、市場参加者、労働者、消費者への損害が新たな方法で現在顕在化していることを前提とすると、競争の規制と執行は、デジタル革命によってもたらされた変化に適応しなくてはならない。すべての

人のために機能するデジタル市場を創出することによって、そのすべての可能性がすべてのアメリカ人に分かち合われるのである。

第8章
デジタル資産──経済原理を学び直す

過去2世紀間、数多くの金融危機が米国を襲った。これらの金融危機の多くは、銀行のように機能するが、銀行として登録されていなかったり、銀行のように規制されていなかったりするいわゆるシャドー・バンクによって引き起こされたものであった。たとえば、1907年の危機は、当時「パニック」と呼ばれていたが、信託会社が主たる原因であり、それは州認可の事業体で預金をめぐって銀行と競合していた。これらの信託会社は中央決済制度には属しておらず、ほんの少額の決済しか処理しなかったため、預金に見合う多額の現金を保有していなかった。利潤を稼ぐため、信託会社はできるだけ多くのローンを行った。1907年10月に一連の出来事によって預金引出しが殺到した後、いくつかの信託会社は取付に遭い、ローンを停止して資産を清算しなくてはならず、金融市場でさらに大きな投げ売りを引き起こすことになった。金融システムを救済するため、同名の銀行の所有者であるJ・P・モルガンと、他の少数の金融界の指導者たちは、どの銀行を救済するか個別に選択した（Moen and Tallman 2015）。これによって政府の政策立案者は、危機に直面したとき、当時の金融システムが公益を守る責任を有する機関ではなく、私益を最大化しようとする特権的なグループに依存していることを理解するようになった。これを理解したことによって連邦準備制度が創設されるに至った。それは、当初、最後の貸し手としての役割を果たすことを目的とした中央集権組織で、やがて米ドルの発行を一手に担い、わが国の金融政策を管理するようになった。

それから100年後、デジタル資産推進派は現在、政府とその規制枠組みに依存することのない分権型金融システムの創出を目指している。だが、規制枠組みは、1907年パニックを含め、多くの過去の危機から学んだ重要な教訓によって形成されている。デジタル資産とは、価値の電子的表現であり、複雑で相互接続されたデジタル・エコシステムの一部として機能する。暗号資産は、暗号技術と分散型台帳技術（DLT）を用いたデジタル資産の一種であるが、中央銀行デジタル通貨は除く（U.S. Department of the Treasury 2022a）。DLTは、取引を保存、処理するネットワークに依存している。

本章では主として暗号資産を検証する。その推進派は過去の金融危機の教訓を厳しい形で学び直している。貨幣の分散化された保管と管理に加えて、暗号資産はその他の利益、つまり決済制度の改善、金融包摂の拡大、提供者と受領者の両方から価値を引き出す仲介者を飛ばして知的財産および金融価値を分配するための仕組みの創出などを提供するかもしれない。しかし、これらの議論をしっかりと確かめると、より複雑な構図が見えてくる。これまでのところ、暗号資産はこうした利益を何ももたらしていない。他方、たとえば、消費者、物理的環境、金融システムに対して、暗号資産の側面のいくつかによって生み出されたコストは、相当額に上るだけでなく、現在も生じている。事実、今日までの暗号資産は、なんら基本的価値を持つ投資を提供しているように見えず、不換紙幣の有益な代替物として機能したり、金融包摂を改善したり、決済をより効率的にしたりすることは一切ない。事実、暗号資産のイノベーションは、暗号資産の価格を支えるために人工的な希

少性を創出することがほとんどであり、そのほとんどは基本的価値をまったく持っていない。これは、消費者、投資家、金融システムの他の部分を、暗号資産に関連したパニック、崩壊、不正から保護する上での規制の役割に疑問を投げかける。たとえそうだとしても、企業と政府が DLT の実験を行うことで、暗号資産の潜在的利益の一部が将来実現する可能性は考えられる。

暗号資産の認識されている魅力

　本節では、しばしば推進派によって喧伝されているような、暗号資産が提供するかもしれない潜在的利益を検討し、次節では、暗号資産が実際に成し遂げたことを評価する。デジタル資産の状況を紹介するため、図 8-1 は特定の種類のデジタル資産を示している。「暗号通貨」というラベルは、代替的決済手段となる暗号資産を意味するのに業界で使われているものである。「ステーブルコイン」もまた、一種の暗号資産に業界で使われているラベルで、原資産のポートフォリオによって裏打ちされており、原資産との安定した交換価値を持つと主張されている。一部のステーブルコインは決済手段となることを主目的としている一方、他のステーブルコインは投資からのリターンを提供することを主目的としている。使われているラベルにもかかわらず、暗号資産は、他の何にも増して、事実と状況次第で、証券であり、コモディティであり、デリバティブであり、他のタイプの金融商品となるかもしれない。非代替性トークンは、他の主要なタイプの暗号資産である。非代替性トークンは、DLT を用い、デジタル財の所有権を追跡するが、本章の主たる対象ではない。

　「暗号資産」という用語は、中央銀行によって発行されたデジタル通貨を除外している。中央銀行デジタル通貨は DLT を用いて運営するように設計されているかもしれないが、DLT を使うことが必要条件ではなく、中央銀行デジタル通貨は必ずしも DLT を使用しているわけではない（White House 2022a）。

　暗号資産は近年、とくに 2020 年の COVID-19 パンデミックの発生以降、かなりの人気を得ている。図 8-2 に示されているように、特定の暗号資産の推計市場価値は、近年著しく増加し、2021 年 11 月には全部で約 3 兆㌦というピークに達した。2022 年 12 月末時点で、暗号資産は全体で、1 兆㌦をわずかに下回る市場価値であったと報告されている。それは、2022 年を通じての価格の大幅な下落のためであり、特定の有名な暗号資産プロジェクトないし企業の破綻を多く反映しているためである。

　暗号資産とその基礎となる分散型台帳技術の開発は、業界とビジネス・モデルを転換する可能性を秘めている。2022 年 3 月、暗号資産の潜在的機会と実際のリスクの両方を認識して、バイデン大統領は大統領令 14067 号「デジタル資産の責任ある開発の確保」（White House 2022b）に署名したが、それはこうした斬新な資産の影響を調査することをバイデン政権に求めたものである。その結果、連邦政府の各省庁は、消費者、企業、金融安定性、国家安全保障、物理的環境に対する暗号資産の影響を検証する 9 つの報告書を作成した（White House 2022c）。

　最初の暗号資産であるビットコインは、グローバル金融危機直後の 2009 年、その危機を引き起こした既存の金融仲介機関に対する拒絶のような形で登場した（Nakamoto 2008）。ビットコインは、一説では、取引を記録する「信頼できる権威」による仲介に依存しない、ピアツーピア決済制度として設計された。そうではなく、ビットコインは、開かれた（「参加自由型」）コンピュータのネットワーク上で取引を記録するため、暗号技術を使用する[1]。これらの取引は、「ブロックチェーン」上にデジタルで記録され、ブロックチェーンは、前の取引を編集したり改竄したりするのを困難にするように、取引同士を結びつける暗号化技術を用いている。ビットコインのブロックチェーンは公開台帳であるため、ネットワーク参加者がリアルタイムで取引が発生するのを閲覧し、それを承認できる[2]。デジタル資産は永遠に完璧に複製でき、無限に供給されれば何の価値も持たなく

8

図8−1　デジタル資産と中央銀行貨幣の分類法

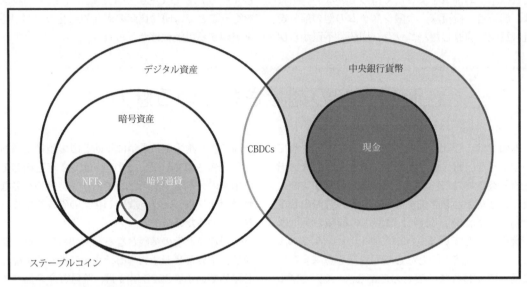

出所：CEA analysis; Hoffman (2022).
注：NFTs＝非代替性トークン。スケールにしたがって図示していない。現金は、通貨だけでなく準備金にも相当する。用いられるラベ
　ルにかかわらず、暗号資産は、事実と状況次第で、他の何にも増して、証券、コモディティ、デリバティブ、他の金融商品となる可能
　性がある。

図8−2　特定の暗号資産の時価総額、2020〜22年

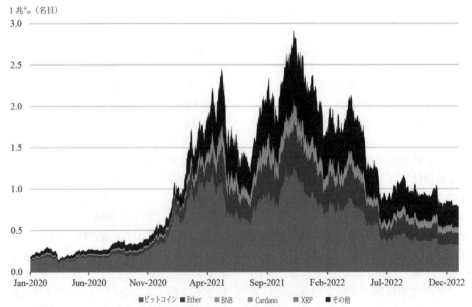

出所：Coin Metrics, Inc; Federal Reserve Board of Governors Financial Stability Report.
注：時価総額の数値は、コインメトリクス社の改訂の影響を受けている。

BOX 8—1　貨幣の機能とは何か？

初期の歴史では、人々が財・サービスを交換する一般的方法は物々交換であった。しかし、物々交換には時間がかかる。なぜならある物的な財またはサービスを他のものに交換したい人を探す必要があるからである。この問題の対処方法が貨幣の発明であった。最も早期の形態の貨幣の一部は紀元前1200年頃に現れた（Tikkanen, n.d.）。貨幣のカギとなるイノベーションは、社会の成員によって幅広く合意された価値の一般的表現を持つ物品を用いることで、個人間の取引を促進したことであった。つまり、どこにでもヤギを連れていき、ヤギを欲しがっている者を見つけられることを望むのではなく、貨幣によって人々は、磨かれたビーズのように、誰もが価値を認めるモノを持ち歩き、さまざまな財・サービスと交換できるようになった（Jordan 1997）。

最初の貨幣は、貝殻、ビーバーの毛皮、さらには大きな石といった形態を取っていた（Tikkanen, n.d.; Hudson's Bay Company History Foundation 2016; Goldstein and Kestenbaum 2010）。最終的に、貨幣は「正貨」、つまり特定の標準重量で生産できる金や銀の硬貨の形態をとった（Velde 2012）。正貨のような貨幣はヤギを持ち歩くよりは断然便利であるが、それでも持ち運びは面倒であった。これを回避するため、紙幣が作られ、持ち運びがかなり容易になった。紙幣がそれでも金融価値を持つようにするため、それは正貨によって「担保」された（Tikkanen, n.d.）。つまり、紙幣は銀行に保管されている正貨と交換される約束手形として本質的には機能し、自由に換金できるものであった。

このシステムはうまく機能したが、多くの危機の共通テーマとなった重大な脆弱性があった。銀行は、金庫に保有する正貨の量よりも多くの紙幣を発行することにより、より高い利潤を稼ぐことができた。たとえば、ある銀行が金貨を50枚保有しており、紙幣を100単位発行したとし、各紙幣がその保有者に金貨1枚の権利を与えるとする。このとき、もしすべての紙幣保有者が同時に自分の貨幣を要求したとしたら、その銀行は紙幣保有者の換金に応えるのに十分な金貨を持ち合わせていないであろう（Diamond and Dybvig 1983）。銀行取付けと呼ばれるこの力学も長い歴史を持ち、紀元前4世紀までさかのぼる（Flood 2012）。

結局、通貨の「担保」に対する投資家の懸念を払拭するのに正貨を必要としないほど、通貨とくに米ドルの制度とそれへの信頼は強くなった。これによって「不換紙幣」、つまり正貨に換金できない、政府によって発行された通貨が創出され、採用されるようになった。不換紙幣の価値は、⑴紙幣が個人が納税できる唯一の手段であること、⑵法制度や軍隊など、政府の制度の強さ、⑶貨幣それ自体の価値への社会的信頼の共有、主としてこれらの関数である（Bank of England 2020）。

貨幣は、統一商事法典や他の専門書で定義されているように、国内または外国の政府によって現在認可されている交換媒体である（U.S. Commercial Code, n.d.）。それに対して、ここでは、貨幣の経済的機能や共通理解が検討されている。あるタイプの貨幣が実際に経済的意味で有益であるためには、その*価値について幅広い合意*がなくてはならない。それは、貨幣を担保する資産に由来するものであるか（たとえば、金本位制）、制度や社会的信頼のようなものに由来するものである。貨幣は、3つの中心的機能を果たしている。つまり、交換媒体、価値尺度、価値貯蔵である（U.S. Department of the Treasury 2022b）。

第1に、貨幣は財・サービスと交換するために*幅広く使える*場合、貨幣は交換媒体としての機能を果たしている。たとえば、米ドルはわが国のどこでも、そして海外の多くの場所でも、買い物に使える。他方、たとえば、財・サービスと交換するために刑務所内ではタバコが使われることが頻繁にあるが、タバコは食品を購入したり航空券を買ったりするのには使えない（Lankenau 2007）。

第2に、貨幣は、さまざまな財・サービスの

⑧

価値が比較できる基準として機能する場合、価値尺度と見なせる。たとえば、1頭の牛と交換するのに何羽のニワトリが必要かを推計するのではなく、それぞれの貨幣価値によって牛に対するニワトリの価値をシンプルに表現できる。したがって、ニワトリ1羽が10ドル、牛1頭が2000ドルであった場合、その相対価格を用い、ニワトリ200羽が牛1頭と同じ価値だと結論づけられる。

最後に、貨幣は、その購買力が短期間のうちに劇的に変動しない場合、価値貯蔵手段となりえる。たとえば、10ドル札で買えるリンゴの数は1日ごとにほとんど変化することはない。非常に高水準のインフレ——いわゆるハイパーインフレ——が貨幣の購買力に不確実性をもたらすのは、このためである。

「主権貨幣」は、独立国家の政府機関によって発行された貨幣のことである。主権貨幣は、交換媒体として、時間を通じての価値貯蔵手段として役立つため、貨幣の機能を容易に満たせる。だから主権貨幣は情報感応度の低い資産である。取引の一方が主権貨幣の価値に関する私的情報に基づいて行動していることはなさそうである（Gorton and Zhang 2022）。情報感応度が高い資産ほど、交換媒体になる可能性は低くなる。たとえば、誰かが別の資産を保有することから生じる損失から身を守るため金を購入する可能性が高い場合、金の売り手は金をその資産と交換しない方が良いと判断する可能性がある。主権貨幣はまた、中央銀行の負債であり、その価値は中央銀行によってよって担保されていることを意味する。米ドルは、

交換媒体として幅広く受容されており、それはまた価値貯蔵手段でもある。事実、全国際取引の約半数は、ドルで行われている（CRS 2022）。これは、すべての主権通貨が貨幣の特徴を備えていることを意味しない。たとえば、ジンバブエの通貨は2007年に価値貯蔵手段としての役割を失ったが、そのとき年間インフレ率は6万6000%に上った（Siegel 2008）。ジンバブエのケースでは、消費者と企業は他の主権通貨を広く使用するようになり、それが事実上ジンバブエの通貨に取って代わった（Noko 2011）。

銀行預金も貨幣として機能する。銀行は預金口座をその顧客に提供し、これらの預金は主権通貨と1対1で固定されている。この民間形態の貨幣の価値は資本要件や流動性要件など、起こりうる銀行取付けから顧客を保護する規制・監督要件の集合体によって一般的に支えられている。この口座ベースの民間貨幣は、個人または主体に結び付けられている。主権通貨とは対照的に、家賃支払いのためにジェフがグレタに小切手を書いた場合、グレタがジェフから受け取った小切手はジェフに属する貨幣を表している（つまり、そのお金はジェフの預金口座に結びつけられている）。そしてグレタは流通通貨（現金）との交換でそれを換金することができる。グレタはジェフの小切手をガソリンと交換することを法的に認められているが、第三者小切手は決済方法として幅広くは受け入れられていない。それゆえ、実際には、グレタは最初に小切手を換金し、ガソリンを購入する必要がある。

なってしまうため、ビットコインの供給は各単位の価値が保持されるように上限が設けられている。この「人工的な希少性」は、ビットコインの重要な特徴の1つであり、ビットコイン以降に登場した多くの新しい暗号資産でも複製されている。

暗号資産の数とその合計時価総額は時間の経過とともに増加しており、世界中で人気が高まっていることを反映している。暗号資産のこの人気には、推進派が主張するいくつかの考えられる利益がある。これらの主張は次項で概観される。

主張——暗号資産は投資対象になりうる

人々は、一定の損失リスクを受け入れることにより、投資リターンを得ることを望んで資産に投資を行う。たとえば、株式や債券のような従来からの投資は、リスク・エクスポージャーに対し、一定水準の期待リターンを提供する。これら従来からのタイプの資産と同様に、暗号資産も一定のリスク・エクスポージャーに対してある期待

リターンを提供する投資対象だと主張されてきた。したがって、リスク選好度にしたがって、大きな利潤をすぐに得ることを望んで、暗号資産に投資する人もいる。さらに、暗号資産はインフレに対するヘッジとして役立つと論じる者もおり、その価値がインフレ率に付いていくか、それ以上に上昇することを望んでいる。

主張──暗号資産は単一の権威に依存することなく貨幣並みの機能を果たすことができる

暗号資産の掲げられている目標の1つは、「検閲に強く」、政府に管理されない金融システムを創出することであり、既存の金融機関に対するあらゆる信頼に依存しない仮名のグローバルな主体の間に管理を分散させることである。とくに一部の暗号通貨は、分散型ネットワークに依拠することにより、貨幣を発行する中央銀行に代替することを目的としている。それは、中央の権威なしに鋳造、取引される価値表現物を発行するネットワーク全体に利益をもたらす。たとえば、金融政策を実行するとき、貨幣の価値は一般的にそれを発行するコストよりも高いので（これは「通貨発行益」と呼ばれる）、政府は貨幣の発行から利益を得られる。対照的に、多くの暗号通貨は、合意機構を通じて取引を検証できる参加者に報酬をもたらすことにより、暗号通貨の発行から生じる利潤を分配することを目的としている（Acemoglu 2021）。このプロセスにおいて、参加者は、取引手数料と共に暗号通貨の新規発行によって報酬を得られ、暗号通貨を維持する分散型ネットワークを支える利益をもたらす。これは、新資産を発行することで得られる利潤を分配する斬新な方法と見ることができる。BOX 8-1では貨幣の機能について論じている。

主張──暗号資産によって高速デジタル決済が可能になる

近年、デジタル決済の利用がかなり増加したので、現金の使用は劇的に減少した。図8-3は、デジタル取引形態のデビット／クレジット決済に対する現金および小切手取引のトレンドを示している。過去10年、現金および小切手の決済は劇的に減少し、他方、デジタル決済は顕著に増加した。

デジタル決済の需要が増加したので、ステーブルコインは24時間365日、瞬時に近い決済手段として利用できると言われている（Liao and Caramichael 2022）。2022年12月時点で、約200のステーブルコインがあり、推計市場規模は約1400億ドルである。テザーとUSDコイン、この2つの暗号資産だけで、ステーブルコイン市場全体の約80%を占めている[3]。ステーブルコインは、米ドル（や他の通貨、または通貨バスケット）などの基準資産に固定しようとしているので、推進派は、ステーブルコインは決済方法として使うと為替リスクを排除できると主張している。つまり、あるステーブルコインがつねに1ドルの価値であるならば、ステーブルコインを使って財を売買する人は、その取引後に名目購買力が劇的に変化することはないと予想できる。ステーブルコインは、国境を越えた取引や送金を単純化する1案として提示されている。

主張──暗号資産は金融包摂を拡大できる

米国人口の一部の層は、銀行口座を保有していないアンバンクトである。他の者はアンダーバンクトであり、つまり、彼らは、銀行口座は保有しているが銀行以外の高額な金融サービスを使うことが多い。黒人家計は、アンバンクトおよびアンダーバンクトである割合が突出して高い（FDIC 2022）。暗号資産は、社会的地位向上のため、金融サービスへのアクセスを改善し資産を構築できるようこれらの層に働きかけるツールであると、しばしば喧伝されている。たとえば、多くの暗号資産は、一部の従来からの銀行機関とは異なり、最低預金要件を課したり当座貸越手数料を請求したりしない。アンバンクトの人々は、銀行口座を保有しない主たる理由としてそのような特性を挙げている（FDIC 2022）。最近の報告によると、マイノリティ家計は他の家計よりも暗号資産に投資する傾向が高い（Faverio and Massarat 2022）。

主張──暗号資産は米国の現行の金融技術インフラを改善できる

多くの暗号資産の基礎をなす分散型台帳技術は、数多くの技術進歩に基づいている。それは、「互いに疑わしい」者の間で本当の取引履歴に基づい

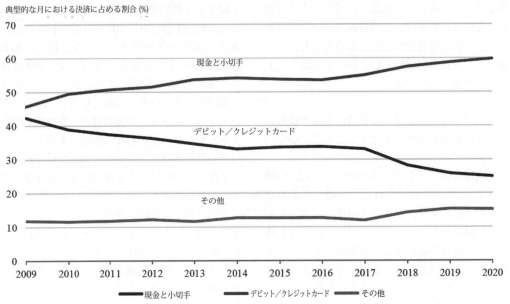

図8-3　時間を通じての米国で使用されている決済タイプ

典型的な月における決済に占める割合 (%)

現金と小切手

デビット／クレジットカード

その他

─── 現金と小切手　　─── デビット／クレジットカード　　─── その他

出所：Federal Reserve Bank of Atlanta; CEA calculations.

て信頼と合意を確立するという状況下で、問題に対処するのである。これは事実上、たとえお互いに信頼する理由を一般的に持たない主体によって運営されていたとしても、そのコンテンツは一般的に信頼できる共有データベースである。暗号資産については、そのデータベースは、ネットワーク参加者間で発生した一連の取引を保存する。さ

らに、DLT のつい最近の発展によって、継続的監視を必要とせずに特定の行動を自動的に引き起こす「スマート・コントラクト」など、新たな機能や効率性の改善が可能になっている。BOX 8-2は、いかにしてビットコインと分散型台帳が機能するのかを説明している。

暗号資産の現実

　本節では、本章でこれまでに概観してきた、喧伝されている利益を検討し、暗号資産のリスクとコストを提示する。

暗号資産はほとんどが投機的な投資対象である

　図8-4 に見られるように、他の多くの資産タイプと比較すると、暗号資産は非常に変動が大きく、それゆえリスクが高い。暗号資産は非常に変

動が大きいため、投機、すなわち短期取引で利潤を稼ごうとする投資戦略に使われることがある。多くの暗号資産が非常に変動が大きい理由の1つは、それらの多くが基本的価値を持たないことにある。たとえば、株式は企業の将来利潤に対する請求権であり、債券は金利と元金支払いに対する請求権である。宝飾品や特殊な製造目的に使えるため、金や銀のようなコモディティでさえ基本的価値を有している。反対に、担保のない

デジタル資産——経済原理を学び直す

暗号資産は基本的アンカーがないまま取引されており、その市場価格は投機的な需要、市場心理だけを反映し、キャッシュ・フローに対する請求権は反映しない。関連して、米国労働省（U.S. Department of Labor 2022）は、この資産タイプに関連して、投資家の退職金制度を保護するための指針を発表した。ビットコインのような暗号資産の言われているところの利益の1つは、インフレに対するヘッジであったことを想起してほしい。それは、インフレが上昇するにつれてその価値が低下しないことを意味する。しかし、2021年下半期と2022年にインフレが世界的に上昇したのにつれて、暗号資産の価値は崩壊し、それらはせいぜい効果のないインフレ・ヘッジであることが判明した。

暗号通貨は一般的に米ドルのような主権貨幣と等しく効率的に貨幣のすべての機能を果たすわけではない

BOX 8-1で説明されたように、貨幣は3つの機能を果たしている。価値尺度としては、さまざまな財・サービスの価値を比較できる基準としてそれが機能することを意味する。交換媒体としては、財・サービスの取引に使えることを意味する。そして価値貯蔵手段としては、貨幣1単位で買える財・サービスの量が短期間のうちには劇的には変動しないことを意味する。暗号通貨は現在これらの機能それぞれを果たしているが、米国においてはその機能は限られているので、経済学的観点からすると、暗号通貨は米ドルの事実上の代替物としての役割は果たしていない。

第1の貨幣機能問題については、財・サービスの相対価値が暗号通貨で表現できることを考えれば（たとえば、商取引における1羽のニワトリは約0.0001ビットコインである）、暗号通貨は価値尺度として役立つことができる。しかし、人々は、相対価値を理解するのに、最初にビットコインや他の暗号通貨をドルに換算する必要があるであろう。というのは、暗号通貨は、交換媒体（後述）として米ドルほどは有効ではないからである。したがって、暗号通貨は現在、価値尺度としては

図8-4　暗号資産と特定の従来型資産のボラティリティ、2017～22年

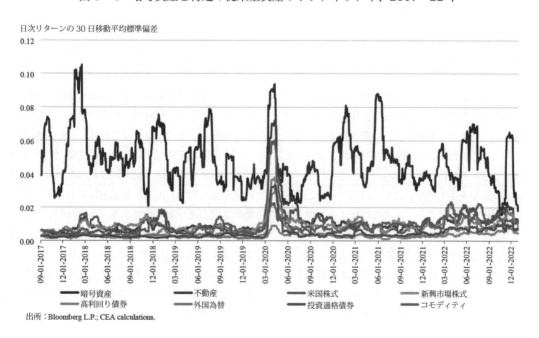

出所：Bloomberg L.P.; CEA calculations.

BOX 8—2　どのようにビットコインは機能するのか？

ビットコインが最初の暗号資産であったことから、このBOXではどのようにビットコインが機能するのかについて説明する。後続の暗号資産は、ビットコインの設計のカギとなる特徴を取り込んでいることが多い。定着した暗号技術であるハッシュ関数の斬新な使用を含め、ビットコインはいくつかのイノベーションに依拠している。

ハッシュ関数とは何であろうか？　ハッシュ関数は、「一方向性」アルゴリズムや「落とし戸」アルゴリズムと呼ばれることもあり、数学的アルゴリズムを用いて入力（たとえば、数字、文字列）を受け取り、次の3つの要件を満たす出力を生み出す。(1)再現性——同じ入力でアルゴリズムを走らせるとつねに同じ出力を生む。(2)不可逆性——アルゴリズムを知っていても、出力を反転させて入力が何であったのか復元することが容易にはできない。(3)衝突回避性——あらゆる一意の入力文字列が正確に一意の出力を生む。これは、「一方向性」関数である。そこでは、出力だけから入力を復元する効率的方法はまったくない。唯一の方法は、すべての考えられる出力をハッシュ化して、それが出力と一致するか確認することである。図8-iはハッシュ化された出力の例を示している。

ハッシュ関数は通常高速で、多くの応用が効く。たとえば、ほとんどのウェブサイトは個人の実際のパスワードをそのサーバー上に保存しない。代わりに、パスワードのハッシュを保存する。そのようにして、たとえシステムがハッキングされたとしても、そのハッカーはハッシュ化されたバージョンしか入手できないので、パスワードとしては機能せず、パスワードを割り出すことも簡単にはできない。あなたがウェブサイトにログインするとき、そのサーバーは、あなたが入力したパスワードをハッシュ化し、データベースに保存されているものと比較し、それらが一致した場合にだけログインを認める。「hello」から「Hello」への一見わずかな入力の変更が通常劇的に異なるハッシュを生み出すこと、そして大幅に異なるフレーズが同じようにランダムなハッシュを生み出すことを指摘しなくてはならない。ビットコイン空間の2人の重要な参加者は、ユーザーと採掘者である。

ユーザー。　暗号資産は一般的に、ユーザーが「ウォレット」を持つことを求める。デジタル・ウォレットは、ユーザーの公開鍵と秘密鍵を保存するソフトウェア・アプリ、ハードウェアの一部、または端末あるいはサービスで、それによってユーザーは1つまたは複数のブロックチェーンとやりとりし、暗号資産を送受信できる。ユーザーは、仲介機関または第三者のプロバイダーによって提供、維持される管理委託型ウォレットか、ユーザーが自分自身のウォレットと秘密鍵に責任を持つ非委託管理型ウォレット、別名、自己管理型ウォレットを持つことができる。ビットコインについては、ウォレットは関連した「秘密鍵」を持ち、たいていランダムに生成された数字列で、ハッシュ化して「公開鍵」を導出できる。公開鍵は同様に、異なる既知のハッシュ関数を用いてウォレットのアドレスを生成するのに使える。そのアドレスを知っていれば、誰もがウォレットに送金できる。これは、ビットコイン・ブロックチェーン上で、送金の送金元ないし送金先として使用できる。しかし、暗号資産を送金するには、送金するウォレットの秘密鍵を知らなくてはならない（Outten 2021）。とくに、暗号資産を送金したい人は、取引を構築し、そのハッシュを作成し、その取引のデジタル署名を作成するために秘密鍵と組み合わせる。例えるならば、公開鍵はあなたの自宅住所のようなもので、他方、秘密鍵はあなたの自宅の物的な鍵のようなものである。あなたがどこに住んでいるのか誰かに知らせることと、あなたの自宅に誰かを入れることには違いがある。ネットワークのあらゆるノードは、デジタル署名のハッシュと公開鍵、取引データのハッシュを比較し、その取引が有効かどうか判断する。ノードは無効な取引を拒否するので、暗号資産を移転するには秘密鍵が必要である。

ユーザーは通常ウォレット・アプリを用いてこのプロセスを管理するが、そのユーザーの観点からすると、必要なのは、送金側と受取側の口座のアドレス、送金する場合には秘密鍵、口座、手数料を知ることだけである。手数料は、ユーザーの取引を次のブロックに含めるよう採掘者にインセンティブを与える。手数料の高い取引は、手数料の低い（またはゼロの）取引よりも、続くブロックに含まれる可能性が高い。これは、手数料の低い取引は処理されるのに数日かかったり、まったく処理されない可能性があることを意味する。

採掘者。 ビットコインのエコシステムが物的通貨と異なる重要な部分は、中心的で、信頼に足る真実の裁定者がまったく存在しないことである。その代わり、そのシステムは何が真実であるか（つまり、すべてのウォレットにわたるビットコインの分配）についてネットワークのノード間の合意によって運営される。これは、理論的には、暗号通貨のガバナンスは、中央の権威によってではなく、ネットワーク参加者によって裁定されることを意味する。もっとも、ネットワーク参加者間にかなりの集中があり、少数の当事者間にガバナンスが事実上集約されているため、一部のブロックチェーンの管理はより中央集権的となっている。

ビットコインのブロックチェーンはSHA-256アルゴリズム（国家安全保障局と国立標準技術研究所によって開発された）と呼ばれるものを使用している。それは、あらゆるテキスト入力に対して、つねに64桁（256ビット）の16進数の出力文字列を生成する（Brown 2002）。ビットコイン・ブロックチェーンや他の多くの暗号通貨は、「プルーフ・オブ・ワーク」方式を用い、ネットワークのノードすべての合意を達成している。

採掘者は、ネットワークを監視し、まだ検証されていない取引のプールを維持する。「プルーフ・オブ・ワーク」のネットワークでは、ネットワークの採掘者は、チェーンの中の取引の次のブロックの採掘に成功する者になるように競争している。これが成し遂げられる実際の採掘方法は、採掘者が候補の取引ブロックをまとめて、「ブロック・ヘッダー」、つまりそのブロックについてのメタデータを含めることである（Rybarczyk 2020）。これらのメタデータには、最後に採掘に成功したチェーンのブロックのハッシュ、使用したソフトウェアのバージョン、次に説明するいくつかの技術変数が含まれる。対象の難易度、それらが含んでいる取引のブロックに固有のデジタル署名（「マークル・ルート」）、「ナンス」である。それからブロック・ヘッダーのすべての情報を受け取り、それを1つの文字列にまとめ、SHA-256アルゴリズムに通して、その情報のハッシュを得る。

ここに競争側面がある。ナンス・フィールドは、採掘者が恣意的に選択できる数字である。その目標は、結果として生じるハッシュ——16進数——が、ブロックチェーンによって現在設定されているターゲット（同じく16進数）より小さくなるように、ナンスを選ぶことである。ハッシュ処理の機能を前提とすると、これを効率的に行う方法はない。採掘者は、成功するまで、異なる数字を試し続けなくてはならない。ナンスは8桁の16進数でなくてはならないため、40億強のナンスが試される。成功する可能性がない場合、採掘者は、ターゲットに対して新しいハッシュを試す方法において創造的にならなくてはならない。たとえば、ブロックに含まれている一連の取引を変更し、ヘッダーのマークル・ルートを変更することで、提案されたブロックのハッシュを変更できる。有効なナンスと一連の取引を見つけるには大量の総当たり計算力が必要であるが、提案されたブロックが有効であることを検証するのは些細なことである——ノードは提案されたブロックのハッシュを計算し、ターゲットと比較すればよいだけである。そしてこのことは、ブロックが有効だと分かり、ネットワークに通知されれば、それが有効なブロックだという合意がすぐさま成立することを示している。その時点で、それはチェーンに付け加えられ、取引の次のブロックを追加する競争が始まり、システムにおける真実の次の要素となる。

採掘者は、自分たちが行った仕事に対して2

つのタイプの報酬を受け取る。すなわち、採掘者がブロックに入れる選択をした取引に含まれている手数料と、ブロックチェーンのプロトコルで定義されている「採掘報酬」である。ビットコインについて言えば、採掘報酬は採掘したブロックごとに当初50ビットコインであったが、これは「半減期規則」のために逓減している。この規則は、ビットコインの総供給をその寿命全体を通じて2100万に制限しており、4年ごとに、新たなブロックを採掘する際の報酬が半減する。その報酬は、2022年12月31日現在、6.25ビットコインであった。しかし、実勢価格を前提とすると、これは10万㌦以上の価値がある（Coindesk 2022）。「ターゲット」難易度変数は、新コインが約10分ごとに採掘されるように、2週間ごとに調整される。採掘に注がれるリソースの数が増えたので、速度を保つには難易度の上昇が必要とされてきた。2022年10月までの5年間に、ビットコイン・チェーンの典型的なブロックを採掘する試行回数は19倍になった（BTC 2022）。2100万ビットコインという最大供給量に達すると（それは2140年頃に発生すると予測されている）、採掘者は取引手数料からしか利益を得られなくなる（Timón 2016）。

なぜブロックチェーンの仕組みは「機能」するのか？　一度ブロックチェーンが動き出し、たとえば、過去のブロックに不正な取引を挿入することによって、悪質な行為者がブロックチェーンの履歴を修正したとしよう。理論的には、これは機能しない。というのは、後続のブロックはいずれもその（変更された）ハッシュをその先行ブロックとは認めないので、ネットワークの他のすべてのノードが、このブロックが以前はこのチェーンに属していなかったと瞬時に確

図8−ⅰ　ハッシュ化された出力の例

入力テキスト	ハッシュ化された出力（SHA-256 アルゴリズムによる16進数表記）
hello	2cf24dba5fb0a30e26e83b2ac5b9e29e1b161e5c1fa7425e73043362938b9824
Hello	185f8db32271fe25f561a6fc938b2e264306ec304eda518007d1764826381969
すばしっこい茶色の狐はのろまな犬を飛び越える	d7a8fbb307d7809469ca9abcb0082e4f8d5651e46d3cdb762d02d0bf37c9e592

出所：CEA analysis.

図8−ⅱ　ブロックチェーンのブロックはそのコンテンツのハッシュ値によってリンクされている

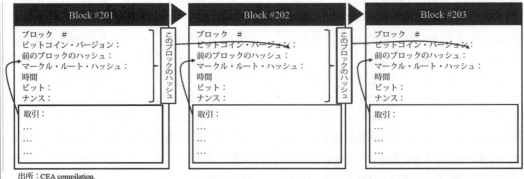

出所：CEA compilation.

注：「ビット」は、新しいコインを採掘する際の現在の難易度を指す。それは符号化されて保存されるが、ターゲットが低いほど難易度が高いことを意味する。2022年10月時点で、ビットコインの1ブロックを採掘するには、約31兆ナンスをテストする必要があった。

認するからである。したがって、悪質な行為者は、不正なブロックから現在のブロックに至るまで、新たなハッシュでチェーン全体を再計算する必要があり、それは膨大な計算力を必要とする。これは、ブロックチェーン技術の起源が、相互に疑わしいグループ間で信頼を確保することにあったことを浮き彫りにする（Chaum 1982）。図8-iiは、いかにブロックチェーンが形成されるかを示している。

他の多くのブロックチェーンはビットコインと同様の設計を持っている。もっとも、スマート・コントラクトなど、異なる変数や特徴を備えてもいる。たとえば、イーサリアムは、ビットコインよりも多くの日次取引を有しており、12秒ごとにブロックが追加されるようになっており、最近その合意方法をエネルギー集約度を下げるように切り替えた（Etherscan 2022）。ブロックチェーン設計の技術選択に関するより完全な議論は本章の範囲を超えるものである。

完全には役立っていない。

第2の疑問は、暗号通貨は交換媒体としての役割を果たせるかどうかということである。その答えは、米国では、暗号通貨は米ドルほどは有効な交換媒体ではないというものである。これは、暗号通貨は米ドルに比較すると、他の暗号通貨を購入したり、財・サービスを購入したりするのに使える企業数が少ないからである（Modderman 2022）。米ドルの強さは、政府機関や法制度への信頼など、いくつか重要な要因に起因するが、暗号通貨にはこうした要因が欠けている。

第3に、暗号通貨は現在、かなりの大きさの変動を経験しているので、安定した価値貯蔵手段ではない。たとえば、（米ドルと比較した）ビットコインの価値は2019年3月から2021年3月までに1000%以上上昇し、その後、2021年11月から2022年10月までに70%以上低下した。この変動性は、その貯蓄を貯蔵するためにビットコインを使用している人は誰でも、その購買力に高い変動リスクを負っていることを意味する。図8-4が示すように、暗号通貨の変動性は、他の多くの金融資産タイプのそれを凌駕している。暗号通貨は、COVID-19パンデミック発生時に米国株が経験したのと同程度の変動性をふだんから示している。

また、ある資産が貨幣としても投資対象としても推奨されていることに緊張がある。貨幣としては、その対象は安定した価値を持つべきであり、価格変動性が限定的であることを意味する。しかし、リスク資産としては、それは価格変動を経験し、投資家は高い期待リターンで報いられるであろう。他のすべての条件が等しければ、ある資産のリスクが高ければ高いほど、それは貨幣としては有効に役割を果たさなくなる。

要するに、一般的に投機的な資産であることに加えて、暗号通貨は現在、米ドルなどの主権貨幣の有効な代替物ではない。前述のように、ほとんどの暗号通貨は基本的価値を持たないが、それは貨幣として機能するための要件ではない。事実、主権貨幣は基本的価値または本源的価値を持たない（Berentsen and Schär 2018）。たとえそうだとしても、BOX 8-2で説明したように、主権貨幣は、貨幣の要件を容易に満たすことができる。この主たる理由は、主権貨幣の価値は信頼されている機関、すなわち中央銀行によって担保されていることである。多くの暗号通貨の重要な特徴の1つは、合意機構を通じて取引を検証することであり、それは、暗号通貨取引を検証する暗号通貨採掘者などの参加者間に新規発行から生じる利潤を分配する方法である（暗号通貨採掘が物理的環境に及ぼす影響については、BOX 8-3を参照のこと）。それゆえ、暗号通貨の供給は一般的に、検証された暗号通貨取引の数と共に増加する。主権貨幣の新規発行のケースでは、金融政策上の理由が主な役割を果たし、主権貨幣の新規発行から生じる利潤は政府に帰属する。米国のような先進国では、主権通貨の発行から生じる利潤は、中央銀行がこれらの利潤を政府歳入として事実上返還するので、税負担を引き下げることにより納税者に利益をもたらす。

⑧

ステーブルコインは取付リスクの影響を受けることがある

一部の暗号通貨、とくにステーブルコインは、高速デジタル決済手段となる可能性を持つと喧伝されている。ステーブルコインについての基本的問題は、何世紀も従来型銀行セクターで通貨を求めるもの、つまり取付リスクである（Humphrey 1975）。ステーブルコインの保有者がそのステーブルコインを各1ドルで換金したい場合、これによりステーブルコイン発行者はその準備の一部を流動化する必要がある（Adams and Ibert 2022）。これらの準備がどのくらい流動的かどうか次第で、またより幅広い金融状況次第で、こうした流動化は、その準備資産の流動化が残りの準備の価格にさらに下方圧力を与えるため、市場の混乱をもたらす可能性がある。保有者が換金を求めるのと同時に準備の価値が下落した場合、ステーブルコイン各1ドル分につき、1ドル未満しか受け取ることができず、それによってステーブルコイン発行者は支払い不能に陥る可能性がある。事実、マネー・マーケット・ファンドは、多くのステーブルコインが持っているとされるバランスシート上の特徴を有しており、2008年金融危機の最中、また2020年のCOVID-19パンデミックの発生時に取付に直面した（Schmidt, Timmermann, and Wermers 2016; Anadu et al. 2021）。

銀行口座への預金は決済に使え、銀行は預金とドルの間の平価を維持することを目指している。つまり、銀行口座に預金された1ドルは、後の時点で1ドルとして引き出すことができる。ステーブルコインと銀行預金との間の重要な違いの1つは、米国においては、銀行預金は包括的な規制・監督要件の対象だということである。対照的に、ステーブルコインは、この交換比率を維持することを目指した要件の対象ではない。

ステーブルコインを維持する異なるアプローチは保有準備に完全には依存しないもので、TerraUSDといういわゆるアルゴリズム・ステーブルコイン（およびそれと密接にリンクしたLunaトークン）であり、アルゴリズムを用いて米ドルとの固定為替相場を維持するという明示的目的を有している（Baughman et al 2022）。Terra/

Lunaコインの背景にある考え方は、Terra（USTとして知られている）は、1ドルに釘付けにされたステーブルコインで、裁定を通じて維持されていたということであった（Wong 2022）。理論的には、1USTはつねに1ドル相当のLunaと交換できた。Terraの価値が1ドルを下回った場合、裁定者は1 Terraを別のコインである1ドル相当のルナに交換することができた。理論的には、これによって裁定者は利益を得て、Terraの供給を減少させ（交換されたトークンは「焼却」された）、Terraの価値を上昇させる。Terraの価値が1ドルを上回った場合、裁定者は1ドル相当のルナとの交換で1USTを買う（「鋳造する」）ことができ、少しの利益を得るが、Terraの供給を増やしその価値を押し下げる。これは、Terraの価値を1ドルに維持する仕組みであることを意味する。もっとも、その釘付けを支えるために他の暗号通貨の準備もあったが、Terraの市場価値を完全にカバーするには十分ではなかった。ある時点で、Terraは世界で4番目に大きなステーブルコインであったが、その理由は、投資家に投資額に対し年利19.5%を約束した、スマート・コントラクト型融資プロトコルであるAnchorにUSTを人々が預金したがったことにある（Briola et al. 2023）。最終的に取付が発生した。というのは、2022年5月に数度の多額の引出しがUSTを1ドルの釘付けから引き剥がし、TerraからLunaに殺到し、Lunaの価値を押し下げ、最終的には2つの暗号通貨の完全な暴落を引き起こしたからである。

米国のリテール・ユーザーにとってもう1つのステーブルコインのリスクは、暗号資産取引プラットフォームにおける流動性のため、換金はあまり重要な関心事ではないかもしれないことである。金融安定監視評議会の「暗号資産の金融安定性リスクと規制報告書」で指摘されているように、米国のリテール顧客は2大ステーブルコイン（テザーとUSDコイン）を直接換金することはできない（U.S. Department of the Treasury 2022a）。換金する権利を持たないステーブルコイン保有者は、ステーブルコイン・ポジションを解消するため、応じる取引相手を見つけられないかもしれない。

ゴートンとチャン（Gorton and Zhang 2021）は、ステーブルコインの取付リスクに対するいく

BOX 8─3　環境リスクとしての暗号資産採掘

暗号資産取引の増加は、それに対応した暗号資産の採掘の増加を必要する。BOX 8-2 で論じたように、暗号資産「採掘」（略して「クリプトマイニング」）は、ある種の暗号資産について、高出力コンピュータが計算を行い、分散型台帳技術を用いて取引を検証する（White House 2022d）。

クリプトマイニングは、成功した採掘者にとって魅力的であり、彼らが採掘した暗号資産で報酬が与えられるが、大量のエネルギーも消費する。ゴールドマン・サックスによる最近の推計によると、2022 年初頭の時点で、クリプトマイニングは米国の電力消費の 2% 以上を占めていた。米国でビットコインを採掘するのに使用されるエネルギー量は、国中の家庭のコンピュータか、住宅用照明に使用される電力量と同等である（White House 2022d）。クリプトマイナーの電力消費について議会により最近行われた調査により、米国における最大級のクリプトマイニング業務拠点のわずか上位 7 社で、2022 年 2 月時点で合計容量は 1045.3 メガワットであり、今後数カ月、数年で大幅に拡大する計画がある。比較すると、これらのクリプトマイナーだけで、全米第 4 の都市であるヒューストンの全住宅と同じくらい多くの電力を使用していることになる（Tabuchi 2022）。

さまざまなタイプの活動を通じた使用を比較するのは、全活動がオンチェーンで記録されるわけではないために困難であるが、2021 年、ビットコイン 1 つの採掘で、平均的アメリカ人家庭が消費する 9 年分の電力量を使用したと推計されている（Huang, O'Neill, and Tabuchi 2021）。ビットコインはちなみに、フィンランド、ベルギー、チリなど、いくつかの国全体よりも多くのエネルギーを使用している（University of Cambridge 2022）。世界的には、ビットコインは全電力使用量の 0.42% を占めている。これが事実上意味するのは、ビットコインは中規模先進国と同じ電力量を使用しているということである。

必ずしもすべてのクリプトマイニング業務拠点が同じ電力量を消費するわけではない。プルーフ・オブ・ワークのようなエネルギー集約的合意機構は、数学的パズルを解くのに互いに競争するため、ネットワークにおけるマシンを促進することによりかなりの電力量を使用する。ビットコインは、2022 年 12 月時点で、全暗号資産価値の 3 分の 1 以上を占めており、プルーフ・オブ・ワークを用いて採掘される最も有名な暗号資産である。逆に、イーサリアムは、2022 年 9 月、プルーフ・オブ・ワークの合意機構からプルーフ・オブ・ステークの合意機構に切り替えたが、後者はある時点で特定の採掘者を選び取引を検証するものである。それによって、ネットワークのセキュリティの低下、ネットワークの強度に対する個別主体の力を高めるのと引き換えに、電力使用を減少させている。異なる合意機構には利点と欠点があり、それらは、エネルギー、透明性、セキュリティの属性が異なっている。イーサリアムがプルーフ・オブ・ステークに切り替えたにもかかわらず、ビットコインは同様の変更を行う計画を発表していない。

事実が示すところによると、クリプトマイニングは地域コミュニティに多大なコストをもたらし、付随する利益はあったとしてもほとんどない。クリプトマイニング施設はかなりの騒音公害を生み、それは「ジェット機のような轟音」と例えられている（Williams 2022）。クリプトマイニング施設は、大気汚染および水質汚染の増加ももたらすことがある。

地域のクリプトマイニング業務拠点は、コミュニティの電力価格も引き上げる。電力消費の増加によって発電事業者がより高価なエネルギー源に頼らざるをえないからであり、クリプトマイニング業務拠点が立地することが多い水力発電のあるコミュニティのケースでは、電力余剰が減少するからである。たとえば、ワシントン州のコロンビア盆地中部では、水力発電ダムによって生み出されたエネルギー余剰がもともと、居住者と企業に対する電力料金を押し下げていた。しか

⑧

し、クリプトマイニング施設が発電網に追加需要をもたらしはじめると、エネルギー余剰の輸出は減少し、家庭用電力料金は大幅に引き上げられた（Samford and Domingo 2019）。

電力網を最大容量で継続的に稼働させると、そのように強度の高い使用を想定して設計されていない電力施設はやがて劣化し、被害に遭いやすいコミュニティにおける火災のリスクが高くなる。テキサス州のように、今後4年間にさらに27ギガワット――テキサス州全体の送電網の発電施設の約30%に相当する――のクリプトマイニング需要が追加されることが予想されている場所では、クリプトマイニングは電力危機の可能性を高め、十分な発電を提供する送電網の能力を需要が圧倒する（Calma 2022）。

さらに、ビットコイン採掘の集約的性質は、機械の頻繁な交換を必要とし、古い機器が機能しなくなると「電子廃棄物」になる可能性がある。電子廃棄物はしばしば有毒な化学物質や重金属が含まれていて、適切に廃棄されない場合、土壌に溶出する可能性がある（de Vries and Stoll 2021）。採掘エネルギー使用比較が困難であるのとちょうど同じように、活動ごとの電子廃棄物を比較するのは不正確である。とくに、かつてビットコインの採掘に使われていた古いマシンは、一時的に使われなくなっても、ビットコインの価格が十分に高くなった場合、再び使われるようになる可能性があるからだ（White House 2022d）。そうとはいえ、ある推計によれば、たった1回のビットコイン取引と同じ量の電子廃棄物を生み出すには、11万4000件ものVISA取引が必要である。または、1回のビットコイン取引は、2.7台のiPhoneより多い電子廃棄物を生み出す可能性がある（Digiconomist 2022）。

つかの解決策を評価している。たとえば、ステーブルコインが安全資産によって完全に担保されることを義務づけた場合、通常はローンを行う銀行に行く資金を引きつけるリスクがあると断定している。これは、個人と企業に対し信用のアベイラビリティを損なう可能性を有している。続く研究でゴートンとチャン（Gorton and Zhang 2022）が主張したところによると、ステーブルコインは、通貨発行の独占権を持つ政府の貨幣権限に挑戦し、金融安定性を揺るがす可能性がある。

ステーブルコインは現在、高速決済手段となることに対して、いくつか大きな障害に直面している。その1つは、ステーブルコインがこのニーズを現在満たすにはあまりにもリスキーだということである。さらに、以下で論じるように、暗号資産分野における消費者および投資家保護に関する一般的懸念も、ステーブルコインに当てはまる（U.S. Department of the Treasury 2022a）。それにもかかわらず、分散型台帳技術をデジタル決済システムに用いる実験が続いている。暗号資産は現在、金融システムの他の部分に対する決済または清算の技術ではないが、それでも将来的には、基盤となるDLTは幅広い金融システムに対する決済または清算システムに適応する可能性がある。

暗号資産は消費者と投資家に損害をもたらすことがある

消費者と投資家が金融サービスにアクセスするために暗号資産を用いるには、暗号資産業界が健全な消費者、投資家、市場保護を持たなくてはならない。しかし、暗号資産業界の多くの参加者は、既存の法律や規制を遵守して行動しておらず、暗号資産業界で最も一般的な不法行為の一部は、とりわけ小口投資家を狙った詐欺である（U.S. Department of the Treasury 2022a）。大量の法令遵守違反がある主な分野の1つは、証券である暗号資産をめぐる情報開示である。この情報開示不足により、投資家はほとんどの暗号資産がなんら基本的価値を持たないことを認識できないでいる。たとえば、多くの詐欺師は、錯綜していてプロらしく見えるウェブサイトを作成し、ワクワクする高リターンの投資機会を投資家に提供すると見せかけている。被害者が投資のために犯罪者に暗号資産を渡すと、犯罪者はたんにその資金を持ち逃げすることができる。この事例として、2021年9月の事件があり、米国証券取引委員会（SEC）は、プラットフォームのBitConnectを20億ドル相当の

詐欺行為を行ったとして提訴した（SEC 2021a）。その訴訟の中で、SEC は、BitConnect が「専用ボラティリティ・ソフトウェア取引ボット」を用いた「融資」プログラムを投資家に提供すると謳っていたが、たんに投資家の暗号資産を奪い、犯罪者によって管理されているデジタル・ウォレットに移管しただけだと主張した。これまでに、SEC は、暗号資産に関わる多くの詐欺手口や他のタイプの不正行為を告発している（SEC 2022）。

2021 年 5 月、連邦取引委員会（FTC）は、2020 年 10 月以降における暗号資産に関わる詐欺の増加について詳述した投稿を公開した（Fletcher 2021）。2020 年 10 月から 2021 年 5 月までに、7000 人以上の人々がこれらの詐欺によって損失を被り、総額 8000 万㌦以上、中位損失 1900㌦であった。FTC によって特定された詐欺の主なタイプの 1 つは、「プレゼント詐欺」であり、元締めは、一定の暗号資産を瞬く間に数倍にすると謳うが、受け取ると暗号資産を着服する。FTC によると、若者はこの種の不正に最も引っ掛かりやすい。20 歳から 39 歳の人々は、他のいかなる種類よりも多くのお金を投資詐欺で失っており、半分以上が暗号資産に原因を帰せられる。

2022 年 11 月、消費者金融保護局（CFPB）は、暗号資産についての消費者からの苦情を要約した速報を公開した（CFPB 2022）。2018 年 10 月から 2022 年 9 月までの 4 年に満たない期間に、CFPB は、暗号資産に関連した 8300 もの苦情を受け取り、その大部分は 2020 年以降に受け取ったものであった。この期間に、扱われた暗号資産の苦情の約 40% は、主として不正と詐欺であった。暗号資産の取引上の問題や、約束された通りに資産が入手できない問題が、さらに 40% を構成している。CFPB の速報で特定されたその他のリスクには、ロマンス詐欺や「豚の屠殺」、返還を得ることの困難さ、不正取引がある[4]。

さらに、暗号資産プラットフォームには利益相反が存在しうる。たとえば、一部の暗号資産プラットフォームは、取引所、仲介、マーケット・メイキング、清算機関の機能を結合している。この商品・サービスの垂直統合は、従来からの市場では長い間禁止されてきたものであり、顧客にリスクをもたらす。たとえば、取引所とマーケット・メイキング機能を結合させたプラットフォームは、顧客に先んじて取引するインセンティブを有し、顧客のために最善の執行を行おうとするインセンティブが少なくなるであろう。2022 年まで最大の暗号資産プラットフォームの 1 つであった FTX は、伝えられているところによると、顧客口座の数十億ドルを関連取引企業のアラメダ・リサーチに移管した（Goldstein et al. 2022）。FTX の独自トークンである FTT を担保に借入を行うことにより、アラメダ・リサーチは、リスキーな賭けを行い、FTX 顧客の資金の大部分を失ったと伝えられている（Tortorelli and Rooney 2022）。2022 年 11 月、FTX とその関連会社は破産を宣言し、FTT の価格は多額の損失を計上した。現時点で、FTX の顧客と債権者が自分たちの資金を取り戻せるかどうかは分からない（Ge Huang, Osipovich, and Kowsmann 2022）。

DLT 技術からの経済的利益はまだ限定されている

互いに信用する理由を持たない 2 人の当事者がそれでも安全に取引ができることを確保するという難題を DLT が解決できたことは、コンピュータ科学の顕著な成果である。この解決策によって DLT に対して興奮が生じ、この技術がビジネスのやり方を変えるという熱狂さえも生じている（Iansiti and Lakhani 2017）。DLT とブロックチェーン技術は、必ずしもすべての応用に適しているわけではない。ブロックチェーン技術の応用を成功させるため、いくつか考慮すべき事項が提起されている（Yaga et al. 2018）。提案されている DLT 用途の事例については BOX 8-4 を参照のこと。しかし、核心において DLT はたんなるデータベースであり、提案されている多くの DLT 基盤プロジェクトは、実際には分散化を採用していない（後述）。なかにはブロックチェーンの誇張から利益を得ようとしている者もいる——製品または企業への関心を高めるために「ブロックチェーンへの路線変更」を発表するのは、暗号に関連のない企業にとって常套手段となっている（Griffith 2018）。たとえば、2017 年 12 月、「ロング・アイランド・アイス・ティー」という飲料メーカーは、その事業に何ら実質的な変更がないにもかかわらず、その名称に「ブロックチェーン」を追加し、株価は 3 倍になった（Cheng 2017）。

⑧

結局、同社の関係者3名がSECからインサイダー取引で起訴された。SECの主張によれば、これらのインサイダーは、同社の株式を売却する前に株価を高めるため、「ブロックチェーンへの路線変更」戦術を用いたという（SEC 2021b）。

さらに、多くの傑出した技術者が主張しているところによると、分散型台帳はとくだん目新しくも有用でもないか、既存の代替物の方がはるかにすぐれている応用で用いられている。たとえば、サイバーセキュリティ専門家のブルース・シュナイダー（Schneier 2019）は、暗号資産を「役立たず」と呼び、分散化して信頼を必要としないという主張にもかかわらず、ブロックチェーン基盤の応用は実際にはそのどちらでもないと主張している。しばしば、ユーザーは、限られた暗号資産プラットフォームに行くことによって自分の暗号資産にアクセスしており、少数の採掘者がほとんどの暗号資産において採掘の大半を行っており、BOX 8-3で説明されているように、その活動は物理的環境に悪影響を及ぼしている。ブロックチェーンの「信頼不要」について言えば、シュナイダーは、ブロックチェーンは信頼の必要性を排除せず、信頼を個人や組織から技術に、すべての機能やバグと一緒に移すだけであると指摘している。

分散型システムを研究している主導的なコンピュータ科学者、ジェームズ・ミケンズは、実際には分散型でも信頼不要でもないことに加えて、ブロックチェーンは喧伝されている用途に非常に不向きであることが多いと述べている（Mickens 2018）。これは主に個人または企業のアイデンティティが必要なときに（サプライチェーン、医療記録、土地権利書のように）、既存の技術はその同じ問題をはるかに効率的な方法で解決できるからである。たとえば、変更不可能で分散型のブロックチェーンのサイバーセキュリティ上の利点の多くは、耐タンパー性（後になってデジタル署名を変更できない性能）や否認防止（情報の送信者と受信者両方に届けられる、情報の送信者の身元に関するレシートで、両者がその情報を処理したことを保証する）のような既存の機能によって再現できる（World Bank, n.d.; NIST, n.d.）。

ブロックチェーン技術の推進派が主張するところによると、それは企業業績を高めるだけでなく、まったく新しいインターネットの根幹となる。いわゆる新たなインターネットであるweb3は、だいたい2000年以前から存在しているインターネットの以前のバージョン（しばしば「web1」と呼ばれ、分散型、コミュニティ統御型オープン・プロトコルを特徴とする）のプライバシー／ネットワーク上の利点すべてを保持する一方、web2のさまざまな仕様の高い機能性をGoogleやアップルのような大手中央集権型企業に依存することなく維持すると言われている（Dixon 2021）。しかし、暗号学者でメッセージ・アプリのSignalの創業者、モクシー・マーリンスパイク（Marlinspike 2022）は、現在のインターネットの特徴が非常に中央集権的である理由は、2つの具体的な理由のため、それが物事を容易にすることにあると主張している。第1に、彼によると、分散型インターネットは個人や企業が自身のサーバーを設ける必要がある。しかし、サーバーの中央集権型設置は、大規模な主体によってはるかに安価で信頼できる形で行うことができ、それゆえ規模の経済から利益を得られる。第2に、プロトコル——またはインターネット・システムが実行する規則——は、プラットフォームよりもはるかに変更が困難であると主張している。つまり、中央集権型で、非オープンソースのプロトコルは、（多数の主体とは反対に）単一の主体によって管理されるため、それらが分散化された場合よりもはるかに高速で変更できる多様な機能を促進できる。マーリンスパイクはまた、中央集権がもたらす容易さと利便性のためにweb3はすでに中央集権的構造に向かう傾向があるが、従来からの技術が使われた場合よりもはるかにぎこちないと指摘している。彼はとくに次のように主張している。「一度分散型エコシステムが利便性のために1つのプラットフォームに中央集権化すると、両方の世界の最悪の状態になる。つまり、中央集権的管理であるが、それでもすぐに行き詰まるには十分なほど分散化するようになる」。

金融イノベーションのリスク

暗号資産のエコシステムとその基盤となる技術は、新発見の効率性の可能性をもたらす一方、基本的経済原理に挑む取組はしばしば金融崩壊を引

BOX 8—4　分散型台帳技術の用途案

DLT によって生じた興奮は、多額の投資資金を引き付け、政府や暗号資産業界外の企業に対し、基盤となる技術プロセスを用いて実験するように促してきた。あるケースでは、この興奮によって多額の評価損やプロジェクトの失敗がもたらされた。ここでは、3つの現行のケースを振り返り、実験の事例を紹介する。

ウォルマート・カナダとサプライチェーン。一般的に注目されている分散型台帳技術の用途はサプライチェーンであり、単一の分散型台帳がサプライチェーンを通じての追跡可能性を向上させ、1企業と複数のサプライヤーとの間の記録を照合することができる（Laaper, n.d.）。ウォルマート・カナダは、70社の第三者貨物輸送会社との決済紛争を処理しようとするブロックチェーンを立ち上げた。『バーバード・ビジネス・レビュー』誌の記事はその実験を「とてつもない成功」と呼び、ブロックチェーン・システム以前には、請求書の70％が紛争となっていたが、その導入後、その割合は1％未満に下落したと主張した（Vitasek et al. 2022）。一見印象的であるが、ブロックチェーン・プラットフォームを開発するためにウォルマート・カナダと提携した企業は、そのプロジェクトについて説明している報告書の中で、「1日当たり数千件の取引からデータ・ポイントを安全に保存し管理するため、600以上の仮想マシン（VM）」上で動作すると述べた（Hyperledger Foundation, n.d.）。これは、各仮想マシンが1日当たりせいぜい17件しか取引を処理していないことを意味する。参考までに、最優良事例で構成された2つの仮想マシンを持つ最小構成の AWS（Amazon Web Services）の RDS（relational data store）データベースは、1秒間に数万とまでは言わないまでも数千の取引を処理できる（Amazon 2017）。さらに、傑出した技術者の言うところによると、そのシステムでブロックチェーンが機能上どのような役割を果たしているのかすら明白ではなく、そのプログラムは既存技術を非効率な方法で使用しているようなもので

ある（Orosz 2022）。

ヘリウム社と分散型インターネット。　ヘリウム社は、ピアツーピア無線ネットワークの構築を試みている会社であり、ユーザーが「ホットスポット」──長距離でデータを送信できる小型端末──を購入し、組み合わせて Wi-Fi ネットワークを構築できるようにする。同社が設立されたとき、そのビジネス・モデルの中心に暗号資産を置くつもりはなかった（Roose 2022）。その代わり、同社は、ネットワークのユーザーからホットスポットの所有者に料金の一部をたんに分配することにより、ネットワークの構築を手助けする人々に従来型の経済的インセンティブを用いようとした。しかし、2019年、同社は一転し、暗号資産をビジネス・モデルの中核に据えようと試み、約500㌦かかるホットスポットを購入した（ネットワークに貢献した）ユーザーには、ヘリウム社の暗号資産トークンで報酬を与えるインセンティブ体系を作成した。トークンの価格が上昇する場合、ホットスポットを所有する報酬も上昇し、より多くのユーザーが必要なネットワーク・インフラを構築するように奨励した。

この転換の後、アンドリーセン・ホロウィッツ（a16z として知られている）のような大手ベンチャー・キャピタル企業は、ヘリウム社が株式で数億ドルを調達するのを助けた（Seward 2021）。アラマンダ・リサーチ（FTX と提携し破綻したヘッジファンド）も、ヘリウム社の大口投資家であった。多額の資金調達と広範囲に及ぶ利害関係にもかかわらず、ヘリウム社は2022年7月に調査対象となったが、共同創設者がツイートしたところによると、同社は新規ユーザー加入（ホットスポット購入）によって毎月200万㌦の料金を生み出すが、そのうち実際にインターネット・サービスを使用しているユーザーからの料金はわずか6500㌦（0.3％）にすぎない（Levine 2022）。さらに、2022年9月のフォーブスの調査によると、同社の経営陣は、同社の歴史の初期に、一般公開されていないヘリウム社のトークンの棚ぼたを自

⑧

分と家族に与えていた（Emerson, Jeans, and Liu 2022）。また、2022年9月、ヘリウム社は独自のブロックチェーンの利用を終了したが、伝えられるところによると、コア機能（「プルーフ・オブ・カバレッジ」）としてインターネット・アクセス提供の拡大にインセンティブを与えていたが、その業務とコインをSolanaブロックチェーンに移行した。それは他の多くの投機的暗号資産が取引されるのと同一の技術であり、この用途が他のあらゆるタイプの暗号資産と区別できるのかが疑問視されている（Yaffe-Bellany 2022）。これらのニュースはヘリウムの将来にとって強い逆風となるが、それにもかかわらずヘリウム・トークンの市場価値（2022年12月22日時点）は2億5300万ドル以上あった（CoinMarketCap 2022）。

非代替性トークンと仮想不動産。 非代替性トークン（NFT）は、替えが効かないデジタル資産である。各NFTは独自のものであり、その所有権は分散型台帳に記録される。NFTの所有権は、取引を記録しそれをブロックチェーンに転送することにより、2人のユーザー間で受け渡しができる。NFTはしばしば、画像ファイルなどのデジタル・オブジェクトのポインターが含まれている。有名な事例として、2021年3月、Twitterの共同創設者で元CEOのジャック・ドーシーは、2006年にTwitterで最初に彼がツイートした画像のNFTをオークションにかけ、落札価格は290万ドル以上となった（Locke 2021）。同一のデジタル画像の新たなNFTは誰でも作成（「鋳造」）することができる（そしてデジタル画像は容易に複製できる）が、元々の取引はブロックチェーン上に保持されるので、本当に同じものにはならないであろう（OpenSea 2022）。これは暗号資産の「人工的希少性」という見解を浮き彫りにする。

ボリら（Borri, Liu, and Tsyvnski 2022）は、2018年から2021年までのNFTの市場を研究し、繰り返し販売法に基づいたNFT価格の指標を作成した。彼らが明らかにしたところによると、この期間における平均的なNFT市場リターンは週に2.5%で、各週の標準偏差は19%であった。

これは、NFTリターンのボラティリティとバラツキを浮き彫りにする。NFTの市場は2022年に冷え込み、ドーシーのツイートの所有者は2022年4月に4800万ドルで売りに出したが、2023年1月4日現在、最高入札額は約8万2000ドルである（OpenSea 2022）。

NFTは、仮想不動産の所有権を追跡する自然な方法となりうる。いくつかの異なる「メタバース」が、仮想世界における「土地」を提供しはじめた。土地の所有権は分散型台帳上に記録された仮想不動産所有権に変換される。その土地で何をするかはプラットフォーム次第である——大手メタバース・プラットフォームであるディセントラランドでは、所有者は適しているようにその土地を開発する自由がある。所有者は仮想財を販売する店舗を開設したり、訪問者向けゲーム・アプリを作成したり、仮想美術コレクションのためのギャラリーを構築したり、仮想「住宅」を建築したりできる（Kamin 2021）。ダウリング（Dowling 2022）はディセントラランドの土地の価値を研究し、2019年から2021年まで仮想土地トークンの日次価格が極端なボラティリティを伴って変動したことを明らかにした。物理的世界と同様に、立地が重要である——データ・セット中の不動産の平均取引価格は1311ドルであるが、ある企業はディセントラランドのファッション街の土地に250万ドルを支払った（Putzier 2021）。

実験。 前述のような現在の用途は、もしあったとしても、これまでのところ経済的利益が非常に限られていることが示されている。たとえそうだとしても、推進派はそれでも、企業や政府が潜在的用途を実験し続けていけば、この技術は将来生産的用途を見つけられると主張している。しかし、それらはしばしば、ネットワークの信頼できる会員として入札されたマシンの「許可制」ネットワークを用いている（Oracle 2022）。たとえば、分散型台帳技術は、銀行の決済・清算プロセスを改善するために使うことができる（Bech et al. 2020）。事実、前述のように、銀行は、取引、清算、決済、保管の効率性を高めるため、分散型台帳技

術で実験をしている（Yang 2022）。さらに、ニューヨーク連邦準備銀行（Federal Reserve Bank of New York 2022）のニューヨーク・イノベーション・センターは、規制対象金融機関間の取引を DLT の潜在的な利用によって可能にする、概念的な金融市場インフラである規制された債務ネットワークという考え方の実験に参画している。

表8─1　未決済建玉による暗号デリバティブ・プラットフォーム上位10社

順位 (1)	取引所 (2)	24時間未決済建玉（名目ドル） (3)	24時間取引量（名目ドル） (4)
1	BTCEX	$8,314,364,513	$7,180,531,116
2	Binance	$7,714,660,817	$32,741,616,672
3	BTCC Futures	$5,103,831,418	$7,968,963,153
4	Deepcoin	$4,781,751,226	$9,854,658,307
5	BingX	$4,334,560,170	$5,165,147,675
6	Bitget Futures	$4,331,916,947	$5,414,169,494
7	OKX	$3,586,501,924	$8,449,781,644
8	Bybit	$3,397,272,483	$8,090,497,597
9	MEXC Global	$3,228,041,626	$2,263,323,835
10	Bitmart Futures	$2,707,627,218	$4,283,383,129

出所：CoinGecko. Data were collected on January 19, 2023.

き起こしてきた。経済学者のハイマン・ミンスキーの仮説によれば、金融危機は類似のサイクルを辿り、それによって最初は力強い投資がますます投機的になりバブル破裂に至ることがよくある（Minsky 1992）。さらに、ミンスキーの主張によると、規制当局が危機の直後には警戒を強めるが、時間が経ち、投機対象が変化し、規制当局が「イノベーション」を損なわないよういちいち指図することはなくなるので、危機は繰り返し起こる（Minsky 2008）。ミンスキーによると、この弛緩した規制環境は不可避的に次の危機を招く。事実、他の経済学者は、最も効果的な金融規制は危機が生じた後にだけ導入されてきたと主張して

いる（Gorton 2012）。ミンスキー理論は、グローバル金融危機の後に広まった。危機を悪化させた住宅ローンにかかわる複雑な金融商品は当初は革新的だと賞賛され、そのリスクについて論じる人たちは著名な評論家によって「ラッダイト」とレッテルを貼られた（Cassidy 2008; Wheatley 2013）。

　ミンスキーの著作は、過去の金融危機に適用されるように、今日の政策立案者に示唆を与えるかもしれない。幸運なことに、1つには暗号資産はまだ完全には金融システムの他の部分に統合されていないため、暗号資産によってシステミック危機はまだ起こっておらず、政策立案者には適切な

⑧

行動をとる猶予がある。暗号資産によって露呈したリスクは、行きすぎた投機、高いレバレッジ、取付リスク、暗号資産採掘による環境被害、小口投資家と企業に損害をもたらす不正行為に起因する。暗号資産は今後も存在すると思われるため、政策立案者は、暗号資産によって引き起こされる「ミンスキーの瞬間」を回避するため、これらのリスクを検討すべきである。

暗号資産から生じる他のリスク

暗号資産に当てはまるいくつかのリスクは、さらに検討が必要である。これらのリスクの多くは暗号資産に独特のものではない。革新的技術と結合することで、それらは、責任あるイノベーションを鼓舞する一方、リスクを最小化しようとしている政策立案者と規制当局に課題をもたらす。

レバレッジ・リスク。 暗号資産デリバティブ・プラットフォーム──暗号資産にリンクした金融デリバティブを投資家が売買できる場所──は、過去2年間にかなりの成長を遂げた（Damalas et al. 2022）。表8−1が示すところによると、2023年1月18日現在、暗号資産デリバティブのプラットフォーム上位10社は、これらのデリバティブの全取引の約76%を占め、470億ドル以上の建玉、約910億ドルの日次取引を有している。ある国際的な規制機関によると、最大級のプラットフォームの1つであるBinanceは、規制上の要請に対して十分かつ信頼できる情報を提供することを拒んでいる（FCA 2021）。

取引所は、顧客に提供するレバレッジの高さをウリにすることがよくあり、投資家は最大100対1のレバレッジ（負債対資本比率）をかけられると言っている（Pechman 2021）。こうしたデリバティブ・プラットフォームは、高いレバレッジ（負債対資本比率）のポジションが暗号資産の価格に対するショックを増幅し、多額の損失、さらにはデフォルトをもたらすため、金融不安定性を生むことがある（U.S. Department of the Treasury 2022c）。とくに、レバレッジがあることによってごく短期間に価格が下落する余地がほとんどない。急激な価格低下によってブローカーが多額の証拠金請求を行い、したがってより幅広く清算を強いられる可能性があるからだ（Carapella

et al. 2022）。

レバレッジが比較的未知量な金融市場におけるDLTの比較的新しい応用は、いわゆる分散型金融（DeFi）である。DeFiは、ローンなどの金融商品を、「スマート・コントラクト」を用いることを通じてブロックチェーン上で提供することを試みている（Carapella et al. 2022）。DeFiの背後にある基本的約束は、金融仲介機関を排除し、代わりに貯蓄者を直接貸し手（または買い手を売り手）に結びつけ、ソフトウェアで一致を作り出すため、従来型金融仲介機関が請求する預貸スプレッドを節約できるようにする。DeFiの応用は仲介手数料を低下させることによって信用へのアクセスを拡大するのに役立つと主張するが、それらは投資家に深刻なリスクをもたらし、より幅広い金融システムに対しては少なくとも次の2つのリスクを引き起こしている。すなわち、かなりのレバレッジを利用することと、適切な規制を遵守することなく規制対象機能を実行することである。規制対象外の銀行、ブローカー・ディーラー、取引所、他の規制対象事業者として働くDeFiプラットフォームは、既存の規制と規則を遵守して運営さるべきである。DeFi融資プラットフォームは、効果的に投資家から資金を受け取りそれを使ってローンを生成し、投資家に金利を約束する。このダイナミクスはもともと取付リスクを引き起こし、ある時点においてプラットフォームが融通できる以上の資金を多くの投資家が引き出そうとするので、それによってプラットフォームは交換性を停止するか、完全な失敗のどちらかとなる（Carapella et al 2022）。さらに、DeFiは、「合成レバレッジ」の機会を提供し、それによって投資家は、借入先から引き受けた本当のレバレッジの量を隠すことができる（Tian 2021）。DeFiが小さな小口投資家に限定されている場合、DeFiプラットフォームの破綻はそれでもこれらの投資家に損害を及ぼすが、そのショックは比較的封じ込められている。銀行規制機関は、暗号資産関連活動に集中していたり、暗号資産セクターにエクスポージャーが集中しているビジネス・モデルに懸念を示す声明を出した（Federal Reserve Board 2023）。

価格変動性。 ほとんどの暗号資産は、かなりの価格変動を経験する。そのような変動性の高い

資産を保有することは、変動性がバランスシートの資産の絶えざる変化をもたらすことになるので、暗号資産を保有できる場合、大手金融機関に対して課題をもたらす。この変動性が今度は、銀行や他の金融機関の資金調達コストを上昇させ、それによって銀行——融資できるように借入を行う——は、資金調達コスト（金利）の引き上げが必要となり、信用状況の引き締めをもたらすことになる。

暗号資産の保管機関（つまり、自社のバランスシート上に暗号資産を持つのではなく、顧客のために暗号資産を保有する）として働くような、暗号資産関連活動を行う能力が銀行には限られていることを前提とすると、現在、この伝染リスクは比較的弱い（OCC 2020）。事実、連邦準備制度などの銀行規制当局は、規制対象金融機関に対し、その規制当局に報告をしてから暗号資産関連活動に従事することを求める指針を発表した（Gibson and Belsky 2022）。しかし、ヘッジファンドなど、他の規制の少ない金融機関は、ますます暗号資産に投資するようになっている。規制が緩かったり規制されていなかったりする事業者のそのような活動は、ブルネルマイヤーとピーダーソン（Brunnermeier and Pederson 2007）によって説明されているように、「流動性スパイラル」をもたらす可能性がある。このスパイラルは、ある資産——暗号資産など——の価格の劇的な暴落によって、ヘッジファンドが追加証拠金を支払うことを迫られ、その追加証拠金を満たすために他のポジションを売却する必要があるときに発生する。多くのファンドがある資産や価格が下落している資産にエクスポージャーを持つ場合、売却は市場流動性を低下させるのに十分なほど広範囲のものとなる。

違法金融リスク。　暗号資産は、「ランサムウェア」の被害者から引き出される支払いの標準的形態である。悪質な行為者はある組織をハッキングした上で、支払いが行われると被害者のネットワークの制御を解放し、しばしば被害者から盗んだデータの漏洩を見送る。暗号資産は、ランサムウェアによるハッキングを実行する上で決定的に重要な摩擦を取り除くことができる。攻撃者は特定の人物に結びついた銀行口座の代わりに仮名のウォレットに暗号資産を送るよう要求できるの

で、不換紙幣と比較すると、攻撃者は自分たちになされる支払いをより容易に洗浄したり不明瞭にしたりできる（U.S. Department of Justice 2022）。重要なのは、他の金融資産のように、暗号資産は、ランサムウェア支払いを含め、一連の不正行為に悪用される可能性があることである。暗号資産は、人身売買業者、性的虐待のために子供を搾取する人々、薬物密売人や詐欺師にも悪用されている。また、北朝鮮と関連しているラザルス・グループによる最近の盗難など、ならず者国家の活動に資金を提供するため、テロ活動に資金を提供するために悪用されている（GAO 2021; U.S. Department of the Treasury 2022d）。暗号資産と関連した他の重要な違法金融リスクは、次のものから生じている。つまり、国際的な「マネー・ローンダリングおよびテロ資金供与防止対策」（AML/CFT）基準の実施の格差。匿名性を高める技術の使用。一部のケースでは、仲介機関として対象金融機関が存在しない——したがって、一部の暗号資産取引においては、AML/CFT 管理が行われていない。制裁義務の遵守を含め、AML/CFT や他の規制義務を果たしていないサービス・プロバイダーである。最後の点について言えば、暗号資産企業が適切な規制当局に登録せず、十分な AML/CFT 管理を確立せず、制裁義務を遵守しない場合、米国と国際連合の制裁を回避するなど、犯罪者はそのサービスをうまく利用する可能性が高くなる。

ランサムウェアの利用。　暗号資産を受け取るためのハッキングが普及するにつれ、サイバー保険を購入することによりこうした攻撃に備える保険をかけようとする企業が増える。しかし、そのような保険の存在は根本的な問題を取り除くのではなく、ハッカーが保険加入企業を攻撃し、保険による支払いを受けるインセンティブを生むことすらある。事実、『ザ・レコード』とのインタビューで、ロシアのハッカー集団REvilのメンバーは、サイバー保険を持つ組織を狙っているのかどうかとはっきりと尋ねられた。そのメンバーは次のように回答した。「はい、これは最もおいしいご馳走の1つです。とくに保険会社を最初にハッキングします——顧客基盤を手に入れ、そこからターゲットを絞って行います。リストを一巡してから、保険会社自体を襲うのです」。（Smilyanets 2021）

⑧

図8−5 時間を通じての名目サイバー保険価格

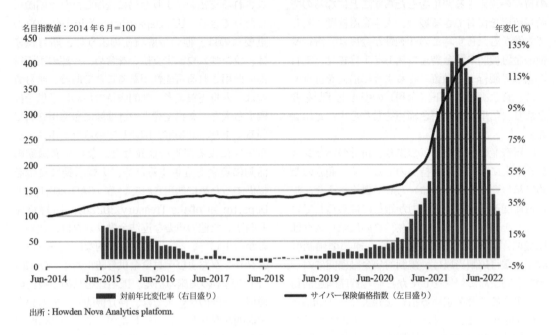

出所：Howden Nova Analytics platform.

表8−2 国別のランサムウェアと事業停止時間コスト、2020年

国 (1)	合計提出数 (2)	最低コスト（ドル、名目） (3)	推計コスト（ドル、名目） (4)
米国	15,672	5,123,606,318	20,494,425,272
フランス	4,476	1,452,222,393	5,808,889,571
スペイン	4,088	1,332,008,900	5,328,035,599
イタリア	3,835	1,255,260,122	5,021,040,489
ドイツ	3,747	1,214,481,832	4,857,927,329
カナダ	3,236	1,058,505,964	4,234,023,855
イギリス	2,718	878,155,444	3,512,621,775
オーストラリア	2,072	678,541,158	2,714,164,633
オーストリア	819	268,888,310	1,075,553,242
ニュージーランド	265	86,448,688	345,794,755
合計	40,928	13,348,119,130	53,392,476,519

出所：Emsisoft Malware Lab.

サイバー保険価格から、この悪循環と整合的な事実を観察できる。保険ブローカーのホーデンは、「グローバル・サイバー保険価格指数」をまとめており、それはサイバー保険の保険料を幅広く計測するものである（Howden 2023）。図8-5に示されている通り、サイバー保険のコストは、2014年7月以降、300%以上増加した。

身代金コストの支払いに加え、ランサムウェア攻撃を受けた企業はたいてい、支払いを行うまで事業活動を維持することができない。その年次「ランサムウェア状況」報告書の中で、サイバーセキュリティ企業のエムシソフトは、2020年に米国における身代金支払いと事業停止時間の合計コストは196億ﾄﾞﾙとなり、米国、フランス、スペイン、イタリア、ドイツ、カナダ、イギリス、オースト

ラリア、オーストリア、ニュージーランド全体で約510億ﾄﾞﾙになると推計した（表8-2に示されている）（Emsisoft Malware Lab 2021）。

ここで述べたコストは直接コストであることに注意することが決定的に重要である。間接コストはおそらくもっと多いであろう。企業は、比較優位を持つ生産的活動に従事するのではなく、サイバー保険の購入や情報技術セキュリティのために人員を増やすなど、攻撃者を撃退する手助けとなる活動や製品にリソースを振り向けなくてはならない。したがって、企業がランサムウェア攻撃を止めるために用いている資源の直接の金額の何倍も、経済的厚生と経済全体の生産はともに減少する。

わが国のデジタル金融インフラへの投資

暗号資産の成長は、即時決済制度やデジタル・マネー流通と共に、より速く、より包摂的な金融システムに対する需要を明るみにした。暗号資産が分散型貨幣の一形態として機能し、米国の決済制度をより速く、より安く、より安全で、より包摂的なものにするとの展望もあった。この見解はまだ実現には至っていない。とはいえ、この目標の少なくとも一部について、短期的に進展させられる他の方法がまだある。わが国の決済制度の規制機関および参加機関として、連邦準備制度はこれらの制度の完全性を維持する上で歴史的な役割を果たしている（Federal Reserve Board, n.d.）。たとえば、過去の分散型決済制度は、1つには、一部の銀行が他行からの小切手に全額を支払わなかったため——いわゆる額面割れ取立て、または、額面割れ銀行業のため——コストが高かった（Federal Reserve Board 1988）。一部のケースでは、これは、他行から預金された小切手に手数料を課すことによって行われた。連邦準備制度の設立直後、それは銀行に決済サービスを提供しはじめ、時間の経過の中で、額面割れ銀行業を排除する一助となった（Federal Reserve Bank of Minneapolis 1988）。

本節では、まず、多くの消費者と企業が安価

で即時の決済を行えるようになる、米国の決済制度の今後の改善について説明する。それから貨幣のデジタル形態である中央銀行デジタル通貨（CBDC）導入の可能性について論じる。信頼できる当局の監督下で運用される一方、これらの仕組みは両方とも、暗号資産開発者が約束した利益の多くを実現する可能性を秘めている。

FedNow 即時決済制度

2020年時点での全体の金額で、米国最大の小売決済制度は、自動決済機関（ACH）である（Federal Reserve Board 2022a）。ACHは、銀行および他の預金取扱金融機関の間の資金を交換するための電子的手段を提供する（Federal Reserve Bank of San Francisco, n.d）。典型的なACH決済には、給与、消費者および企業向け請求書、利払い、配当、ソーシャル・セキュリティ支払いが含まれる。ベンモなどのピアツーピア決済プラットフォームは、加盟銀行を通じてACHネットワーク・サービスに接続することにより、そのプラットフォームの内外への送金を完結させる（Venmo, n.d.）。地区連邦準備銀行と電子決済ネットワークは、わが国の全国的な2大ACH運用者である

⑧

（Federal Reserve Board 2020）。ACH の普及は多くの利点を与える。しかし、より大きく、より高速の経済が登場しつつある。ACH 決済は、1 日中、銀行間は即日一括で処理できるが、標準的 ACH 送金は、資金が決済されてエンド・ユーザーが利用できるようになるのに最長 3 営業日かかることがある。さらに、ACH 決済は営業日にしか行われない（Nacha 2021）。企業も個人も同様、決済制度の迅速化の必要性が増している。

技術の進歩は、今日の経済で個人および企業が決済を行う方法に顕著な改善をもたらす機会を生み出している。近年、議員、財務省の職員、他の専門家は、大口および小口両方の利用者に対し、連邦準備制度がより速い決済制度を提供することを要請している（Warren 2019; Mnuchin and Phillips 2018; Klein 2019）。COVID-19 パンデミックと電子商取引に対する消費者の需要増加の結果として、多くの企業は、より速い決済オプションを提供する取組に注力している（Rathjen 2022）。

これに応じて、連邦準備制度は、より速い決済制度の設計、開発を優先している（Federal Register 2019）[5]。連邦準備制度は、この新制度を 2023 年後半に始動させる計画をしており、それは FedNow サービスと呼ばれている（Federal Reserve Board 2022b）。FedNow に加盟する金融機関を通じて、企業と個人は便利に支払いを送金、受取できるようになり、受取人はほぼ即時に資金を入手でき、資金を管理し、時間的制約が厳しい支払いを行うのに柔軟性を高めることができる。このサービスは、24 時間、週 7 日稼働することになるであろう。この途切れのない資金移転処理は、既存の決済制度に対して重要な改善点となる（Federal Reserve Board 2022b, 2022c, 2022d）。このサービスは、ベンモのようなピアツーピア・サービスとは多くの点で異なっている。たとえば、FedNow を経由して送金された資金は、まずピアツーピア決済サービスから出て、それから決済に時間を要する ACH 銀行間送金処理に入らなくてはならないサービスよりも早く手にできるであろう。

スピードと便利さのほかに、ほぼ即時の決済は、必要なときにいつでも時間的制約の厳しい決済を行えるようにし、その資金の管理におけ

る柔軟性を高めることによって、個人と企業の両方に対して真の経済的利益を与えられる。とりわけ、FedNow の下でほぼ即時の決済は、社会的弱者に大きな利益をもたらすことができる。遅い決済制度は、アメリカ人に数十億ドルものコストをもたらすことになる。銀行の当座貸越手数料を被るほか、消費者は小切手現金化店舗やペイデイ・レンダー［高利の街金］など、高コストの代替手段を利用せざるをえない（Klein 2019）。2019 年、FedNow のような高速決済制度はこの種の手数料を削減し、アメリカ人世帯に年間 70 億ドル以上節約をもたらすと推計されている（Klein 2019）。低所得の人々は遅い決済制度によって損害を被る可能性がより高いので、FedNow が幅広く採用されれば、こうした節約からとくに利益を得られるであろう。イノベーションをこのように生産的に、責任を持って利用することにより、銀行サービスはより包摂的なものになる。

FedNow は、相互運用性を持たせるため、民間セクターによる公約と積極的関与が必要であり、相互運用性とは他の決済サービスとの接続と通信を意味する（Federal Reserve Board 2022c）。連邦準備制度によれば、相互運用性は、「決済メッセージが経路制御されたり交換されたりし、送金者が支払いを開始しそれが継ぎ目なく受取人に届くように決済されることが」決定的に重要である。「相互運用性があると、銀行口座を持つ個人または企業は、支払いが行われる経路を選択、理解したり、意識する必要もなく別の個人または企業に支払いを送れるであろう」。相互運用性はさまざまな形態を取ることを指摘する一方、連邦準備制度は、単体では FedNow の相互運用性を完全には確立できないと主張している。これを達成するには、金融業界との積極的な提携や協力が必要となるであろう（Federal Reserve Board 2022c）。

FedNow のようなほぼ即時のデジタル決済制度は、デジタル・マネーを流通させる必要性を低下させるかもしれない（NAFCU 2022）。このケースでは、FedNow が開始された後にデジタル・マネーを流通させるメリットは、最低限かもしれない。連邦準備制度理事会のミシェル・ボウマン理事は、2022 年 8 月に、「私は、中央銀行デジタル通貨（CBDC）の必要性について一部の者が提起した問題に FedNow が対処してくれると期待

している」と述べた（Bowman 2022）。逆に言えば、FedNow は、国内決済に主として焦点を合わせることを目的としており、少なくとも初期には、国境を越えた決済制度にもたらす改善は限られるかもしれない。さらに、FedNow はデジタル資産ではない。デジタル資産は、決済に利用できたり、取引にプログラム可能性を提供したりするもので、それはグローバルに統合された金融システムでデジタル・マネーの流通が果たせる役割である。

中央銀行デジタル通貨

　貨幣には、物理的形式（たとえば現金）とデジタル形式（たとえば電子銀行口座）の両方があることに注意することが重要である。したがって、中央銀行のデジタル通貨は、現金と同様に中央銀行の負債であるが、デジタル・プラットフォーム上に存在し、リアルタイムで交換、決済される。CBDC システムは、CBDC それ自体、CBDC と共に機能する官民の構成要素、これらのデジタル資産に適用される法律と規制で構成されている（White House 2022a）。CBDC システムは、金融機関（たとえば銀行）だけがアクセスを許されるホールセール型 CBDC、個人によるアクセスが認められるリテール型 CBDC など、無数の方法で設定できる。「とはいえ、特定の設計上の特徴や、CBDC の基盤となるインフラに関連した質問は、これらの区別をある程度あいまいにするかもしれない」（U.S. Department of the Treasury 2022e）。
　2023 年 1 月 5 日時点で、11 カ国が CBDC を開始している（Atlantic Council 2022）。さらに、欧州中央銀行や日本銀行など、多くの外国中央銀行が、CBDC を模索している。中国人民銀行などいくつかの中央銀行は、リテール型 CBDC を試験的に実施している（Gorton and Zhang 2022）。一部の国は、CBDC に DLT を使用することを検討してきた一方、CBDC 制度の試験プログラムの多くが DLT を基盤としていないことには、留意する価値がある。それらは、CBDC 制度の重要な側面を運用するため、信頼ある中央の権威——1 国の中央銀行——に依拠している。これは、米国版 CBDC が導入された場合、当てはまりそうである。ホワイトハウスが最近行った、米国版 CBDC

制度の可能性に対する評価によると、「米国版 CBDC 制度は、理論的には、ガバナンスの観点からするとほとんど『許可不要』なものになるが、この設計の選択は多くの技術的複雑性や実際上の制約を生み、少なくとも 1 つの信頼できる主体（つまり、中央銀行）を持つ制度にとって許可不要アプローチは意味がないことを強く示唆している」（White House 2022a）。これは、ビットコインのような暗号資産のよく引用される設立理念とは異なっており、想定された目的は信頼できる中央の権威を持たずに分散型貨幣を創出することであったことを考えると、いくぶん皮肉なことである
　米国版 CBDC——米ドルのデジタル形態——は、かなりのメリットを提供する可能性を秘めているであろう。それによってより効率的な決済制度を可能にし、さらなる技術革新の基盤を提供し、より高速の国境を越えた取引を可能にし、環境的に持続可能なものになる（White House 2022a）。それはまた、広範囲に及ぶ消費者にアクセスを与えることにより、金融包摂と公平性を促進することもできるであろう（Maniff 2020）。米国版 CBDC の可能性はまた、他の政策目標を支援するのにも役立つ。たとえば、米国版 CBDC の可能性は、そのような決済制度が、人権、民主的価値、プライバシーの諸原則に則ることを確保できる（U.S. Department of the Treasury 2022e）。
　金融システムに CBDC を有することから生じるコストもある。1 対 1 で担保されたステーブルコインと同様に、CBDC は信用アベイラビリティ・リスクをもたらす可能性もある（U.S. Department of the Treasury 2022b）。とはいえ、幅広く利用できる CBDC は、商業銀行預金の代替物として役立つであろう。安全資産によって完全に担保されたステーブルコインのケースとちょうど同じように、この代替効果は、銀行システムにおける預金総額を削減し、それが今度は銀行の資金調達費用を増加させ、ひいては家計および企業の信用アベイラビリティを減じるか、信用コストを引き上げるであろう。さらに、中央銀行貨幣は貨幣の最も安全な形態であるので、幅広く受け入れられる CBDC はとくに、金融システムに緊張があるときには、リスクを嫌うユーザーにとって（おそらくはステーブルコインよりも）魅力的である。銀行預金を即座に CBDC に変換できること

⑧

は、システミック銀行取付をより発生しやすくしたり、より深刻なものにすることがある（Bank of Canada et al. 2021）。さらに、CBDC は運営上のリスクを引き起こすことがある。CBDC プラットフォームがシステム破綻やサイバー攻撃のために機能できないとき、それは投資家の信頼を失う可能性がある。

　米国版 CBDC から生じる潜在的な利益とリスクを認識し、バイデン—ハリス政権は、「米国版 CBDC 制度政策目標」を作成したが、それは将来の米国版 CBDC のための連邦政府の優先順位を反映したものである（White House 2022e）。これらの政策目標は、大統領令で CBDC について示された目標を具体化している。これらの政策目標によると、「米国版 CBDC 制度は、実施された場合、消費者を保護し、経済成長を促進し、決済制度を改善し、他のプラットフォームとの相互運用性をもたらし、金融包摂を前進させ、国家安全保障を保護し、人権を尊重し、民主的価値と整合的であるべきだ」。

結　論

　金融サービスのイノベーションは、経済の広範囲にリスクと機会の両方をもたらす。それはビジネス・モデルや既存の産業に挑戦するが、貨幣として資産を有効なものにするものや、取付リスクを生じさせるインセンティブなど、基本的経済原理に挑戦することはできない。基盤となる技術は信頼できる権威がなくてもいかに取引を実行するのかという問題に対する賢明な解決策であるが、暗号資産通貨は幅広く経済的利益を提供していない。それらは主として投機的投資対象であり、不換紙幣の有効な代替物ではない。また、暗号資産通貨は、決済手段として機能させたり、金融包摂を拡大させたりするには、現時点ではリスクが高すぎる。たとえそうだとしても、その基盤となる技術は、企業や政府が引き続き DLT を試すことで、将来それでも生産的用途を見つける可能性がある。他方、一部の暗号資産は存在しており、金融市場、投資家、消費者に引き続きリスクをもたらす。暗号資産の世界の活動のほとんどは、既存の規制の対象となっており、規制当局は数多くの新しい事業体に法令を遵守させる力を拡大しつつある（SEC 2022）。暗号資産の世界の他の部分は、さまざまな省庁による調整が必要であり、それらがもたらすリスクにいかに対処するかについての検討が必要である（U.S. Department of the Treasury 2022a）。

　FedNow や未実現の米国版 CBDC など、ある種のイノベーションは、暗号資産によってもたらされるリスクや根拠なき熱狂を伴わずに、米国金融インフラを明確かつシンプルな方法でデジタル時代に移行させられる。したがって、わが国の金融インフラへの継続的投資は、消費者と企業にかなりの利益をもたらす可能性を秘めているが、暗号資産を規制する上で、規制当局は文明が学んだ教訓を適用し、ひいては経済原理に依拠しなくてはならない。

　注
1　また「参加許可型」の DLT もあり、そこでは、すべてのノードにネットワークに参加する許可を与えなくてはならない。しかし、ネットワークの信頼が認証によって確立されるならば、信頼を必要としないシステムという目的に反することになる。
2　正式には、ネットワークは各アカウントについて取引から生じる「未使用の取引出力」を追跡し、それは特定の単位の移転（たとえば、個人間で移転されるコインのようなもの）を表しており、利用可能な資金が引出しをどれだけ上回っているかを表している。
3　時価総額はボラティリティを示している。たとえば、CoinMarketCap（2023）を参照のこと。
4　豚の屠殺とは、詐欺師が盗むことができる暗号資産口座を開設するよう被害者を説得するため、詐欺師が被害者と密接な関係を築く手口である。
5　民間の高速決済制度には RTP があるが、その採用は少ないことに留意しなくてはならない（Clearing House 2022）。

第9章
気候変動の中で気象リスクの管理を改善する機会

近年ほど高い地球の気温は、人類文明の時代では前例のないことであり、地球の歴史の少なくとも過去12万5000年にはおそらく見られなかったことである（Gulev et al. 2021）。米国を含む多くの国は、温室効果ガス排出を抑制し、クリーン・エネルギーへの移行の機会を活用することにより、気候変動の影響を抑えるために意欲的に取り組んでいる。しかし、世界のエネルギー体系を転換しそれに気候が反応するのにかかる時間を考えると、少なくともグローバルな温室効果ガス排出がゼロに減少するまで、気候は変動し続けるであろう。今後数十年、より激しく頻繁な異常気象と、気候変動の不確実性は、米国経済に一連の経済的および金融的リスクをもたらし、連邦政府にそれに関連した財政的課題を突きつけるであろう。物理的な気候リスクは、来たるべき気候変動を予期して計画することにより管理でき、そのプロセスは適応として知られている。適応は、長期的に気候変動コストを低下させる機会を提供し、他方、今日の自然災害や気候リスクに対する回復力を構築する。

気候適応政策の設計は、個人や企業、連邦、州・地方政府を含む米国中の主体が、気候変動に適応するインセンティブにすでに直面していることを認識しなくてはならない。しかし、それらはまた、国際的、金融的、法的制約に直面しており、その適応能力を制限するかもしれない。これらの制約を緩和し、関連する市場の失敗に対処するために適応政策を対象とすることは、民間の行動を支援する上で最も効果的なはずである。気候変動適応における連邦政府の役割は、関連の政策分野における複雑で重層的な統治構造によって錯綜している。土地利用計画やゾーニングから保険市場の規制に至るまで、適応に関連する多くの重要な分野は、州または地方政府レベルの管轄である。しかし、連邦政府は、気候変動に対処するため、これらの分野における改革を進めることに強い関心を有している。信用や保険の提供から、災害対応と復旧、社会的セーフティネット・プログラムに至るまで、米国全体にわたってリスクを管理するその役割のためである。

気候変動がもたらすリスクは多くの次元があり、地域に特殊なもので、根本的な社会経済的脆弱性に基づいて異なっている。適応政策は、特定の環境に照準を合わせる必要があり、それゆえ可変的で複雑になる必要がある。本章では、さらなる連邦政府の適応策を構築するため、次の4つの包括的目標を提案する。

- ・気候リスクについての知識の生産、普及
- ・気候転換に向けた長期的計画立案
- ・気候リスクの正確な価格設定の確保
- ・社会的弱者の保護

米国は、温室効果ガス排出を削減するために行動する上で、世界中の国々に加わっている。完全に実施された場合、各国の誓約は、パリ協定の主目標を達成し、地球温暖化を3.6℉（2℃；Meinshausen et al. 2022）に抑える（United Nations Climate Change, n.d.）。低炭素技術のコストが急落し、多くの国の気候政策がますます意欲的になったことで、世界の排出曲線は曲がり、21世紀末までに8〜10℉の温暖化という最悪のケースの結果はますます起こりそうもなくなっている（Hausfather and Moore 2022）。米国は、2030

年までに排出量を2005年水準比で50〜52%まで削減し、2050年までに実質ゼロ排出を達成するという自国の目標を達成するため、主要な国内立法を行なってきた。とくに、2022年8月のインフレ抑止法と2021年11月の超党派インフラ法は、米国のインフラに総額4300億ドルの投資を行い、わが国が直面している気候課題に焦点を合わせている（U.S. Department of Energy 2022）。

しかし、これらの各国の公約を達成するのに必要な排出量抑制のための意欲的行動を前提としても、2つの主な理由のために、気候は当面変動を続けるであろう。第1に、グローバルなエネルギー体系を完全に転換するには数十年かかり、現在は温室効果ガスを発生させる化石燃料に大きく依存している。第2に、気候システムは排出の変化に反応するのに時間がかかるであろう。現在、米国本土の気温は1900年の水準を約1.8°F上回っている（Vose et al. 2017, 185）。たとえすべての国がその排出削減目標を達成したとしても、地球温暖化は2100年までに少なくとも2倍になるであろう（Meinshausen et al. 2022）。

地球温暖化の影響は、米国中ですでに明らかである。極暑の増加と熱波の長期化（National Oceanic and Atmospheric Administration, n.d.; Lipton et al. 2018; Gutiérrez et al. 2021, p. 2004）。極端な降雨事象と関連した洪水の増加（U.S. Environmental Protection Agency 2021; Davenport, Burke, and Diffenbaugh 2021）。巨大な山火事を引き起こす頻繁かつ激しい旱魃の増加（Williams, Cook, and Smerdon 2022; Borunda 2021; Burke et al. 2021）。沿岸の洪水と高潮の悪化をもたらす海面上昇（Hino et al. 2019; Marder 2020）。近年、気候変動と公式に結びつけられている事象の中には、次のものがある。カリフォルニア州で進行中の旱魃（Diffenbaugh, Swain, and Touma 2015）。南西部における異常な乾燥状態（Park Williams, Cook, and Smerdon 2022）。太平洋岸北西部における極暑（Bercos-Hickey et al. 2022）。中部大西洋岸の洪水（Winter et al. 2020）。西部の大規模な山火事（Yu et al. 2021）。2017年にヒューストンを浸水させたハリケーン・ハービーによる被害（Frame et al. 2020; World Weather Attribution 2017）。2016年のルイジアナ州における深刻な雨による洪水（van der Wiel et al. 2017）。

気象条件の変化はつねに課題を提示してきた。大気システムに固有の変化により、特定の気象条件は、原理的にも、7日から10日の予測可能な期間を超えて予測できない。しかしながら、安定

図9−1　気候の小さな変化が異常気象の発生確率を非常に大きく上昇させる

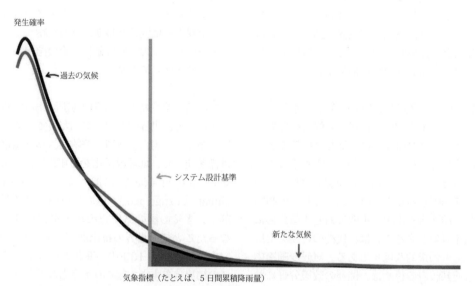

出所：CEA calculations.

BOX 9—1　バイデン—ハリス政権の適応および回復力への投資

2021 年超党派インフラ法（BIL）と 2022 年インフレ抑止法（IRA）はともに、自然災害に対する回復を構築し、気候変動のコストを削減するように社会的、経済的システムを適応させるための多くの条項を含んでいる。バイデン—ハリス政権は、これらの法律を実施する過程にあり、気候変動回復力に画期的な投資を行っている。BIL はとくに、低所得世帯のエネルギー効率改善への支援、回復力プロジェクトと洪水軽減のための州と海外領土への補助金、交通システムの回復力向上のための用途限定資金、山火事防災や沿岸適応のための資金など、適応策への投資に 500 億㌦提供している（White House 2022g, 2022h; U.S. Department of Transportation 2022; U.S. Department of Commerce 2022）。IRA における回復力条項には、住宅エネルギー効率改善のための税額控除およびリベート、旱魃対応および水インフラ改善のための資金が含まれる（White House 2022i）。

BIL と IRA によって提供された投資のほか、米国は次のものを含む多角的適応戦略を達成しようとしている。つまり、気候の極端な変動、建築基準、気候関連の金融的リスクに関する省庁間の調整。「回復力・適応のための気候地図作成ポー

タル」など、気候データ・ツールの提供。連邦政府調達への回復力の組み入れ（UN Framework Convention on Climate Change 2021; Climate Mapping for Resilience and Adaptation, n.d.）。主要省庁は現在、「気候変動・適応」計画を作成、実施し、計画の下での進捗について毎年報告することが求められている（White House 2022j）。いくつかのプログラムは、低所得コミュニティや部族コミュニティなど、とくに脆弱な集団に対する支援を対象としている（White House 2022g, 2022h）。

これらの画期的投資は、米国において適応と回復力を築くのに必要な基盤を敷いている。本章では、適応政策一般の基礎をなす幅広い経済原理と、この基盤に基づいて将来の仕事を支援しうる幅広い経済原理の両方について説明する。たとえば、適応および回復力プロジェクトに対する支出は、ゾーニング、建築基準法、インフラ基準の改革（ほとんどが州政府および地方自治体レベルで管理されている。図 9-3 を参照のこと）と一緒になったとき、また、すべてのレベルの政府で気候リスク管理の戦略的優先順位に関する明確なコミュニケーションが取られたとき、最も効果的になるであろう。

した気候では、さまざまな気象条件の発生確率を、正確に推計することができる。安定した気候によって、主体は気象に左右される結果のリスクを理解し、それにしたがって、インフラの設計、投資の配分、日常のルーティンや習慣の調整において、計画をすることができる。たとえば、インフラを設計するのに現在用いられている統計手法は、安定的で変化しない気候を想定しており、インフラの耐久年数における異常気象の発生確率は過去の数値で一定のままである（Milly et al. 2018）。

しかし、今日、人類が招いた気候変動によって、将来は過去のようになると想定し、将来の指針として過去の経験を未調整のまま使うことはもはや不可能である。過去の気象記録だけを用いて下された判断は、気象パターンが変化しているので、

ますます不正確でコストがかかるものになるであろう（Milly et al. 2018; Electric Power Research Institute 2022）。気候変動の中で発生する気象変化により、歴史的に見て前例のない気象条件を繰り返し経験することになるであろう（Fisher, Sippel, and Knutti 2021）。

平均的気候条件の小さな変化でさえ、以前は珍しかった気象事象の発生確率に大幅な変化をもたらす。これらのリスクを管理する社会、金融、インフラのシステムには、たいてい一定の許容範囲があり、これらの閾値を超えると急激にコストが増加する。たとえば、建設物はしばしば、100 年に 1 回の降雨事象など、過去の気象条件に基づいた基準で設計されており、これらの設計閾値を超える条件は、経済的、社会的コストが高い危

険な状況を生むことがある（American Society of Civil Engineers 2018, 239）。シフトする気候は、すぐにこれらの基準を時代遅れのものにする可能性がある。図解の気候分布を用いた図9-1で示された事例では、平均は20%弱の変化だが、異常気象の発生確率（緑の線の右側の分布の領域）は約80%増加する。

現代社会は、もはや存在しない気候によって命じられてきたし、引き続き命じられる。それゆえ、予測される気候システムの急激な変化は、今後数十年、経済、社会、インフラ、統治のシステムに大きく進むリスクをもたらすであろう。これらの

リスクを認識し、それに対して計画すること——しばしば適応と呼ばれるプロセス——は、コストを削減し、安定性を向上させ、最も脆弱な人々とコミュニティを保護することができる。気候変化は経済生産と社会福祉の多くの面に関連するため、決定に関連した気候情報から、保険市場の規制、建築基準法やゾーニングの改正に至るまで、適応政策は均一に広範囲に及ぶことが必要である。BOX 9-1は、気候変動のコストを削減し管理する一方、回復力を構築するため、バイデン—ハリス政権によってなされている進行中の投資の一部を説明している。

適応政策と適応計画の経済原理

気候変動への適応計画を支える経済原理は、一般に緩和と呼ばれる温室効果ガス排出削減を支える経済原理とは異なっており、またより変化に富んでいる。緩和は公共財の古典的事例である。排出のコストは世界中の人々に発生し、将来にまで続くであろう。化石燃料の市場価格はこれらの大きな社会的コストに含まれていないため、気候変動はグローバルな外部性として理解できる——ニコラス・スターンが「世界が経験した最大の市場の失敗」と呼んだものである（Stern 2006）。政府の行動がなければ、民間市場には排出削減を提供するインセンティブがほとんどない。さらに、排出削減の利益がグローバルに発生し、1国の国境内にとどめられないため、各国は気候の課題に対処するために協力しなければならない（Nordhaus 2019）。化石燃料が気候に及ぼす影響を考慮するため、世界中の民間主体と国家のインセンティブを整合的にするには、調整された行動が必要である。

対照的に、多くの適応の意思決定は、そのコストと利益が大部分意思決定者によって内部化されているという点において、私的財である（Mendelsohn 2000; Kahn 2021; Kolstad and Moore 2020）。適応については、コミュニティ、家計、企業すべてが、気候リスクに対応しそれについて計画を立てる動機を持っている。たとえば、強い暴風雨を防ぐために窓の強化に投資する住宅所有

者、旱魃状況の変化に合わせてどの作物を育てるか選択する農業経営者、気候変動のせいで変化している気象関連の混乱を抑えるためにサプライヤーを調整する企業がある。適応に関連した公共財問題と他の市場の失敗があるが（本章で後述される）、それらは変化に富み、特殊で、局地的であり、緩和を特徴づけるグローバルな外部性問題とは大きく異なっている。

実際、民間主体がその意思決定において浮上する気候リスクを検討しつつあるという事実がすでにある。たとえば、最近の研究が示すところによると、海面上昇のリスクと、極暑が生産性に及ぼす影響の両方が、不動産と農地の価格に反映されている（Keys and Mulder 2020; Bernstein, Gustafson, and Lewis 2019; Baldauf, Garlappi, and Yannelis 2020; Severen, Costello, and Deschênes 2018）。気候リスク・プレミアムは、長期の社債や地方債にも表れている（Painter 2020; Acharya et al. 2022; Goldsmith-Pinkham, Gustafson, and Lewis 2021）。また、不動産市場の調整は、気候変動を信じていると報告する人が多い地域に集中しているという事実もあり、それは、気候変動に最も懐疑的な地域で価格設定摩擦が続いていることを示唆している（Barrage and Furst 2019; Bernstein, Gustafson, and Lewis 2019; Baldauf, Garlappi, and Yannelis 2020; Severen, Costello, and Deschênes 2018）。

気候変動対策を形成する上で私的インセンティブの重要性は、適応政策の設計に影響を持っている。第1に、効果的な適応政策は、個人、家計、企業、そしてコミュニティが気候変動に対応して行動することを認識しているものであろう。しかし、これらの行動は、法律上、情報上、財政上の制約によって定義されるが、これらの主体が直面する歪んでいたり逆行していたりするインセンティブが伴う。適応を阻害する制約や市場の失敗をターゲットにした政府行動は、いずれにしても発生したはずの行動を妨害するのではなく、民間の対策を支援し可能にする上で最も効果的なはずである。これらの制約や市場の失敗については、それに対応できる政策と共に、本章で後に詳細に説明される。

第2に、政府の政策やプログラムは、気象関連災害のコストが社会を通じてどのように分配されるのかを決定する上で、すでに役割を果たしている。その役割は、気候変動の影響が悪化するにつれて重要性を増していくように思われる。資産が多く所得が高い人々は、気象関連のショックを回避し、それに備えたりそこから回復したりするのがよりうまく行く。これによって、反対に作用する政策がないと、気候変動は貧困層や疎外された人々に不当に多くの負担を負わせることになる。

公的融資、保険、補助金、福祉などのプログラムは、これらのリスクの一部を再配分し、したがって気候変動コストの逆進的性格を弱めるよう設計できる。しかし、既存の災害対応と社会支援体制は、気候変動以前の時代に設計された古びたプログラムで構成されているので、気候変動に対処するのに十分ではないかもしれない。プログラムは多くの省庁と、多くのレベルの政府にわたって散らばっており、しばしば面倒な申請や複雑な要件もあるので、その正味の分配効果を判断するのは困難である（Mach et al. 2019; Howell and Elliott 2019）。実際、災害後の支援は既存の不平等を軽減するよりもむしろ悪化させる可能性があるとの事実がある（Billings, Gallagher, and Ricketts 2022）。こうした相互作用する支援プログラムで構成された体制の包括的な再評価および改革は、バイデン―ハリス政権内で行われている適応策に基づいたものであり（BOX 9-1）、気候変動の打撃が拡大しているので、その体制がたしかに社会的弱者を保護できるようにしなくてはならない。

次節では、まず、気候変動が米国と連邦財政にもたらす経済的コストおよび金融的リスクに関する新たな事実を点検する。続いて、連邦政府の適応戦略が物理的な気候リスクを管理、削減する上で果たす役割について概説する。

米国における気候変動の経済的コストと金融的リスク

気候パターンのシフトは、米国のコミュニティの福利に影響を及ぼす多種多様なリスクを生み出しつつある。気候変動の経済学に関する先行研究は、米国のような高所得国は、農業や林業のような、明らかに影響を受ける経済セクターのシェアが小さいために、また気候変動への調整が容易であるために、気象条件の変化の影響を比較的容易に管理できるであろうと想定していた（Mendelsohn, Nordhaus, and Shaw 1994; Nordhaus 1991, 930）。しかし、この評価は、新たな経済的事実や、正式に気候変動に原因を帰着させることができる米国中の異常気象の強度と頻度が増加していることに照らして、再考しなくてはならない（Seneviratne et al. 2021）。

気候変動が米国の福利と繁栄に及ぼすコスト

気象の変化は、米国において幅広い影響を持っている。たとえば、研究が明らかにしたところによると、非常に高い気温は悪影響を持ち、夭逝の増加や新生児の健康状態の悪化（Deschênes and Greenstone 2011; Deschênes, Greenstone, and Guryan 2009; Barreca and Schaller 2020）、作物収穫量の減少（Schlenker and Roberts 2009）、メンタルヘルスへの悪影響（Burke et al. 2018）、影響を受けた産業における労働供給の減少（Graff Zivin and Neidell 2014）、暴力の増加（Mukherjee and Sanders 2021）、生徒の学習能力の低下（Park

BOX 9—2　気候変動はまちがいなく既存の不平等と相互作用し、それを悪化させる

気候変動の影響は、所得、人種、エスニシティによって異なり、米国の人口に等しく分布しているわけではない。低所得コミュニティは、異常気象に備えたりそれに対応するリソースが少なく、その影響に対してより脆弱である。たとえば、低所得コミュニティの居住者は、ハリケーンの進路から避難することが少なく、より脆弱な構造物に住んでいる傾向があり、命に関わったり怪我をしたりするリスクが高い（Deng et al. 2021; Fothergill and Peek 2022）。低所得のアメリカ人は、山火事に起因する大気汚染にさらされないようにしたり活動を調整したり、極暑に対応してエアコンを調整したりしにくい（Burke et al. 2022; Cong et al. 2022）。彼らは、危険なほど高温に非常にさらされる農業や建設業で働いていることが多い（U.S. Environmental Protection Agency 2021）。大規模自然災害は、低所得コミュニティやマイノリティ・コミュニティにおいて債務不履行や破産など、経済的な困難につながる可能性が高い（Billings, Gallagher, and Ricketts 2022; Jerch, Kahn, and Lin 2022）。

米国史を通じての不公平は、これらの影響も人種によって大きく異なることを意味する。たとえば、部族の故郷からの強制移住のため、多くのアメリカ先住民は、山火事、極暑、旱魃の影響を受けやすい限界的な土地に暮らしている（Farrell et al. 2021）。かつてレッドラインで囲まれた地区を含め、都市内のマイノリティ地域と低所得地域は、より豊かで、より白人が多く、レッドラインで囲まれていない地域よりもかなり暑い（Hoffman, Shandas, and Pendleton 2020; Benz and Burney 2021）。黒人とヒスパニックの生徒は、エアコンのない学校に通学している可能性が高い（Park et al. 2020）。マイノリティ・コミュニティは、気候変動のため、極暑や沿岸洪水の予想される増加の影響を受けやすい（U.S. Environmental Protection Agency 2021; Wing et al. 2022）。

富と資産によって、家計は気象関連のショックを回避し、準備し、対応し、回復することができるので、これらの資産を持たないマイノリティ集団は、気象の極端な変化の悪化にさらされやすい。マイノリティ集団、とくにアフリカ系アメリカ人は、——たとえば、20世紀のほとんどを通じて続いた差別的な住宅融資慣行によって——何世紀も資産蓄積のための道筋にアクセスすることを禁じられてきた。今日の人種集団およびエスニック集団による富と資産の著しい格差につながっている。白人家計の中位資産は黒人家計の約8倍である（Rothstein 2017; Derenoncourt et al. 2022; Cook 2014; Bhutta et al. 2020）。

さらに、恵まれないコミュニティや人種的マイノリティのコミュニティは一般的に、ゆたかな白人コミュニティよりも災害後の経済的支援が少ない（National Advisory Council 2020）。1つには、この援助の一部は財産所有と結びついており、それからマイノリティは歴史的に排除されてきたからである。バイデン—ハリス政権は、こうした不平等に対処するために働いている。連邦緊急事態管理庁（FEMA）は、連邦政府の援助と支援の公平かつ公正な分配を確立し、十分なサービスを受けていない集団に対してアクセスを拡大することを公約している（U.S. Department of Homeland Security 2022）。過去の不平等に対応して、米国環境保護庁は最近、「環境正義・対外公民権局」を創設し、環境保護庁内において、また他の連邦機関と協力しながら、環境正義を調整し優先させることを求めている（U.S. Environmental Protection Agency, n.d.）。より一般的には、バイデン—ハリス政権は、気候変動およびクリーン・エネルギーへの投資から生じた利益の40%を恵まれないコミュニティに振り向けるために働いている。最も顕著なのは270億㌦の温室効果ガス削減基金であるが、IRAとBILのいくつかのプログラムも、そうしたコミュニティを対象としている（U.S. Environmental Protection Agency 2022; White House, n.d.）。

et al. 2020）などがある。これらの影響は、米国の中で地理的な地域や経済セクターを通じて等しく被っているわけではなく、自然災害に対し非常に脆弱な恵まれない集団で、最も強く感じられる（BOX 9-2）。

気候モデルは、気候変動が続くので、極暑がより頻繁かつ激しくなると予測している（IPCC 2021）。今日、米国の多くの部分で、熱波シーズンが 1960 年代よりも約 3 倍長くなっている。2022 年の夏だけで、米国の 400 カ所がその月間最高気温記録を破った（Lipton et al. 2018; Stevens and Samenow 2022; U.S. Global Change Research Program 2018, figure 1.2b）。人々、企業、コミュニティが時間の経過の中で、より暑い気温に適応できるという事実がいくらかある。たとえば、野外活動の時間帯を変更することによって（Graff Zivin and Neidell 2014; Dundas and von Haefen 2020）、冷房により多くのエネルギーを使用することによって（Auffhammer 2022; Deschênes and Greenstone 2011）、適応するのである。しかし、これらの適応にはコストがかかり、気候変動コストをなくすことにはならず、生活の質を損なうかもしれない（Deschênes 2022）。

極暑のほかにも、気候変動は一連の他のコストのかかる事象に関連している。1988 年以降の大洪水のコストの約 3 分の 1、総額 790 億㌦は、気候変動に原因を帰着させられる（Davenport, Burke, and Diffenbaugh 2021）。米国西部は現在、少なくとも過去 1200 年で最悪の旱魃に見舞われており、コストのかかる水利用の削減を必要とし、ミード湖とパウエル湖の貯水池機能を脅かしている（Wheeler et al. 2022; Park Williams, Cook, and Smerdon 2022; Borunda 2021）。カリフォルニア州と太平洋岸北西部は破滅的な山火事に襲われ、都市は厚い煙に覆われ、大気浄化法によって推進されてきた数十年の大気質の向上が損なわれ、山火事の発生を防ぐために計画停電を余儀なくされ、数百万の顧客に対し一時的に電力供給を停止した（Burke et al. 2022; Childs et al. 2022; Goss et al. 2020; Chediak 2019）。ハリケーン・イアンは 2022 年 9 月にフロリダ州を襲い、最大 18 フィートの沿岸高潮と広範囲に及ぶ内水氾濫を引き起こした。それは、記録上最も被害金額の大きな暴風雨の 1 つとなり、住宅および商業施設の損失は 360 億㌦から 620 億㌦になると推計されている（CoreLogic 2022; Paquette and Kornfield 2022）。

前例のない異常気象は、老朽化した米国のインフラの脆弱性をさらしているが、それは違った気候条件で運用されるように設計されていたものである。数十年にわたって徐々に建設された複数のインフラ・システム——送電網、ダムと灌漑、海岸と河川の護岸、道路と鉄道、港湾——は、気候変動の中でその機能性を維持するために、すぐに再設計、回収、再建する必要がある。既存のインフラが正常に使えるように修復するだけで、今後 10 年間に必要な推計 2 兆 6000 億㌦の繰延されてきたインフラ投資にも対応する一方、この気候回復力への投資がなされなくてはならないであろう。これらのコストは、都市、州、連邦政府によって負担され、また電力会社の顧客や灌漑地区住民など、特定のインフラ使用者集団によって負担されるであろう（American Society of Civil Engineers 2021）。

グローバル・サプライチェーンの複雑性は、世界中の異常気象が国際貿易ネットワークを通じて波及し、米国の生産者と消費者に影響することを意味する（Woetzel et al. 2020a）。パンクラッツとシラー（Pankratz and Schiller 2022）は、サプライヤーが位置する場所の極暑と洪水が、サプライチェーンを通じて顧客企業の収入に影響を及ぼすことを示している。気候変動が激しくなると、多くの地域において同時に発生する大規模な破壊的気象事象が増加し、サプライチェーンにより大きくシステミックな脅威を引き起こす。2022 年夏には、米国、ヨーロッパ、中国における大規模な暑さと旱魃がグローバル生産を混乱させ、河川で農産物の輸送ができず、自動車工場や電子機器工場のための発電が停止したので、サプライチェーンの課題を深刻化させた（Ahmedzade et al. 2022; Bradsher and Dong 2022; Plume 2022）。

作物の不作や、気候変動の他の影響は、脆弱な国家における不安定状態を深刻化させ、不安と紛争を引き起こした——移民と、地域紛争の国家安全保障問題への段階的拡大を通じて、米国に波及効果を及ぼしている（Missirian and Schlenker 2017; Benveniste, Oppenheimer, and Fleurbaey 2020; Mach et al. 2019; White House 2015a）。

研究が示唆するところによると、シリアの紛争と、中米からの移民の流れは共に、気候関連のストレス要因によって深刻化した（Ash and Obradovich 2019; Kelley et al. 2015; Lustgarten 2020）。パキスタンにおける最近の大規模洪水によって、国土の3分の1が洪水の水で浸水し、3300万人が国内避難し、農業セクターが大打撃を受け、国債が格下げされた（Lu 2022; Fitch Ratings 2022）。人間以外の種の生息地や、それらが人間と関わる方法を変化させることによって、気候変動は人獣共通感染症の波及のリスクも高めることがある（Carlson et al. 2022）。

気候変動がマクロ経済成長に影響をもたらすことがあるといういくつかの事実がある。気温変動と国内総生産（GDP）の因果連関に関する実証研究は一般的に、高気温から生じる悪影響を明らかにしており、これはとくに貧しく暑い国で認められ、この暑さが成長率を押し下げるといういくつかの指摘がある（Dell, Jones, and Olken 2012; Burke, Hsiang, and Miguel 2015; Bastien-Olvera, Granella, and Moore 2022）。マクロ経済に関するモデル化とシミュレーションの研究によると、気候変動が成長に及ぼす悪影響は、総気候コストの規模と不確実性両方を大きく高めるが（Moore and Diaz 2015; Newell, Prest, and Sexton 2021）、気候ショックと長期的な気候トレンドをマクロ経済変数に接続する仕組みについては、現在のところほとんど理解されていない。ありうる仕組みとしては、異常気象がより激しくなることに起因して資本ストックの減耗が速くなること（Hallegatte, Hourcade, and Dumas 2007; Otto et al. 2023）、生産性成長への影響（Ortiz-Bobea et al. 2021）、労働供給を抑制するか、学習効果を通じた人的資本蓄積を遅らせる労働力への影響（Graff Zivin and Neidell 2014; Park et al. 2020）がある。この分野における実証的証拠とモデル化能力の改善は、将来の研究のために優先順位を高くすべきである。

気候変動は、従来からの市場で取引されていないものも含め、福利の多くの面に影響を及ぼすため、気候変動のコストと他の自然資本の損失は、GDPでは測り間違えている（Coyle 2015; Brunetti et al. 2021; Svartzman et al. 2021; NGFS-INSPIRE 2022）。たとえば、気候変動に起因する温室効果ガスを排出する生産はGDPに追加され、気候変動被害に適応したり排出を削減したりするための支出もGDPに追加される。他方、自然がもたらす多くの重要なサービスは、健康へのリスクの削減や、気候変動に起因する異常気象からの保護を含め、GDPに反映されていなかったり、帰属が誤ったりしている。例を挙げれば、都市の樹木が日陰を提供したり極暑を軽減したりする役割や、沿岸地帯の暴風雨被害を軽減する上で手付かずの湿地帯が持つ価値がある。国富——市場と非市場の便益両方のフローを生み出す多様な形態の資本のストック——を追跡するGDPよりも完全な会計制度は、GDPだけに依存するよりも気候変動に関するより明確なマクロ経済情報を提供できる（Agarwala and Coyle 2021; Dasgupta 2021）。富の計測に自然資本を含めることは、GDPを補完し重要な盲点を埋める形で、気候変動コストと自然の損失を追跡するのに役立つであろう。このため、バイデン—ハリス政権は、経済的進歩と気候変動コストのより完全な構図に情報を与えられるように、自然資本を厳密に計測するプロセスを開始した（White House 2022c）。

気候変動と金融安定性

気候変動リスクは長い間、民間市場で価格設定がなされてこなかったが、しかし、これらのリスクがますます明白になり、投資家がその脅威を認識するようになっているので、影響を受けた資産の価格調整が予期されるであろう。不動産と長寿命の物理的インフラはとくに影響を受け、気候条件がその設計基準を超えてシフトするとリスクが急騰するので、投資は振るわなかったり完全に失敗したりする。*現在の*自然災害リスクが不動産市場で過小評価されており、根本的なリスクが買い手に開陳される新情報に反応して、突然の価格ショックが生じるかもしれない環境である（Bakkensen and Barrage 2022; Baldauf, Garlappi, and Yannelis 2020; Hino and Burke 2021; Gibson and Mullins 2020）。

保険契約、大災害債券［キャット・ボンド］、モーゲージなど、気象関連リスクを直接的、間接的に価格づけする一定の金融商品も、気候変動に非常に影響されている。シフトしていく気候に反応し

気候変動の中で気象リスクの管理を改善する機会

BOX 9 −3　気候変動の中の災害保険　　改革に向けての課題と機会

たとえ気候変動がなかったとしても、気象関連の極端な事象——洪水、ハリケーン、山火事など——は、保険業界に特別な課題をもたらす。自然災害による損失は、空間と時間が非常に集中しているため、保険会社は大規模な気象事象に対し財務的に脆弱になる（Wagner 2020）。さらに、これらの事象から生じる損失の分布は「裾の厚い分布」で、期待損失がきわめて珍しい事象によって大きく影響されるので、そのリスクは定量化と価格設定が困難であることを意味する統計的特性を持つ（Conte and Kelly 2018; Kousky 2022, 38–42）。これらの課題に直面して、保険会社は、特定市場から撤退するかそこでの活動を制限することによって、または、コストを引き上げることになるが再保険を購入することによって、エクスポージャーを制限しなくてはならない。

こうした理由のため、気候変動がなかったとしても、自然災害は保険不能の縁にある。保険市場の機能を改善し、極端事象のコストを削減する改革（ゾーニング変更や建築基準法改善など）をしなければ、極端事象の頻度と強度が増すにつれて、気候変動によってより多くの災害が保険不能となる。期待損失を左右する分布の尻尾においてはとくに、気候変動は不確実性を高め、歴史的類推がまったく働かない完全に前例のない事象のリスクを高める（図9-1）。素早く推移する気候リスクに関して質の高い信頼できる情報がなければ、異常気象リスクにいかに価格をつけるかということが曖昧になり、保険会社が特定の市場から完全に撤退することになりうる。大手保険会社はすでに、メキシコ湾岸におけるハリケーン暴風補償の提供を取りやめており、カリフォルニア州の火災リスクの高い地域からますます退出しつつある（Sadasivam 2020; Elliott 2022; Schuppe 2022; Querolo and Sullivan 2019）。さらに、複数の大災害が同時に発生する確率が高まると、再保険のコストが上昇したり、その利用可能性が制限される。

保険へアクセスできないことによって、異常気象はよりコストがかかるものとなる。なぜなら、被災したコミュニティの経済回復を鈍化させ、モーゲージ不履行や債務延滞など、滝のように落下する経済的困難の確率を高めるからである（Billings, Gallagher, and Ricketts 2022; Kousky 2019; Kousky, Palim, and Pan 2020; Otto et al. 2023）。それゆえ、災害保険市場の課題に対処するための改革は、適応政策にとって高い優先順位とすべきである。米国災害保険制度の大きな問題は、気候変動がシステミックな脅威であり、米国中で複数の危険（暴風、火災、洪水）のリスクを同時に高めるにもかかわらず、災害は、危険別に保険がかけられており、州レベルで規制されていることである。フランス、スペイン、ニュージーランドで用いられているような代替的なモデルでは、明示的な公的再保険というバックネットを用意し、民間保険会社のエクスポージャーを抑える一方、包括的な、複数の危険にわたる大災害保険を義務付けることによって、幅広く、分散化したリスク・プールを作成している（Kousky 2022, 53–55）。この種の改革は、気候変動に直面して保険市場を安定化させ、アクセスを拡大するために、ますます重要になるであろう。

⑨

た資産価格の急激な変化や、リスクの再評価は、規制当局が見越さない場合、金融市場でボラティリティや滝のように落ちる不安定性を生む可能性がある。長寿命の投資と異常気象に直接さらされることの相互作用のため、破壊的な自然災害に対する損害保険は、気候変動リスク・エクスポージャーの最前線にあり、すでにいくつかの州で緊張の兆候を見せている（BOX 9-3）。

民間保険会社がとくにリスクの高い地域や災害から撤退したとき、政府はたいてい、保険適用を提供するために介入してきた。米国の洪水保険の95%以上が、連邦全国洪水保険プログラム（NFIP）を通じて保険をかけられており、州政府運営保険プランは1990年以降、2倍以上になった（Kousky

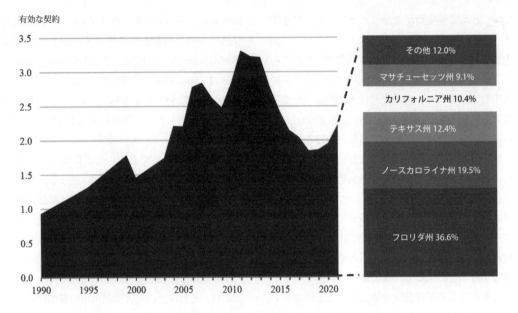

図9−2　米国の住宅財産保険市場における契約数、1990〜2021年、2021年の地理的な内訳

有効な契約

その他 12.0%
マサチューセッツ州 9.1%
カリフォルニア州 10.4%
テキサス州 12.4%
ノースカロライナ州 19.5%
フロリダ州 36.6%

出所：Insurance Information Institute, n.d.; Citizens Property Insurance Corporation of Florida, n.d.
注：データは1991〜94年、1996〜98年、2001〜2年の期間については内挿されている。ノースカロライナ州の契約は2011年（その年の全契約のうち2.2%）以降についてだけ含まれている。

et al. 2018）。図9-2が示すところによると、州政府運営災害保険プランの長期的増加は、2004年と2005年の大型ハリケーン襲来後の急増と結合しているが、大型ハリケーン襲来後には大手保険会社がフロリダ州から撤退した（Leefeldt 2022）。フロリダ州は保険契約を手放し2012〜15年の期間には民間市場に戻されたが、フロリダ州の公的保険会社であるフロリダ・シチズンは、2022年に保険契約が48%増加し、再び同州最大の損害保険会社となった（Florida Citizens 2023; Insurance Journal 2022）。他に近年、州政府運営保険への加入が急増しているのはカリフォルニア州で、山火事リスクによって民間保険会社が撤退し、カリフォルニア州のFAIR［カリフォルニア州保険契約公正アクセス］プラン契約件数は2018年以降80%以上増加した（State of California 2018; Insurance Information Institute, n.d.-a）。一般的に保険料では保険金支払いをカバーできないため、損失は一般税収または債券発行によって補填されるので、これらのプログラムは州政府財政を圧迫している（Hartwig and Wilkinson 2016）。

これら暗黙の公的補助金があり、リスクを州および連邦の一般納税者に事実上移転しているとしても、自然災害保険の浸透率は低い。たとえば、連邦緊急事態庁が定義した100年洪水地区の住宅のわずか3分の1しか洪水保険に加入しておらず、他方、これら洪水区域以外では、なお洪水のリスクがあるにもかかわらず、3%未満しか洪水保険に加入していない（Evan et al. 2020）。災害後の延滞と不履行のリスク上昇は、不動産市場およびモーゲージ市場に続いて影響を与える可能性があり、保険がない場合にはとくにそうである（Kousky 2019; Billings, Gallagher, and Ricketts 2022; Kousky, Palim, and Pan 2020）。サストリー（Sastry 2022）が示すところによると、公的保険が制限されているか必要とされていないとき、モーゲージの貸し手は、頭金の金額の引き上げを要求することによって、連邦政府支援の洪水保険の利用可能性に対応し、適格住宅購入者の人口動態を変化させるという。

気候変動に起因する異常気象は、公的保険プラ

ンのほかに、いくつかの経路を通じて州政府および地方自治体の財政に結果的に影響を及ぼすことがある。第1に、気候変動への対応は、地方財政に追加的な負担を課し、深刻な財政難を引き起こすが、とりわけ予算が少ないコミュニティの場合にはそうなる。災害後に被害を受けたインフラを再建したり、気候変動に備えるために既存のインフラを更新したりすることによって、都市、州政府、部族政府のコスト負担は上昇する。第2に、異常気象の繰り返しの発生は、財産税基盤を脅かし、収入の減少を引き起こす。たとえば、マッキンゼー・グローバル・インスティチュートの推計によると、2050年に発生する異常な高潮事象はマイアミ・デード郡の不動産の総市場価値の10%に匹敵する損害、リー郡については30%もの損害を引き起こす。そこは最近のハリケーン・イアンによる18フィートの高潮によって浸水した（Woetzel et al. 2020b; Paquette and Kornfield 2022）。住宅用不動産建築は、米国の一部の沿岸コミュニティにおいて成長の重要な推進要因であったが、浮上している気候リスクが、地方経済、雇用、税収に深刻な影響を及ぼしうることに反応して減少している（Brunetti et al. 2022）。

一部の研究者は、地方債市場が地方自治体へのローンの価格設定において、これらのリスクを考慮に入れはじめている事実を明らかにしている。海面上昇にさらされている地域の都市や町の債券はプレミアムが付き、満期の長い債券に対してはとくに影響が大きく、それは、影響を受けている都市においてキャッシュ・フローが減少するか、ボラティリティが上昇すると投資家が予想していることを示している（Painter 2020; Goldsmith-Pinkham, Gustafson, and Lewis 2021）。アチャーリアら（Acharya and others 2022）は、2013～15年頃から、地方債と社債における極暑の価格設定が行われており、より長期の債券ほど影響が大きいという事実を明らかにした。借入コストの上昇は地方自治体財政を圧迫し、また、税金を引き上げたり他の公的サービスから資金を転用することなく、災害時の再建や適応のためのインフラ投資の資金調達をすることは、都市にとっていっそう困難になっている。税収が落ち気候変動コストが増えている地域では、自治体破産がますます起こりやすくなっている。ジャーチら（Jerch, Kahn, and Lin 2023）が明らかにした事実によると、ハリケーン襲来はその後10年にわたって税収を減少させ、自治体破産のリスクを上昇させ、恵まれないコミュニティでは最も大きい影響が感じられる。債権者に対する損失に加え、破産コストは、増税またはサービス料金引き上げという形で、現在や将来の住民によって負担されることになる（Chapman, Lu, and Timmerhoff 2020）。

物理的気候リスクが連邦財政に及ぼす影響

気候変動は、多くの経路を通じて連邦財政見通しに影響を及ぼす。歳入面では、それは経済産出を脅かし、課税基盤を縮小させる。ホワイトハウスの行政管理予算局（White House 2022b）による1つの推計によると、気候変動がマクロ経済成長に及ぼす悪影響の結果、2100年までに連邦政府は年間税収が7.1%減少する。この一部は所得または資本に対する増税によって相殺されるかもしれないが、バラージ（Barrage 2020）は、これらの歳入増の仕組みの歪曲効果はかなりのもので、気候変動コストを最大約30%増加させると指摘している。バイデン―ハリス政権で進行中の研究は、これらの影響の説明とそれに対する計画立案を改善するため、気候変動の物理的リスクと移行リスクの両方のモデル化をマクロ経済予測に統合するように、連邦政府の能力を拡大しつつある（White House 2022f）。

歳出面では、連邦政府の多くの業務が気候変動の影響を受けている。これらの取組はあまりにも広すぎてここで詳述できないが、本節では、連邦政府が物理的気候リスクに影響を受けている主な4つの経路について簡単に振り返ることにする。すなわち、リスク引き受け、気候の影響を受けた資産の運営と資金調達、国家公共財の提供、社会

⑨

的セーフティネット・プログラムである。

リスク引き受け

特定タイプのリスクを完全に、もしくは部分的に引き受けることにより、連邦政府は、経済の幅広い分野にわたって民間投資を引き付け、生産を支援できる。このことに関する最も顕著な事例には、住宅における連邦政府の役割がある。政府後援企業（GSE）——ファニー・メイ、フレディ・マックは、民間所有であるが、連邦政府の認可を受け、現在は政府管理下にある——と、連邦政府機関（たとえば、住宅都市開発省、ジニー・メイ、退役軍人省）を通じて、連邦政府はモーゲージと、モーゲージ担保証券を保証している。合わせると、GSEとジニー・メイは、2022年にモーゲージ総債務残高の65%（7兆7000億ドル）を占めた（Urban Institute 2022）。ハリケーン、高潮、山火事から発生する被害の拡大は、債務不履行、復興、その他重要なコスト要因に影響を及ぼし、ひいては連邦政府の損失エクスポージャーに影響を及ぼす（Kousky, Palim, and Pan 2020; Rossi 2020; Woetzel et al. 2020b）。民間の貸し手から気候の影響を受けたローンがGSEにシフトしつつあるという事実もあり、連邦政府のエクスポージャーを管理する政策がない場合、拡大しつつある気候リスクのかなりのシェアをGSEが負担することになるかもしれない（Ouazad and Kahn 2022）。

住宅金融制度への支援に加えて、連邦政府は、種々の保険プログラムを通じてリスクを直接引き受けている。洪水は、米国において最も頻繁かつ最もコストの高い自然災害であり、連邦政府はNFIPを通じて事実上すべての住宅洪水保険を引き受けている（Federal Emergency Management Agency 2010; Kousky et al. 2018; Federal Insurance and Mitigation Administration 2022）。気候変動は、降雨がより激しくなり海面が上昇したことにより、洪水によって発生するコストを増やし、高潮による洪水を悪化させ、低位の沿岸地域の排水を遅らせる。NFIPはすでに財政破綻の淵にある。それは、2017年に170億ドルの債務を議会が帳消しにしたという事実にもかかわらず、財務省に181億ドルの債務を負っている（Federal Emergency Management Agency, n.d.; Environmental

Law Institute 2022, 702）。米国の災害保険制度と、これらのリスクを管理する上での連邦政府の役割（BOX 9-3）に根本的な改革が行われなければ、これらの損失は増え続けるであろう（White House 2022b）。

気候の影響を受けた資産

連邦政府は決定的に重要で気候感度の高いインフラを所有、運用しており、中でも顕著なのはダム、灌漑システム、河川や沿岸の堤防などの大規模洪水防止施設であり、また、建物、軍事施設、気候変動によるリスクにさらされる他の物理的資産がある（White House 2022b; U.S. Department of Defense 2021a）。これらの資産は、多額のコストをかけて長い年月にわたって建設され、現在、米国全土でコミュニティと地域経済の決定的に重要な基盤となっている。

開拓局（Bureau of Reclamation 2022）は、わが国最大の水道事業者であり、338の貯水池を運用し、487のダムを保守して米国の住民の約10%に水を供給しており、また、水力発電や農業灌漑用の水を供給している。これらのシステムの一部の機能は、水の気候変動によって課題を与えられており、現在西部諸州を襲っている持続的な大旱魃を含め、より激しい降雨とより多くの旱魃両方をすでにもたらしている（Kao et al. 2022）。セントラル・バレー・プロジェクトは、カリフォルニア州の都市や農業経営者に水を供給するもので、過去10年のうち4年、都市への水の供給を減らし、多くの農業経営者への水の供給を完全に遮断した（James 2022）。そのプロジェクトの長期的運営は、海面上昇によってさらに脅かされており、海面上昇はカリフォルニア・デルタの塩分濃度を上昇させ、最終的にはその水を飲料や灌漑には不向きにしてしまうであろう（State of California 2018; Fleenor et al. 2008）。ミード湖とパウエル湖の貯水池の水位は、臨界閾値に近づいており、それを下回ると発電を停止することになる（Wheeler et al. 2022）。気候変動の中で連邦施設からの水および電力を維持するか、プロジェクトを廃止してそのプロジェクトに依存してきたコミュニティに対する代替的解決策を見つけるコストは、まだ完全には推計されていない。

米国陸軍工兵司令部（U.S. Army Corps of Engineers n.d.）は、全米の河川や沿岸の堤防、洪水管理ダムを含め、洪水のリスクを管理する特定の公的インフラ・プロジェクトを構築する任務を負っている。降雨事象がより激しく、海面がより高く、暴風雨がより強くなると、既存の洪水対策を保守し、それを新たにリスクの生じた地域に拡大するコストを上昇させると考えられる。連邦政府の洪水管理に対し気候変動から生じるコストはきわめて高くなる可能性がある。将来の支出は、ハイレベルの戦略的意思決定にしたがうが、沿岸および内陸の洪水リスクを管理する上でどのような役割を洪水対策インフラが果たすかについては、まだ意思決定が行われていない。たとえば、工兵隊は、ニューヨーク大都市圏を沿岸防風雨から保護する計画のため、実現可能性調査を公表している。高潮防護壁、洪水防護壁、堤防、防潮堤、その他の措置が含まれるこの計画は、520億㌦以上かかり、65％が連邦政府によって負担される（New York District 2022）。

国家公共財の提供

連邦政府の中心的機能は、国家公共財の提供であり、中でも重要なのは国防であり、2021年に連邦政府の裁量的支出の約45％を占めた（CBO 2022a）。気候変動は米国の国家安全保障に脅威をもたらし、それは国防と連邦予算への影響について疑問を投げかける（U.S. Government Accountability Office 2022; National Intelligence Council 2021）。国防総省は、気候変動を、国家安全保障立案における1要素として、また米国の安全にとって切迫し増しつつある脅威であると認識している（White House 2015b; Department of Defense 2021b）。気候変動の影響は、世界的な緊張を高めると考えられる。なぜなら、各国がより希少な資源を求めて競争するからであり、健康と人権を脅かし、紛争と大量移住の引き金になるからである（White House 2022e）。

気候変動にかなり影響されている連邦公共財供給の第2の側面は、自然資源、公有地、生物多様性の管理である。エコシステムが適応している気候環境が変化することによって、気候変動はエコシステムの機能と種の生存を低下させる恐れがある（U.S. Global Change Research Program 2018）。この急激にシフトしている環境下で公有地を管理する追加的コストは、完全には分かっていない。部分的に定量化されているコストの1例は、連邦の荒野火災消火費用である。これは平均すると1989年から3倍以上となったが、1つには激しい気候変動に起因する西部の旱魃が原因となっている（CBO 2022b）。ムーアら（Moore and others 2022）の推計によると、絶滅危惧種法による生物多様性保全への直接支出は2100年までに75％（約3400億㌦）増加する可能性がある。弱まることのない気候変動により約6種のうち1種が絶滅に向かうからである（Urban 2015）。

社会的セーフティネットの諸プログラム

社会的セーフティネットとして知られるさまざまな連邦プログラムは、米国の人々が福利の最低水準を維持できるように、給付と支援を提供する。気候変動は、多くの経路を通じてこうしたプログラムへの負担を増すことがあり、それが最も顕著なのは、健康関連支出と、災害対応および復興に向けた支援である。

連邦の健康プログラム、なかでもメディケアとメディケイドは、2021年に国民健康総支出の38％、つまり約1兆6000億㌦に相当した（Centers for Medicare & Medicaid Services 2022）。いくつかの研究の推計によると、健康関連リスクは、気候変動関連被害の中で最大の割合を占めている。そして65歳以上の人々にはとくに深刻な影響を及ぼしており、彼らは政府プログラムを通じて治療を受けている可能性がきわめて高い（Rennert et al. 2022; Hsiang et al. 2017; Carleton et al. 2022）。ホワイトハウスの調査が推計したところによると、気候変動が大気質、渓谷熱、南西部の砂塵、山火事に及ぼす影響に起因する連邦の年間医療コストを推計すると2100年までに8億3500万㌦から220億㌦になる（White House 2022b）。定量化されていないが、もっと可能性が高いものとして、脱水症状、腎不全、脳卒中など、極暑状況に起因する入院によって、コストが生じるであろう（Green et al. 2010; Wondmagegn et al. 2021）。

⑨

連邦政府のプログラムは、自然災害の影響を受けたコミュニティを支援する上で、決定的に重要な役割を果たす。議会予算局（CBO）の推計によると、ハリケーンの風と暴風雨関連の洪水から生じる予想年間損失は 560 億㌦、2019 年の対 GDP 比 0.3% であり、災害支援と NFIP 請求を通じた連邦予算への年間コストは 180 億㌦である（CBO 2019）。しかし、デルギナ（Deryugina 2017）が明らかにしたところによると、メディケア、障害保険、所得支持プログラムなど、社会保険支払いの増加のため、財政上の影響ははるかに大きく、暴風雨が襲った後 10 年にわたって続く。連邦政府は、直接的な FEMA の対応だけでなく、被災コミュニティの再建を支援するため、中小企業庁の低金利ローンや、住宅都市開発省からのコミュニティ開発包括補助金災害復興資金を通じて、災害後の対応や復興を支援する（Howe et al. 2022, 700–704; U.S. Small Business Administration, n.d.）。

適応調整と政策対応を遅らせる市場の失敗と歪み

前述のように、気象リスクのシフトは、気候変動のマイナスの影響を減らし、それが提供するあらゆる機会を活用するよう調整するインセンティブを民間主体に与える。実際、気候変動リスクを勘案しはじめたと考えられる物価の点において、こうした調整がすでに行われているという事実がある（Keys and Mulder 2020; Bernstein, Gustafson, and Lewis 2019; Baldauf, Garlappi, and Yannelis 2020; Severen, Costello, and Deschênes 2018）。また、家計と地方政府が気候変動に対応したりそれを予期したりして慣行を変えつつあるという他の事実もある（Berrang-Ford et al. 2021）。

米国で行われている民間の適応調整は、情報、制度、法律、金融の制約とならんで、市場の不完全性の影響を受けており、それが適応を制限したり遅らせたりすることがある。公的な適応政策は、より速くより効果的な民間の対策を可能にするため、このような障壁を対象にすべきである。本節では、物理的環境リスクの管理に関連した、主要な市場の失敗、不完全性、歪みを振り返り、それらに対応できる政策ツールを説明する。

物理的気候リスクに関する不完全情報

気候変動への適応には、気象パターンのシフトが将来の気象リスクの分布をいかに変えるかについての情報を組み込む必要がある。長寿命の投資、あるいは、確率が低いが結果が甚大なテール・リスクへのエクスポージャーを通じて、気候変動への感応度が高い決定にとって、これはとりわけ重要である。多くの研究が示すところによると、人々はつねに破壊的事象の確率を過小評価したり割り引いたりし、その現象は災害保険加入率の低さやリスク低減への過少投資をもたらすことがある（Wagner 2022; Bakkensen and Barrage 2022; Royal and Walls 2018）。質が高く信頼でき、意思決定に関連し、広く普及する気候リスク情報は、適応計画の基盤であり、切実に必要とされている。しかし、それは現在ほとんどが欠けている。グローバル気候システムを理解するのに使われるモデリング・ツールは、全球気候モデルと呼ばれ、大きな空間スケールと長い時間枠にわたって最も正確である。短期から中期にかけての時間枠で、特定の場所における特定のリスクに関する情報を生産するには、さまざまなより微調整されたツールが必要である（Fiedler et al. 2021; Pitman et al. 2022; American Society of Civil Engineers 2018, 7）。

各国政府はすでに、人工衛星、直接観測システム、気象観測所、モデリング施設、技術労働力のグローバル・ネットワークを支援しており、公的な気象予報を作成している。同様に、気候変動情報が気象データの不可欠な要素となっているので、各国政府は、多くの主体による気候情報に基づいた意思決定を支援するため、この不可欠な公共財の生産とアクセスに資金を提供する上で役割を果たす必要がある。これには、意思決定が行われる

空間的、時間的規模でより良い情報を提供するために気候科学の力を発展させることだけではなく、この情報を使いたい公的および民間の主体に向けてそれを翻訳し普及させることができる高度技術労働者の訓練を支援することも含まれる（Fiedler et al. 2021; Kopp 2021）。バイデン―ハリス政権は、「回復力・適応のための気候地図作成」ツールの開発を通じて、この仕事に取り掛かっている（CMRA, n.d.）。

情報の非対称性

情報の非対称性は、取引において一方が他方よりも多くの情報を持つときに発生し、価格の歪みと市場の失敗をもたらすことがある（Akerlof 1970）。気候リスクの文脈では、情報の非対称性は、ある資産の気候変動エクスポージャー、たとえば不動産が洪水に遭う傾向や山火事リスクなどについて、買い手と売り手が異なる知識を持つときに発生することがある。この点について、キーナンとブラント（Keenan and Bradt 2020）とワザドとカーン（Ouazad and Kahn 2022）は、沿岸地域のモーゲージ市場において情報の非対称性が作用しており、貸し手は洪水に影響を受ける不動産のリスクをファニー・メイやフレディ・マック、あるいは、その地域のリスク・エクスポージャーについてよく知らない他の貸し手に転嫁することを明らかにした。

義務的な情報開示法は、情報の非対称性を是正するために政府が使える1つの手段である。米国証券取引委員会（U.S. Securities and Exchange Commission 2022）によって提案された規則は、気候関連リスクを、上場企業の必須開示事項に追加するであろう。不動産取引に関連した情報開示法は、州レベルの管轄であり、買い手に対し気候関連リスク（とくに洪水）の情報開示を売り手に求める程度が大きく異なっている（Hino and Burke 2021; Natural Resources Defense Council, n.d.）。わずかいくつかの州——とくにルイジアナ州とテキサス州——が買い手を保護するために強力な洪水情報開示規制を持つ一方、16州にはまったく開示要件がない（Federal Emergency Management Agency 2022）。

建築基準法や規格は、不動産市場において買い手を情報の非対称性から保護する別の方法になりうる。水害、風害、山火事の災害に対して構造物がいかに脆弱かを判断する建築構造の詳細は、非常に専門的であり、住宅購入者には容易に理解できない。これらの質が容易に観察できないため、より高い回復力があるがより高価な建設物が割増料金を要求できない場合、これは市場の失敗を生む。すべての建設物に対して共通の最低基準を設定することにより、政府は建築物の品質における底辺への競争を防ぐことができる（White House 2022f）。

保険市場における逆選択とは、買い手が保険提供者よりも自らのリスクについてより多くのことを知っているので、一定の価格においてよりリスクの高い人々が保険に加入しがちであることを言うが、それは情報の非対称性の別の形態である。米国の災害保険市場において逆選択が見られるといういくらかの事実があり、洪水リスクの低い人々（たとえば、高台の家の人々）は、保険を購入することが少ない（Wagner 2022; Bradt, Kousky, and Wing 2021）。是正策がない場合、保険会社は高リスクをカバーするために保険料を引き上げるので、低リスクの人々を市場から追い出し、保険をかけられたリスクがいっそう集中するため、逆選択が保険市場の崩壊につながる可能性がある。この市場の失敗については、長い間、加入義務を通じて解決されてきた。それは、すべての人が保険市場に参加してリスクをプールすることで逆選択問題に対処するものである。加入義務はまた、逆選択はないが人々が破壊的な損失に対するそのエクスポージャーを体系的に過小評価する状況においても、厚生を改善できる。

外部性と公共財

多くの適応行動は、個々の家計と企業がそれ自身のコストと利益を考量することから生じる私的財であるが、重要な公的適応財はまた政府行動がなければ供給が不足するであろう（Mendelsohn 2000）。事例には、沿岸保護のためのインフラの建築、都市の冷却のための木陰や他の自然ベースの形態の気候適応、改良作物品種の開発など適応に関連した基礎研究、気候変動に脅かされている種やエコシステムの保護が含まれる。しかし、グ

⑨

ローバルな公共財である温室効果ガス削減とは異なり、多くの公的適応の利益は、局地的であるので、州政府、部族政府、地方自治体によって提供されるのが最善かもしれない。連邦政府はそれでも、調整、情報の供給、取引コストの削減において果たすべき役割を有している。

純粋な公共財に加えて、一部の私的適応は、コミュニティやより高次の政府による集団行動を必要とする外部性にかかわるかもしれない。これは環境財と自然資源管理についてはとくに当てはまり、そこでは確立された所有権がないことに関連した従来からの非効率性が、気候変動により悪化することがある。事例としては、沿岸保護が近隣地区に及ぼす波及効果や、気温上昇による作物の水分必要量の増加に対応するための自由に使える帯水層の水位低下拡大がある（Beasley and Dundas 2021; Gopalakrishnan et al. 2017; Rosa et al. 2020）。生物多様性への脅威は、同様に、市場の失敗や、公共財供給問題によって特徴づけられる。生息地転換、汚染、外来種は、種の絶滅の主な要因であるが、気候変動は絶滅危惧種にさらなる圧力を加え、これらの要因を助長する（Tilman et al. 2017; Moore et al. 2022; Hashida et al. 2020）。これらの環境において、自然資源をより持続的に管理するための改革は、気候による被害の削減に付随的利益をもたらし、気候リスクを管理するために重要なツールとして考えることができる。

信用制約

多くの適応行動には先行投資が必要であり、時間をかけて回収されることになる。事例は、エアコンを設置する住宅所有者から、増していく暑さと旱魃に対応するために灌漑を採用する農業経営者、沿岸の侵食を遅らせたり防いだりするための大規模コミュニティ・プロジェクトに至る。各主体が競争力のある金利でこれらの投資の資金を調達できない場合、それらは最適水準に比べて過少供給となるので、適応を可能にするために信用制約を軽減する上で政府は重要な役割を果たすかもしれない。関連の政府プログラムの事例としては、超党派インフラ法およびインフレ抑止法（BOX 9-1）における特定の条項など、住宅の効率性改善に対する対象を絞った助成金がある。これは、金融機関によって長い間十分なサービスが提供されてこなかった人々や、気候関連リスクを軽減するために適応を確保することに強い関心があるところで、適応に資金を提供するためにはとくに、必要に迫られたものである。

信用制約は、個人や企業だけに適用されるのではなく、大規模な公的適応プロジェクトの資金調達をする州政府や地方自治体の能力も制限するであろう。ほとんどの州では、将来の税収を担保とした一般公債発行に有権者の承認が必要であったり、長期債発行に州憲法上の制約があったりするが、その制約は連邦政府には適用されない（Kiewiet and Szakaty 1996）。気候リスク増大を管理するための大規模インフラ・プロジェクトのコストは、多くの地方政府の財政能力を超えている可能性があり、とりわけ気候リスクが将来の税収を脅かしている場合にはそうである。それゆえ連邦政府からの低コスト・ローンや助成金は、気候リスクを削減する大規模投資を行おうとしている自治体や州にとって重要な資金源となる可能性があり、最近の事例としては、米国内務省によって行われた部族コミュニティの自発的移転のための試験的助成金がある（U.S. Department of the Interior 2022）。

モラル・ハザード

「モラル・ハザード」とは、保険加入が、リスクを減らしたりリスクを回避したりする行動のインセンティブを低下させ、全体的なハザード・コストを増加させるという保険市場の現象のことを言う。モラル・ハザードが蔓延している環境では、保険料の引き上げや、民間保険市場の崩壊が見られる。補助金付き保険、公的提供保護、ローン保証を通じて、ハザードのコストをシフトさせる他のプログラムも、注意深く構築されない限り、モラル・ハザードの歪みを生み出す。アナンとシュレンカー（Annan and Schlenker 2015）が推計したところによると、補助金付き作物保険に関連したモラル・ハザードは、農業経営者が極暑に適応するインセンティブを減らし、保険対象作物の暑さに対する感度を高めることになった。ベイリーズとブームハウワー（Baylis and Boomhower

図9-3　気候リスクのガバナンスは複雑で多分野にわたる

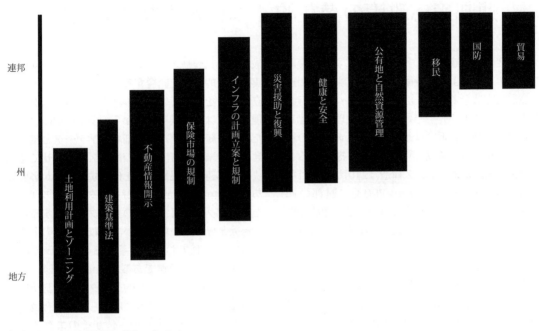

出所：Howe et al.(2002); CEA calculations.

2023）が明らかにしたところによると、山火事の公的な消火から生じる暗黙の補助金は、人口密度が低く山火事が起こりやすい地域における住宅価格の20%に達する可能性がある。洪水が起こりやすい地域における建築物に対する同様の間接補助金は、これらのリスクの高い地域により多くの人々と不動産をもたらすことになるであろう（Panjwani 2022）。

　モラル・ハザード問題は、人々にだけ適用されるわけではない。それはまた州・地方政府にも適用される。気象関連災害のコストを減らすことに関連する多くの意思決定には、ゾーニング、建築基準法、土地利用管理などが含まれるが、それらは州または地方レベルで行われる（図9-3）。これらの意思決定を下す州・地方政府は、成長と税収で恩恵があるが、NFIPと災害救済プログラムを通じた連邦政府による災害リスクの引き受けがあるため、リスクの高い開発の全コストから遮断されている。いくつかの州では、海面上昇による沿岸部の洪水にさらされている地域で急速な開発

が見られ、地方政府はより安全な地域よりもこうしたリスクの高い地域において2倍または3倍多くの建設を許可している（Climate Central and Zillow 2018）。リスクを減らす活動にインセンティブを与えたりそれを求めたりするため、あるいは、リスクを引き受ける人々によりコスト負担を課すため（たとえば、免責額の引き上げ）、連邦プログラムと民間保険契約を改革することによって、モラル・ハザードの問題を緩和できる（Kousky 2022, 38）。

連邦適応政策の潜在的 4 本柱と主な政策機会

　気候変動への適応は、多くの分野における複雑なガバナンスによって特徴づけられており、関連の意思決定は全米、州、部族、地方レベルで行われている（図 9-3）。気候リスクの管理に関連した複雑な規制と計画プロセスと、多くの適応の利益が局地的に生じるという性格を前提とすると、この入り組んだガバナンス構造は適切かもしれない（Dietz, Ostrom, and Stern 2003）。連邦の適応政策は、重層的で、複雑な規制制度を認めて作成する必要があり、それが適応に関連した政策分野を特徴づけているのである。この最終節では、こうした多くの問題領域にわたって具体的な計画立案を支援するため、連邦政府の適応の取組をさらに進めるため 4 つの幅広い横断的な役割を概説し、各領域における行動のための大きな機会に光を当てる。

気候リスクに対する知識を生み出し広める

　企業、地方政府、個人が、その計画と投資において気候変動を考慮するようにますますなっているので、実行可能な情報が必要なインプットとなるであろう。どこに転居しようか考えている住宅購入者から、新しく雨水排水を計画している地方政府、気候リスク・エクスポージャーを開示しようとしている企業に至るまで、全米の主体は、質が高く、信頼でき、入手できる気候影響情報を求めている。これは不可欠な「情報インフラ」である。つまり、高い固定費で作成されるが、幅広い応用可能性と価値を持つ専門情報である。力強い連邦政府の支援のおかげで、米国は気候科学において世界のトップに立っている。しかし、グローバルな気候システムを理解するのに使われるモデリング・ツールは、気候リスクを管理するためにほとんどの利害関係者が必要とする意思決定に関わる情報を届けるには至っていない（Fiedler et al. 2021; Pitman et al. 2022; ASCE 2018, 7）。

　主な機会――破壊的気候リスク・モデリングのための連邦政府の能力に投資する。　米国政府は、破壊的な気候リスク・モデリングのために優れた実績の公的能力を開発する上で、世界のトップに立つ機会を持っている。推移する気候リスクを管理するには、気候モデルからの洞察を他のツール、たとえば統計モデルや詳細な工学データと結合させて、全米の利害関係者のニーズに合わせて意思決定に関連する気候情報を作成することが必要である（Pitman et al. 2022）。カタストロフィー・モデリングは、異常気象のリスクを理解するために保険業界で用いられるが、それは少数の企業によってなされており、入手するのに高価であり、評価をするのが困難である（ModEx, n.d.）。気候リスクを吸収する上で公的セクターの役割が増していることと、州・地方政府から住宅所有者、一般企業に至るまで多くの主体がそのエクスポージャーを理解する必要性があることを前提とすると、一般公開され、信用でき、信頼できるソースからの情報が切実に求められている。米国政府は、この決定的に重要な能力を開発するため、気候モデリングと地球システム科学における既存の卓越した基盤の上に立つ機会を持っている。

気候転換に向けた長期的計画

　長期的な将来志向の計画立案は、来たるべき気候変動を予測し、不必要な損失と不安定化効果を回避するのに必要である。ニューマンら（Neumann and others 2021）の推計によると、将来の気候を見越した事前的な適応は、米国の道路、鉄道、沿岸インフラに対する気候変動のコストを、純粋に反応的な適応に比べて 2090 年までに 3 倍から 6 倍削減できる。ディアス（Diaz 2016）は、グローバルな沿岸保護に対する将来志向の適応について、同様の規模の節約を明らかにしている。

　連邦政府は、多くのその能力の中でも、社会保障庁から国立公園の管理に至るまで、米国資産の長期的な管財において大きな役割を果たしている。連邦政府は定期的に、今後数世紀とは言わないま

でも数十年の間影響を持つ意思決定を行なっている。影響を受けるすべての連邦政府機関にわたる計画立案は、気候変動の影響を認識すべきであり、それはすでに明白であり、将来にわたって強まることが予測されている。気候災害へのエクスポージャーは、政府機関の事業リスク管理プロセスに組み込まれるべきである。たとえば、米国国防総省（U.S. Department of Defense 2021b）は、気候リスクを関連するすべての災害脅威査定に統合することを計画している。

さらに、気候変動が政府機関の使命にもたらす重大なリスク、これらのリスクに対処する優先順位の高い機会、これらの機会を実現するのに必要な追加的資源または法改正を特定するには、ハイレベルの戦略的計画立案が不可欠である。現在および将来の気候変動の影響は、相反する利害を持つ多くの利害関係者に関わる困難なトレードオフを必要とするかもしれない。政府機関を導く原則と優先順位を定める時宜にかなった業務は、調整を改善し、実施に長い時間がかかるかもしれない必要な改革を特定し、最終的にコストを引き下げ効果を高めることになるが、それが進行中の政府機関の気候適応計画立案プロセスの動機である（BOX 9-1）。

公的適応策への資金提供の優先順位に関する明快さは、州・地方政府による行動を推進するのに重要である。海面上昇からの保護だけで推計コストは巨額であり、沿岸部の多くのコミュニティの予算をはるかに超えるであろう（Diaz 2016）。他の旱魃、山火事、内水氾濫に対応するコストは、さらに政府予算を圧迫する。前述のように、連邦政府のローンと補助金は、州・地方政府の信用制約を緩和するのに不可欠であるが、しかし、これらの資源は必然的に限られている。明確な資金提供優先順位を確立し、連邦政府が資金提供を行う保護コストに関する不確実性を解決することにより、州・地方の主体が気候移行に向けたそれ自身の計画立案を行うのを支援できる。

主な機会——サブ・ナショナルな適応改革にインセンティブを与えるために連邦資金へのアクセスを利用する。　自然災害に対する長期的な回復力を構築するのに不可欠な多くの政策は、州または地方レベルで管理されている（図9-3）。しかし、直接でも間接でも州を通して流れる連邦資金

は、長寿命の気候変動に影響を受けるインフラおよび開発プロジェクトに資金提供を行う（CBO 2018）。物理的な気候リスクが政府機関の事業リスク管理に完全には組み入れられていない場合、これらの投資は、期待以下となり失敗する。同様に、山火事や洪水に見舞われる土地を開発用途に転用する意思決定は、モーゲージ保証、洪水保険、災害管理および対応など、さまざまなそのリスク吸収機能を経由して連邦政府を巻き込む。ゾーニング、建築基準法、保険市場、住宅情報開示の改革はすべて、災害のコストを減らす上で大きな利益を有するであろう。

気候関連の連邦投資は、適応改革の実施に結びつけることができ、そうして被災コミュニティと連邦予算の両方を守る。たとえば、FEMA は NFIP の改革を連邦議会に提案し、もし施行されれば、不動産取引についてコミュニティ・レベルの洪水情報開示要件の策定を NFIP 参加の条件とする一方（U.S. Department of Homeland Security 2022）、超党派インフラ法の条項は「州回復力向上計画」で優先されている交通プロジェクトのための特定の補助金のうち連邦政府以外の割合を引き下げる。

環境リスクの正確な価格設定を確保する

実行可能で信頼できる気候リスク情報が入手できる場合、価格は調整され、気候変動に反応したりそれを見越したりして投資と生産を再配分するように主体に正確なシグナルを送ると考えられる。しかし、情報の非対称性や誤ったインセンティブから生じる市場の失敗は、これらのシグナルを歪め、政策対応を必要とする。連邦適応戦略の役割の1つは、より力強い市場のシグナルを送れるようにこうした市場の失敗を特定、是正することで、長期にわたる適応意思決定を導くことである。適応に関連した特定の市場の失敗と、それに対処するための政策ツールについては、前節で説明した。それらには、情報提供、情報開示要件、建築規格、保険購入義務が含まれる。重要な事例としては、リスク格付け2.0と呼ばれる NFIP の最近の価格設定改革があり、それは個別化された洪水リスク査定に基づいて保険の価格を設定し、他方、個人またはコミュニティによる洪水コストを下げ

る投資に割引を引き続き提供する（CRS 2022）。

市場メカニズムは、資源を効率的に配分し、資源の希少性について価格シグナルを市場の主体に送る上で重要な役割を果たすことができる。市場が欠如していたり不完全であったりする場所では、気候変動に起因する希少性が既存の歪みを悪化させることがある。つまり、市場アクセスを拡大したり、共有資源に対する所有権を確立する改革は総コストを低下させることを意味し、例としてはカリフォルニア州における水利用の配分がある（Arellano-Gonzalez et al. 2021）。市場がない場合でさえ、費用対効果の高い資源配分を行うためにオークションなどの仕組みを使うことは、気候変動下で希少性を管理する有益な戦略になりうる（Hagerty and Leonard 2022）。

主な機会――市場取引で使用される気候データとモデリングに質の高い透明な基準を作成する。物理的気候リスクの市場価格への統合を支援するのに重要なのは、使用される気候情報の質を監視することであろう。気候リスクに価格設定を行うには、特化したモデリング・ツールの使用が必要であり、この情報の質を評価するのは専門的で非常に高度な技術である。専門家集団によって評価できない、自然災害リスクの独自モデルを、重大な規制上の意思決定のインプットとして使用することは、過去に緊張を引き起こし、とくに保険業界ではそうであった（Xu, Webb, and Evans 2019）。重大な投資意思決定に情報を提供するのに用いられる気候データについて、最低基準と報告義務を課すことは、信頼を構築し、質を確保し、幅広い採用をもたらすことができる。カタストロフィー債や他の保険連動証券などのかなり複雑な金融商品に保険契約が利用される場合や、金融システムに対する気候リスクを評価するために中央銀行が使用し始めているシナリオ演習へのインプットとして使用される場合、このことはとくに重要である（Insurance Information Institute, n.d.-b; Braun and Kousky 2021; U.S. Federal Reserve 2023; Financial Stability Board 2022）。重大な経済上、規制上の意思決定に使用される地球システム・モデルの監視と評価は、自然災害が金融システム全体にわたるシステミックな失敗の引き金を引くのを防ぐ上で重要である。

社会的弱者を保護する

気候変動は多くのアメリカ人に対して気象関連災害を増加させると考えられるが、その影響は等しく感じられるわけではないであろう（前掲 BOX 9-2 を参照のこと）。低所得の恵まれないコミュニティは、気候変動の影響にさらされることが多く（たとえば、農業や建設業など、極暑にさらされる産業での労働を通じて）、気象関連災害のコストを平準化するために引き出せる資産もない。低所得で疎外されたコミュニティのニーズに対処する政策がない場合、従来からの脆弱性――不十分な医療、質が劣っていたり過密状態の住宅、食料不安など――は、気候変動の影響と相互作用し、不平等を拡大させるであろう。これらの根本的な脆弱性に対処し、恵まれない人々を対象にした政策を展開することは、米国の効果的な適応戦略の大切な一部とすべきであり、低所得の恵まれないコミュニティを対象にしたバイデン―ハリス政権の堅固な一連の既存のプログラムを基盤とすべきである（BOX 9-1 と BOX 9-2）。

気候変動リスクを反映して価格が調整されるので、これは低所得コミュニティ、つまり価格上昇をとくに負担に感じる人々に対して課題をもたらす。たとえば、低所得家計はすでに洪水保険に加入している可能性が低く、FEMA が定義した100年洪水の保険加入者の約9％は、所得の5％以上を洪水保険料と手数料に支払っている（U.S. Department of Homeland Security 2018）。価格調整は民間のリスク削減のインセンティブを鈍らせ、長期的なリスクを高めることになるので、可能な限り、価格調整を制限するよりも、対象を絞った一括移転によってこれらの分配上の悪影響に対処する政策を目指すべきである。より一般的に言えば、最も貧しいアメリカ人のために、所得増を加速させ資産構築機会へのアクセスを拡大させることを目指す政策は、広範囲に適応できると考えるべきであろう。教育機会、住宅の価格適正化、貧困緩和に主に焦点を合わせたプログラムの主目標ではないが、最も脆弱な人々が利用できる資源を増やすことで、気候ショックの影響をなんとかするために引き出せるようにすることによって、彼らは全体的な脆弱性を下げ、長期にわたる

気候コストを減らせるはずである。

主な機会──投資の社会的価値を反映した公的適応資金の規準を作成する。 公的適応プロジェクトの優先順位決定および評価のため、投資の社会的利益を正確に反映した規準を作成すべきである。長い間、洪水対策やコミュニティ・リスク削減への公的投資は、保護された不動産の価値を、プロジェクトの利益を評価する際にカギとなる指標として使用してきた（McGee 2021）。しかし、米国における財産価値と所有権の不平等は、長年にわたって人種マイノリティを住宅所有と公的投資から排除してきたことを反映している（Rothstein 2017）。財産価値を用いるだけで気候保護の利益を評価することは、これらのプロジェクトの完全で、多分野にわたる利益を把握できそうもなく、これらの歴史的不公正を永続させ、脆弱性の差を広げる危険がある（Martinich et al. 2013）。プロジェクトの成果を査定するために、脆弱性の差や、コミュニティが自家保険をかけ被災から回復する程度の違いを把握するさらなる規準を作成できる。

主な機会──気候変動下で社会保険を再考する。

気候変動関連災害の頻度と強度が増していくと、状況の変化に合わせるのに必要な混乱や転調とあいまって、リスクを分散し社会的弱者を保護する政策やプログラムがかつてないほど困難になるであろう。米国における古くからの社会保険プログラムにもたらす負担を理解し、社会的セーフティネットを強化する改革を特定することは、この気候変動の時代には不可欠である。さらに、リスク上昇に直面して大災害管理と社会的統合において政府の役割を再考するプロセスもまた今すぐ必要である。米国の現在のアプローチは、財政的に不安定な公的保険プログラムでバラバラに大災害を管理するというもので、気候変動が継続するのにしたがって、より多くの問題を抱えるだけであろう。米国の政策立案者は、他国のモデルを真剣に検討すべきである。そのモデルは、政府は最終手段の再保険者として機能し、民間資金調達を呼び込むために民間セクターの大災害損失に上限を設け、他方、自然災害保険加入を義務付けることでリスクを幅広く分散する（Kousky 2022, 53–56）。

結 論

米国は、気候変動という課題に取り組み、2030年までに米国の温室効果ガス排出量を半減させるというバイデン大統領の目標を達成するため、エネルギー体系を転換する画期的な投資を行なっている。これらの投資は、排出を制御し、気候変動の影響を抑制する地球規模の取組にとって中心的なものである。

地球規模のエネルギー生産において大々的なシフトがすでに進行しているとはいえ、モデルは気候が今後数十年にわたって変化し続けることを示している（IPCC 2021; Meinshausen et al. 2022）。変化する気象パターンは、コミュニティをかつてない極端現象にさらし、気象リスクと自然災害の管理をますます困難にするであろう。多くの研究は、気候変動関連の異常気象がもたらす多額のコストと共に、米国経済が気候変動に影響を受けやすいことを示している。変化する条件を見越した将来志向の適応計画立案がなければ、気象コストは増加し続け、全米のインフラ、社会、経済、金融のシステムに対するリスクを悪化させる可能性が非常に高い。

気候変動のリスクを管理するのは、多くの政策領域において複雑な課題であり、さまざまな市場の失敗や錯綜したガバナンス構造に特徴づけられる。しかし、連邦政府に特有の能力、権限、関心は、適応政策策定を主導し、浮上しつつある気候リスクに対してサブ・ナショナルな主体や民間主体の対応をまとめる上で、不可欠な役割を果たすべきだということを意味する。効果的な連邦政府の適応戦略には、気候リスクに関する知識の生産と普及、気候移行に向けた長期的計画立案、気候リスクの正確な価格設定の確保、社会的弱者の保護がある。温室効果ガス排出を削減する継続的取組とあいまって、温暖化しつつある地球のリスク

と帰結を管理することにより、わが国は 21 世紀
の気候問題に立ち向かえるのである。

参考文献

第1章

Acemoglu, D., D. Autor, and D. Lyle. 2004. "Women, War, and Wages: The Effect of Female Labor Supply on the Wage Structure at Midcentury." *Journal of Political Economy* 112, no. 3: 497–551. https://doi.org/10.1086/383100.

ACLU (American Civil Liberties Union). 2021. "How Artificial Intelligence Can Deepen Racial and Economic Inequities." By Olga Akselrod. https://www.aclu.org/news/privacy-technology/how-artificial-intelligence-can-deepen-racial-and-conomic-inequities.

Armstrong, M. 2022. "The Market for Smart Home Devices Is Expected to Boom Over the Next 5 Years." World Economic Forum. https://www.weforum.org/agenda/2022/04/homes-smart-tech-market.

Atasoy, H. 2013. "The Effects of Broadband Internet Expansion on Labor Market Outcomes." *ILR Review* 66, no. 2. https://doi.rg/10.1177/001979391306600202.

Auffhammer, M., P. Baylis, and C. Hausman. 2017. "Climate Change Is Projected to Have Severe Impacts on the Frequency and Intensity of Peak Electricity Demand Across the United States." *Proceedings of the National Academy of Sciences* 114, no. 8. https://doi.org/10.1073/pnas.1613193114.

Bank of England. 2021. "Key Elements of the 2021 Biennial Exploratory Scenario: Financial Risks from Climate Change." https://www.bankofengland.co.uk/stress-testing/2021/key-elements-2021-biennial-exploratory-scenario-financial-risks-climate-change.

Bastien-Olvera, B., and F. Moore. 2021. "Use and Non-Use Value of Nature and the Social Cost of Carbon." *Nature Sustainability* 4, no. 1: 101–8. https://doi.org/10.1038/s41893-020-00615-0.

Blau, F., and L. Kahn. 2013. "Female Labor Supply: Why Is the United States Falling Behind?" *American Economic Review* 103, no. 3: 251–56. https://doi.org/10.1257/aer.103.3.251.

BLS (U.S. Bureau of Labor Statistics). 2019. "Number and Percent of Eldercare Providers Who Were Parents of Household Children Under Age 18 by Sex and Selected Characteristics, Averages for the Combined Years 2017–2018." https://www.bls.gov/news.release/elcare.t09.htm.

———. 2021. "Employment by Detailed Occupation." https://www.bls.gov/emp/tables/emp-by-detailed-occupation.htm.

———. 2022a. "Employee Benefits in the United States." https://www.bls.gov/ncs/ebs/benefits/2022/home.htm.

———. 2022b. "Computer and Information Technology Occupations." https://www.bls.gov/ooh/computer-and-information-technology/home.htm.

Blunden, J. 2014. "2013 State of the Climate: Carbon Dioxide Tops 400 PPM." National Oceanic and Atmospheric Administration. https://www.climate.gov/news-features/understanding-climate/2013-state-climate-carbon-dioxide-tops-400-ppm.

Bolt, J., and J. van Zanden. 2020. "Maddison Style Estimates of the Evolution of the World Economy." Groningen Growth and Development Centre. http://reparti.free.fr/maddi2020.pdf.

Botzen, W., J. van den Bergh, and L. Bouwer. 2010. "Climate Change and Increased Risk for the Insurance Sector: A Global Perspective and an Assessment for the Netherlands." *Natural Hazards* 52: 577–98. https://doi.org/10.1007/s11069-009-9404-1.

Brunetti, C., B. Dennis, D. Gates, D. Hancock, D. Ignell, E. Kiser, G. Kotta, A. Kovner, R. Rosen, and N. Tabor. 2021. "Climate Change and Financial Stability." Board of Governors of the Federal Reserve System. https://www.federalreserve.gov/econres/notes/feds-notes/climate-change-and-financial-stability-20210319.html.

Brynjolfsson, E., and G. Petropoulos. 2021. "The Coming Productivity Boom." *MIT Technology Review.* https://www.technologyreview.com/2021/06/10/1026008/the-coming-productivity-boom/.

Burke, A., A. Okrent, and K. Hale. 2022. "The State of U.S. Science and Engineering 2022." National Science Foundation. https://ncses.nsf.gov/pubs/nsb20221/u-s-and-global-research-and-development.

Burke, M., S. Hsiang, and E. Miguel. 2015. "Global Non-Linear Effect of Temperature on Economic Production." *Nature* 527: 235–39. https://doi.org/10.1038/nature15725.

Capka, J. 2006. "Celebrating 50 Years: The Eisenhower Interstate Highway System." U.S. Department of Transportation. https://www7.transportation.gov/testimony/celebrating-50-years-eisenhower-interstate-highway-system.

Carleton, T., A. Jina, M. Delgado, M. Greenstone, T. Houser, S. Hsiang, A. Hultgren, R. Kopp, K. McCusker, I. Nath, J. Rising, A. Rode, H. Kwon Seo, A. Viaene, J. Yuan, and A. Tianbo Zhang. 2022. "Valuing the Global Mortality Consequences of Climate Change Accounting for Adaptation Costs and Benefits." *Quarterly Journal of Economics* 137, no. 4: 2037–105. https://doi.org/10.1093/qje/qjac020.

Carter, S., S. Gartner, M. Haines, A. Olmstead, R. Sutch, and G. Wright, eds. 2006. *Historical Statistics of the United States.* Cambridge: Cambridge University Press. https://hsus.cambridge.org/HSUSWeb/HSUSEntryServlet.

Climate Central and Zillow. 2018. "Ocean at the Door: New Homes and the Rising Sea." http://assets.climatecentral.org/pdfs/Nov2018_Report_OceanAtTheDoor.pdf?pdf=OceanAtTheDoor-Report.

Council of Economic Advisers. 2015. *Economic Report of the President.* https://www.whitehouse.gov/wp-content/uploads/2021/07/2015-ERP.pdf.

Council of Economic Advisers and Office of Management and Budget. 2022. "Climate-Related Macroeconomic Risks and Opportunities." https://www.whitehouse.gov/wp-content/uploads/2022/04/CEA_OMB_Climate_Macro_WP_2022-430pm.pdf.

Czernich, N., O. Falck, T. Kretschmer, and L. Woessmann. 2011. "Broadband Infrastructure and Economic Growth." *Economic Journal* 121, no. 552: 505–32. https://doi.org/10.1111/j.1468-0297.2011.02420.x.

DeLong, B. 2022. *Slouching Towards Utopia: An Economic History of the Twentieth Century.* New York: Basic Books. https://www.basicbooks.com/titles/j-bradford-delong/slouching-towards-utopia/9780465019595/.

Dieppe, A. 2020. "The Broad-Based Productivity Slowdown, in Seven Charts." World Bank Blogs. https://blogs.worldbank.org/developmenttalk/broad-based-productivity-slowdown-seven-charts.

Digital Competition Expert Panel. 2019. "Unlocking Digital Competition." https://assets.publishing.service.gov.uk/government/uploads/system/uploads/attachment_data/file/785547/unlocking_digital_competition_furman_review_web.pdf.

Elliott, D. 2022. "Insurances Woes in Coastal Louisiana Make Hurricane Recovery Difficult." National Public Radio, July 27. https://www.npr.org/2022/07/27/1113639292/insurances-woes-in-coastal-louisiana-make-hurricane-recovery-difficult.

File, T. 2013. "Computer and Internet Use in the United States: Population Characteristics." U.S. Census Bureau. https://www.census. gov/content/dam/Census/library/publications/2013/demo/p20-569.pdf.

Financial Stability Oversight Council. 2021. "Report on Climate-Related Financial Risk." U.S. Department of the Treasury. https://home.treasury.gov/system/files/261/FSOC-Climate-Report.pdf.

FRED (Federal Reserve Economic Data). 2022. "Gross Private Domestic Investment (GPDI)." Federal Reserve Bank of St. Louis. https://fred.stlouisfed.org/series/GPDI.

Gelzinis, G., and G. Steele. 2019. "Climate Change Threatens the Stability of the Financial System." Center for American Progress. https://www.americanprogress.org/article/climate-change-threatens-stability-financial-system/.

Goldin, C. 2006. "The Quiet Revolution That Transformed Women's Employment, Education, and Family." *AEA Papers and Proceedings*, 1–21. https://scholar. harvard.edu/files/goldin/files/the_quiet_revolution_that_transformed_womens_employment_education_and_family.pdf.

Goldin, C., and L. Katz. 2009. "Why the United States Led in Education: Lessons from Secondary School Expansion, 1910 to 1940." In *Human Capital and Institutions*, edited by D. Eltis, F. Lewis, and K. Sokoloff. Cambridge: Cambridge University Press. https://scholar.harvard.edu/lkatz/publications/why-united-states-led-education-lessons-secondary-school-expansion-1910-1940.

Goodwin, D. 2001. "The Way We Won: America's Economic Breakthrough During World War II." *American Prospect*. https://prospect.org/health/way-won-america-s-economic-breakthrough-world-war-ii/.

Gordon, R. 2016. *The Rise and Fall of American Growth*. Princeton, NJ: Princeton University Press. https://press.princeton.edu/books/hardcover/9780691147727/the-rise-and-fall-of-american-growth.

Graff Zivin, J., and M. Neidell. 2012. "The Impact of Pollution on Worker Productivity." *American Economic Review* 102, no. 7: 3652–73. https://doi.org/10.1257/aer.102.7.3652.

Groningen Growth and Development Centre. No date. "Maddison Database 2010." https://www.rug.nl/ggdc/historicaldevelopment/maddison/releases/maddison-database-2010.

Guiso, L., Sapienza, P., and L. Zingales. 2006. "Does Culture Affect Economic Outcomes?" *Journal of Economic Perspectives* 20, no. 2: 23–48. https://pubs. aeaweb.org/doi/pdfplus/10.1257/jep.20.2.23.

Hernandez, R. 2017. "Online Job Search: The New Normal." U.S. Bureau of Labor Statistics. https://www.bls.gov/opub/mlr/2017/beyond-bls/online-job-search-the-new-normal.htm.

Herrnstadt, E., and T. Dinan. 2020. "CBO's Projection of the Effect of Climate Change on U.S. Economic Output." Working paper, Congressional Budget Office. https://www.cbo.gov/system/files/2020-09/56505-Climate-Change.pdf.

Hsieh, C., E. Hurst, C. Jones, and P. Klenow. 2019. "The Allocation of Talent and U.S. Economic Growth." *Econometrica* 87, no. 5: 1439–74. https://doi.org/10.3982/ECTA11427.

Iglesias, V., A. Braswell, M. Rossi, M. Joseph, C. McShane, M. Cattau, M. Koontz, J. McGlinchy, R. Nagy, J. Balch, S. Leyk, and W. Travis. 2021. "Risky Development: Increasing Exposure to Natural Hazards in the United States." *Earth's Future* 9, no. 7. https://doi.org/10.1029/2020EF001795.

IPCC (Intergovernmental Panel on Climate Change). 2014. *Climate Change 2014 (Assessment Review 5): Synthesis Report*, edited by R. Pachauri, L. Mayer, and Core Writing Team. Geneva: IPCC. https://www.ipcc.ch/site/assets/uploads/2018/02/SYR_AR5_FINAL_full.pdf.

Jessoe, K., D. Manning, and J. Taylor. 2018. "Climate Change and Labour Allocation in Rural Mexico: Evidence from Annual Fluctuations in Weather." *Economic Journal* 128, no. 608: 230–61. https://doi.org/10.1111/ecoj.12448.

Kalkuhl, M., and L. Wenz. 2020. "The Impact of Climate Conditions

on Economic Production. Evidence from a Global Region of Panels." *Journal of Environmental Economics and Management* 103. https://doi.org/10.1016/j.jeem.2020.102360.

Kao, S., M. Ashfaq, D. Rastogi, S. Gangrade, R. Uría Martínez, A. Fernandez, G. Konapala, N. Voisin, T. Zhou, W. Xu, H. Gao, B. Zhao, and G. Zhao. 2022. "The Third Assessment of the Effects of Climate Change on Federal Hydropower." Oak Ridge National Laboratory. https://info.ornl.gov/sites/publications/Files/Pub168510.pdf.

Kober, N., and D. Rentner. 2020. "History and Evolution of Public Education in the U.S." Center on Education Policy. https://files.eric.ed.gov/fulltext/ED606970.pdf.

Lan, X., P. Tans, and K. Thoning. 2022. "Trends in Globally-Averaged CO2 Determined from NOAA Global Monitoring Laboratory Measurements." Global Monitoring Laboratory. https://gml.noaa.gov/ccgg/trends/gl_data.html.

Lara, R. 2019. "Fact Sheet: Impact of Wildfires on Insurance Non-Renewals and Availability." California Department of Insurance. http://www.insurance. ca.gov/0400-news/0100-press-releases/2019/upload/nr063_factsheetwildfire.pdf.

Lebergott, S. 1966. "Labor Force and Employment, 1800–1960." In *Output, Employment, and Productivity in the United States after 1800*, edited by D. Brady, 117–204. Cambridge, MA: National Bureau of Economic Research. https://www.nber.org/system/files/chapters/c1567/c1567.pdf.

Lee, J. 2019. "Lessons of East-Asia's Human Capital Development." Project Syndicate. https://www.project-syndicate.org/commentary/human-capital-east-asia-development-strategy-education-by-lee-jong-wha-2019-01

Lüthi, D., M. Le Floch, B. Bereiter, T. Blunier, J. Barnola, U. Siegenthaler, D. Raynaud, J. Jouzel, H. Fischer, K. Kawamura, and T. Stocker. 2008. "High-Resolution Carbon Dioxide Concentration Record 650,000–800,000 Years Before Present." *Nature* 453: 379–82. https://doi.org/10.1038/nature06949.

Maiello, M. 2017. "Diagnosing William Baumol's Cost Disease." *Chicago Booth Review*. https://www.chicagobooth.edu/review/diagnosing-william-baumols-cost-disease.

Mankiw, N. 2010. *Macroeconomics*, 7th ed. New York: Worth. https://jollygreengeneral. typepad.com/files/n.-gregory-mankiw-macroeconomics-7th-edition-2009.pdf.

Mauro, P. 1995. "Corruption and Growth." *Quarterly Journal of Economics* 110, no. 3: 681–712. https://www.jstor.org/stable/pdf/2946696.pdf.

Mazzucato, M. 2013. *The Entrepreneurial State: Debunking Public vs. Private Sector Myths*. New York: Anthem Press. https://marianamazzucato.com/books/the-entrepreneurial-state.

Migration Policy Institute. No date. "U.S. Immigrant Population and Share over Time, 1850–Present." https://www.migrationpolicy.org/programs/data-hub/charts/immigrant-population-over-time.

Missirian, A., and W. Schlenker. 2017. "Asylum Applications Respond to Temperature Fluctuations." *Science* 358, no. 6370: 1610–14. https://www.science.org/doi/10.1126/science.aao0432.

Morrissey, T. 2017. "Child Care and Parent Labor Force Participation: A Review of the Research Literature." *Review of Economics of the Household* 15, no. 1: 1–24. https://doi.org/10.1007/s11150-016-9331-3.

Muro, M., S. Liu, J. Whiton, and S. Kulkarni. 2017. "Digitalization and the American Workforce." Brookings Institution. https://www.brookings.edu/research/digitalization-and-the-american-workforce/.

National Archives. No date. "Executive Order 8802: Prohibition of Discrimination in the Defense Industry (1941)." https://www.archives.gov/milestone-documents/executive-order-8802.

National Center for Education Statistics. 1993. "120 Years of American Education: A Statistical Portrait." https://nces.ed.gov/pubs93/93442.pdf.

National Centers for Environmental Education. 2022. "United States Billion Dollar Disaster Events 1980–2022 (CPI-Adjusted)." https://www.ncei.noaa.gov/access/billions/time-series.

National Partnership for Women and Families. 2022. "State Paid Family and Medical Leave Insurance Laws." https://www.nationalpartnership.org/our-work/resources/economic-justice/paid-leave/state-paid-family-leave-laws.pdf.

National World War II Museum. No date. "Research Starters: U.S. Military by the Numbers." https://www.nationalww2museum.org/students-teachers/student-resources/research-starters/research-starters-us-military-numbers.

Newell, R., B. Prest, and S. Sexton. 2021. "The GDP–Temperature Relationship: Implications for Climate Change Damages." *Journal of Environmental Economics and Management* 108. https://doi.org/10.1016/j.jeem.2021.102445.

OECD (Organization for Economic Cooperation and Development). 2022a. "Gross Domestic Spending on R&D." https://data.oecd.org/rd/gross-domestic-spending-on-r-d.htm.

———. 2022b. "LFS by Sex and Age: Indicators." https://stats.oecd.org/index.aspx?r=967539#.

Park, R., A. Behrer, and J. Goodman. 2021. "Learning Is Inhibited by Heat Exposure, Both Internationally and Within the United States." *Nature Human Behavior* 5: 19–27. https://doi.org/10.1038/s41562-020-00959-9.

Park, R., J. Goodman, M. Hurwitz, and J. Smith. 2020. "Heat and Learning." *American Economic Journal: Economic Policy* 12, no. 2: 306–39. https://doi.org/10.1257/pol.20180612.

Partlow, J. 2022. "Disaster Scenarios Raise the Stakes for Colorado River Negotiations." *Washington Post*, December 17. https://www.washingtonpost.com/climate-environment/2022/12/17/colorado-river-crisis-conference/.

Pew Research Center. 2021a. "Internet/Broadband Fact Sheet." https://www.pewresearch.org/internet/fact-sheet/internet-broadband/.

———. 2021b. "Digital Divide Persists Even as Americans with Lower Incomes Make Gains in Tech Adoption." https://www.pewresearch.org/fact-tank/2021/06/22/digital-divide-persists-even-as-americans-with-lower-incomes-make-gains-in-tech-adoption/.

———. 2021c. "Home Broadband Adoption, Computer Ownership Vary by Race, Ethnicity in the U.S." https://www.pewresearch.org/fact-tank/2021/07/16/home-broadband-adoption-computer-ownership-vary-by-race-ethnicity-in-the-u-s/.

Pfeiffer, D. 1995. "Ike's Interstates at 50: Anniversary of the Highway System Recalls Eisenhower's Role as Catalyst." *Prologue Magazine* 38, no. 2. https://www.archives.gov/publications/prologue/2006/summer/interstates.html.

Ramirez, R. 2022. "The West's Historic Drought Is Threatening Hydropower at Hoover Dam." CNN. https://www.cnn.com/2022/08/16/us/hoover-dam-hydropower-drought-climate/index.html.

Ranson, M. 2014. "Crime, Weather, and Climate Change." *Journal of Environmental Economics and Management* 67, no. 3: 274–302. https://doi.org/10.1016/j.jeem.2013.11.008.

Rennert, K., F. Errickson, B. Prest, L. Rennels, R. Newell, W. Pizer, C. Kingdon, J. Wingenroth, R. Cooke, B. Parthum, D. Smith, K. Cromar, D. Diaz, F. Moore, U. Müller, R. Plevin, A. Raftery, H. Sevcikova, H. Sheets, J. Stock, T. Tan, M. Watson, T. Wong, and D. Anthoff. 2022. "Comprehensive Evidence Implies a Higher Social Cost of CO2." *Nature* 610, no. 1: 687–92. https://doi.org/10.1038/s41586-022-05224-9.

Sablik, T. 2020. "Electrifying Rural America." Federal Reserve Bank of Richmond. https://www.richmondfed.org/publications/research/econ_focus/2020/q1/economic_history.

Shen, K. 2021. "Who Benefits from Public Financing of Home Care for Low-Income Seniors?" Working paper, Harvard University. https://scholar.harvard.edu/files/kshen/files/caregivers.pdf.

Siminski, P., and R. Yetsenga. 2022. "Specialization, Comparative Advantage, and the Sexual Division of Labor." *Journal of Labor Economics* 40, no. 4. https://doi.org/10.1086/718430.

Smith, A. 2023. "2022 U.S. Billion-Dollar Weather and Climate Disasters in Historical Context." U.S. Department of Commerce. https://www.climate.gov/news-features/blogs/2022-us-billion-dollar-weather-and-climate-disasters-historical-context.

Spruk, R. 2019. "The Rise and Fall of Argentina." *Latin American Economic Review* 28. https://doi.org/10.1186/s40503-019-0076-2.

U.S. Census Bureau. 1975. "Energy." In *Historical Statistics of the United States, Colonial Times to 1970*, 811–33. Washington: U.S. Government Publishing Office. https://www2.census.gov/library/publications/1975/compendia/hist_stats_colonial-1970/hist_stats_colonial-1970p2-chS.pdf.

———. 2021. "Selected Social Characteristics in the United States." https://data.census.gov/table?q=DP02:+SELECTED+SOCIAL+CHARACTERISTICS+IN+THE+UNITED+STATES&g=0100000US&tid=ACSDP1Y2021.DP02.

———. 2023. "Quarterly Retail E-Commerce Sales, 3rd Quarter 2022." https://www.census.gov/retail/mrts/www/data/pdf/ec_current.pdf.

U.S. Securities and Exchange Commission. 2023. "Meta Platforms, Inc.: Form 10-K for Fiscal Year Ended December 31, 2022." EDGAR Database. https://www.sec.gov/ix?doc=/Archives/edgar/data/1326801/000132680123000013/meta-20221231.htm#i6df229dad1864210ab76200083e26819_79.

Weiss, T. 1999. "Estimates of White and Nonwhite Gainful Workers in the United States by Age Group, Race, and Sex Decennial Census Years, 1800–1900." *Historical Methods: A Journal of Quantitative and Interdisciplinary History* 32, no. 1: 21–36. https://doi.org/10.1080/01615449909598924.

Weller, C. 2002. "Learning Lessons from the 1990s." Economic Policy Institute. https://www.epi.org/publication/webfeatures_viewpoints_l-t_growth_lessons/.

White House. 2022. "Fact Sheet: White House Releases First-Ever Comprehensive Framework for Responsible Development of Digital Assets." https://www.whitehouse.gov/briefing-room/statements-releases/2022/09/16/fact-sheet-white-house-releases-first-ever-comprehensive-framework-for-responsible-development-of-digital-assets/.

———. 2023. "Fact Sheet: Biden-Harris Administration Releases National Strategy to Put Nature on the Nation's Balance Sheet." https://www.whitehouse.gov/ostp/news-updates/2023/01/19/fact-sheet-biden-harris-administration-releases-national-strategy-to-put-nature-on-the-nations-balance-sheet/.

Woetzel, J., D. Pinner, H. Samandari, H. Engel, M. Krishnan, B. Boland, and C. Powis. 2020. "Climate Risk and Response: Physical Hazards and Socioeconomic Impacts." McKinsey Global Institute. https://www.mckinsey.com/~/media/mckinsey/business%20functions/sustainability/our%20insights/climate%20risk%20and%20response%20physical%20hazards%20and%20socioeconomic%20impacts/mgi-climate-risk-and-response-full-report-vf.pdf.

World Bank. 1993. *The East Asian Miracle: Economic Growth and Public Policy.* New York: Oxford University Press. https://documents1.worldbank.org/curated/en/975081468244550798/pdf/multi-page.pdf.

World Economic Forum. 2020. "Nature Risk Rising: Why the Crisis Engulfing Nature Matters for Business and the Economy." https://www3.weforum.org/docs/WEF_New_Nature_Economy_Report_2020.pdf.

第 2 章

Aladangady, A., D. Cho, L. Feiveson, and E. Pinto. 2022. "Excess Savings during the COVID-19 Pandemic." Board of Governors of the Federal Reserve System. https://www.federalreserve.gov/econres/notes/feds-notes/excess-savings-during-the-covid-19-

pandemic-20221021.html.

Ascari, G., and A. Sbordone. 2014. "The Macroeconomics of Trend Inflation." *Journal of Economic Literature* 52: 679–739. https://www.aeaweb.org/articles?id=10.1257/jel.52.3.679.

Banerjee R., V. Boctor, A. Mehrotra, and F, Zampolli. 2022. "Fiscal Deficits and Inflation Risks: The Role of Fiscal and Monetary Regimes." Working paper, Bank for International Settlements. https://www.bis.org/publ/work1028.pdf.

Bassetto, M. 2008. "Fiscal Theory of Price Level." In *The New Palgrave Dictionary of Economics*, edited by S. Durlauf and L. Blume. London: Palgrave. http://users. nber.org/~bassetto/research/palgrave/ftheorypost.pdf.

Belz, S., L. Scheiner, and S. Campbell. 2022. "A Guide to the Hutchins Center Fiscal Impact Measure." Brookings Institution. https://www.brookings. edu/2022/02/17/a-guide-to-the-hutchins-center-fiscal-impact-measure/.

Bernanke, B. 2007. "Inflation Expectations and Inflation Forecasting." Transcript of speech delivered at Monetary Economics Workshop of the National Bureau of Economic Research Summer Institute, Cambridge, MA, July 10. https://www.federalreserve.gov/newsevents/speech/Bernanke20070710a.htm.

———. 2022. "Inflation Expectations and Monetary Policy." Speech delivered at Inflation Expectations: Determinants and Consequences Conference, May 19. https://www.nber.org/lecture/2022-inflation-expectations-determinants-and-consequence-keynote-ben-bernanke-inflation-expectations.

Biden, J. 2022. "Joe Biden: My Plan for Fighting Inflation." *Wall Street Journal*, May 30. https://www.wsj.com/articles/my-plan-for-fighting-inflation-joe-biden-gas-prices-economy-unemployment-jobs-covid-11653940654?mod=opinion_major_pos5.

Bilbiie, F., G. Eggertsson, G. Primiceri, and A. Tambalotti. 2021. "'Excess Savings' Are Not Excessive." *Liberty Street Economics*, Federal Reserve Bank of New York. https://libertystreeteconomics.newyorkfed.org/2021/04/excess-savings-are-not-excessive/.

Blanchard, O., E. Cerutti, and L. Summers. 2015. *Inflation and Activity: Two Explorations and Their Monetary Policy Implications*. NBER Working Paper 21726. Cambridge, MA: National Bureau of Economic Research. https://www.nber.org/papers/w21726.

Boehm, C., and N. Pandalai-Nayar. 2022. "Convex Supply Curves." *American Economic Review* 112, no. 12: 3941–69. https://www.aeaweb.org/articles/pdf/doi/10.1257/aer.20210811.

Bordo, M., and M. Levy. 2021. "Do Enlarged Fiscal Deficits Cause Inflation? The Historical Record." *Economic Affairs* 41, no. 1: 59–83. https://onlinelibrary. wiley.com/doi/abs/10.1111/ecaf.12446.

Bräuning, F., J. Fillat, and G. Joaquim. 2022. "Cost–Price Relationships in a Concentrated Economy." Federal Reserve Bank of Boston. https://www.bostonfed.org/publications/current-policy-perspectives/2022/cost-price-relationships-in-a-concentrated-economy.aspx.

Catão, L., and M. Terrones. 2005. "Fiscal Deficits and Inflation." *Journal of Monetary Economics* 52, no. 3: 529–54. https://www.sciencedirect.com/science/article/abs/pii/S0304393205000139.

CBO (Congressional Budget Office). 2019. "The Budget and Economic Outlook: 2019 to 2029." https://www.cbo.gov/system/files/2019-03/54918-Outlook-3.pdf.

———. 2022. "Chapter 2: The Economic Outlook." https://www.cbo.gov/system/files?file=2022-05/57950-Chapter-2.pdf.

CEA (Council of Economic Advisers). 2016. "The Year in Review and the Years Ahead." https://www.govinfo.gov/content/pkg/ERP-2016/pdf/ERP-2016-chapter2.pdf.

———. 2022. *Economic Report of the President*. https://www.whitehouse.gov/wp-content/uploads/2022/04/ERP-2022.pdf.

Chetty, R., J. Friedman, M. Stepner, and Opportunity Insights Team. 2022. *The Economic Impacts of COVID-19: Evidence from a New Public Database Built Using Private Sector Data*. NBER Working Paper 27431. Cambridge, MA: National Bureau of Economic Research. https://www.nber.org/system/files/working_papers/w27431/w27431.pdf.

Clark, T., and S. Terry. 2010. "Time Variation in the Inflation Passthrough of Energy Prices." *Journal of Money, Credit and Banking* 42, no. 7: 1419–33. http://www.jstor.org/stable/40925694.

Cochrane, J. 2023. *The Fiscal Theory of the Price Level*. Princeton, NJ: Princeton University Press. https://press.princeton.edu/books/hardcover/9780691242248/the-fiscal-theory-of-the-price-level.

Congressional Research Service. 2022. "An Excise Tax on Stock Repurchases and Tax Advantages of Buybacks over Dividends." https://crsreports.congress.gov/product/pdf/IF/IF11960.

Crawley, E., and E. Gagnon. 2022. "Substitutability between Balance Sheet Reductions and Policy Rate Hikes: Some Illustrations and a Discussion." Board of Governors of the Federal Reserve System. https://doi.org/10.17016/2380-7172.3147.

Detmeister, A. 2011. "The Usefulness of Core PCE Inflation Measures." Finance and Economics Discussion Series, Federal Reserve Board. https://www.federalreserve.gov/pubs/feds/2011/201156/201156abs.html.

Donaldson, D., and R. Hornbeck. 2016. "Railroads and American Economic Growth: A 'Market Access' Approach." *Quarterly Journal of Economics* 131, no. 2: 799–858. https://doi.org/10.1093/qje/qjw002.

Federal Reserve (Board of Governors of the Federal Reserve System). 2012. "Federal Reserve Issues FOMC Statement of Longer-Run Goals and Policy Strategy." https://www.federalreserve.gov/newsevents/pressreleases/monetary20120125c.htm.

———. 2020. "2020 Statement on Longer-Run Goals and Monetary Policy Strategy." https://www.federalreserve.gov/monetarypolicy/review-of-monetary-policy-strategy-tools-and-communications-statement-on-longer-run-goals-monetary-policy-strategy.htm.

———. 2022a. "Summary of Economic Projections." https://www.federalreserve.gov/monetarypolicy/files/fomcprojtabl20221214.pdf.

———. 2022b. "Federal Reserve Issues FOMC Statement." https://www.federalreserve. gov/monetarypolicy/files/monetary20221214a1.pdf.

Federal Reserve Bank of Atlanta, Center for Human Capital Studies. No date. "Wage Growth Tracker." https://www.atlantafed.org/chcs/wage-growth-tracker.

Federal Reserve Bank of Cleveland. 2023. "Median CPI." https://www.clevelandfed.org/indicators-and-data/median-cpi.

Federal Reserve Bank of Dallas. No date. "Trimmed Mean MCE Inflation Rate." https://www.dallasfed.org/research/pce.

Federal Reserve Bank of Philadelphia. 2020. "Fourth Quarter 2020 Survey of Professional Forecasters." https://www.philadelphiafed.org/surveys-and-data/real-time-data-research/spf-q4-2020.

Friedman, M. 1970. "The Counter-Revolution in Monetary Theory." Institute of Economic Affairs, Occasional Paper 33. https://onlinelibrary.wiley.com/doi/pdf/10.1002/9781119205814.app2.

Furman, J., and W. Powell. 2021. "What Is the Best Measure of Labor Market Tightness?" Peterson Institute for International Economics. https://www.piie. com/blogs/realtime-economic-issues-watch/what-best-measure-labor-market-tightness.

Galí, J. 2015. *Monetary Policy, Inflation, and the Business Cycle: An Introduction to the New Keynesian Framework and Its Applications—Second Edition. Princeton*, NJ: Princeton University Press. https://press.princeton.edu/books/hardcover/9780691164786/monetary-policy-inflation-and-the-business-cycle.

Gleckman, H., and J. Holtzblatt. 2022. "Cutting Through the Misinformation About the IRS's Plan to Spend $80 Billion." Tax Policy Center. https://www.taxpolicycenter.org/taxvox/cutting-through-misinformation-about-irss-plan-spend-80-billion.

Gordon, R. 1975. "Alternative Reponses of Policy to External Supply Shocks." *Brookings Papers on Economic Activity*, no

1: 183–206. https://www.brookings.edu/wp-content/up-loads/1975/01/1975a_bpea_gordon.pdf.

Gross, D., and B. Sampat. 2020. *America, Jump-Started: World War II R&D and the Takeoff of the U.S. Innovation System.* NBER Working Paper 27375.

Guerrieri, V., G. Lorenzoni, L. Straub, and I. Werning. 2021. "Monetary Policy in Times of Structural Reallocation." Working paper, Jackson Hole Economic Policy Symposium. https://www.kansascityfed.org/documents/8322/JH_Guerrieri.pdf.

Hicks, J. 1937. "Mr. Keynes and the 'Classics': A Suggested Interpretation." *Econometrica* 5, no. 2: 147–59. https://doi.org/10.2307%2F1907242.

Jordà, Ò., C. Liu, F. Nechio, and F. Rivera-Reyes. 2022. "Wage Growth When Inflation Is High." Federal Reserve Bank of San Francisco. https://www.frbsf.org/economic-research/publications/economic-letter/2022/september/wage-growth-when-inflation-is-high/.

Jordà, Ò., and A. Taylor. 2019. "Riders on the Storm." Working paper, Federal Reserve Bank of San Francisco. https://doi.org/10.24148/wp2019-20.

Jørgensen, P., and S. Ravn. 2022. "The Inflation Response to Government Spending Shocks: A Fiscal Price Puzzle?" *European Economic Review* 141. https://doi.org/10.1016/j.euroecorev.2021.103982.

Keynes, J. 1936. *The General Theory of Employment, Interest, and Money.* Boston: Houghton Mifflin. https://archive.org/details/generaltheoryofe00keyn_0/page/n9/mode/2u.

Klein, L., and A. Goldberger. 1955. *An Econometric Model of the United States, 1929-1952.* Amsterdam: North Holland. https://doi.org/10.2307/2227976.

Michaillat, P., and E. Saez. 2022. $u^* = \sqrt{uv}$. NBER Working Paper 30211. Cambridge, MA: National Bureau of Economic Research. https://doi.org/10.3386/w30211.

Miranda-Agrippino, S., and G. Ricco. 2021. "The Transmission of Monetary Policy Shocks." *American Economic Journal: Macroeconomics* 5, no. 3: 74–107. https://doi.org/10.1257/mac.20180124.

Phillips, A. 1958. "The Relation Between Unemployment and the Rate of Change of Money Wage Rates in the United Kingdom, 1861–1957." *Economica* 25, no. 100: 289–99. https://doi.org/10.2307/2550759.

Powell, J. 2018. "Monetary Policy in a Changing Economy." Transcript of speech at Changing Market Structure and Implications for Monetary Policy Symposium, Jackson Hole, WY, August 24. https://www.federalreserve.gov/newsevents/speech/powell20180824a.htm.

——. 2022a. "Inflation and the Labor Market." Transcript of a speech at the Hutchins Center of Fiscal and Monetary Policy, Brookings Institution, Washington, November 30. https://www.federalreserve.gov/newsevents/speech/powell20221130a.htm.

——. 2022b. "Monetary Policy and Price Stability." Transcript of speech at Reassessing Constraints on the Economy and Policy Symposium, Jackson Hole, WY, August 26. https://www.federalreserve.gov/newsevents/speech/powell20220826a.htm.

Ramey, V. 2019. "Ten Years After the Financial Crisis: What Have We Learned from the Renaissance in Fiscal Research?" *Journal of Economic Perspectives* 33, no. 2: 89–144. https://doi.org/10.1257/jep.33.2.89.

Rankin, E., and M. Idil. 2014. "A Century of Stock-Bond Correlations." Reserve Bank of Australia. https://www.rba.gov.au/publications/bulletin/2014/sep/pdf/bu-0914-8.pdf.

Rudd, J. 2020. "Underlying Inflation: Its Measurement and Significance." *FEDS Notes.* Washington: Board of Governors of the Federal Reserve System, September 18. https://doi.org/10.17016/2380-7172.2624.

——. 2021. "Why Do We Think That Inflation Expectations Matter for Inflation? (And Should We?)" Finance and Economics Discussion Series. https://doi.org/10.17016/FEDS.2021.062.

Social Security Administration. 2022a. "Table V.A2: Immigration Assumptions." https://www.ssa.gov/oact/TR/2022/lr5a2.html.

——. 2022b. "The 2022 Annual Report of The Board of Trustees of The Federal Old-Age and Survivors Insurance and Federal Disability Insurance Trust Funds." https://www.ssa.gov/oact/tr/2022/tr2022.pdf.

Stigum, M., and A. Crescenzi. 2007. "Stigum's Money Market, 4E." https://www.mhprofessional.com/stigum-s-money-market-4e-9780071448451-usa.

Syverson, C. 2019. "Macroeconomics and Market Power: Context, Implications, and Open Questions." *Journal of Economic Perspectives* 33, no. 3: 23–43. https://doi.org/10.1257/jep.33.3.23.

U.S. Bureau of Labor Statistics. 2020. "Consumer Price Index: Overview." https://www.bls.gov/opub/hom/cpi/home.htm.

Werning, I. 2022. *Expectations and the Rate of Inflation.* NBER Working Paper 30260. Cambridge, MA: National Bureau of Economic Research. https://doi.org/10.3386/w30260.

White House. 2021. "Remarks by President Biden on the State of the Economy and the Need for the American Rescue Plan." https://www.whitehouse.gov/briefing-room/speeches-remarks/2021/02/05/remarks-by-president-biden-on-the-state-of-the-economy-and-the-need-for-the-american-rescue-plan/.

Yellen, J. 2015. "Inflation Dynamics and Monetary Policy." Transcript of Philip Gamble Memorial Lecture, University of Massachusetts, Amherst, September 24. https://www.federalreserve.gov/newsevents/speech/yellen20150924a.htm.

第3章

Ahmed, U. 2019. "The Importance of Cross-Border Regulatory Cooperation in an Era of Digital Trade." *World Trade Review* 18, no. S1: S99–S120. https://doi.org/10.1017/S1474745618000514.

Alfaro, L. 2016. "Gains from Foreign Direct Investment: Macro and Micro Approaches." *World Bank Economic Review* 30, no. S1: S2–S15. https://academic.oup.com/wber/article/30/Supplement_1/S2/2897332.

Amiti, M., and S. Wei. 2006. *Service Offshoring, Productivity, and Employment: Evidence from the United States.* IMF Working Paper 05/238. Washington, DC: International Monetary Fund. https://papers.ssrn.com/sol3/papers.cfm?abstract_id=888107.

Aslund, A., and M. Snegovaya. 2021. "The Impact of Western Sanctions on Russia and How They Can Be Made Even More Effective." Atlantic Council. https://www.atlanticcouncil.org/wp-content/uploads/2021/05/The-impact-of-Western-sanctions-on-Russia-and-how-they-can-be-made-even-more-effective-5.2.pdf.

Autor, D., D. Dorn, and G. Hanson. 2013. "The Geography of Trade and Technology Shocks in the United States." *American Economic Review* 103, no. 3: 220–25. https://doi.org/10.1257/aer.103.3.220.

——. 2016. "The China Shock: Learning from Labor-Market Adjustment to Large Changes in Trade." *Annual Review of Economics* 8: 205–40. https://doi.org/10.1146/annurev-economics-080315-015041.

——. 2021. *On the Persistence of the China Shock.* NBER Working Paper 29401. Cambridge, MA: National Bureau of Economic Research. https://doi.org/10.3386/w29401.

Autor, D., D. Dorn, G. Hanson, and J. Song. 2014. "Trade Adjustment: Worker-Level Evidence." *Quarterly Journal of Economics* 129, no. 4: 1799–1806. https://doi.org/10.1093/qje/qju026.

Baldwin, R. 2022. "The Peak Globalisation Myth: Part 4—Services Trade Did Not Peak." Center for Economic and Policy Research. https://cepr.org/voxeu/columns/peak-globalisation-myth-part-4-services-trade-did-not-peak.

Baldwin, R., and R. Freeman. 2022. "Risks and Global Supply Chains: What We Know and What We Need to Know." *Annual Review of Economics* 14: 153–80. https://doi.org/10.1146/annurev-economics-051420-113737.

Bapat, N., and T. Morgan. 2009. "Multilateral Versus Unilateral Sanctions Reconsidered: A Test Using New Data." *International Studies Quarterly* 53, no. 4: 1075–94. https://doi.org/10.1111/j.1468-2478.2009.00569.x.

Bauer, M., H. Lee-Makiyama, E. van der Marel, and B. Verschelde. 2014. "The Costs of Data Localisation: Friendly Fire on Economic Recovery." European Centre for International Political Economy, Occasional Paper 3/2014. https://ecipe.org/wp-content/uploads/2014/12/OCC32014 1.pdf.

BEA (U.S. Bureau of Economic Analysis). 2022. "International Data." https://www.bea. gov/itable/international-transactions-services-and-investment-position.

——. 2023a. "Real Gross Domestic Product, Chained Dollars." https://apps.bea.gov/iTable/?reqid=19&step=3&isuri=1&select_all_years=0&nipa_table_list=6& series=q&first_year=2018&last_year=2020&scale=-9&categories=survey.

——. 2023b. "Real Exports and Imports of Goods and Services by Type of Product, Chained Dollars." https://apps.bea.gov/iTable/?reqid=19&step=4&isuri=1&192-1=flatfiles#eyJhcHB-pZCI6MTksInN0ZXBzIjpbMSwyLDNdLCJkYXRhIjpbW yJDYX-RlZ29yaWVzIiwiU3VydmV5IlOsWyJOSVBBX1RhYmxlX0xpc3-3QiL-CIxMzQiXV19.

——. 2023c. "International Trade in Goods and Services." https://www.bea.gov/data/intl-trade-investment/international-trade-goods-and-services.

——. 2023d. "Price Indexes for Gross Domestic Product." https://apps.bea.gov/iTabl-e/?reqid=19&step=2&isuri=1&categories=survey#eyJhcHBpZCI6MTksInN0ZXBzIjpbMSwyLDNdLCJkYX-RhIjpbWyJjYXRlZ29yaWVzIiwiU3Vydm-V5IlOsWyJOSVBBX1RhYmxlX0xpc3QiL0ll1dfQ.

Berner, R., S. Cecchetti, and K. Schoenholtz. 2022. "Russian Sanctions: Some Questions and Answers." Center for Economic and Policy Research. https://cepr.org/voxeu/columns/russian-sanctions-some-questions-and-answers.

Birshan, M., T. Devesa, H. Samandari, J. Seong, S. Smit, O. White, and J. Woetzel. 2022. "Global Flows: The Ties That Bind an Interconnected World." MicKinsey Global Institute. https://www.mckinsey.com/capabilities/strategy-and-corporate-finance/our-insights/global-flows-the-ties-that-bind-in-an-interconnected-world.

BLS (U.S. Bureau of Labor Statistics). 2023. "Import/Export Price Indexes (MXP)." https://www.bls.gov/mxp/.

Bonadio, B., Z. Huo, A. Levchenko, and N. Pandalai-Nayar. 2021. "Global Supply Chains in the Pandemic." *Journal of International Economics* 133. https://doi. org/10.1016/j.jinteco.2021.103534.

Borusyak, K., and X. Jaravel. 2021. *The Distributional Effects of Trade: Theory and Evidence from the United States*. NBER Working Paper 28957. Cambridge, MA: National Bureau of Economic Research. https://www.nber.org/system/files/working_papers/w28957/w28957.pdf.

Bown, C. 2022a. "Four Years into the Trade War, Are the US and China Decoupling?" Peterson Institute for International Economics. https://www.piie.com/blogs/real-time-economics/four-years-trade-war-are-us-and-china-decoupling.

——. 2022b. "First Trade War, Now Russia's Real War. Why U.S. Exports to China Continue to Suffer." Peterson Institute for International Economics. https://www.piie.com/blogs/realtime-economics/first-trade-war-now-russias-real-war-why-us-exports-china-continue-suffer.

——. 2022c. "The WTO and Vaccine Supply Chain Resilience during a Pandemic." Peterson Institute for International Economics, Working Paper 22-15. https://www.piie.com/publications/working-papers/wto-and-vaccine-supply-chain-resilience-during-pandemic.

Bown, C., and J. Hillman. 2019. "WTO'ing a Resolution to the China Subsidy Problem." *Journal of International Economic Law* 22, no. 4: 557–78. https://doi. org/10.1093/jiel/jgz035.

Brynjolfsson, E., J. Horton, A. Ozimek, D. Rock, G. Sharma, and H. TuYe. 2020. *COVID-19 and Remote Work: An Early Look at U.S. Data*. NBER Working Paper 27344. Cambridge, MA: National Bureau of Economic Research. https://doi.org/10.3386/w27344.

Capri, A., and W. Lehmacher. 2021. "How COVID-19 Accelerated the Shift Towards TradeTech." World Economic Forum. https://www.weforum.org/agenda/2021/01/how-covid-19-has-accelerated-the-shift-towards-tradetech/.

Carr, B., C. French, and C. Lowery. 2020. "Data Localization: Costs, Tradeoffs, and Impacts Across the Economy." Institute of International Finance. https://www.iif.com/portals/0/Files/content/Innovation/12_22_2020_data_localization.pdf.

Caselli, F., M. Koren, M. Lisicky, and S. Tenreyro. 2020. "Diversification Through Trade." *Quarterly Journal of Economics* 135, no. 1: 449–502. https://doi. org/10.1093/qje/qjz028.

Casalini, F., and J. González. 2019. *Trade and Cross-Border Data Flows*. OECD Trade Policy Paper 220. Paris: OECD Publishing. https://doi.org/10.1787/b2023a47-en.

Casalini, F., J. González, and E. Moïsé. 2019. *Approaches to Market Openness in the Digital Age*. OECD Trade Policy Paper 219. Paris: OECD Publishing. https://doi.org/10.1787/818a7498-en.

CEA (Council of Economic Advisers). 2022. *Economic Report of the President*. Washington: U.S. Government Publishing Office. https://www.whitehouse.gov/wp-content/uploads/2022/04/ERP-2022.pdf.

Cerdeiro, D., and A. Komaromi. 2020. *Supply Spillovers During the Pandemic: Evidence from High-Frequency Shipping Data*. IMF Working Paper 20/284. https://www.imf.org/en/Publications/WP/Issues/2020/12/18/Supply-Spillovers-During-the-Pandemic-Evidence-from-High-Frequency-Shipping-Data-49966.

CFR (Council on Foreign Relations). 2022. "Confronting Reality in Cyberspace: Foreign Policy for a Fragmented Internet." Independent Task Force Report 80. https://www.cfr.org/report/confronting-reality-in-cyberspace.

Chetty, R., J. Friedman, N. Hendren, M. Stepner, and Opportunity Insights Team. 2022. *The Economic Impacts of COVID-19: Evidence from a New Public Database Built Using Private Sector Data*. NBER Working Paper 27431. Cambridge, MA: National Bureau of Economic Research. https://doi.org/10.3386/w27431.

Chetverikov, D., B. Larsen, and C. Palmer. 2016. "IV Quantile Regression for Group-Level Treatments, with an Application to the Distributional Effects of Trade." *Econometrica* 84, no. 2: 809–33. https://doi.org/10.3982/ECTA12121.

Chivvis, C., and E. Kapstein. 2022. "U.S. Strategy and Economic Statecraft: Understanding the Trade-Offs." Carnegie Endowment for International Peace. https://carnegieendowment.org/2022/04/28/u.s.-strategy-and-economic-statecraft-understanding-tradeoffs-pub-86995.

Choi, S., D. Furceri, and C. Yoon. 2020. "Policy Uncertainty and Foreign Direct Investment." *Review of International Economics* 29, no. 2: 195–227. https://doi. org/10.1111/roie.12495.

Clausing, K. 2019. *Open: The Progressive Case for Free Trade, Immigration, and Global Capital*. Cambridge, MA: Harvard University Press.

Comini, N., V. Foster, and S. Srinivasan. 2021. "Improving Data Infrastructure Helps Ensure Equitable Access for Poor People in Poor Countries." World Bank Data Blog. https://blogs.worldbank.org/opendata/improving-data-infrastructure-helps-ensure-equitable-access-poor-people-poor-countries.

Cooke, B., G. Nigatu, K. Heerman, M. Landes, and R. Seely. 2016. "Global Macroeconomic Developments Drive Downturn in U.S. Agricultural Exports." U.S. Department of Agriculture. https://www.ers.usda.gov/webdocs/outlooks/35809/59822_aes-94.pdf?v=203.4.

Corbeau, A. 2022. "How Deep Is Europe's Dependence on Russian Oil?" Columbia Climate School, State of the Planet. https://news.

climate.columbia. edu/2022/03/14/qa-how-deep-is-europes-dependence-on-russian-oil/.

CRS (Congressional Research Service). 2022a. "Russia's War on Ukraine: Financial and Trade Sanctions." https://crsreports.congress.gov/product/pdf/IF/IF12062.

——. 2022b. "Biden Administration Plans for an Indo-Pacific Economic Framework." https://crsreports.congress.gov/product/pdf/IN/IN11814.

——. 2023. "U.S. Trade Policy: Background and Current Issues." https://crsreports. congress.gov/product/pdf/IF/IF10156.

D'Aguanno, L., O. Davies, A. Dogan, R. Freeman, S. Lloyd, D. Reinhardt, R. Sajedi, and R. Zymek. 2021. "Global Value Chains, Volatility and Safe Openness: Is Trade a Double-Edged Sword?" Bank of England Financial Stability Paper 46. https://www.bankofengland.co.uk/financial-stability-paper/2021/global-value-chains-volatility-and-safe-openness-is-trade-a-double-edged-sword.

De Loecker, J., P. Goldberg, A. Khandelwal, and N. Pavcnik. 2016. "Prices, Markups, and Trade Reform." *Econometrica* 84, no 2: 445–510. https://doi.org/10.3982/ECTA11042.

Demertzis, M., B. Hilgenstock, B. McWilliams, E. Ribakova, and S. Tagliapietra. 2022. "How Have Sanctions Impacted Russia?" Bruegel Policy Contribution 18/22. https://www.bruegel.org/sites/default/files/2022-10/PC%2018%202022_1.pdf.

Dingel, J., and B. Neiman. 2020. "How Many Jobs Can Be Done at Home?" *Journal of Public Economics* 189. https://doi.org/10.1016/j.jpubeco.2020.104235.

DOE (U.S. Department of Energy). 2022. "Poland and U.S. Announce Strategic Partnership to Launch Poland's Civil Nuclear Program." https://www.energy.gov/articles/poland-and-us-announce-strategic-partnership-launch-polands-civil-nuclear-program.

DOL (U.S. Department of Labor). 2022. "U.S. Department of Labor Joins U.S. Trade Representative, European Commission to Host First Principals' Meeting of the U.S.-EU Trade and Labor Dialogue." https://www.dol.gov/newsroom/releases/ilab/ilab20221205.

Drury, A. 1998. "Revisiting Economic Sanctions Reconsidered." *Journal of Peace Research* 35, no. 4: 497–509. https://doi.org/10.1177/0022343398035004006.

Economist Intelligence Unit. 2022. "Russia: Forecast Summary." http://country.eiu.com/article.aspx?articleid=1802639163&Country=Russia&topic=Economy&subtopic=Forecast&subsubtopic=Forecast+summary.

Eppinger, P. 2019. "Service Offshoring and Firm Employment." *Journal of International Economics* 117: 209–28. https://doi.org/10.1016/j.jinteco.2019.01.007.

Eppinger, P., G. Felbermayr, O. Krebs, and B. Kukharskyy. 2021. "Decoupling Global Value Chains." Center for Economic Studies and Ifo Institute, Working Paper 6079. https://www.econstor.eu/bitstream/10419/235449/1/cesifo1_wp9079.pdf.

Eriksson, K., K. Russ, J. Shambaugh, and M. Xu. 2021. "Reprint: Trade Shocks and the Shifting Landscape of U.S. Manufacturing." *Journal of International Money and Finance* 114. https://www.sciencedirect.com/science/article/pii/S0261560621000589.

Espitia, A., A. Mattoo, N. Rocha, M. Ruta, and D. Winkler. 2021. "Pandemic Trade: COVID-19, Remote Work, and Global Value Chains." World Bank Working Paper 9508. https://documents1.worldbank.org/curated/en/843301610630752625/pdf/Pandemic-Trade-Covid-19-Remote-Work-and-Global-Value-Chains.pdf.

Espitia, A., N. Rocha, and M. Ruta. 2022. "How Export Restrictions Are Impacting Global Food Prices." World Bank Private Sector Development Blog. https://blogs.worldbank.org/psd/how-export-restrictions-are-impacting-global-food-prices.

Fan, H., Y. Li, and S. Yeaple. 2015. "Trade Liberalization, Quality, and Export Prices." *Review of Economics and Statistics* 95, no. 5: 1033–51. https://doi.org/10.1162/REST_a_00524.

Feenstra, R., H. Ma, and Y. Xu. 2019. "U.S. Exports and Employment." *Journal of International Economics* 120: 46–58. https://doi.

org/10.1016/j. jinteco.2019.05.002.

Flanagan, M., A. Kammer, A. Pescatori, and M. Stuermer. 2022. "How a Russian Natural Gas Cutoff Could Weigh on Europe's Economies." International Monetary Fund Blog. https://www.imf.org/en/Blogs/Articles/2022/07/19/blog-how-a-russias-natural-gas-cutoff-could-weigh-on-european-economies.

Foggo, J., and B. Mainardi. 2022. "Boiling the Frog: Russia's Black Sea Aggression Part II, the War." Center for European Policy Analysis. https://cepa.org/article/boiling-the-frog-russias-black-sea-aggression-part-ii-the-war/.

Freund, C., A. Mulabdic, and M. Ruta. 2022. "Is 3D Printing a Threat to Global Trade? The Trade Effects You Didn't Hear About." *Journal of International Economics* 138. https://doi.org/10.1016/j.jinteco.2022.103646.

Georgieva, K., G. Gopinath, and C. Pazarbasioglu. 2022. "Why We Must Resist Geoeconomic Fragmentation—and How." International Monetary Fund Blog. https://www.imf.org/en/Blogs/Articles/2022/05/22/blog-why-we-must-resist-geoeconomic-fragmentation.

Glauber, J., and D. Laborde. 2022. "How Sanctions on Russia and Belarus Are Impacting Exports of Agricultural Products and Fertilizer." International Food Policy Research Institute Blog. https://www.ifpri.org/blog/how-sanctions-russia-and-belarus-are-impacting-exports-agricultural-products-and-fertilizer..

Goldberg, L., and K. Crockett. 1998. "The Dollar and U.S. Manufacturing." *Current Issues in Economics and Finance* (Federal Reserve Bank of New York) 4, no. 12. https://www.newyorkfed.org/research/current_issues/ci4-12.html.

Goldberg, P., A. Khandelwal, N. Pavcnik, and P. Topalova. 2010. "Imported Intermediate Inputs and Domestic Product Growth: Evidence from India." *Quarterly Journal of Economics* 125, no. 4: 1727–67. https://doi.org/10.1162/qjec.2010.125.4.1727.

Goldfarb, A., and C. Tucker. 2019. "Digital Economics." *Journal of Economic Literature* 57, no. 1: 3–43. https://doi.org/10.1257/jel.20171452.

Gopinath, G., and O. Itskhoki. 2021. *Dominant Currency Paradigm: A Review*. NBER Working Paper 29556. Cambridge, MA: National Bureau of Economic Research. https://doi.org/10.3386/w29556.

Gopinath, G., O. Itskhoki, and R. Rigobon. 2010. "Currency Choice and Exchange Rate Pass-Through." *American Economic Review* 100, no. 1: 304–36. https://doi. org/10.1257/aer.100.1.304.

Grossman, G., E. Helpman, and H. Lhuillier. 2021. *Supply Chain Resilience: Should Policy Promote Diversification or Reshoring?* NBER Working Paper 29330. Cambridge, MA: National Bureau of Economic Research. https://doi. org/10.3386/w29330.

Grossman, G., and E. Rossi-Hansberg. 2008. "Trading Tasks: A Simple Theory of Offshoring." *American Economic Review* 98, no. 5: 1978–97. https://doi. org/10.1257/aer.98.5.1978.

Gulen, H., and M. Ion. 2016. "Policy Uncertainty and Corporate Investment." *Review of Financial Studies* 29, no. 3: 523–64. https://doi.org/10.1093/rfs/hhv050.

Harrell, P., E. Rosenberg, and E. Saravelle. 2018. "China's Use of Coercive Economic Measures." Center for a New American Security. https://www.cnas.org/publications/reports/chinas-use-of-coercive-economic-measures.

Higgins, M., and T. Klitgaard. 2021. "How Much Have Consumers Spent on Imports during the Pandemic?" *Liberty Street Economics*, Federal Reserve Bank of New York. https://libertystreeteconomics.newyorkfed.org/2021/10/how-much-have-consumers-spent-on-imports-during-the-pandemic/.

Huang, K., S. Madnick, and S. Johnson. 2019. "Framework for Understanding Cybersecurity Impacts on International Trade." Working Paper 2019-23, Cybersecurity Interdisciplinary Systems Laboratory, Sloan School of Management, Massachusetts Institute of Technology. https://papers.ssrn.com/sol3/papers.cfm?abstract_id=3555341.

IBM. 2022. "Cost of a Data Breach 2022." https://www.ibm.com/reports/data-breach.

IDC (International Data Corporation). 2021. "Digital Transformation Investments to Represent More Than Half of All ICT Investment by 2024, According to IDC FutureScape." https://www.idc.com/getdoc.jsp?containerId=prUS48333121.

IEA (International Energy Agency). 2022a. "Frequently Asked Questions on Energy Security." https://www.iea.org/articles/frequently-asked-questions-on-energy-security.

———. 2022b. "How to Avoid Gas Shortages in the European Union in 2023: The Need for Action." https://www.iea.org/reports/how-to-avoid-gas-shortages-in-the-european-union-in-2023/the-need-for-action#abstract.

IMF (International Monetary Fund). 2022a. "World Economic Outlook, April 2022: War Sets Back the Global Recovery." https://www.imf.org/en/Publications/WEO/Issues/2022/04/19/world-economic-outlook-april-2022#Global-Trade-and-Value-Chains-in-the-Pandemic.

———. 2022b. "World Economic Outlook, October 2022: Countering the Cost-of-Living Crisis." https://www.imf.org/en/Publications/WEO/Issues/2022/10/11/world-economic-outlook-october-2022.

Irwin, D. 2022a. The Trade Reform Wave of 1985–1995. NBER Working Paper 29973. Cambridge, MA: National Bureau for Economic Research. https://doi. org/10.3386/w29973.

———. 2022b. "Globalization Enabled Nearly All Countries to Grow Richer in Recent Decades." Peterson Institute for International Economics. https://www.piie.com/blogs/realtime-economic-issues-watch/globalization-enabled-nearly-all-countries-grow-richer-recent.

Jaravel, X., and E. Sager. 2019. "What Are the Price Effects of Trade? Evidence from the U.S. and Implications for Quantitative Trade Models." Board of Governors of the Federal Reserve System, Finance and Economics Discussion Series, Working Paper 2019-68. https://papers.ssrn.com/sol3/papers. cfm?abstract_id=3473054.

Jiang, H., B. Kenner, D. Russell, and J. Kaufman. 2022. "Outlook for U.S. Agricultural Trade: November 2022." U.S. Department of Agriculture. https://www.ers.usda. gov/webdocs/outlooks/105356/aes-122.pdf?v=5558.3.

Julio, B., and Y. Yook. 2016. "Policy Uncertainty, Irreversibility, and Cross-Border Flows of Capital." Journal of International Economics 103: 13–26. https://www.sciencedirect.com/science/article/abs/pii/S0022199616300915.

Keller, W., and S. Yeaple. 2009. "Multinational Enterprises, International Trade, and Productivity Growth: Firm-Level Evidence from the United States." Review of Economics and Statistics 91, no. 4: 821–31. https://direct.mit.edu/rest/article/91/4/821/57821/Multinational-Enterprises-International-Trade-and.

Klapper, L., and M. Miller. 2021. "The Impact of COVID-19 on Digital Financial Inclusion." World Bank. https://www.gpfi.org/sites/gpfi/files/sites/default/files/5_WB%20Report_The%20impact%20of%20COVID-19%20on%20 digital%20financial%20inclusion.pdf.

Krugman, P. 1980. "Scale Economies, Product Differentiation, and the Pattern of Trade." American Economic Review 70, no 5: 950–59. https://www.jstor.org/stable/1805774#metadata_info_tab_contents.

Lagarde, C. 2022. "A New Global Map: European Resilience in a Changing World." Transcript of speech at Peterson Institute for International Economics Event, Washington, April 22. https://www.ecb.europa.eu/press/key/date/2022/html/ecb.sp220422~c43af3db20.en.html.

Mattoo, A., P. Mishra, and A. Subramanian. 2017. "Beggar-Thy-Neighbor Effects of Exchange Rates: A Study of the Renminbi." American Economic Journal: Economic Policy 9, no. 4: 344–66. https://doi.org/10.1257/pol.20150293.

Meltzer, J. 2019. "A WTO Reform Agenda: Data Flows and International Regulatory Cooperation." Brookings Global Economy and Development, Working Paper 130. https://www.brookings.edu/wp-content/uploads/2019/09/WTO-Reform-Agenda_final.pdf.

———. 2020. "Cybersecurity, Digital Trade, and Data Flows: Rethinking a Role for International Trade Rules." Brookings Global Economy and Development, Working Paper 123. https://papers.ssrn.com/sol3/papers.cfm?abstract_id=3595175.

Meltzer, J., and C. Kerry. 2019. "Cybersecurity and Digital Trade: Getting It Right." Brookings Institution. https://www.brookings.edu/research/cybersecurity-and-digital-trade-getting-it-right/.

Miroudot, S. 2021. "Lessons from the Pandemic for Trade Cooperation on Cross-Border Supply Chains." In Revitalizing Multilateralism: Pragmatic Ideas for the New WTO Director-General, edited by S. Evenett and R. Baldwin, 141–54. Washington: Center for Economic and Policy Research. http://ciwto.uibe.edu. cn/docs/2021-07/492701afda8648478dc08aca4231d0bb.pdf#page=140.

Mollenkopf, D., S. Peinkofer, and Y. Chu. 2022. "Supply Chain Transparency: Consumer Reactions to Incongruent Signals." Journal of Operations Management 68, no. 4: 306–27. https://doi.org/10.1002/joom.1180.

Morcos, P., and C. Wall. 2021. "Invisible and Vital: Undersea Cables and Transatlantic Security." Center for Strategic and International Studies. https://www.csis.org/analysis/invisible-and-vital-undersea-cables-and-transatlantic-security.

National Academies of Sciences, Engineering, and Medicine. 2022. Building Resilience into the Nation's Medical Product Supply Chains. Washington: National Academies Press. https://doi.org/10.17226/26420.

National Security Council. 2022. "National Security Strategy." https://www.whitehouse. gov/wp-content/uploads/2022/10/Biden-Harris-Administrations-National-Security-Strategy-10.2022.pdf.

OECD (Organization for Economic Cooperation and Development). 2015. Digital Security Risk Management for Economic and Social Prosperity: OECD Recommendation and Companion Document. Paris: OECD Publishing. https://doi.org/10.1787/9789264245471-en.

———. 2020a. "Foreign Direct Investment Flows in the Time of COVID-19." https://read.oecd-ilibrary.org/view/?ref=132_132646-g8as4msdp9&title=Foreign-direct-investment-flows-in-the-time-of-COVID-19.

———. 2020b. "COVID-19 and Global Value Chains: Policy Options to Build More Resilient Production Networks." https://www.oecd.org/coronavirus/policy-responses/covid-19-and-global-value-chains-policy-options-to-build-more-resilient-production-networks-04934ef4/.

———. 2022a. "FDI in Figures." https://www.oecd.org/investment/investment-policy/FDI-in-Figures-October-2022.pdf.

———. 2022b. "International Investment Implications of Russia's War Against Ukraine (Abridged Version)." https://www.oecd.org/ukraine-hub/policy-responses/international-investment-implications-of-russia-s-war-against-ukraine-abridged-version-6224dc77/.

———. 2022c. "Paying the Price of War: OECD Economic Outlook, Interim Report, September 2022." https://www.oecd.org/economic-outlook/september-2022/.

———. 2022d. Cross-Border Data Flows: Taking Stock of Key Policies and Initiatives. Paris: OECD Publishing. https://doi.org/10.1787/5031dd97-en.

———. 2023a. "The Impact of Digitalisation on Trade." https://www.oecd.org/trade/topics/digital-trade/.

———. 2023b. "FDI Flows." https://data.oecd.org/fdi/fdi-flows.htm.

Oldenski, L. 2011. "The Task Composition of Offshoring by U.S. Multinationals." Forum for Research in Empirical International Trade Working Paper. https://www.freit. org/WorkingPapers/Papers/ForeignInvestment/FREIT262.pdf.

Pei, J., G. de Vries, and M. Zhang. 2021 "International Trade and COVID-19: City-Level Evidence from China's Lockdown Policy." *Journal of Regional Science* 62, no. 3: 670–95. https://doi.org/10.1111/jors.12559.

Peksen, D. 2019. "When Do Imposed Economic Sanctions Work? A Critical Review of the Sanctions Effectiveness Literature." *Defence and Peace Economics* 30, no. 6: 635–47. https://doi.org/10.1080/10242694.2019.1625250.

Riker, D. 2015. "Export-Intensive Industry Pay More on Average: An Update." U.S. International Trade Commission, Office of Economics, Research Note 2015-04A. https://www.usitc.gov/publications/332/ec201504a.pdf.

Shivakumar, S., C. Wessner, and T. Howell. 2022. "Opportunities and Pitfalls for U.S.-EU Collaboration on Semiconductor Value Chain Resilience." Center for Strategic and International Studies. https://www.csis.org/analysis/opportunities-and-pitfalls-us-eu-collaboration-semiconductor-value-chain-resilience.

Staiger, R. 2021a. *Does Digital Trade Change the Purpose of a Trade Agreement?* NBER Working Paper 29578. Cambridge, MA: National Bureau for Economic Research. https://doi.org/10.3386/w29578.

——. 2021b. *A World Trading System for the Twenty-First Century.* NBER Working Paper 28947. Cambridge, MA: National Bureau for Economic Research. https://doi.org/10.3386/w28947.

Sykes, A. 2015. "The Limited Economic Case for Subsidies Regulation." Stanford Law and Economics, Olin Working Paper 472. https://papers.ssrn.com/sol3/papers.cfm?abstract_id=2531051.

Tai, K. 2021a. "Remarks from Ambassador Katherine Tai on Trade, Policy, the Environment and Climate Change." https://ustr.gov/about-us/policy-offices/press-office/speeches-and-remarks/2021/april/remarks-ambassadaor-katherine-tai-trade-policy-environment-and-climate-change.

——. 2021b. "Remarks of Ambassador Katherine Tai Outlining the Biden-Harris Administration's 'Worker-Centered' Trade Policy." https://ustr.gov/about-us/policy-offices/press-office/speeches-and-remarks/2021/june/remarks-ambassador-katherine-tai-outlining-biden-harris-administrations-worker-centered-trade-policy.

——. 2022. "Statement from Ambassador Katherine Tai on the Announcement of Additional Economic Actions Against Russia." https://ustr.gov/about-us/policy-offices/press-office/press-releases/2022/march/statement-ambassador-katherine-tai-announce-additional-economic-actions-against-russia.

UNCDF (United Nations Capital Development Fund). 2022. "The Role of Cybersecurity and Data Security in the Digital Economy." https://policyaccelerator.uncdf.org/policy-tools/brief-cybersecurity-digital-economy.

United Nations. 2022. "The Black Sea Grain Initiative: What It Is, and Why It's Important for the World." *UN News*, September 16. https://news.un.org/en/story/2022/09/1126811.

U.S. Census Bureau. 2022. "Quarterly Retail E-Commerce Sales." https://www.census.gov/retail/ecommerce.html.

——. 2023a. "Country and Product Trade Data." https://www.census.gov/foreign-trade/statistics/country/index.html.

——. 2023b. "U.S. International Trade in Goods and Services, December and Annual 2022." https://www.census.gov/foreign-trade/Press-Release/ft900/ft900_2212.pdf.

U.S. Department of Commerce. 2021. "Jobs Supported by U.S. Exports." https://www.trade.gov/data-visualization/jobs-supported-us-exports.

——. 2022. "Commerce Department Expands Restrictions on Exports to Russia and Belarus in Response to Ongoing Aggression in Ukraine." https://www.commerce.gov/news/press-releases/2022/04/commerce-department-expands-restrictions-exports-russia-and-belarus.

U.S. Department of State. 2022a. "The Passage of the CHIPS and Science Act of 2022." https://www.state.gov/the-passage-of-the-chips-and-science-act-of-2022/.

——. 2022b. "Fact Sheet: The Impact of Sanctions and Export Controls on the Russian Federation." https://www.state.gov/the-impact-of-sanctions-and-export-controls-on-the-russian-federation/.

——. 2022c. "United States Takes Next Step in Supporting Innovative Clean Nuclear Technology in Europe." https://www.state.gov/united-states-takes-next-step-in-supporting-innovative-clean-nuclear-technology-in-europe/.

——. 2022d. "Special Presidential Envoy for Climate Kerry and Ukraine Minster of Energy Galushchenko Announce Cooperation on a Clean Fuels from Small Modular Reactors Pilot, COP27 Climate Conference." https://www.state.gov/special-presidential-envoy-for-climate-kerry-and-ukraine-minister-of-energy-galushchenko-announce-cooperation-on-a-clean-fuels-from-small-modular-reac-tors-pilot-cop27-climate-conference/.

U.S. Department of the Treasury. 2022a. "Updates Related to Price Cap on Russian Oil." https://home.treasury.gov/policy-issues/financial-sanctions/recent-actions/20220902_33.

——. 2022b. "Fact Sheet: Limiting Kremlin Revenues and Stabilizing Global Energy Supply with a Price Cap on Russian Oil." https://home.treasury.gov/news/press-releases/jy1141.

——. 2022c. "OFAC Food Security Fact Sheet: Russia Sanctions and Agricultural Trade." https://home.treasury.gov/system/files/126/russia_fact_sheet_20220714.pdf.

USTR (Office of the U.S. Trade Representative). 2021. "Joint Statement on the Results of the Council Meeting of the U.S.–Central Asia Trade and Investment Framework Agreement (TIFA)." https://ustr.gov/about-us/policy-offices/press-office/press-releases/2021/march/joint-statement-results-council-meeting-us-central-asia-trade-and-investment-framework-agreement.

——. 2022a. "Joint Statement on the U.S./U.K. Dialogues on the Future of Atlantic Trade." https://ustr.gov/about-us/policy-offices/press-office/press-releases/2022/march/joint-statement-usuk-dialogues-future-atlantic-trade.

——. 2022b. "Ministerial Text for the Trade Pillar of the Indo-Pacific Economic Framework for Prosperity." https://ustr.gov/sites/default/files/2022-09/IPEF%20Pillar%201%20Ministerial%20Text%20(Trade%20Pillar)_FOR%20PUBLIC%20RELEASE%20(1).pdf.

——. 2022c. "United States and Kenya Announce the Launch of the U.S.–Kenya Strategic Trade and Investment Partnership." https://ustr.gov/about-us/policy-offices/press-office/press-releases/2022/july/united-states-and-kenya-announce-launch-us-kenya-strategic-trade-and-investment-partnership.

——. 2022d. "United States and Taiwan Commence Formal Negotiations on U.S.–Taiwan Initiative on 21st Century Trade." https://ustr.gov/about-us/policy-offices/press-office/press-releases/2022/august/united-states-and-taiwan-commence-formal-negotiations-us-taiwan-initiative-21st-century-trade.

——. 2022e. "2022 Trade Policy Agenda and 2021 Annual Report of the President of the United States on the Trade Agreements Program." https://ustr.gov/sites/default/files/2022%20Trade%20Policy%20Agenda%20and%202021%20Annual%20Report%20(1).pdf.

Valero, P. 2016. "This Is Why We Should Care About the Free Flow of Data Between Countries." World Economic Forum. https://www.weforum.org/agenda/2016/07/free-flow-of-data-between-countries/.

Wharton School. 2019. "Your Data Is Shared and Sold; . . . What's Being Done About It?" Knowledge at Wharton, October 28. https://knowledge.wharton.upenn.edu/article/data-shared-sold-whats-done/.

White House. 2021a. "Executive Order on America's Supply Chains." https://www.whitehouse.gov/briefing-room/presidential-actions/2021/02/24/executive-order-on-americas-supply-chains/.

——. 2021b. "Fact Sheet: Prioritizing Climate in Foreign Policy and National Security." https://www.whitehouse.gov/briefing-room/

statements-releases/2021/10/21/fact-sheet-prioritizing-climate-in-foreign-policy-and-national-security/.

——. 2022a. "Fact Sheet: President Biden and G7 Leaders Formally Launch the Partnership for Global Infrastructure and Investment." https://www.whitehouse. gov/briefing-room/statements-releases/2022/06/26/fact-sheet-president-biden-and-g7-leaders-formally-launch-the-partnership-for-global-infrastructure-and-investment/.

——. 2022b. "Fact Sheet: In Asia, President Biden and a Dozen Indo-Pacific Partners Launch the Indo-Pacific Economic Framework for Prosperity." https://www.whitehouse.gov/briefing-room/statements-releases/2022/05/23/fact-sheet-in-asia-president-biden-and-a-dozen-indo-pacific-partners-launch-the-indo-pacific-economic-framework-for-prosperity/.

——. 2022c. "Joint Readout of U.S.-EU Task Force Meeting on Energy Security." https://www.whitehouse.gov/briefing-room/statements-releases/2022/11/07/joint-readout-of-u-s-eu-task-force-meeting-on-energy-security/.

——. 2022d. "Joint Statement between the United States and the European Commission on European Energy Security." https://www.whitehouse.gov/briefing-room/statements-releases/2022/03/25/joint-statement-between-the-united-states-and-the-european-commission-on-european-energy-security/.

——. 2022e. "A Declaration for the Future of the Internet." https://www.whitehouse. gov/wp-content/uploads/2022/04/Declaration-for-the-Future-for-the-Internet_Launch-Event-Signing-Version_FINAL.pdf

——. 2022f. "Fact Sheet: President Biden Announces the Americas Partnership for Economic Prosperity." https://www.whitehouse.gov/briefing-room/statements-releases/2022/06/08/fact-sheet-president-biden-announces-the-americas-partnership-for-economic-prosperity/.

World Bank. 2020. *World Development Report 2020: Trading for Development in the Age of Global Value Chains*. Washington: World Bank. https://doi.org/10.1596/978-1-4648-1457-0.

World Economic Forum. 2020. "A Roadmap for Cross-Border Data Flows: Future-Proofing Readiness and Cooperation in the New Data Economy." https://www3.weforum. org/docs/WEF_A_Roadmap_for_Cross_Border_Data_Flows_2020.pdf.

WTO (World Trade Organization). 2022. "The Carbon Content of International Trade." Trade and Climate Change, Information Brief 4. https://www.wto.org/english/news_e/news21_e/clim_03nov21-4_e.pdf.

Yale School of Public Health, Humanitarian Research Lab. 2022. "Ukraine's Crop Storage Infrastructure: Post-Invasion Impact Assessment." *Conflict Observatory*, September 15. https://hub.conflictobservatory.org/portal/apps/sites/#/home/pages/grain-1.

Yellen, J. 2022a. "Remarks by Secretary of the Treasury Janet L. Yellen on Way Forward for the Global Economy." Transcript of speech delivered to Atlantic Council, Washington, April 13. https://home.treasury.gov/news/press-releases/jy0714.

——. 2022b. "Remarks by Secretary of the Treasury Janet L. Yellen at LG Sciencepark." Transcript of speech delivered at LG Sciencepark, Seoul, July 19. https://home.treasury.gov/news/press-releases/jy0880.4

第4章

Aizer, A., H. Hoynes, and A. Lleras-Muney. 2022. "Children and the U.S. Social Safety Net: Balancing Disincentives for Adults and Benefits for Children." *Journal of Economic Perspectives* 36, no. 2: 149–74. https://www.aeaweb.org/articles?id=10.1257/jep.36.2.149.

Alaimo, K., C. Olson, and E. Frongillo Jr. 2001. "Food Insufficiency and American School-Aged Children's Cognitive, Academic, and Psychosocial Development." *Pediatrics* 108, no. 1: 44–53.

https://doi.org/10.1542/peds.108.1.44.

Almond, D., H. Hoynes, and D. Schanzenbach. 2011. "Inside the War on Poverty: The Impact of Food Stamps on Birth Outcomes." *Review of Economics and Statistics* 93, no. 2: 387–403. https://doi.org/10.1162/REST_a_00089.

Asiedu, E., J. Freeman, and A. Nti-Addae. 2012. "Access to Credit by Small Businesses: How Relevant Are Race, Ethnicity, and Gender." *American Economic Review* 102, no. 3: 532–37. https://doi.org/10.1257/aer.102.3.532.

Athey, S., R. Chetty, G. Imbens, and H. Kang. 2019. *The Surrogate Index: Combining Short-Term Proxies to Estimate Long-Term Treatment Effects More Rapidly and Precisely*. NBER Working Paper 26463. Cambridge, MA: National Bureau of Economic Research. https://www.nber.org/papers/w26463.

Bailey, M., H. Hoynes, M. Rossin-Slater, and R. Walker. 2020. *Is the Social Safety Net a Long-Term Investment? Large-Scale Evidence from the Food Stamps Program*. NBER Working Paper 26942. Cambridge, MA: National Bureau of Economic Research. https://www.nber.org/papers/w26942.

Bailey, M., S. Sun, and B. Timpe. 2021. "Prep School for Poor Kids: The Long-Run Impacts of Head Start on Human Capital and Economic Self-Sufficiency." *American Economic Review* 111, no. 12: 3963–4001. https://doi.org/10.1257/aer.20181801.

Baker, M., J. Gruber, and K. Milligan. 2008. "Universal Child Care, Maternal Labor Supply, and Family Well Being." *Journal of Political Economy* 116, no. 4: 709–45. https://www.journals.uchicago.edu/doi/abs/10.1086/591908.

Banerjee, A., E. Gould, and M. Sawo. 2021. "Setting Higher Wages for Child Care and Home Health Care Workers Is Long Overdue." Economic Policy Institute. https://files.epi.org/uploads/237703.pdf.

Barr, A., and C. Gibbs. 2022. "Breaking the Cycle? Intergenerational Effects of an Antipoverty Program in Early Childhood." *Journal of Political Economy* 130, no. 12: 3253–85. https://doi.org/10.1086/720764.

Bassok, D., T. Dee, and S. Latham. 2019. "The Effects of Accountability-Incentives in Early Childhood Education." *Journal of Policy Analysis and Management* 38, no. 4: 838–66. https://onlinelibrary.wiley.com/doi/10.1002/pam.22149.

Bassok, D., J. Doromal, M. Michie, and V. Wong, 2021b. "The Effects of Financial Incentives on Teacher Turnover in Early Childhood Settings: Experimental Evidence from Virginia." University of Virginia EdPolicyWorks. https://files. elfsightcdn.com/022b8cb9-839c-4bc2-992e-cefccb8e877e/6de6fd54-e921-4c88-a452-ad7cabccc362.pdf.

Bassok, D., M. Fitzpatrick, E. Greenberg, and S. Loeb. 2016. "Within-and Between-Sector Quality Differences in Early Childhood Education and Care." *Child Development* 87, no. 5. https://doi.org/10.1111/cdev.12551.

Bassok, D., A. Markowitz, L. Bellows, and K. Sadowski. 2021a. "New Evidence on Teacher Turnover in Early Childhood." *Educational Evaluation and Policy Analysis* 43, no. 1: 172–80. https://doi.org/10.3102/0162373720985340.

Bauernschuster, S., and M. Schlotter. 2015. "Public Child Care and Mothers' Labor Supply: Evidence from Two Quasi-Expirements." *Journal of Public Economics* 123: 1–16. https://doi.org/10.1016/j.jpubeco.2014.12.013.

Bhattacharya, J., J. Currie, and S. Haider. 2006. "Breakfast of Champions? The School Breakfast Program and the Nutrition of Children and Families." *Journal of Human Resources* 41, no. 3: 445–66. http://jhr.uwpress.org/content/XLI/3/445. short.

Bigelow, J., A. Pennington, K. Schaberg, and D. Jones. 2021. "A Guide for Using Administrative Data to Examine Long-Term Outcomes in Program Evaluation." OPRE Report 145. https://www.acf.hhs.gov/sites/default/files/documents/opre/T2P%20Guide_sept-2021.pdf.

Blau, D. 1993. "The Supply of Child Care Labor." *Journal of Labor*

Economics 11, no. 2: 324–47. https://www.journals.uchicago. edu/doi/abs/10.1086/298299.

Blau, D., and J. Currie. 2006. "Pre-School, Day Care, and After-School Care: Who's Minding the Kids?" *Handbook of the Economics of Education* 2: 1163–1278. https://doi.org/10.1016/S1574-0692(06)02020-4.

Blau, D., and E. Tekin. 2007. "The Determinants and Consequences of Child Care Subsidies for Single Mothers in the USA." *Journal of Population Economics* 20: 719–41. https://doi.org/10.1007/s00148-005-0022-2.

Blau, F., and L. Kahn. 2013. "Female Labor Supply: Why Is the United States Falling Behind?" *American Economic Review* 103, no. 3: 251–56. https://www.aeaweb. org/articles?id=10.1257/aer.103.3.251.

BLS (U.S. Bureau of Labor Statistics). 2021a. "Occupational Employment and Wage Statistics." https://www.bls.gov/oes/current/oes_stru.htm.

——. 2021b. "National Compensation Survey: Employee Benefits in the United States." https://www.bls.gov/ebs/home.htm.

——. 2022. "Table 4: Families with Own Children: Employment Status of Parents by Age of Youngest Child and Family Type, 2020–2021 Annual Averages." https://www.bls.gov/news.release/famee.t04.htm.

——. 2023. "Table B-8: Average Hourly and Weekly Earnings of Production and Nonsupervisory Employees on Private Nonfarm Payrolls by Industry Sector, Seasonally Adjusted." https://www.bls.gov/news.release/empsit.t24.htm.

Bodéré, P. 2023. "Dynamic Spatial Competition in Early Education: An Equilibrium Analysis of the Preschool Market in Pennsylvania." Working paper, New York University, Department of Economics. https://pierrebodere.github.io/content/bodere_jmp.pdf.

Boesch, T., R. Grunewald, R. Nunn, and V. Palmer. 2021. "Pandemic Pushes Mother of Young Children Out of the Labor Force." Federal Reserve Bank of Minneapolis. https://www.minneapolisfed.org/article/2021/pandemic-pushes-mothers-of-young-children-out-of-the-labor-force .

Borowsky, J., J. Brown, E. Davis, C. Gibbs, C. Herbst, A. Sojourner, E. Tekin, and M. Wiswall. 2022. An *Equilibrium Model of the Impact of Increased Public Investment in Early Childhood Education*. NBER Working Paper 30140. Cambridge, MA: National Bureau of Economic Research. https://doi. org/10.3386/w30140.

Bradley, V., S. Kuriwaki, M. Isakov, D. Sejdinovic, X. Meng, and S. Flaxman. 2021. "Unrepresentative Big Surveys Significantly Overestimated U.S. Vaccine Uptake." *Nature* 600: 695–700. https://www.nature.com/articles/s41586-021-04198-4?s=03.

Brown, J., and C. Herbst. 2022. "Childcare over the Business Cycle." *Journal of Labor Economics* 40, no. 1: 429–68. https://www.journals.uchicago.edu/doi/full/10.1086/718189 .

Burnham, L., and N. Theodore. 2012. "Home Economics: The Invisible and Unregulated World of Domestic Work." National Domestic Workers Alliance. https://www.domesticworkers.org/reports-and-publications/home-economics-the-invisible-and-unregulated-world-of-domestic-work/.

Cajner, T., L. Feiveson, C. Kurz, and S. Tevlin. 2022. "Lessons Learned from the Use of Nontraditional Data during COVID-19." Hamilton Project and Hutchins Center on Fiscal & Monetary Policy at Brookings. https://www.hamiltonproject.org/assets/files/Lessons_Learned_from_the_Use_of_Nontraditional_Data_during_COVID-19.pdf.

Campbell, F., G. Conti, J. Heckman, S. Moon, R. Pinto, E. Pungello, and Y. Pan. 2014. "Early Childhood Investments Substantially Boost Adult Health." *Science* 343, no. 6178: 4178–85. https://doi.org/10.1126/science.1248429.

Cannon, J., G. Zellman, L. Karoly, and H. Schwartz. 2017. *Quality Rating and Improvement Systems for Early Care and Education Programs: Making the Second Generation Better*. Santa Monica, CA: RAND Corporation. https://doi. org/10.7249/PE235.

Carson, J., and M. Mattingly. 2020. "COVID-19 Didn't Create a Child Care Crisis, but Hastened and Inflamed It." Federal Reserve Bank of Boston and Carsey School of Public Policy. https://carsey.unh.edu/publication/child-care-crisis-COVID-19.

Cascio, E. 2009. "Maternal Labor Supply and the Introduction of Kindergartens into American Public Schools." *Journal of Human Resources* 44, no. 1: 140–70. https://doi.org/10.3368/jhr.44.1.140.

Cascio, E., and D. Schanzenbach. 2013. "The Impacts of Expanding Access to High-Quality Preschool Education." Brookings Institution. https://www.brookings. edu/bpea-articles/the-impacts-of-expanding-access-to-high-quality- preschool-education/.

Caven, M., N. Khanani, X. Zhang, and C. Parker. 2021. "Center-and Program-Level Factors Associated with Turnover in the Early Childhood Education Workforce." U.S. Department of Education, Institute of Education Sciences, National Center for Education Evaluation and Regional Assistance. https://ies. ed.gov/ncee/edlabs/regions/northeast/pdf/REL_2021069.pdf.

Center for American Progress. 2020. "U.S. Child Care Deserts." https://childcaredeserts.org/.

Chetty, R., J. Friedman, N. Hilger, E. Saez, D. Schanzenbach, and D. Yagan. 2011. "How Does Your Kindergarten Classroom Affect Your Earnings? Evidence from Project Star." *Quarterly Journal of Economics* 126, no. 4: 1593–1660. https://doi.org/10.1093/qje/qjr041.

Chien, N. 2022. "Factsheet: Estimates of Child Care Eligibility & Receipt for Fiscal Year 2019." Office of the Assistant Secretary for Planning and Evaluation, U.S. Department of Health and Human Services. https://aspe.hhs.gov/sites/default/files/documents/1d276a590ac166214a5415bee430d5e9/cy2019-child-care-subsidy-eligibility.pdf.

Child Care Aware of America. 2022. "State Session Round Up, Summer 2022." https://info.childcareaware.org/blog/state-session-round-up-summer-2022.

Collins, C., L. Landivar, L. Ruppanner, and W. Scarborough. 2021. "COVID-19 and the Gender Gap in Work Hours." *Gender Work Organ* 28: 549–60. https://onlinelibrary.wiley.com/doi/full/10.1111/gwao.12506.

Davis, E., C. Carlin, C. Krafft, and N. Forry. 2018. "Do Child Care Subsidies Increase Employment Among Low-Income Parents?" *Journal of Family and Economic Issues* 39: 662–82. https://doi.org/10.1007/s10834-018-9582-7.

Davis, E., and A. Sojourner. 2021. "Increasing Federal Investment in Children's Early Care and Education to Raise Quality, Access, and Affordability." Brookings Institution. https://www.brookings.edu/research/increasing-federal-investment-in-childrens-early-care-and-education-to-raise-quality-access-and-affordability/.

de Brey, C., L. Musu, J. McFarland, S. Wilkinson-Flicker, M. Diliberti, A. Zhang, C. Branstetter, and X. Wang. 2019. "Status and Trends in the Education of Racial and Ethnic Groups 2018." U.S. Department of Education, NCES 2019-038. https://nces.ed.gov/pubs2019/2019038.pdf.

Deming, D. 2009. "Early Childhood Intervention and Life-Cycle Skill Development: Evidence from Head Start." *American Economic Journal: Applied Economics* 1, no. 3: 111–34. https://doi.org/10.1257/app.1.3.111.

Doromal, J., D. Bassok, L. Bellows, and A. Markowitz. 2022. "Hard-to-Staff Centers: Exploring Center-Level Variation in the Persistence of Child Care Teacher Turnover." *Early Childhood Research Quarterly* 61: 170–78. https://doi. org/10.1016/j.ecresq.2022.07.007.

Duncan, G., and K. Magnuson. 2013. "Investing in Preschool Programs." *Journal of Economic Perspectives* 27, no. 2: 109–32. http://dx.doi.org/10.1257/jep.27.2.109.

ECLKC (Early Childhood Learning & Knowledge Center). 2022. "Head Start Program Facts: Fiscal Year 2021." https://eclkc.ohs.acf.hhs.gov/about-us/article/head-start-program-facts-fiscal-year-2021.

——. 2019. "Head Start Timeline." https://eclkc.ohs.acf.hhs.gov/about-us/article/head-start-timeline.

Finseraas, H., I. Hardoy, and P. Schøne. 2016. "School Enrolment and Mothers' Labor Supply: Evidence from a Regression Discontinuity Approach." *Review of Economics of the Household* 15: 621–38. https://doi.org/10.1007/s11150-016-9350-0.

Fitzpatrick, M. 2010. "Preschoolers Enrolled and Mothers at Work? The Effects of Universal Prekindergarten." *Journal of Labor Economics* 28, no. 1: 51–85. https://www.journals.uchicago.edu/doi/full/10.1086/648666#_i2.

——. 2012. "Revising Our Thinking About the Relationship Between Maternal Labor Supply and Preschool." *Journal of Human Resources* 47, no. 3: 583–612. https://doi.org/10.3368/jhr.47.3.583.

Flood, S., J. McMurry, A. Sojourner, and M. Wiswall. 2022. "Inequality in Early Care Experienced by U.S. Children." *Journal of Economic Perspectives* 36, no. 2: 199–222. https://doi.org/10.1257/jep.36.2.199.

Frisvold, D. 2015. "Nutrition and Cognitive Achievement: An Evaluation of the School Breakfast Program." *Journal of Public Economics* 124: 91–204. https://doi.org/10.1016/j.jpubeco.2014.12.003.

García, J., F. Bennhoff, D. Leaf, and J. Heckman. 2021. *The Dynastic Benefits of Early Childhood Education*. NBER Working Paper 29004. Cambridge, MA: National Bureau of Economic Research. https://doi.org/10.3386/w29004.

García, J., J. Heckman, D. Leaf, and M. Prados. 2020. "Quantifying the Life-Cycle Benefits of an Influential Early-Childhood Program." *Journal of Political Economy* 128, no. 7: 2502–41. https://doi.org/10.1086/705718.

García, J., J. Heckman, and V. Ronda. 2021. *The Lasting Effects of Early Childhood Education on Promoting the Skills and Social Mobility of Disadvantaged African Americans*. NBER Working Paper 29057. Cambridge, MA: National Bureau of Economic Research. https://doi.org/10.3386/w29057.

Gelbach, J. 2002. "Public Schooling for Young Children and Maternal Labor Supply." *American Economic Review* 92, no. 1: 307–22. https://www.jstor.org/stable/3083335.

Ghertner, R., and A. Schreier. 2022. "*Young Children's Geographic Access to Head Start Preschool, 2022.*" Office of the Assistant Secretary for Planning and Evaluation, U.S. Department of Health and Human Services. https://aspe.hhs.gov/sites/default/files/documents/73453cd79dfe28592a0396ca2a0c75ee/Geographic-Access-Head-Start-Brief.pdf.

Glenn, E. 2012. *Forced to Care: Coercion and Caregiving in America.* Cambridge, MA: Harvard University Press. https://www.hup.harvard.edu/catalog.php?isbn=9780674064157.

Goldstein, D. 2022. "With Child Care Scarce, States Try to Fix 'a Broken Market.'" *New York Times*, June 18. https://www.nytimes.com/2022/06/18/us/child-care-state-regulations.html.

Gould, E. 2015. "Child Care Workers Aren't Paid Enough to Make Ends Meet." Economic Policy Institute. https://www.epi.org/publication/child-care-workers-arent-paid-enough-to-make-ends-meet/.

Gould, E., M. Sawo, and A. Banerjee. 2021. "Care Workers Are Deeply Undervalued and Underpaid." Economic Policy Institute, Working Economics Blog. https://www.epi.org/blog/care-workers-are-deeply-undervalued-and-underpaid-estimating-fair-and-equitable-wages-in-the-care-sectors/.

Gray-Lobe, G., P. Pathak, and C. Walters. 2023. "The Long-Term Effects of Universal Preschool in Boston." *Quarterly Journal of Economics* 138, no. 1: 363–411. https://doi.org/10.1093/qje/qjac036.

Grunewald, R., and P. Davies. 2011. "Hardly Child's Play: Times Have Been Even Tougher than Usual for District Childcare Providers." Federal Reserve Bank of Minneapolis. https://www.minneapolisfed.org/article/2011/hardly-childs-play.

Grunewald, R., R. Nunn, and V. Palmer. 2022. "Examining Teacher Turnover in Early Care and Education." Federal Reserve Bank of Minneapolis. https://www.minneapolisfed.org/article/2022/examining-teacher-turnover-in-early-care-and-education.

Gundersen, C., B. Kreider, and J. Pepper. 2012. "The Impact of the National School Lunch Program on Child Health: A Nonparametric Bounds Analysis." *Journal of Econometrics* 166, no. 1: 79–91. https://doi.org/10.1016/j.jeconom.2011.06.007.

Hatfield, B., M. Burchinal, R. Pianta, and J. Sideris. 2016. "Thresholds in the Association Between Quality of Teacher–Child Interactions and Preschool Children's School Readiness Skills." *Early Childhood Research Quarterly* 36: 561–71. https://www.sciencedirect.com/science/article/abs/pii/S0885200615300053.

Heckman, J. 2008. "Schools, Skills, and Synapses." *Economic Inquiry* 46, no. 3: 289–324. https://doi.org/10.1111/j.1465-7295.2008.00163.x.

Heckman, J., and T. Kautz. 2014. "Fostering and Measuring Skills Interventions that Improve Character and Cognition." In *The Myth of Achievement Tests: The GED and the Role of Character in American Life*, edited by J. Heckman, J. Humphries, and T. Kautz. Chicago: University of Chicago Press. https://doi.org/10.7208/chicago/9780226100128.003.0009.

Heckman, J., and D. Masterov. 2007. "The Productivity Argument for Investing in Young Children." Review of Agricultural Economics 29, no. 3: 446–93. https://doi.org/10.1111/j.1467-9353.2007.00359.x.

Heckman, J., S. Moon, R. Pinto, P. Savelyev, and A. Yavitz. 2010. "The Rate of Return to the HighScope Perry Preschool Program." *Journal of Public Economics* 94, no. 1: 114–28. https://doi.org/10.1016/j.jpubeco.2009.11.001.

Heflin, C., I. Arteaga, and S. Gable. 2015. "The Child and Adult Care Food Program and Food Insecurity." *Social Service Review* 89, no. 1: 77–98. https://www.journals.uchicago.edu/doi/abs/10.1086/679760.

Heggeness, M. 2020. "Estimating the Immediate Impact of the COVID-19 Shock on Parental Attachment to the Labor Market and the Double Bind of Mothers." *Review of Economics of the Household* 18: 1053–78. https://link.springer.com/article/10.1007/s11150-020-09514-x.

Hendren, N., and B. Sprung-Keyser. 2020. "A Unified Welfare Analysis of Government Policies." *Quarterly Journal of Economics* 135, no. 3: 1209–1318. https://doi.org/10.1093/qje/qjaa006.

Herbst, C. 2017. "Universal Child Care, Maternal Employment, and Children's Long-Run Outcomes: Evidence from the U.S. Lanham Act of 1940." *Journal of Labor Economics* 35, no. 2. https://doi.org/10.1086/689478.

——. 2022. "Child Care in the United States: Markets, Policy, and Evidence." *Journal of Policy Analysis and Management*. https://doi.org/10.1002/pam.22436.

Herbst, C., and E. Tekin, 2011. "Do Child Care Subsidies Influence Single Mothers' Decision to Invest in Human Capital?" *Economics of Education Review* 30, no. 5: 901–12. https://doi.org/10.1016/j.econedurev.2011.03.006.

Hinrichs, P. 2010. "The Effects of the National School Lunch Program on Education and Health." *Journal of Policy Analysis and Management* 29, no. 3: 479–505. https://doi.org/10.1002/pam.20506.

Hoynes, H., M. Page, and A. Stevens. 2011. "Can Targeted Transfers Improve Birth Outcomes? Evidence from the Introduction of the WIC Program." *Journal of Public Economics* 95, nos. 7–8: 813–27. https://doi.org/10.1016/j.jpubeco.2010.12.006.

Hoynes, H., D. Schanzenbach, and D. Almond. 2016. "Long-Run Impacts of Childhood Access to the Safety Net." *American Economic Review* 106, no. 4: 903–34. https://www.aeaweb.org/articles?id=10.1257/aer.20130375.

Imberman, S., and A. Kugler. 2014. "The Effect of Providing Breakfast in Class on Student Performance." *Journal of Policy Analysis and Management* 33, no. 3: 669–99. https://doi.org/10.1002/pam.21759.

IRS (Internal Revenue Service). 2022. "Child and Dependent Care Credit FAQs." https://www.irs.gov/newsroom/child-and-dependent-care-credit-faqs.

Jessen-Howard, S., R. Malik, and M. Falgout. 2020. "Costly and Unavailable: America Lacks Sufficient Child Care Supply for Infants and Toddlers." Center for American Progress. https://www.americanprogress.org/article/costly-unavailable-america-lacks-sufficient-child-care-supply-infants-toddlers/.

Johnson, R., and C. Jackson. 2019. "Reducing Inequality through Dynamic Complementarity: Evidence from Head Start and Public School Spending." *American Economic Journal: Economic Policy* 11, no. 4: 310–49. https://doi. org/10.1257/pol.20180510.

King, E., A. Johnson, D. Cassidy, Y. Wang, J. Lower, and V. Kintner-Duffy. 2016. "Preschool Teachers' Financial Well-Being and Work Time Supports: Associations with Children's Emotional Expressions and Behaviors in Classrooms." *Early Childhood Education Journal* 44: 545–53. https://link. springer.com/article/10.1007/s10643-015-0744-z.

Knudsen, E., J. Heckman, J. Cameron, and J. Shonkoff. 2006. "Economic, Neurobiological, and Behavioral Perspectives on Building America's Future Workforce." *Proceedings of the National Academy of Sciences* 103, no. 27: 10155–62. https://doi.org/10.1073/pnas.0600888103.

Korenman, S., K. Abner, R. Kaestner, and R. Gordon. 2013. "The Child and Adult Care Food Program and the Nutrition of Preschoolers." *Early Childhood Research Quarterly* 28, no. 2: 325–36. https://doi.org/10.1016/j.ecresq.2012.07.007.

Landivar, L., N. Graf, and G. Rayo. 2023. "Childcare Prices in Local Areas: Initial Findings from the National Database of Childcare Prices." U.S. Department of Labor, Women's Bureau Issue Brief. https://www.dol.gov/sites/dolgov/files/WB/NDCP/WB_Issue-Brief-NDCP-final.pdf.

Lefebvre, P., and P. Merrigan. 2008. "Child Care Policy and the Labor Supply of Mothers with Young Children: A Natural Experiment from Canada." *Journal of Labor Economics* 26, no. 3: 519–48. https://doi.org/10.1086/587760.

Livingston, G. 2018. "Stay-at-Home Moms and Dads Account for About One-in-Five U.S. Parents." Pew Research Center. https://www.pewresearch.org/fact-tank/2018/09/24/stay-at-home-moms-and-dads-account-for-about-one-in-five-u-s-parents/.

Malik, R., K. Hamm, L. Schochet, C. Novoa, S. Workman, and S. Jessen-Howard. 2018. "America's Child Care Deserts in 2018." Center for American Progress. https://www.americanprogress.org/article/americas-child-care-deserts-2018/.

Mocan, N. 2007. "Can Consumers Detect Lemons? An Empirical Analysis of Information Asymmetry in the Market for Child Care." *Journal of Population Economics* 20: 743–80. http://www.jstor.org/stable/40344407.

Moloney, M. 2021. "Ireland's Reform Agenda: Transforming the Early Childhood Education and Care Sector into One of the Best in the World." *International Perspectives on Early Childhood Teacher Education in the 21st Century*, 93–109. https://doi.org/10.1007/978-981-16-5739-9_7.

Morrissey, T. 2017. "Child Care and Parent Labor Force Participation: A Review of the Research Literature." *Review of Economics of the Household* 15: 1–24. https://doi.org/10.1007/s11150-016-9331-3.

Mueller, E. 2020. "'Crashing Down': How the Child Care Crisis Is Magnifying Racial Disparities." *Politico.* https://www.politico.com/news/2020/07/22/coronavirus-child-care-racial-disparities-377058.

National Household Education Surveys Program. 2019. "Young Children's Care and Education Before Kindergarten." National Center for Education Statistics. https://nces.ed.gov/nhes/young_children.asp.

National Women's Business Council. 2020. "Annual Report 2020." https://cdn.www.nwbc.gov/wp-content/uploads/2020/12/21113833/pdf/NWBC-2020-Annual-Report-Final.pdf.

National Women's Law Center. 2018. "Family, Friend, and Neighbor Care: Facts and Figures." https://d3n8a8pro7vhmx.cloudfront.net/rrnetwork/pages/103/attachments/original/1522790259/family_friend neighbor_care_fact_sheet-final.pdf?1522790259.

NCES (National Center for Education Statistics). 2016. "Teacher Turnover: Stayers, Movers, and Leavers." Condition of Education, U.S. Department of Education, Institute of Education Sciences. https://nces.ed.gov/programs/coe/pdf/coe_slc.pdf.

———. 2018. "Early Childhood Care Arrangements: Choices and Costs." Condition of Education, U.S. Department of Education, Institute of Education Sciences. https://nces.ed.gov/programs/coe/indicator/tca.

———. 2022. "Enrollment Rates of Young Children." Condition of Education, U.S. Department of Education, Institute of Education Sciences. https://nces.ed.gov/programs/coe/indicator/cfa.

NSECE (National Survey of Early Care and Education). 2019. "Home-Based Public-Use Data File." https://www.childandfamilydataarchive.org/cfda/archives/cfda/studies/37941/datadocumentation.

———. 2020. "National Survey of Early Care and Education 2019: Household Questionnaire." https://www.acf.hhs.gov/opre/report/national-survey-early-care-and-education-2019-household-questionnaire.

OECD (Organization for Economic Cooperation and Development). 2011. "Encouraging Quality in Early Childhood Education and Care." OECD Network on Early Childhood Education and Care, Survey for the Quality Toolbox and ECE Portal. https://www.oecd.org/education/school/48483436.pdf.

———. 2016. "Parental Leave: Where Are the Fathers?" https://www.oecd.org/policy-briefs/parental-leave-where-are-the-fathers.pdf.

———. 2019. "Education at a Glance 2019: OECD Indicators." https://www.oecd-ilibrary.org/sites/f8d7880d-en/1/2/3/2/index.html?itemId=/content/publication/f8d7880d-en&mimeType=text/html&_csp_=b2d87f13821f45339443c7ca94aafe46&itemIGO=oecd&itemContentType=book.

———. 2021. "Public Spending on Childcare and Early Education?" https://www.oecd. org/els/soc/PF3_1_Public_spending_on_childcare_and_early_education.pdf.

———. No date. "OECD.stat Enrollment Rates by Age." https://stats.oecd.org/Index. aspx?datasetcode=EAG_ENRL_RATE_AGE.

Office of Child Care. 2011. "A Foundation for Quality Improvement Systems: State Licensing, Preschool, and QRIS Program Quality Standards." U.S. Department of Health and Human Services, Administration for Children and Families. https://childcareta.acf.hhs.gov/sites/default/files/public/a_foundation_for_quality.pdf.

———. 2022. "Child Care and Development Fund Reauthorization." U.S. Department of Health and Human Services, Administration for Children and Families. https://www.acf.hhs.gov/occ/ccdf-reauthorization.

———. No date. "Ratios and Group Sizes." U.S. Department of Health and Human Services, Administration for Children and Families. https://childcare.gov/consumer-education/ratios-and-group-sizes.

Office of Early Childhood Development. 2022. "Preschool Development Birth through Five (PDG B–5)." https://www.acf.hhs.gov/ecd/early-learning/preschool-development-grants.

OESE (Office of Elementary and Secondary Education). 2023. "Preschool Development Grant–Birth through Five." https://oese.ed.gov/offices/office-of-discretionary-grants-support-services/innovation-early-learning/preschool-development-grants/.Olivetti, C., and B. Petrongolo. 2017. "The Economic Consequences of Family Policies: Lessons from a Century of Legislation in High-Income Countries." *Journal of Economic Perspectives* 31, no. 1: 205–50. https://pubs.aeaweb.org/doi/pdfplus/10.1257/

jep.31.1.205.

Parker, M. 2015. "Women More Than Men Adjust Their Careers for Family Life." Pew Research Center. https://www.pewresearch.org/fact-tank/2015/10/01/women-more-than-men-adjust-their-careers-for-family-life/.

Pew Research Center. 2022. "Working Mothers Are More Likely Than Working Fathers to Say They Felt Like They Could Not Give 100% At Work, Needed to Reduce Their Hours During the Pandemic." https://www.pewresearch.org/fact-tank/2022/05/06/working-moms-in-the-u-s-have-faced-challenges-on-multiple-fronts-during-the-pandemic/ft_2021-01-26_workingparents_04-2/.

Pianta, R. 1997. "Adult–Child Relationship Processes and Early Schooling." *Early Education and Development* 8, no. 1: 11–26. https://doi.org/10.1207/s15566935eed0801_2.

Porter, T., D. Paulsell, P. Del Grosso, S. Avellar, R. Hass, and L. Vuong. 2010. *A Review of the Literature on Home-Based Child Care: Implications for Future Directions.* Princeton, NJ: Mathematica Policy Research. https://mathematica.org/publications/a-review-of-the-literature-on-homebased-child-care-implications-for-future-directions.

Ritchie, L., M. Boyle, K. Chandran, P. Spector, S. Whaley, P. James, S. Samuels, K. Hecht, and P. Crawford. 2012. "Participation in the Child and Adult Care Food Program Is Associated with More Nutritious Foods and Beverages in Child Care." *Childhood Obesity* 8, no. 3. https://doi.org/10.1089/chi.2011.0061.

Ritchie, L., S. Sharma, G. Gildengorin, S. Yoshida, E. Braff-Guajardo, and P. Crawford. 2015. "Policy Improves What Beverages Are Served to Young Children in Child Care." *Journal of the Academy of Nutrition and Dietetics* 115, no. 5: 724–30. https://doi.org/10.1016/j.jand.2014.07.019.

Sabol, T., and R. Pianta. 2012. "Recent Trends in Research on Teacher–Child Relationships." *Attachment & Human Development* 14, no. 3: 213–31. https://doi.org/10.1080/14616734.2012.672262.

Schanzenbach, D., and M. Zaki. 2014. *Expanding the School Breakfast Program: Impacts on Children's Consumption, Nutrition, and Health.* NBER Working Paper 20308. Cambridge, MA: National Bureau of Economic Research. https://www.nber.org/system/files/working_papers/w20308/w20308.pdf.

Schlieber, M., and C. McLean. 2020. "Educator Work Environments Are Children's Learning Environments: How and Why They Should be Improved." Center for the Study of Child Care Employment. https://cscce.berkeley.edu/blog/educator-work-environments-are-childrens-learning-environments-how-and-why-they-should-be-improved/.

Shonkoff, J., and D. Phillips. 2000. *From Neurons to Neighborhoods: The Science of Early Childhood Development.* Washington: National Academies Press. https://doi.org/10.17226/9824

Smith, L., K. McHenry, and H. Mullaly. 2021. "What Is the Employer-Provided Child Care Credit (45F)?" Bipartisan Policy Center. https://bipartisanpolicy.org/blog/what-is-employer-provided-child-care-credit-45f/.

Tekin, E. 2005. "Child Care Subsidy Receipt, Employment, and Child Care Choices of Single Mothers." *Economics Letters* 89, no. 1: 1–6. https://doi.org/10.1016/j.econlet.2005.03.005.

———. 2007. "Childcare Subsidies, Wages, and Employment of Single Mothers." *Journal of Human Resources* 42, no. 2: 453–87. https://doi.org/10.3368/jhr.XLII.2.453.

Tüzemen, D. 2021. "Women Without a College Degree, Especially Minority Mothers, Face a Steeper Road to Recovery." Federal Reserve Bank of Kansas City. https://www.kansascityfed.org/Economic%20Review/documents/8243/EconomicReviewV106N-3Tuzemen.pdf.

U.S. Census Bureau. 2018. "CBP and NES Combined Report." https://www.census.gov/data/tables/2018/econ/cbp/2018-combined-report.html.

———. 2021a. "Food Security." https://www.census.gov/data/data-sets/time-series/demo/cps/cps-supp_cps-repwgt/cps-food-security.html.

———. 2021b. "School Enrollment in the United States: October 2019: Detailed Tables." https://www.census.gov/data/tables/2019/demo/school-enrollment/2019-cps.html.

USDA (U.S. Department of Agriculture). 2022a. "Key Statistics & Graphics." https://www.ers.usda.gov/topics/food-nutrition-assistance/food-security-in-the-u-s/key-statistics-graphics/#children.

———. 2022b. "Summer Electronic Benefit Transfer for Children (SEBTC)." https://www.fns.usda.gov/ops/summer-electronic-benefit-transfer-children-sebtc.

U.S. Department of Health and Human Services. 2005. "Head Start Impact Study: First Year Findings." Administration for Children and Families. https://files.eric.ed.gov/fulltext/ED543015.pdf.

———. 2020. "National Survey of Early Care and Education 2019: Household Questionnaire." Administration for Children and Families. https://www.acf.hhs.gov/opre/report/national-survey-early-care-and-education-2019-household-questionnaire.

———. 2022. "ARP Child Care Stabilization Funding State Fact Sheets." https://www.acf.hhs.gov/occ/map/arp-act-stabilization-funding-state-fact-sheets.

U.S. Department of the Treasury. 2021. "The Economics of Child Care Supply in the United States." https://home.treasury.gov/system/files/136/The-Economics-of-Childcare-Supply-09-14-final.pdf.

Vinovskis, M. 2005. *The Birth of Head Start: Preschool Education Policies in the Kennedy and Johnson Administrations.* Chicago: University Chicago Press. https://press.uchicago.edu/ucp/books/book/chicago/B/bo3533726.html.

Weiland, C., and H. Yoshikawa. 2013. "Impacts of a Prekindergarten Program on Children's Mathematics, Language, Literacy, Executive Function, and Emotional Skills." *Child Development* 84, no. 6: 2112–30. https://doi.org/10.1111/cdev.12099.

Wesnes, K., C. Pincock, D. Richardson, G. Helm, and S. Hails. 2003. "Breakfast Reduces Declines in Attention and Memory Over the Morning in Schoolchildren." *Appetite* 41, no. 3: 329–31. https://doi.org/10.1016/j.appet.2003.08.009.

Whitebook, M., C. McLean, L. Austin, and B. Edwards. 2018. "Early Childhood Workforce Index 2018." Center for the Study of Child Care Employment. https://cscce.berkeley.edu/wp-content/uploads/2022/04/Early-Childhood-Workforce-Index-2018.pdf.

White House. 2022. "Fact Sheet: American Rescue Plan Funds Provided a Critical Lifeline to 200,000 Child Care Providers—Helping Millions of Families to Work." https://www.whitehouse.gov/briefing-room/statements-releases/2022/10/21/fact-sheet-american-rescue-plan-funds-provided-a-critical-lifeline-to-200000-child-care-providers-helping-millions-of-families-to-work/.

Wikle, J., and R. Wilson. 2022. "Access to Head Start and Maternal Labor Supply: Experimental and Quasi-Experimental Evidence." *Journal of Labor Economics.* https://doi.org/10.1086/720980.

Workman, S. 2018. "Where Does Your Child Care Dollar Go?" Center for American Progress. https://www.americanprogress.org/article/child-care-dollar-go/.

Yellen, J. 2020. "The History of Women's Work and Wages and How It Has Created Success for Us All." Brookings Institution. https://www.brookings.edu/essay/the-history-of-womens-work-and-wages-and-how-it-has-created-success-for-us-all/.

第5章

Acton, R. 2021. "Effects of Reduced Community College Tuition on College Choices and Degree Completion." *Education Finance and Policy* 16, no. 3: 388–417. https://doi.org/10.1162/edfp_a_00313.

Agarwal, S., J. Driscoll, X. Gabaix, and D. Laibson. 2009. "The Age of Reason: Financial Decisions over the Life Cycle and

Implications for Regulation." *Brookings Papers on Economic Activity*, no. 2. https://www.brookings.edu/wp-content/uploads/2016/07/2009b_bpea_agarwal-1.pdf.

Aghion, P., L. Boustan, C. Hoxby, and J. Vandenbussche. 2009. "The Causal Impact of Education on Economic Growth: Evidence from the U.S." *Brookings Papers on Economic Activity*, no. 1: 1 — 73. https://scholar.harvard.edu/files/aghion/files/causal_impact_of_education.pdf.

Alsan, M., O. Garrick, and G. Graziani. 2019. "Does Diversity Matter for Health? Experimental Evidence from Oakland." *American Economic Review* 109, no. 12: 4071 — 111. https://doi.org/10.1257/aer.20181446.

Alpert, W., K. Couch, and O. Harmon. 2016. "A Randomized Assessment of Online Learning." *American Economic Review* 106: 378–82. https://doi.org/10.1257/aer.p20161057.

An, B., and J. Taylor. 2019. "A Review of Empirical Studies on Dual Enrollment: Assessing Educational Outcomes." *Higher Education: Handbook of Theory and Research* 34: 99–151. https://nacep.org/docs/briefs/An%20&%20Taylor%20 (2019).pdf.

Andrews, R., J. Li, and M. Lovenheim. 2016. "Quantile Treatment Effects of College Quality on Earnings." *Journal of Human Resources* 51, no. 1: 200–238. https://doi.org/10.3368/jhr.51.1.200.

Armona, L., and S. Cao. 2022. "Redesigning Federal Student Aid in Sub-Baccalaureate Education." Social Science Research Network. https://ssrn.com/abstract=4300755.

Armona, L., R. Chakrabarti, and M. Lovenheim. 2022. "Student Debt and Default: The Role of For-Profit Colleges." *Journal of Financial Economics* 144, no. 1: 67–92. https://doi.org/10.1016/j.jfineco.2021.12.008.

Bahr, P. 2016. "The Earnings of Community College Graduates in California." Working paper, Center for Analysis of Postsecondary Education and Employment. https://capseecenter.org/wp-content/uploads/2016/12/the-earnings-of-community-college-graduates-in-california.pdf.

Bahr, P., S. Dynarski, B. Jacob, D. Kreisman, A. Sosa, and M. Wiederspan. 2015. "Labor Market Returns to Community College Awards: Evidence from Michigan." Working paper, Center for Analysis of Postsecondary Education and Employment. https://capseecenter.org/labor-market-returns-michigan/.

Bailey, M., and S. Dynarski. 2011. *Gains and Gaps: Changing Inequality in U.S. College Entry and Completion*. NBER Working Paper 17633. Cambridge, MA: National Bureau of Economic Research. https://doi.org/10.3386/w17633.

Baird, M., M. Kofoed, T. Miller, and J. Wenger. 2022. "Veteran Educators or For-Profiteers? Tuition Responses to Changes in the Post-9/11 GI Bill." *Journal of Policy Analysis and Management* 41, no. 4: 1012 — 39. https://doi.org/10.1002/pam.22408.

Baker, D. 2020. "'Name and Shame': An Effective Strategy for College Tuition Accountability?" *Educational Evaluation and Policy Analysis* 42, no. 3: 393–416. https://doi.org/10.3102/0162373720937672.

Baker, R., E. Bettinger, B. Jacob, and I. Marinescu. 2018. "The Effect of Labor Market Information on Community College Students' Major Choice." *Economics of Education Review* 65: 18–30. https://doi.org/10.1016/j.econedurev.2018.05.005.

Barnes, M., L. Bauer, W. Edelberg, S. Estep, R. Greenstein, and M. Macklin. 2021. "The Social Insurance System in the U.S.: Policies to Protect Workers and Families."

Brookings Institution. https://www.brookings.edu/wp-content/uploads/2021/06/Social-Insurance-FP_v4.5.pdf.

Barr, A., L. Kawano, B. Sacerdote, W. Skimmyhorn, and M. Stevens. 2021. *You Can't Handle the Truth: The Effects of the Post-9/11 G.I. Bill on Higher Education and Earnings*. NBER Working Paper 29024. Cambridge, MA: National Bureau of Economic Research. https://doi.org/10.3386/w29024.

Barr, A., and S. Turner. 2015. "Out of Work and Into School: Labor Market Policies and College Enrollment during the Great Recession." *Journal of Public Economics* 124: 63–73. https://doi.org/10.1016/j.jpubeco.2014.12.009.

———. 2018. "A Letter and Encouragement: Does Information Increase Postsecondary Enrollment of UI Recipients?" *American Economic Journal: Economic Policy* 10, no. 3: 42–68. https://www.jstor.org/stable/26529036.

Barr, N. 2004. "Higher Education Funding." *Oxford Review of Economic Policy* 20, no. 2: 264–83. https://doi.org/10.1093/oxrep/grh015.

Barr, N., B. Chapman, L. Dearden, and S. Dynarski. 2019. "The U.S. College Loans System: Lessons from Australia and England." *Economics of Education Review* 71: 32–48. https://doi.org/10.1016/j.econedurev.2018.07.007.

Barrow, L., and O. Malamud. 2015. "Is College a Worthwhile Investment?" *Annual Review of Economics* 7: 519–55. https://doi.org/10.1146/annurev-economics-080614-115510.

Baum, S., K. Payea, and P. Steele. 2009. "Trends in Student Aid." College Board. https://research.collegeboard.org/media/pdf/trends-student-aid-2009-full-report.pdf.

Belfield, C. 2015. "Weathering the Great Recession with Human Capital? Evidence on Labor Market Returns to Education from Arkansas." Working paper, Center for Analysis of Postsecondary Education and Employment. https://files.eric.ed.gov/fulltext/ED562519.pdf.

Belfield, C., and T. Bailey. 2017. "The Labor Market Returns to Sub-Baccalaureate College: A Review." Working paper, Center for Analysis of Postsecondary Education and Employment. https://capseecenter.org/wp-content/uploads/2017/04/labor-market-returns-sub-baccalaureate-college-review.pdf.

Beshears, J., J. Choi, D. Laibson, and B. Madrian. 2008. "How Are Preferences Revealed?" *Journal of Public Economics* 92, nos. 8 — 9: 1787 — 94. https://doi.org/10.1016/j.jpubeco.2008.04.010.

Bettinger, E., and R. Baker. 2014. "The Effects of Student Coaching: An Evaluation of a Randomized Experiment in Student Advising." *Educational Evaluation and Policy Analysis* 36, no. 1. https://doi.org/10.3102/0162373713500523.

Bettinger, E., L. Fox, S. Loeb, and E. Taylor. 2017. "Virtual Classrooms: How Online College Courses Affect Student Success." *American Economic Review* 107, no. 9: 2855–75. https://www.aeaweb.org/articles?id=10.1257/aer.20151193.

Bettinger, E., B. Long, P. Oreopoulos, and L. Sanbonmatsu. 2012. "The Role of Application Assistance and Information in College Decisions: Results from the H&R Block Fafsa Experiment." *Quarterly Journal of Economics* 127, no. 3: 1205–42. https://doi.org/10.1093/qje/qjs017.

Bettinger, E., and A. Soliz. 2016. "Returns to Vocational Credentials: Evidence from Ohio's Community and Technical Colleges." Working paper, Center for Analysis of Postsecondary Education and Employment. https://www.capseecenter.org/wp-content/uploads/2016/10/returns-to-vocational-credentials.pdf.

Betts, J., and L. McFarland. 1995. "Safe Port in a Storm: The Impact of Labor Market Conditions on Community College Enrollments." *Journal of Human Resources* 30, no. 4: 741–65. https://doi.org/10.2307/146230.

Bird, K., B. Castleman, and G. Lohner. 2022. "Negative Impacts from the Shift to Online Learning during the COVID-19 Crisis: Evidence from a Statewide Community College System." Annenberg Institute, EdWorkingPaper 20-299. https://www.edworkingpapers.com/sites/default/files/ai20-299.pdf.

Birdsall, C. 2018. "Performance Management in Public Higher Education: Unintended Consequences and Implications of Organizational Diversity." *Public Performance & Management Review* 41, no. 4: 669–95. https://doi.org/10.1080/15309576.2018.1481116.

Black, S., J. Denning, and J. Rothstein. 2020. *Winners and Losers? The Effect of Gaining and Losing Access to Selective Colleges on Education and Labor Market Outcomes*. NBER Working Paper 26821.

Cambridge, MA: National Bureau of Economic Research. https://doi.org/10.3386/w26821.

Blagg, K., and M. Chingos. 2016. "Choice Deserts: How Geography Limits the Potential Impact of Earnings Data on Higher Education." Urban Institute. https://www.urban.org/sites/default/files/publication/86581/choice_deserts_3.pdf.

Bleemer, Z. 2021. "Top Percent Policies and the Return to Postsecondary Selectivity." Working paper, University of California. https://zacharybleemer.com/wp-content/uploads/2020/10/ELC_Paper.pdf.

Blume, G., E. Meza, D. Bragg, and I. Love. 2019. "Estimating the Impact of Nation's Largest Single Investment in Community Colleges." Center on Education and Labor Education Policy. https://www.newamerica.org/education-policy/reports/estimating-impact-taaccct/.

Boatman, A., B. Evans, and A. Soliz. 2017. "Understanding Loan Aversion in Education: Evidence from High School Seniors, Community College Students, and Adults." *Aera Open* 3, no. 1: 1–16. https://journals.sagepub.com/doi/pdf/10.1177/2332858416683649.

Bound, J., B. Braga, G. Khanna, and S. Turner. 2021. *The Globalization of Postsecondary Education: The Role of International Students in the U.S. Higher Education System.* NBER Working Paper 28342. Cambridge, MA: National Bureau of Economic Research. https://www.nber.org/papers/w28342.

Bound, J., M. Lovenheim, and S. Turner. 2010. "Why Have College Completion Rates Declined? An Analysis of Changing Student Preparation and Collegiate Resources." *American Economic Journal: Applied Economics* 2, no. 3: 129–57. https://doi.org/10.1257/app.2.3.129.

———. 2012. "Increasing Time to Baccalaureate Degree in the United States." *Education Finance and Policy* 7, no. 4: 375–424. https://doi.org/10.1162/EDFP_a_00074.

Bound, J., and S. Turner. 2007. "Cohort Crowding: How Resources Affect Collegiate Attainment." *Journal of Public Economics* 91, no. 5: 877–99. https://doi.org/10.1016/j.jpubeco.2006.07.006.

Bowen, W., M. Chingos, K. Lack, and T. Nygren. 2014. "Interactive Learning Online at Public Universities: Evidence from a Six-Campus Randomized Trial." *Journal of Policy Analysis and Management* 33: 94–111. https://doi.org/10.1002/pam.21728.

Bowen, W., M. Chingos, and M. McPherson. 2009. *Crossing the Finish Line: Completing College at America's Public Universities.* Princeton, NJ: Princeton University Press. https://press.princeton.edu/books/paperback/9780691149905/crossing-the-finish-line.

Cellini, R. 2009. "Crowded Colleges and College Crowd-Out: The Impact of Public Subsidies on the Two-Year College Market." *American Economic Journal: Economic Policy*, no. 2: 1–30. https://www.aeaweb.org/articles?id=10.1257/pol.1.2.1.

Cellini, S., and L. Chaudhary. 2020. "Commercials for College? Advertising in Higher Education." Brookings Institution. https://www.brookings.edu/research/commercials-for-college-advertising-in-higher-education/.

Cellini, S., R. Darolia, and L. Turner. 2020. "Where Do Students Go When For-Profit Colleges Lose Federal Aid?" *American Economic Journal: Economic Policy* 12, no. 2: 46 − 83. https://doi.org/10.1257/pol.20180265.

Cellini, S., and C. Koedel. 2017. "The Case for Limiting Federal Student Aid to For-Profit Colleges." *Journal of Policy Analysis and Management* 36, no. 4: 934–42. https://doi.org/10.1002/pam.22008.

Cellini, S., and N. Turner. 2019. "Gainfully Employed? Assessing the Employment and Earnings of For-Profit College Students Using Administrative Data." *Journal of Human Resources* 54, no. 2: 342–70. https://doi.org/10.3368/jhr.54.2.1016.8302R1.

Century Foundation. 2021. "Voters Overwhelmingly Support Guardrails on For-Profit Colleges, Finds TCF and Data for Progress Poll." https://tcf.org/content/about-tcf/voters-overwhelming-ly-support-guardrails-profit-colleges-finds-tcf-data-progress-poll/.

Chakrabarti, R., N. Gorton, and M. Lovenheim. 2020. *State Investment in Higher Education: Effects on Human Capital Formation, Student Debt, and Long-Term Financial Outcomes of Students.* NBER Working Paper 27885. Cambridge, MA: National Bureau of Economic Research. https://www.nber.org/papers/w27885.

Chetty, R., J. Friedman, E. Saez, N. Turner, and D. Yagan. 2017. *Mobility Report Cards: The Role of Colleges in Intergenerational Mobility.* NBER Working Paper 23618. Cambridge, MA: National Bureau of Economic Research. https://www.nber.org/papers/w23618.

Chetty, R., J. Friedman, E. Saez, N. Turner, and D. Yagan. 2020. "Income Segregation and Intergenerational Mobility Across Colleges in the United States." *Quarterly Journal of Economics* 135, no. 3: 1567 − 633. https://doi.org/10.1093/qje/qjaa005.

Cohen, A., F. Brawer, and C. Kisker. 2013. *The American Community College.* Hoboken, NJ: John Wiley & Sons. https://www.wiley.com/en-us/The+American+ Community+College,+6th+Edition-p-9781118449813.

Cohodes, S., and J. Goodman. 2014. "Merit Aid, College Quality, and College Completion: Massachusetts' Adams Scholarship as an In-Kind Subsidy." *American Economic Journal: Applied Economics* 6, no. 4: 251–85. https://doi. org/10.1257/app.6.4.251.

College Scorecard. 2022. U.S. Department of Education. https://collegescorecard.ed.gov/.

CUNY (City University of New York). No date. "ASAP [Accelerated Study in Associated Programs]." https://www1.cuny.edu/sites/asap/about/.

Currie, J., and E. Moretti. 2003. "Mother's Education and the Intergenerational Transmission of Human Capital: Evidence from College Openings." *Quarterly Journal of Economics* 118, no. 4: 1495–532. https://doi.org/10.1162/003355303322552856.

Dadgar, M., and M. Trimble. 2015. "Labor Market Returns to Sub-Baccalaureate Credentials: How Much Does a Community College Degree or Certificate Pay?" *Educational Evaluation and Policy* 37, no. 4. https://files.eric.ed.gov/fulltext/ED533520.pdf.

Darolia, R. 2013. "Integrity Versus Access? The Effect of Federal Financial Aid Availability on Postsecondary Enrollment." *Journal of Public Economics* 106: 101 − 14. https://doi.org/10.1016/j.jpubeco.2013.08.001.

Darolia, R., C. Koedel, P. Martorell, K. Wilson, and F. Perez-Arce. 2015. "Do Employers Prefer Workers Who Attend For-Profit Colleges? Evidence from a Field Experiment." *Journal of Policy Analysis and Management* 34, no. 4: 881–903. https://doi.org/10.1002/pam.21863.

Dee, T. 2003. *Are There Civic Returns to Education?* NBER Working Paper 9588. Cambridge, MA: National Bureau of Economic Research. https://doi. org/10.3386/w9588.

Deming, D. 2017. "Increasing College Completion with a Federal Higher Education Matching Grant." Hamilton Project. https://www.hamiltonproject.org/assets/files/increasing_college_completion_with_federal_higher_education_matching_grant_pp.pdf.

Deming, D., C. Goldin, and L. Katz. 2012. "The For-Profit Postsecondary School Sector: Nimble Critters or Agile Predators?" *Journal of Economic Perspectives* 26, no. 1: 139–64. https://www.aeaweb.org/articles?id=10.1257/jep.26.1.139.

Deming, D., and C. Walters. 2017. *The Impact of Price Caps and Spending Cuts on U.S. Postsecondary Attainment.* NBER Working Paper 23736. Cambridge, MA: National Bureau of Economic Research. https://doi.org/10.3386/w23736.

Deming, D., N. Yuchtman, A. Abulafi, C. Goldin, and L. Katz. 2016. "The Value of Postsecondary Credentials in the Labor Market: An Experimental Study." *American Economic Review* 106, no. 3: 778–806. https://doi.org/10.1257/aer.20141757.

Denning, J., E. Eide, K. Mumford, R. Patterson, and M. Warnick. 2022. "Why Have College Completion Rates Increased?" *American Economic Journal: Applied Economics* 14, no. 3: 1–29. https://pubs.aeaweb.org/doi/pdfplus/10.1257/app.20200525.

Dinerstein, M., C. Hoxby, J. Meer, and P. Villanueva. 2014. "Did the Fiscal Stimulus Work for Universities?" In *How the Financial Crisis and Great Recession Affected Higher Education*, 263–320. Chicago: University of Chicago Press. https://www.nber.org/system/files/chapters/c12864/c12864.pdf.

Dynarski, S., C. Libassi, K. Michelmore, and S. Owen. 2021. "Closing the Gap: The Effect of Reducing Complexity and Uncertainty in College Pricing on the Choices of Low-Income Students." *American Economic Review* 111, no.6: 1721–56. https://www.aeaweb.org/articles?id=10.1257/aer.20200451.

Dynarski, S., A. Nurshatayeva, L. Page, and J. Scott-Clayton. 2022. *Addressing Non-Financial Barriers to College Access and Success: Evidence and Policy Implications*. NBER Working Paper 30054. Cambridge, MA: National Bureau of Economic Research. https://doi.org/10.3386/w30054.

Dynarski, S., L. Page, and J. Scott-Clayton. 2022. *College Costs, Financial Aid, and Student Decisions*. NBER Working Paper 30275. Cambridge, MA: National Bureau of Economic Research. https://doi.org/10.3386/w30275.

Education Commission of the States. 2022. "State Information Request: College Promise Programs." https://www.ecs.org/wp-content/uploads/State-Information-Request_College-Promise-Programs.pdf.

Edmunds, J., F. Unlu, J. Furey, E. Glennie, and N. Arshavsky. 2020. "What Happens When You Combine High School and College? The Impact of the Early College Model on Postsecondary Performance and Completion." *Sage Journals* 42, no. 2. https://doi.org/10.3102/0162373720912249.

Emmons, W., and L. Ricketts. 2017. "College Is Not Enough: Higher Education Does Not Eliminate Racial Wealth Gaps." *Federal Reserve Bank of St. Louis Review* 99, no. 1: 7–39. https://doi.org/10.20955/r.2017.7-39.

Evans, W., M. Kearney, B. Perry, and J. Sullivan. 2020. "Increasing Community College Completion Rates among Low-Income Students: Evidence from a Randomized Controlled Trial Evaluation of a Case-Management Intervention." *Journal of Policy Analysis and Management* 39, no. 4: 930–65. https://doi.org/10.1002/pam.22256.

Fairlie, R., F. Hoffman, and P. Oreopoulous. 2014. "A Community College Instructor Like Me: Race and Ethnicity Interactions in the Classroom." *American Economic Review* 104, no. 8: 2567 – 91. https://doi.org/10.1257/aer.104.8.2567.

Figlio, D., M. Rush, and L. Yin. 2013. "Is It Live or Is It Internet? Experimental Estimates of the Effects of Online Instruction on Student Learning." *Journal of Labor Economics* 31, no. 4: 763–84. https://www.journals.uchicago.edu/doi/epdf/10.1086/669930.

Fishman, R. 2015. "2015 College Decisions Survey: Part I: Deciding to Go to College." New America. https://static.newamerica.org/attachments/3248-deciding-to-go-to-college/CollegeDecisions_PartI.148dcab30a0e414ea2a52f0d8fb04e7b.pdf.

Fountain, J. 2017. "The Campus-Based Financial Aid Programs: Background and Issues." Congressional Research Service, Report R45024. https://sgp.fas.org/crs/misc/R45024.pdf.

Gándara, D., and A. Rutherford. 2018. "Mitigating Unintended Impacts? The Effects of Premiums for Underserved Populations in Performance Funding Policies for Higher Education." *Research in Higher Education* 59, no. 6, 681–703. https://doi.org/10.1007/s11162-017-9483-x.

Gallup, Lumina Foundation, and Strada Education Network. 2019. "Some College and No Degree: How Individuals Who Attend and Don't Graduate Feel About Education." https://www.luminafoundation.org/wp-content/uploads/2019/12/some-college-no-degree.pdf.

GAO (U.S. Government Accountability Office). 2010. "For-Profit Colleges: Undercover Testing Finds Colleges Encouraged Fraud and Engaged in Deceptive and Questionable Marketing Practices." https://www.gao.gov/assets/gao-10-948t.pdf.

——. 2022. "Financial Aid Offers: Action Needed to Improve Information on College Costs and Student Aid." https://www.gao.gov/assets/gao-23-104708.pdf.

Gershenson, S., M. Hansen, and C. Lindsay. 2021. *Teacher Diversity and Student Success: Why Racial Representation Matters in the Classroom*. Cambridge, MA: Harvard Education Press. https://eric.ed.gov/?id=ED611696.

Gershenson, S., C. Hart, J. Hyman, C. Lindsay, and N. Papageorge. 2022. "The Long-Run Impacts of Same-Race Teachers." *American Economic Journal: Economic Policy* 14, no. 4: 300–342. https://www.aeaweb.org/articles?id=10.1257/pol.20190573.

Goldin, C., and L. Katz. 2008. *The Race Between Education and Technology*. Cambridge, MA: Harvard University Press. https://www.hup.harvard.edu/catalog.php?isbn=9780674035300.

Goodman, J., M. Hurwitz, and J. Smith. 2017. "Access to 4-Year Public Colleges and Degree Completion." *Journal of Labor Economics* 35, no. 3: 829–67. https://doi.org/10.1086/690818.

Goodman, S., and A. Henriques Volz. 2020. "Attendance Spillovers between Public and For-Profit Colleges: Evidence from Statewide Variation in Appropriations for Higher Education." *Education Finance and Policy*, no. 15: 428–56. https://doi.org/10.1162/edfp_a_00281.

Goolsbee, A., G. Hubbard, and A. Ganz. 2019. "A Policy Agenda to Develop Human Capital for the Modern Economy." Aspen Institute. https://www.aspeninstitute.org/wp-content/uploads/2019/01/1.1-Pgs-16-39-A-Policy-Agenda-to-Develop-Human-Capital-for-the-Modern-Economy.pdf.

Greenwood, B., R. Hardeman, L. Huang, and A. Sojourner. 2020. "Physician-Patient Racial Concordance and Disparities in Birthing Mortality for Newborns." *Proceedings of the National Academy of Sciences* 117, no. 35: 21194 – 200. https://www.pnas.org/doi/10.1073/pnas.1913405117.

Grosz, M. 2020. "The Returns to a Large Community College Program: Evidence from Admissions Lotteries." *American Economic Journal: Economic Policy* 12, no. 1: 226–53. https://www.aeaweb.org/articles?id=10.1257/pol.20170506.

Hemelt, S., N. Schwartz, and S. Dynarski. 2020. "Dual Credit Courses and the Road to College: Experimental Evidence from Tennessee." *Journal of Policy Analysis and Management* 39, no. 3: 686–719. https://doi.org/10.1002/pam.22180.

Hemelt, S., and K. Stange. 2020. "Why the Move to Online Instruction Won't Reduce College Costs." Brookings Institution. https://www.brookings.edu/blog/brown-center-chalkboard/2020/07/28/why-the-move-to-online-instruction-wont-reduce-college-costs/.

Herbst, D. 2023. "The Impact of Income-Driven Repayment on Student Borrower Outcomes." *American Economic Journal: Applied Economics* 15, no. 1: 1–25. https://www.aeaweb.org/articles?id=10.1257/app.20200362.

Hiler, T., and W. Whistle. 2018. "Creating a 'Title I' for Higher Ed." Third Way. https://www.thirdway.org/memo/creating-a-title-i-for-higher-ed.

Hillman, N. 2016. "Geography of College Opportunity: The Case of Education Deserts." *American Educational Research Journal* 53, no. 4. https://doi.org/10.3102/0002 831216653204.

Hillman, N., and E. Orians. 2013. "Community Colleges and Labor Market Conditions: How Does Enrollment Demand Change Relative to Local Unemployment Rates?" *Research in Higher Education* 54, no. 7: 765–80. https://www.jstor.org/stable/24571744.

Hoekstra, M. 2009. "The Effect of Attending the Flagship State University on Earnings: A Discontinuity-Based Approach." *Review of Economics and Statistics* 91, no. 4: 717–24. https://doi.org/10.1162/rest.91.4.717.

Holzer, H. 2008. "Workforce Training: What Works? Who Benefits?" Wisconsin Family Impact Seminars. https://www.purdue.edu/hhs/hdfs/fii/wp-content/uploads/2015/07/s_wifis28c02.pdf.

——. 2015. "Sector-Based Training Strategies: The Challenges of Matching Workers and Their Skills to Well-Paying Jobs." U.S.

Department of Labor, Future of Work Paper Series. https://www.
dol.gov/sites/dolgov/files/OASP/legacy/files/Future_of_work_
sector_based_training_strategies.pdf.

—— 2021. "After COVID-19: Building a More Coherent and Effective
Workforce Development System in the United States." Hamilton
Project. https://tacc.org/sites/default/files/2021-02/holzer_co-
herent_effective_workforce.pdf.

Hout, M. 2012. "Social and Economic Returns to College Education
in the United States." *Annual Review of Sociology* 38: 379 – 400.
https://doi.org/10.1146/annurev.soc.012809.102503.

Hoxby, C. 2018. "Online Postsecondary Education and Labor Pro-
ductivity." In *Education, Skills, and Technical Change: Implications
for Future U.S. GDP Growth*, edited by C. Hulten and V. Ramey,
401–60. Chicago: University of Chicago Press. https://www.nber.
org/system/files/chapters/c13709/c13709.pdf.

Hoxby, C., and C. Avery. 2013. "The Missing 'One-Offs': The Hidden
Supply of High-Achieving, Low-Income Students." *Brookings
Papers on Economic Activity*, no. 1: 1–65. https://www.brookings.
edu/wp-content/uploads/2016/07/2013a_hoxby.pdf.

Huntington-Klein, N. 2016. "The Search: The Effect of the College
Scorecard on Interest in Colleges." Unpublished manuscript.
https://nickchk.com/Huntington-Klein_2017_The_Search.pdf.

Hurwitz, M., and J. Smith. 2017. "Student Responsiveness to Earn-
ings Data in the College Scorecard." *Economic Inquiry* 56, no. 2:
1220 – 43. https://doi. org/10.1111/ecin.12530.

Hyman, B. 2018. "Can Displaced Labor Be Retrained? Evidence from
Quasi-Random Assignment to Trade Adjustment Assistance." *Pro-
ceedings, Annual Conference on Taxation and Minutes of the An-
nual Meeting of the National Tax Association* 111: 1–70. https://
www.jstor.org/stable/26939524.

Hyman, J. 2017. "Does Money Matter in the Long Run? Effects of
School Spending on Educational Attainment." *American Eco-
nomic Journal: Economic Policy* 9, no. 4: 256–80. https://doi.
org/10.1257/pol.20150249.

Institute of International Education. 2020. "Project Atlas 2020 Re-
lease: A Quick Look at Global Mobility Trends." https://iie.widen.
net/s/g2bqxwkwqv/project-atlas-infographics-2020.

IPEDS (Integrated Postsecondary Education Data System). 2020.
"Table 1. Number and Percentage Distribution of Students En-
rolled at Title IV Institutions, by Control of Institution, Student
Level, Level of Institution, Enrollment Status, and Other Selected
Characteristics: United States, Fall 2020." National Center for
Education Statistics. https://nces.ed.gov/ipeds/search/View-
Table?tableId=29448.

Jackson, C., R. Johnson, and C. Persico. 2015. *The Effects of School
Spending on Educational and Economic Outcomes: Evidence from
School Finance Reforms*. NBER Working Paper 20847. Cam-
bridge, MA: National Bureau of Economic Research. https://doi.
org/10.3386/w20847.

Jacobson, L., R. LaLonde, and D. Sullivan. 2005. "Estimating the Re-
turns to Community College Schooling for Displaced Workers."
Journal of Econometrics 125, nos. 1–2: 271–304. https://doi.
org/10.1016/j.jeconom.2004.04.010.

Jepsen, C., K. Troske, and P. Coomes. 2014. "The Labor-Market
Returns to Community College Degrees, Diplomas, and Certifi-
cates." *Journal of Labor Economics* 32, no. 1: 95–121. https://doi.
org/10.1086/671809.

Joyce, T., S. Crockett, D. Jaeger, O. Altindag, and S. O'Connell. 2015.
"Does Classroom Time Matter?" *Economics of Education Review*
46: 64–77. https://www.sciencedirect.com/science/article/abs/
pii/S0272775715000254.

Kane, T., P. Orszag, E. Apostolov, R. Inman, and A. Reschovsky. 2005.
"Higher Education Appropriations and Public Universities:
Role of Medicaid and the Business Cycle." *Brookings-Wharton
Papers on Urban Affairs*, 99–146. http://www.jstor.org/sta-
ble/25067418.

Kane, T., and C. Rouse. 1995. "Labor-Market Returns to Two-and

Four-Year College." *American Economic Review* 85, no 3: 600 –
614. https://www.jstor.org/stable/2118190.

Katz, L., J. Roth, R. Hendra, and K. Schaberg. 2022. "Why Do Sectoral
Employment Programs Work? Lessons from WorkAdvance."
Journal of Labor Economics 40, no. S1: 249–91. https://doi.
org/10.1086/717932.

Kelchen, R., and Z. Liu. 2022. "Did Gainful Employment Regulations
Result in College and Program Closures?" *Education Finance
and Policy* 17, no. 3: 454 – 78. https://doi.org/10.1162/edfp_
a_00340.

Klasik, D., K. Blagg, and Z. Pekor. 2018. "Out of the Education Desert:
How Limited Local College Options Are Associated with Inequity
in Postsecondary Opportunities." *Social Sciences* 7, no. 9: 165.
https://www.mdpi.com/2076-0760/7/9/165.

Kinser, K. 2016. "Paying for For-Profit Higher Education: Implica-
tions of the United States Case." In *Student Financing of Higher
Education: A Comparative Perspective*, edited by D. Heller and C.
Callender, 98–114. London: Routledge. https://www.routledge.
com/Student-Financing-of-Higher-Education-A-Comparative-Per-
spective/Heller-Callender/p/book/9781138645417.

Kofoed, M., L. Gebhart, D. Gilmore, and R. Moschitto. 2021. "Zooming
to Class? Experimental Evidence on College Students' Online
Learning during COVID-19." Institute of Labor Economics.
https://docs.iza.org/dp14356.pdf.

Kozakowski, W. 2023. "Are Four-Year Public Colleges Engines for
Economic Mobility? Evidence from Statewide Admissions Thresh-
olds." Annenberg Institute, EdWorkingPaper 23-727. https://doi.
org/10.26300/vapt-4e25.

Krieg, J., and S. Henson. 2016. "The Educational Impact of Online
Learning: How Do University Students Perform in Subsequent
Courses?" *Education Finance and Policy* 11, no. 4: 426–48.
https://doi.org/10.1162/EDFP_a_00196.

Kuehn, D., S. Mills De La Rosa, R. Lerman, and K. Hollenbeck. 2022.
*Do Employers Earn Positive Returns to Investments in Appren-
ticeship? Evidence from Registered Programs under the American
Apprenticeship Initiative*. Report prepared for U.S. Department of
Labor, Employment and Training Administration. Rockville, MD:
Abt Associates. https://www.abtassociates.com/files/insights/
reports/2022/aai-roi-final-report-508c_9-16-22.pdf.

Labaree, D. 2017. *A Perfect Mess: The Unlikely Ascendancy of
American Higher Education*. Chicago: University of Chicago
Press. https://press.uchicago.edu/ucp/books/book/chicago/P/
bo19995111.html.

Lavecchia, A., H. Liu, and P. Oreopoulos. 2016. "Behavioral Econom-
ics of Education: Progress and Possibilities." *Handbook of the
Economics of Education* 5: 1–74. https://doi.org/10.1016/B978-
0-444-63459-7.00001-4.

Leslie, L., and G. Johnson. 1974. "The Market Model and Higher Ed-
ucation." *Journal of Higher Education* 45, no. 1: 1 – 20. https://
doi.org/10.1080/00221546.1974.11776918.

Levin, H., and E. Garcia. 2013. "Benefit-Cost Analysis of Accelerated
Study in Associated Programs (ASAP) of the City University of
New York (CUNY)." Center for Benefit-Cost Studies in Education.
https://www1.nyc.gov/assets/opportunity/pdf/Levin_ASAP_Ben-
efit_Cost_Report_FINAL_05212013.pdf.

Levine, P., J. Ma, and L. Russell. 2022. "Do College Applicants
Respond to Changes in Sticker Prices Even When They Don'
t Matter?" *Education Finance and Policy*, 1–30. https://doi.
org/10.1162/edfp_a_00372.

Levy, D. 2019. "Juxtaposing Global and U.S. Private Higher Educa-
tion: What Is to Be Learned?" In *International Perspectives in
Higher Education: Balancing Access, Equity, and Cost*, edited by
J. Delisle and A. Usher, 49–66. https://www.routledge.com/Stu-
dent-Financing-of-Higher-Education-A-Comparative-Perspective/
Heller-Callender/p/book/9781138645417?utm_source=cjaf-
filiates &utm_medium=affiliates&cjevent=5a91649a9cc411ed-
82b6abb90a82b832.

Linkow, T., E. Bumgarner, H. Didriksen, K. Lack, A. Nichols, E. Dastrup, S. Dastrup, and B. Gamse. 2019. "The Story of Scaling Up: Interim Report on the Impact of Success Boston's Coaching for Completion." Abt Associates. https://files.eric. ed.gov/fulltext/ED602748.pdf.

Linkow, T., B. Gamse, F. Unlu, E. Bumgarner, H. Didriksen, J. Furey, M. Meneses, M. Sami, and A. Nichols. 2017. "The Power of Coaching: Highlights from the Interim Report on the Impact of Success Boston's Transition Coaching on College Success." Abt Associates. https://files.eric.ed.gov/fulltext/ED582090.pdf.

Liu, V., C. Belfield, and M. Trimble. 2015. "The Medium-Term Labor Market Returns to Community College Awards: Evidence from North Carolina." *Economics of Education Review* 44: 42–55. https://doi.org/10.1016/j.econedurev.2014.10.009.

Lochner, L. 2011. *Non-Production Benefits of Education: Crime, Health, and Good Citizenship*. NBER Working Paper 16722. Cambridge, MA: National Bureau of Economic Research. https://doi.org/10.3386/w16722.

Lochner, L., and E. Moretti. 2004. "The Effect of Education on Crime: Evidence from Prison Inmates, Arrests, and Self-Reports." *American Economic Review* 94, no. 1: 155 — 89. https://doi.org/10.1257/000282804322970751.

Long, M. 2008. "College Quality and Early Adult Outcomes." *Economics of Education Review* 27, no. 5: 588–602. https://doi.org/10.1016/j.econedurev.2007.04.004.

Love, I. 2022. "Why Community College Bachelor's Degrees? Similarities and Differences Across Urban and Rural Settings." New America. https://www.newamerica.org/education-policy/briefs/why-community-college-bachelors-degrees/.

Lovenheim, M., and J. Smith. 2022. *Returns to Different Postsecondary Investments: Institution Type, Academic Programs, and Credentials*. NBER Working Paper 29933. Cambridge, MA: National Bureau of Economic Research. https://doi.org/10.3386/w29933.

Lusher, L., D. Campbell, and S. Carrell. 2018. "TAs Like Me: Racial Interactions between Graduate Teaching Assistants and Undergraduates." *Journal of Public Economics* 159: 203–24. https://doi.org/10.1016/j.jpubeco.2018.02.005.

Ma, J., and M. Pender. 2021. "Trends in College Pricing and Student Aid 2021." College Board. https://research.collegeboard.org/media/pdf/trends-college-pricing-student-aid-2021.pdf.

——. 2022a. "Trends in College Pricing 2022: Data in Excel." College Board. https://research.collegeboard.org/media/xlsx/trends-college-pricing-excel-data-2022.xlsx.

——.2022b. "Trends in College Pricing and Student Aid 2022." College Board. https://research.collegeboard.org/media/pdf/trends-in-college-pricing-student-aid-2022. pdf.

Ma, J., M. Pender, and M. Welch. 2019. "Education Pays 2019." College Board. https://research.collegeboard.org/media/pdf/education-pays-2019-full-report.pdf.

Marcucci, P. 2013. "The Politics of Student Funding Policies from a Comparative Perspective." In *Student Financing of Higher Education: A Comparative Perspective*, edited by D. Heller and C. Callender, 9–31. London: Routledge. https://www.routledge.com/Student-Financing-of-Higher-Education-A-Comparative-Perspective/Heller-Callender/p/book/9781138645417.

Marken, S., L. Gray, and L. Lewis. 2013. "Dual Enrollment Programs and Courses for High School Students at Postsecondary Institutions: 2010–11." National Center for Education Statistics. http://nces.ed.gov/pubs2013/2013002.pdf.

McMillan-Cottom, T. 2017. *Lower Ed: The Troubling Rise of For-Profits*. New York: New Press. https://thenewpress.com/books/lower-ed.

Meyer, K., and K. Rosinger. 2019. "Applying Behavioral Insights to Improve Postsecondary Education Outcomes: A Review of Obama Administration Efforts and Next Steps Under the Trump Administration." *Journal of Policy Analysis and Management* 38, no. 2: 481 — 99. https://doi.org/10.1002/pam.22123.

Miller, B. 2017. "Who Are Student Loan Defaulters?" Center for American Progress. https://www.americanprogress.org/article/student-loan-defaulters/.

Miller, C., C. Headlam, M. Manno, and D. Cullinan. 2020. "Increasing Community College Graduation Rates with a Proven Model: Three-Year Results from the Accelerated Study in Associate Programs (ASAP) Ohio Demonstration." MDRC. https://www.mdrc.org/publication/increasing-community-college-graduation-rates-proven-model.

Minaya, V., and J. Scott-Clayton. 2022. "Labor Market Trajectories for Community College Graduates: How Returns to Certificates and Associate's Degrees Evolve over Time." *Education Finance and Policy* 17, no. 1: 53–80. https://doi.org/10.1162/edfp_a_00325.

Mishory, J. 2018. "The Future of Statewide College Promise Programs." Century Foundation. https://tcf.org/content/report/future-statewide-college-promise-programs/.

Mountjoy, J. 2022. "Community Colleges and Upward Mobility." *American Economic Review* 112, no. 8: 2580–2630. https://www.aeaweb.org/articles?id=10.1257/aer.20181756.

Mountjoy, J., and B. Hickman. 2021. *The Returns to College(s): Relative Value-Added and Match Effects in Higher Education*. NBER Working Paper 29276. Cambridge, MA: National Bureau of Economic Research. https://doi.org/10.3386/w29276.

Mueller, H., and C. Yannelis. 2019. "The Rise in Student Loan Defaults." *Journal of Financial Economics* 131, no. 1: 1–19. https://doi.org/10.1016/j.jfineco.2018.07.013.

Murphy, R., J. Scott-Clayton, and G. Wyness. 2019. "The End of Free College in England: Implications for Enrolments, Equity, and Quality." *Economics of Education Review* 71: 7–22. https://www.sciencedirect.com/science/article/abs/pii/S0272775717306404.

National Student Clearinghouse Research Center. 2022a. "Completing College: National and State Reports." https://nscresearchcenter.org/completing-college/.

——. 2022b. "Overview: Spring 2022 Enrollment Estimates." https://nscresearchcenter.org/wp-content/uploads/CTEE_Report_Spring_2022.pdf.

NCES (National Center for Education Statistics). 2019. "Number and Percentage of Students Enrolled in Degree-Granting Postsecondary Institutions, by Distance Education Participation, Location of Student, Level of Enrollment, and Control and Level of Institution: Fall 2017 and Fall 2018." https://nces.ed.gov/programs/digest/d19/tables/dt19_311.15.asp.

——.2020a. "Percent of Undergraduate Students Receiving Pell Grants." https://nces. ed.gov/ipeds/TrendGenerator/app/answer/8/35.

——.2020b. "Percent of Undergraduate Students Receiving Pell Grants, by Level of Institution: 2020–21." https://nces.ed.gov/ipeds/TrendGenerator/app/build-table/8/35?cid=5.

——.2020c. "Percent of Undergraduate Students Receiving Pell Grants (Limited by Control of Institution)." https://nces.ed.gov/ipeds/TrendGenerator/app/answer/8/35?f=4%3D3.

——. 2021. "Percentage of the Population 25 to 64 Years Old Who Attained a Postsecondary Degree, by Highest Degree Attained, Age Group, and Country: 2020." U.S. Department of Education. https://nces.ed.gov/programs/digest/d21/tables/dt21_603.30.asp?current=yes.

——. 2022a. "Age at Start of Postsecondary Education by NPSAS Institution Sector (4 with Multiple)." U.S. Department of Education, Quick Launch qquayy. https://nces.ed.gov/datalab/powerstats/121-national-postsecondary-student-aid-study-2016-undergraduates/percentage-distribution.

——. 2022b. "Residence While Enrolled by Age at Start of Postsecondary Education." U.S. Department of Education, Quick Launch hgtstb. https://nces.ed.gov/datalab/powerstats/121-national-postsecondary-student-aid-study-2016-undergraduates/percentage-distribution.

——. 2022c. "NPSAS Institution Level by Age at Start of Post-secondary Education and Residence While Enrolled." U.S. Department of Education, Quick Launch rgcflp. https://nces.ed.gov/datalab/powerstats/121-national-postsecondary-student-aid-study-2016-undergraduates/percentage-distribution.

——. 2022d. "NPSAS Institution Level by Age as of 12/31/2015." U.S. Department of Education, Quick Launch ljkiep. https://nces.ed.gov/datalab/powerstats/121-national-postsecondary-student-aid-study-2016-undergraduates/percentage-distribution.

——. 2022e. "Residence While Enrolled by Age as of 12/31/2015. Filtered by NPSAS Institution Level (4-year)." U.S. Department of Education, Quick Launch krdscg. https://nces.ed.gov/datalab/powerstats/121-national-postsecondary-student-aid-study-2016-undergraduates/percentage-distribution.

——. 2022f. "Age as of 12/31/2015 by NPSAS Institution Sector (4 with Multiple)." U.S. Department of Education, Quick Launch vppist. https://nces.ed.gov/datalab/powerstats/121-national-postsecondary-student-aid-study-2016-undergraduates/percentage-distribution.

——. 2022g. "Institution Sector (4 with Multiple) by Enrollment Pattern. Year 2016." U.S. Department of Education, Quick Launch: heqmyc. https://nces.ed.gov/datalab/powerstats/121-national-postsecondary-student-aid-study-2016-undergraduates/percentage-distribution/trend.

——. 2022h. "Distance from Student's Home (in Miles) to NPSAS Institution by Institution Sector (4 with Multiple); Years 2004, 2008, 2012 and 2016." U.S. Department of Education, Quick Launch: lqtmop. https://nces.ed.gov/datalab/powerstats/121-national-postsecondary-student-aid-study-2016-undergraduates/percentage-distribution/trend.

——. 2022i. "Distance from Student's Home (in Miles) to NPSAS Institution by Race/Ethnicity (with Multiple) without Foreign Students; Years 1996, 2008, 2012 and 2016." U.S. Department of Education, Quick Launch: ubmvzr. https://nces.ed.gov/datalab/powerstats/121-national-postsecondary-student-aid-study-2016-undergraduates/percentage-distribution/trend.

——. 2022j. "Distance from Student's Home (in Miles) to NPSAS Institution by Income Percentile Rank for All Students. Years 2004, 2008, 2012 and 2016." U.S. Department of Education, Quick Launch: svljuv. https://nces.ed.gov/datalab/powerstats/121-national-postsecondary-student-aid-study-2016-undergraduates/percentage-distribution/trend.

Neelakantan, U., and J. Romero. 2017. "Falling Short: Why Isn't the U.S. Producing More College Graduates?" Federal Reserve Bank of Richmond. https://www.richmondfed.org/-/media/Richmond-FedOrg/publications/research/annual_report/2017/article.pdf.

OECD (Organization for Economic Cooperation and Development). 2021. *Education at a Glance 2021: OECD Indicators*. Paris: OECD Publishing. https://doi.org/10.1787/b35a14e5-en.

——. 2022. *Education at a Glance 2022*: OECD Indicators. Paris: OECD Publishing. https://doi.org/10.1787/3197152b-en.

Oreopoulos, P., and U. Petronijevic. 2018. "Student Coaching: How Far Can Technology Go?" *Journal of Human Resources* 53, no. 2: 299–329. https://doi.org/10.3368/jhr.53.2.1216-8439R.

Oreopoulos, P., and K. Salvanes. 2011. "Priceless: The Nonpecuniary Benefits of Schooling." *Journal of Economic Perspectives* 25, no. 1: 159 – 84. https://doi.org/10.1257/jep.25.1.159.

Ortagus, J., R. Kelchen, K. Rosinger, and N. Voorhees. 2020. "Performance-Based Funding in American Higher Education: A Systematic Synthesis of the Intended and Unintended Consequences." *Educational Evaluation and Policy Analysis* 42, no. 4. https://doi.org/10.3102/0162373720953128.

Ost, B., W. Pan, and D. Webber. 2018. "The Returns to College Persistence for Marginal Students: Regression Discontinuity Evidence from University Dismissal Policies." *Journal of Labor Economics* 36, no. 3: 779–805. http://doi.org/10.1086/696204.

Protopsaltis, S., and S. Parrott. 2017. "Pell Grants: A Key Tool for Expanding College Access and Economic Opportunity—Need Strengthening, Not Cuts." Center on Budget and Policy Priorities. https://www.cbpp.org/research/federal-budget/pell-grants-a-key-tool-for-expanding-college-access-and-economic.

Redden, E. 2010. "The 'Community College' Internationally." *Inside Higher Ed*. https://www.insidehighered.com/news/2010/06/16/community-college-internationally.

Ross, R., S. White, J. Wright, and L. Knapp. 2013. "Using Behavioral Economics for Postsecondary Success." ideas42. http://www.ideas42.org/wp-content/uploads/2015/05/Using-Behavioral-Economics-for-Postsecondary-Success_ideas42_2013.pdf.

Rothstein, J., R. Santillano, T. von Wachter, W. Khan, and M. Yang. 2022. "Identifying the Impacts of Job Training Programs in California." California Policy Lab. https://www.capolicylab.org/identifying-the-impacts-of-job-training-programs-in-california/.

Rouse, C. 1995. "Democratization or Diversion? The Effect of Community Colleges on Educational Attainment." *Journal of Business and Economic Statistics* 13, no. 2: 217–24. https://www.tandfonline.com/doi/abs/10.1080/07350015.1995.10524596.

Salto, D. 2019. "Brazil: Expanding Access Through Private Institutions." In *International Perspectives in Higher Education: Balancing Access, Equity, and Cost*, edited by J. Delisle and A. Usher, 149–68. https://www.aei.org/research-products/book/international-perspectives-in-higher-education-balancing-access-equity-and-cost/.

Schanzenbach, D., and S. Turner. 2022. "Limited Supply and Lagging Enrollment: Production Technologies and Enrollment Changes at Community Colleges during the Pandemic." *Journal of Public Economics* 212. https://doi.org/10.1016/j.jpubeco.2022.104703.

Scott-Clayton, J. 2012. *Information Constraints and Financial Aid Policy*. NBER Working Paper 17811. Cambridge, MA: National Bureau of Economic Research. https://doi.org/10.3386/w17811.

——. 2018a. "What Accounts for Gaps in Student Loan Default, and What Happens After." Brookings Institution. https://www.brookings.edu/wp-content/uploads/2018/06/Report_Final.pdf.

——. 2018b. "The Looming Student Loan Default Crisis Is Worse Than We Thought." Brookings Institution. https://www.brookings.edu/wp-content/uploads/2018/01/scott-clayton-report.pdf.

Scrivener S., M. Weiss, A. Ratledge, T. Rudd, C. Sommo, and H. Fresques. 2015. "Doubling Graduation Rates: Three-Year Effects of CUNY's Accelerated Study in Associate Programs (ASAP) for Developmental Education Students." MDRC. https://www.mdrc.org/sites/default/files/doubling_graduation_rates_fr.pdf.

Skinner, R., and C. Cooper. 2020. "FY2019 State Grants Under Title I-A of the Elementary and Secondary Education Act (ESEA)." Congressional Research Service. https://www.everycrsreport.com/files/20200311_R46269_eb6aebd236181eef9c73e8ec2f-3b932a3e244798.pdf.

Smith, J. 2013. "Ova and Out: Using Twins to Estimate the Educational Returns to Attending a Selective College." *Economics of Education Review* 36: 166–80. https://doi.org/10.1016/j.econedurev.2013.06.008.

Smith, J., J. Goodman, and M. Hurwitz. 2020. *The Economic Impact of Access to Public Four-Year Colleges*. NBER Working Paper 27177. Cambridge, MA: National Bureau of Economic Research. https://doi.org/10.3386/w27177.

Sommo, C., D. Cullinan, M. Manno, S. Blake, and E. Alonzo. 2018. "Doubling Graduation Rates in a New State: Two-Year Findings from the ASAP Ohio Demonstration." MDRC. https://files.eric.ed.gov/fulltext/ED592008.pdf.

Song, M., K. Zeiser, D. Atchison, and I. Brodziak de los Reyes. 2021. "Early College, Continued Success: Longer-Term Impact of Early College High Schools." *Journal of Research on Educational Effectiveness* 14, no.1: 116–42. https://doi.org/10.1080/19345747.2020.1862374.

Stolzenberg, E., M. Aragon, E. Romo, V. Couch, D. McLennan, M. Eagan, and N. Kang. 2020. *The American Freshman: National Norms Fall 2019*. Los Angeles: Higher Education Research Institute of the University of California, Los Angeles. https://www.heri.ucla.edu/monographs/TheAmericanFreshman2019.pdf.

Student Loans Company. 2022. *Student Loans in England: Financial Year 2021–22.*

Statistical Publication SP01/2022. Glasgow: Student Loans Company. https://assets.publishing.service.gov.uk/government/uploads/system/uploads/attachment_data/file/1092922/slcsp012022.pdf.

Turner, L. 2021. "The Importance of 'Choice Architecture' for Student Loan Repayment Decisions and Outcomes." Postsecondary Equity and Economics Research Project. https://www.peerresearchproject.org/peer/research/body/Turner-Paper-Choice-Architecture.pdf.

U.S. Department of Education. 2014. "Fact Sheet on Final Gainful Employment Regulations." https://www2.ed.gov/policy/highered/reg/hearulemaking/2012/gainful-employment-fact-sheet-10302014.pdf.

——. 2020. "Cover Letter." https://www2.ed.gov/about/offices/list/ope/heerfinstitutionalcoverletter.pdf.

——. 2022a. "Federal Student Loan Portfolio." https://studentaid.gov/data-center/student/portfolio.

——. 2022b. "During 'Raise the B.A.R.' Summit, Education Department Announces College Completion Fund Competition to Support Postsecondary Student Success." https://www.ed.gov/news/press-releases/during-%E2%80%98raise-bar%E2%80%99-summit-education-department-announces-college-completion-fund-competition-support-postsecondary-student-success.

——. 2022c. "ARP: American Rescue Plan (HEERF III)." https://www2.ed.gov/about/offices/list/ope/arp.html.

——. 2022d. "Gainful Employment Information." https://studentaid.gov/data-center/school/ge.

——. 2022e. "Issue Paper 3: Gainful Employment." https://d1y8sb8igg2f8e.cloudfront. net/documents/Issue_Paper_3_Gainful_Employment_FINAL_3-8-22.pdf.

——. 2023a. "The U.S. Department of Education Offers Low-Interest Loans to Eligible Students to Help Cover the Cost of College or Career School." https://studentaid.gov/understand-aid/types/loans/subsidized-unsubsidized.

——. 2023b. "Department Awards Grants to Improve Opportunities and Outcomes for Nation's Postsecondary Students." https://www.ed.gov/news/press-releases/department-awards-grants-improve-opportunities-and-outcomes-nations-postsecondary-students.

——. 2023c. "Higher Education Emergency Relief Fund: 2021 Annual Performance Report." https://www2.ed.gov/about/offices/list/ope/heerf-2021-annual-performance-report.pdf.

U.S. Department of Labor. 2022a. "Trade Adjustment Assistance Community College and Career Training (TAACCCT) Grant Program Evaluation." https://www.dol.gov/agencies/oasp/evaluation/currentstudies/14.

——. 2022b. "ApprenticeshipUSA: A Proven Solution for Employers." https://www.apprenticeship.gov/sites/default/files/dol-industry-factsheet-employer-v10.pdf.

U.S. Department of the Treasury. 2022. "American Rescue Plan State and Local Fiscal Recovery Funds: Project Highlights." https://home.treasury.gov/system/files/136/American-Rescue-Plan-Anniversary-SLRRF-Examples.pdf.

Usher, A. 2019. "The Architecture of Student Loan Systems." In *International Perspectives in Higher Education: Balancing Access, Equity, and Cost*, edited by J. Delisle and A. Usher, 87–106. https://www.aei.org/research-products/book/international-perspectives-in-higher-education-balancing-access-equity-and-cost/.

Walton, D., K. Gardiner, and B. Barnow. 2022. *Expanding Apprenticeship to New Sectors and Populations: The Experiences and Outcomes of Apprentices in the American Apprenticeship Initiative.*

Prepared for the U.S. Department of Labor, Employment and Training Administration. Rockville, MD: Abt Associates. https://www.abtassociates.com/files/insights/reports/2022/aai-outcomes-study-final-report-508.pdf.

Webb, M. 2014. *Early College Expansion: Propelling Students to Postsecondary Success, at a School Near You*. Washington: Jobs for the Future. https://eric. ed.gov/?id=ED559689.

Webber, D., and R. Ehrenberg. 2010. "Do Expenditures Other Than Instructional Expenditures Affect Graduation and Persistence Rates in American Higher Education?" *Economics of Education Review* 29, no. 6: 947–58. https://doi. org/10.1016/j.econedurev.2010.04.006.

Weiss, M., A. Ratledge, C. Sommo, and H. Gupta. 2019. "Supporting Community College Students from Start to Degree Completion: Long-Term Evidence from a Randomized Trial of CUNY's ASAP." *American Economic Journal: Applied Economics* 11, no. 3: 253–97. https://doi.org/10.1257/app.20170430.

White House. 2021. "Fact Sheet: The American Families Plan." https://www.whitehouse. gov/briefing-room/statements-releases/2021/04/28/fact-sheet-the-american-families-plan/.

——. 2022. "Fact Sheet: Biden-Harris Administration Launches the Apprenticeship Ambassador Initiative to Create Equitable, Debt-Free Pathways to High-Paying Jobs." https://www.whitehouse.gov/briefing-room/statements-releases/2022/09/01/fact-sheet-biden-harris-administration-launches-the-apprenticeship-ambassador-initiative-to-create-equitable-debt-free-pathways-to-high-paying-jobs/.

Wiswall, M., and B. Zafar. 2015. "How Do College Students Respond to Public Information About Earnings?" *Journal of Human Capital* 9, no. 2: 117–69. https://doi.org/10.1086/681542.

World Higher Education Database. No date. "The World of Higher Education at Your Fingertips." https://www.whed.net/home.php.

Xu, D., and S. Jaggars. 2013. "The Impact of Online Learning on Students' Course Outcomes: Evidence from a Large Community and Technical College System." *Economics of Education Review* 37: 46–57. https://doi.org/10.1016/j. econedurev.2013.08.001.

Xu, D., S. Jaggars, and J. Fletcher. 2016. "How and Why Does Two-Year College Entry Influence Baccalaureate Aspirants' Academic and Labor Market Outcomes." Working paper, Center for Analysis of Postsecondary Education and Employment. https://ccrc.tc.columbia.edu/media/k2/attachments/CAPSEE-how-and-why-two-year-college-entry-influence-outcomes.pdf.

Zimmerman, S. 2014. "The Returns to College Admission for Academically Marginal Students." *Journal of Labor Economics* 32, no. 4: 711–54. https://doi. org/10.1086/676661.

第6章

Aaronson, S., T. Cajner, B. Fallick, F. Galbis-Reig, C. Smith, and W. Wascher. 2014. "Labor Force Participation: Recent Developments and Future Prospects." *Brookings Papers on Economic Activity* 2: 197–275. https://doi.org/10.1353/eca.2014.0015.

Abraham, K., and M. Kearney. 2020. "Examining the Decline in the U.S. Employment-to-Population Ratio: A Review of the Evidence." *Journal of Economic Literature* 58, no. 3: 585–643. https://doi.org/10.1257/jel.20191480.

Acemoglu, D., and D. Autor. 2010. *Skills, Tasks and Technologies: Implications for Employment and Earnings*. NBER Working Paper 16982. Cambridge, MA: National Bureau of Economic Research. https://doi.org/10.3386/w16082.

Acemoglu, D., D. Autor, D. Dorn, G. Hanson, and B. Price. 2015. "Import Competition and the Great U.S. Employment Sag of the 2000s." *Journal of Labor Economics* 34, no. S1: 141–98. https://doi.org/10.1086/682384.

Acemoglu, D., and P. Restrepo. 2017. "Secular Stagnation? The Effect of Aging on Economic Growth in the Age of Automation." *American Economic Review* 107, no. 5: 174–79. https://doi.

org/10.1257/aer.p20171101.

Aiken, L., D. Sloane, M. McHugh, C. Pogue, and K. Lasater. 2022. "A Repeated Cross-Sectional Study of Nurses Immediately Before and During the COVID-19 Pandemic: Implications for Action." *Nursing Outlook* 71, no. 2: 1–10. https://doi.org/10.1016/j.outlook.2022.11.007.

Akee, R., D. Feir, M. Gorzig, and S. Myers Jr. 2022. "Native American 'Deaths of Despair' and Economic Conditions." IZA Discussion Paper 15546. https://www.econstor.eu/bitstream/10419/265767/1/dp15546.pdf.

Alesina, A., E. Glaeser, and B. Sacerdote. 2005. *Work and Leisure in the U.S. and Europe: Why So Different?* NBER Working Paper 11278. Cambridge, MA: National Bureau of Economic Research. https://doi.org/10.3386/w11278.

Anand, P., L. Dague, and K. Wagner. 2021. *The Role of Paid Family Leave in Labor Supply Responses to a Spouse's Disability or Health Shock.* NBER Working Paper 28808. Cambridge, MA: National Bureau of Economic Research. https://doi.org/10.3386/w28808.

Autor, D. 2019. *Work of the Past, Work of the Future.* NBER Working Paper 25588. Cambridge, MA: National Bureau of Economic Research. https://doi. org/10.3386/w25588.

Autor, D., and D. Dorn. 2013. "The Growth of Low-Skill Service Jobs and the Polarization of the U.S. Labor Market." *American Economic Review* 103, no. 5: 1553–97. https://doi.org/10.1257/aer.103.5.1553.

Autor, D., D. Dorn, and G. Hanson. 2013. "The China Syndrome: Local Labor Market Effects of Import Competition in the United States." *American Economic Review* 103, no. 6: 2121–68. https://doi.org/10.1257/aer.103.6.2121.

———. 2021. *On the Persistence of the China Shock.* NBER Working Paper 29401. Cambridge, MA: National Bureau of Economic Research. https://doi. org/10.3386/w29401.

Autor, D., D. Dorn., G. Hanson, and J. Song. 2014. "Trade Adjustment: Worker-Level Evidence." *Quarterly Journal of Economics* 129, no. 4: 1799–860. https://doi. org/10.1093/qje/qju026.

Autor, D., and M. Duggan. 2003. "The Rise in the Disability Rolls and the Decline in Unemployment." *Quarterly Journal of Economics* 118, no. 1: 157–206. https://doi.org/10.1162/00335530360535171.

Bacher-Hicks, A., O. Chi, and A. Orellana. 2021. "COVID-19 and the Composition of the Massachusetts Teacher Workforce." Boston University, Wheelock College of Education and Human Development. https://wheelockpolicycenter.org/wp-content/uploads/2021/10/TeacherWorkforce_PolicyBrief_Final.pdf.

Baker, M., J. Gruber, and K. Milligan. 2008. "Universal Child Care, Maternal Labor Supply, and Family Well-Being." *Journal of Political Economy* 116, no. 4: 709–45. https://doi.org/10.1086/591908.

Barkin, T. 2022. "Is a Labor Challenge Coming?" Speech to Virginia Economic Summit and Forum on International Trade, December 2. https://www.richmondfed.org/press_room/speeches/thomas_i_barkin/2022/barkin_speech_20221202

Basso, G., and G. Peri. 2020. "Internal Mobility: The Greater Responsiveness of Foreign-Born to Economic Conditions." *Journal of Economic Perspectives* 34, no. 3: 77–98. https://doi.org/10.1257/jep.34.3.77.

Bastian, J. 2020. "The Rise of Working Mothers and the 1975 Earned Income Tax Credit." *American Economic Journal: Economic Policy* 12, no. 3: 44–75. https://doi.org/10.1257/pol.20180039.

Bauernschuster, S., and M. Schlotter. 2015. "Public Child Care and Mothers' Labor Supply—Evidence from Two Quasi-Experiments." *Journal of Public Economics* 123: 1–16. https://doi.org/10.1016/j.jpubeco.2014.12.013.

Baum, C., and C. Ruhm. 2016. "The Effects of Paid Family Leave in California on Labor Market Outcomes." *Journal of Policy Analysis and Management* 35, no. 2: 333–56. https://doi.org/10.1002/pam.21894.

Bernstein, S., R. Diamond, A. Jiranaphawiboon, T. McQuade, and B. Pousada. 2022. *The Contribution of High-Skilled Immigrants to Innovation in the United States.* NBER Working Paper 30797. Cambridge, MA: National Bureau of Economic Research. https://doi.org/10.3386/w30797.

Binder, A., and J. Bound. 2019. "The Declining Labor Market Prospects of Less-Educated Men." *Journal of Economic Perspectives* 33, no. 2: 163–90. https://doi.org/10.1257/jep.33.2.163.

Black, S., and C. Juhn. 2000. "The Rise of Female Professionals: Are Women Responding to Skill Demand?" *American Economic Review* 90, no. 2; 450–55. http://www.jstor.org/stable/117267.

Black, S., D. Schanzenbach, and A. Breitwieser. 2017. "The Recent Decline in Women's Labor Force Participation." Hamilton Project. https://www.brookings.edu/wp-content/uploads/2017/10/es_10192017_decline_womens_labor_force_participation_blackschanzenbach.pdf.

Blanchard, O., and L. Katz. 1992. "Regional Evolutions." *Brookings Papers on Economic Activity*, no. 1. https://www.brookings.edu/bpea-articles/regional-evolutions/.

Blau, F., and L. Kahn. 2007. "Changes in the Labor Supply Behavior of Married Women: 1980–2000." *Journal of Labor Economics* 25 no. 3: 393–438. https://www.journals.uchicago.edu/doi/full/10.1086/513416.

———. 2013. "Female Labor Supply: Why Is the United States Falling Behind?" *American Economic Review* 103, no. 3: 251–56. https://doi.org/10.1257/aer.103.3.251.

Blau, F., and C. Mackie, eds. 2017. *The Economic and Fiscal Consequences of Immigration.* National Academies of Sciences, Engineering, and Medicine. Washington: National Academies Press. https://doi.org/10.17226/23550.

Bloom, N., A. Kurmann, K. Handley, and P. Luck. 2019. "The Impact of Chinese Trade on U.S. Employment: The Good, The Bad, and The Apocryphal." Society for Economic Dynamics. https://www.gsb.stanford.edu/faculty-research/publications/impact-chinese-trade-us-employment-good-bad-apocryphal.

BLS (U.S Bureau of Labor Statistics). 2022. "Current Population Survey: Concepts and Definitions." https://www.bls.gov/cps/definitions.htm.

Bound, J. 1989. "The Health and Earnings of Rejected Disability Insurance Applicants." *American Economic Review* 79, no. 3: 482–503. https://doi.org/10.3386/w2816.

Boyd, D., H. Lankford, S. Loeb, and J. Wyckoff. 2005. "Explaining the Short Careers of High-Achieving Teachers in Schools with Low-Performing Students." *American Economic Review* 95, no. 2: 166–71. https://doi.org/10.1257/000282805774669628.

Buerhous, P., D. Auerbach, and D. Staiger. 2017. "How Should We Prepare for the Wave of Retiring Baby Boomer Nurses?" *Health Affairs.* https://doi.org/10.1377/forefront.20170503.059894.

Cajner, T., J. Coglianese, and J. Montes. 2021. "The Long-Lived Cyclicality of the Labor Force Participation Rate." Working paper, Federal Reserve Board of Governors. https://www.johncoglianese.com/publication/lfpr-cyclicality/lfpr-cyclicality.pdf.

Cajner, T., L. Crane, R. Decker, J. Grigsby, A. Hamins-Puertolas, E. Hurst, C. Kurz, and A. Yildirmaz. *The U.S. Labor Market during the Beginning of the Pandemic Recession.* NBER Working Paper 27159. Cambridge, MA: National Bureau of Economic Research. https://doi.org/10.3386/w27159.

Card, D. 1996. "The Effect of Unions on the Structure of Wages: A Longitudinal Analysis." *Econometrica* 64, no. 4: 957–79. https://doi.org/10.2307/2171852.

Case, A., and A. Deaton. 2015. "Rising Morbidity and Mortality in Midlife among White Non-Hispanic Americans in the 21st Century." *Proceedings of the National Academy of Sciences* 112, no. 49: 15078–83. https://doi.org/10.1073/pnas.1518393112.

———. 2020. *Deaths of Despair and the Future of Capitalism.* Princeton, NJ: Princeton University Press. https://press.princeton.edu/

books/hardcover/9780691190785/deaths-of-despair-and-the-future-of-capitalism.

——. 2021. "Life Expectancy in Adulthood Is Falling for Those Without a B.A. Degree, but as Educational Gaps Have Widened, Racial Gaps Have Narrowed." *Proceedings of the National Academy of Sciences* 118, no. 11: e2024777118. https://www.pnas.org/content/118/11/e2024777118.

Cassar, L., and S. Meier. 2018. "Nonmonetary Incentives and the Implications of Work as a Source of Meaning." *Journal of Economic Perspectives* 32, no. 3: 215–38. https://doi.org/10.1257/jep.32.3.215.

CEA (Council of Economic Advisers). 2016. "The Long-Term Decline in Prime-Age Male Labor Force Participation." https://obamawhitehouse.archives.gov/sites/default/files/page/files/20160620_cea_primeage_male_lfp.pdf.

Center on Budget and Policy Priorities. 2021. "Social Security Disability Insurance." https://www.cbpp.org/research/social-security/social-security-disability-insurance-0.

Charles, K., E. Hurst, and M. Schwartz. 2018. *The Transformation of Manufacturing and the Decline in U.S. Employment.* NBER Working Paper 24468. Cambridge, MA: National Bureau of Economic Research. https://doi.org/10.3386/w24468.

Clark, A. 2015. "What Makes a Good Job? Job Quality and Job Satisfaction." *IZA World of Labor.* https://wol.iza.org/articles/what-makes-good-job-job-quality-and-job-satisfaction.

Clemens, M., and E. Lewis. 2022. *The Effect of Low-Skill Immigration Restrictions on U.S. Firms and Workers: Evidence from a Randomized Lottery.* NBER Working Paper 30589. Cambridge, MA: National Bureau of Economic Research. https://doi.org/10.3386/w30589.

Coglianese, J. 2018. "The Rise of In-and-Outs: Declining Labor Force Participation of Prime Age Men." Working paper, Harvard University. https://www.johncoglianese.com/publication/in-and-outs/in-and-outs.pdf.

Coile, C., and P. Levine. 2011. "Recessions, Retirement, and Social Security." *American Economic Review* 101, no. 2: 23–28. https://doi.org/10.1257/aer.101.3.23.

Coile, C., and H. Zhang. 2022. *Recessions and Retirement: New Evidence from the COVID-19 Pandemic.* PRC Working Paper 20. Philadelphia: Pension Research Council, Wharton School, University of Pennsylvania. http://dx.doi.org/10.2139/ssrn.4199666.

Cowan, J., D. Goldhaber, K. Hayes, and R. Theobald. 2016. "Missing Elements in the Discussion of Teacher Shortages." *Educational Researcher* 45, no. 8: 460–62. https://doi.org/10.3102/0013189X16679145.

Cutler, D., J. Poterba, L. Sheiner, and L. Summers. 1990. "An Aging Society: Opportunity or Challenge?" *Brookings Papers on Economic Activity* 1: 1–73. https://doi.org/10.2307/2534525.

Dao, M., D. Furceri, and P. Loungani. 2017. "Regional Labor Market Adjustment in the United States: Trend and Cycle." *Review of Economics and Statistics* 99, no. 2: 243–57. https://doi.org/10.1162/REST_a_00642.

Dee, T., and D. Goldhaber. 2017. "Understanding and Addressing Teacher Shortages in the United States." Hamilton Project. https://www.hamiltonproject.org/assets/files/understanding_and_addressing_teacher_shortages_in_us_pp.pdf.

Doleac, J. 2016. "Increasing Employment for Individuals with Criminal Records." Hamilton Project. https://www.brookings.edu/wp-content/uploads/2016/10/es_20161021_prisoner_reentry_doleac.pdf.

Eggertsson, G., M. Lancastre, and L. Summers. 2019. "Aging, Output Per Capita, and Secular Stagnation." *American Economic Review: Insights* 1, no. 3: 325–42. https://doi.org/10.1257/aeri.20180383.

Eissa, N., and J. Liebman. 1996. "Labor Supply Response to the Earned Income Tax Credit." *Quarterly Journal of Economics* 111, no. 2: 605–37. https://doi.org/10.2307/2946689.

Farber, H. 2005. "Nonunion Wage Rates and the Threat of Unionization." *Industrial Labor and Relations Review* 58, no. 3: 335–52. https://journals.sagepub.com/doi/abs/10.1177/001979390505800302?journalCode=ilra.

Farber, H., D. Herbst, I. Kuziemko, and S. Naidu. 2021. "Unions and Inequality over the Twentieth Century: New Evidence from Survey Data." *Quarterly Journal of Economics* 136, no. 3: 1325–85. https://doi.org/10.1093/qje/qjab012.

Favilukis, J., and G. Li. 2023. "The Great Resignation Was Caused by the COVID-19 Housing Boom." Social Science Research Network. https://ssrn.com/abstract=4335860.

Feldman, M. 2022. "Place-Based Economic Development." *Issues in Science and Technology* 39, no. 1: 44–46. https://issues.org/place-based-economic-development-feldman/.

Foote, C., and R. Ryan. 2015. *Labor Market Polarization Over the Business Cycle.* NBER Working Paper 21030. Cambridge, MA: National Bureau of Economic Research. https://doi.org/10.3386/w21030.

Forsythe, E., L. Kahn, F. Lange, and D. Wiczer 2022. *Where Have All the Workers Gone? Recalls, Retirements, and Reallocation in the COVID Recovery.* NBER Working Paper 30387. Cambridge, MA: National Bureau of Economic Research. https://doi.org/10.3386/w30387.

Fry, R., J. Passel, and D. Cohn. 2020. "A Majority of Young Adults in the U.S. Live with Their Parents for the First Time since the Great Depression." Pew Research Center. https://www.pewresearch.org/fact-tank/2020/09/04/a-majority-of-young-adults-in-the-u-s-live-with-their-parents-for-the-first-time-since-the-great-depression/.

Gagnon, E., B. Johannsen, and D. López-Salido. 2021. "Understanding the New Normal: The Role of Demographics." *IMF Economic Review* 69: 357–90. https://doi.org/10.1057/s41308-021-00138-4.

Ganong, P., and D. Shoag. 2017. "Why Has Regional Income Convergence in the U.S. Declined?" *Journal of Urban Economics* 102: 76–90. https://doi.org/10.1016/j.jue.2017.07.002.

GAO (U.S. Government Accountability Office). 2021. "Physician Workforce: Caps on Medicare-Funded Graduate Medical Education at Teaching Hospitals." https://www.gao.gov/products/gao-21-391.

Garcia, K., and B. Cowan. 2022. *The Impact of U.S. School Closures on Labor Market Outcomes during the COVID-19 Pandemic.* NBER Working Paper 29641. Cambridge, MA: National Bureau of Economic Research. https://doi.org/10.3386/w29641.

Galvin, G. 2021. "Nearly 1 in 5 Health Care Workers Have Quit Their Jobs during the Pandemic." *Morning Consult.* https://morningconsult.com/2021/10/04/health-care-workers-series-part-2-workforce/.

Garin, A., D. Koustas, C. McPherson, S. Norris, M. Pecenco, E. Rose, Y. Shem-Tov, and J. Weaver. 2022. "The Impact of Incarceration on Employment, Earnings, and Tax Filing." Working paper, Joint Statistical Research Program of the Statistics of Income Division, U.S. Internal Revenue Service. https://www.irs.gov/pub/irs-soi/07-2022-impact-incarceration-employment-earnings-tax-filing.pdf.

Gelbach, J. 2002. "Public Schooling for Young Children and Maternal Labor Supply." *American Economic Review* 92, no. 1: 307–22. https://doi.org/10.1257/000282802760015748.

Gelber, A., T. Moore, and A. Strand. 2017. "The Effect of Disability Insurance Payments on Beneficiaries' Earnings." *American Economic Journal: Economic Policy* 9, no. 3: 229–61. https://doi.org/10.1257/pol.20160014.

Goda, G., and E. Soltas. 2022. *The Impacts of COVID-19 Illnesses on Workers.* NBER Working Paper 30435. Cambridge, MA: National Bureau of Economic Research. https://doi.org/10.3386/w30435.

Goldhaber, D., C. Grout, K. Holden, and N. Brown. 2015. "Crossing the Border? Exploring the Cross-State Mobility of the Teacher Workforce." *Educational Researcher* 44, no. 8: 421–31. https://doi.org/10.3102/0013189X15613981.

Goldin, C., and L. Katz. 2002. "The Power of the Pill: Oral Contraceptives and Women's Career and Marriage Decisions." *Journal of Political Economy* 110, no. 4: 730–70. https://doi.org/10.1086/340778.

Gorodnichenko Y., J. Song, and D. Stolyarov. 2013. *Macroeconomic Determinants of Retirement Timing*. NBER Working Paper 19638. Cambridge, MA: National Bureau of Economic Research. https://doi.org/10.3386/w19638.

Gottlieb, J., and A. Zenilman. 2020. *When Workers Travel: Nursing Supply During COVID-19 Surges*. NBER Working Paper 28240. Cambridge, MA: National Bureau of Economic Research. https://doi.org/10.3386/w28240.

Greene, J., and M. Mauer. 2010. "Downscaling Prisons." Sentencing Project. https://www.justicestrategies.org/sites/default/files/publications/inc_DownscalingPrisons2010.pdf.

Grossman, G., and E. Oberfield. 2022. "The Elusive Explanation for the Declining Labor Share." *Annual Review of Economics* 14: 93–124. https://dx.doi.org/10.1146/annurev-economics-080921-103046.

Haeck, C., P. Lefebvre, and P. Merrigan. 2015. "Canadian Evidence on Ten Years of Universal Preschool Policies: The Good and the Bad." *Labour Economics* 36: 137–57. https://doi.org/10.1016/j.labeco.2015.05.002.

Ham, J., C. Swenson, A. İmrohoroğlu, and H. Song. 2011. "Government Programs Can Improve Local Labor Markets: Evidence from State Enterprise Zones, Federal Empowerment Zones and Federal Enterprise Community." *Journal of Public Economics* 95, nos. 7–8: 779–97. https://doi.org/10.1016/j.jpubeco.2010.11.027.

Hansen, B., J. Sabia, and J. Schaller 2022. *Schools, Job Flexibility, and Married Women's Labor Supply*. NBER Working Paper 29660. Cambridge, MA: National Bureau of Economic Research. https://doi.org/10.3386/w29660.

Hoynes, H., J. Rothstein, and K. Ruffini. 2017. "Making Work Pay Better Through an Expanded Earned Income Tax Credit." Hamilton Project. https://www.hamiltonproject.org/assets/files/making_work_pay_expanded_eitc_Hoynes_Rothstein_Ruffini.pdf.

Hsieh, C., and E. Moretti. 2019. "Housing Constraints and Spatial Misallocation." *American Economic Journal: Macroeconomics* 11, no. 2: 1–39. https://doi.org/10.1257/mac.20170388.

Hunt, J., and M. Gauthier-Loiselle. 2010. "How Much Does Immigration Boost Innovation?" *American Economic Journal: Macroeconomics* 2: 31–56. https://doi.org/10.1257/mac.2.2.31.

James, J., and J. Wyckoff. 2022. "School Segregation, Teacher Sorting, and the Distribution of Teachers." Working paper, Annenberg Institute at Brown University. https://doi.org/10.26300/tv5x-6t21.

Johnson, J., and M. Kleiner. 2020. "Is Occupational Licensing a Barrier to Interstate Migration?" *American Economic Journal: Economic Policy* 12, no. 3: 347–73. https://pubs.aeaweb.org/doi/pdfplus/10.1257/pol.20170704.

Juhn, C., and S. Potter. 2006. "Changes in Labor Force Participation in the United States." *Journal of Economic Perspectives* 20, no. 3: 27–46. https://doi.org/10.1257/jep.20.3.27.

Kaplan, G., and S. Schulhofer-Wohl. 2017. "Understanding the Long-Run Decline in Interstate Migration." *International Economic Review* 58, no. 1: 57–94. https://doi.org/10.1111/iere.12209.

Katz, B., W. Congdon, and J. Shakesprere. 2022. "Measuring Job Quality: Current Measures, Gaps, and New Approaches." Urban Institute Research Report. https://www.urban.org/sites/default/files/2022-04/Measuring%20Job%20Quality.pdf.

Keynes, J. 2010. "Economic Possibilities for Our Grandchildren." *Essays in Persuasion*, 321–32. Orig. pub. 1930. https://doi.org/10.1007/978-1-349-59072-8_25.

Kline, P., and E. Moretti. 2014. "Local Economic Development, Agglomeration Economies, and the Big Push: 100 Years of Evidence from the Tennessee Valley Authority." *Quarterly Journal of Economics* 129, no. 1: 275–331. https://doi.org/10.1093/qje/qjt034.

Krueger, A. 2017. "Where Have All the Workers Gone? An Inquiry into the Decline of the U.S. Labor Force Participation Rate." *Brookings Papers on Economic Activity*, no. 2. https://www.brookings.edu/wp-content/uploads/2018/02/kruegertextfa17bpea.pdf.

Levy, F., and P. Temin. 2007. *Inequality and Institutions in 20th-Century America*. NBER Working Paper 13106. Cambridge, MA: National Bureau of Economic Research. https://doi.org/10.3386/w13106.

Lofstrom, M., and S. Raphael. 2013. "Impact of Realignment on County Jail Populations." Public Policy Institute of California. https://gspp.berkeley.edu/assets/uploads/research/pdf/p73.pdf.

Looney, A., and N. Turner. 2018. *Work and Opportunity Before and After Incarceration*. Economic Studies at Brookings. Washington: Brookings Institution. https://www.brookings.edu/wp-content/uploads/2018/03/es_20180314_looneyincarceration_final.pdf.

Maestas, N., K. Mullen, and D. Powell. 2022. *The Effect of Population Aging on Economic Growth, the Labor Force, and Productivity*. NBER Working Paper 22452. Cambridge, MA: National Bureau of Economic Research. https://doi.org/10.3386/w22452.

Maestas, N., K. Mullen, D. Powell, R. von Wachter, and J. Wenger. 2017. "Working Conditions in the United States: Results of the 2015 American Working Conditions Survey." RAND Corporation Research Report. https://doi.org/10.7249/RR2014.

Maestas, N., K. Mullen, and A. Strand. 2013. "Does Disability Insurance Receipt Discourage Work? Using Examiner Assignment to Estimate Causal Effects of SSDI Receipt." *American Economic Review* 103, no. 5: 1797–829. https://doi.org/10.1257/aer.103.5.1797.

Matsudaira, J. 2015. "Economic Conditions and the Living Arrangements of Young Adults: 1960 to 2011." *Journal of Population Economics* 29: 167–95. https://doi.org/10.1007/s00148-015-0555-y.

McEntarfer, E. 2022. *Older Workers, Retirement, and Macroeconomic Shocks*. PRC Working Paper 2022-13. Philadelphia: Pension Research Council, Wharton School, University of Pennsylvania. http://dx.doi.org/10.2139/ssrn.4169082.

Meye022. *"The Great Retirement Boom": The Pandemic-Era Surge in Retirements and Implications for Future Labor Force Participation*. Finance and Economics Discussion Series, Working Paper 081. Washington: Federal Reserve Board. https://doi.org/10.17016/FEDS.2022.081.

Morrissey, T. 2017. "Child Care and Parent Labor Force Participation: A Review of the Research Literature." *Review of Economics of the Household* 15: 1–24. https://doi.org/10.1007/s11150-016-9331-3.

Mueller-Smith, M. 2015. "The Criminal and Labor Market Impacts of Incarceration." Working paper, University of Michigan. https://www.irp.wisc.edu/newsevents/workshops/2015/participants/papers/10-Mueller-Smith-IRP-draft.pdf.

Murnane, R., and J. Steele. 2007. "What Is the Problem? The Challenge of Providing Effective Teachers for All Children." *Future of Children* 17, no. 1: 15–43. https://doi.org/10.1353/foc.2007.0010.

Ne'eman, A., and N. Maestas 2022. *How Has COVID-19 Impacted Disability Employment?* NBER Working Paper 30640. Cambridge, MA: National Bureau of Economic Research. https://doi.org/10.3386/w30640.

Neumark, D., and J. Kolko. 2010. "Do Enterprise Zones Create Jobs? Evidence from California's Enterprise Zone Program." *Journal of Urban Economics* 68, no. 1: 1–19. https://doi.org/10.1016/j.jue.2010.01.002.

Neumark, D., and H. Simpson. 2015. "Place-Based Policies." *Handbook of Regional and Urban Economics* 5: 1197–287. http://dx.doi.org/10.1016/B978-0-444-59531-7.00018-1.

Nguyen, T., C. Lam, and P. Bruno. 2022. "Is There a National Teacher Shortage? A Systematic Examination of Reports of Teacher Shortages in the United States." Working paper, Annenberg Institute at Brown University. https://doi. org/10.26300/76eq-hj32.

Nikolova, M., and F. Cnossen. 2020. "What Makes Work Meaningful and Why Economists Should Care About It." *Labour Economics* 65: 101847. https://doi. org/10.1016/j.labeco.2020.101847.

Nunn, R., J. Parsons, and J. Shambaugh. 2019. "Labor Force Nonparticipation: Trends, Causes, and Policy Solutions." Hamilton Project. https://www.brookings.edu/wp-content/uploads/2019/10/ES_THP_labor-force-nonparticipation_final.pdf.

OECD (Organization for Economic Cooperation and Development). 2019. "Public Spending on Childcare and Early Education." OECD Family Database. https://www.oecd.org/els/soc/PF3_1_Public_spending_on_childcare_and_early_education.pdf.

Pager, D. 2003. "The Mark of Criminal Record." *American Journal of Sociology* 108, no. 5: 937–75. https://www.jstor.org/stable/pdf/10.1086/374403.

Petterson, S., W. Liaw, R. Phillips, D. Rabin, D. Meyers, and A. Bazemore. 2012. "Projecting U.S. Primary Care Physician Workforce Needs: 2010–25." *Annals of Family Medicine* 10, no. 6: 503–9. https://doi.org/10.1370/afm.1431.

Piehl, A. 2016. "Putting Time Limits on the Punitiveness of the Criminal Justice System." Hamilton Project. https://www.hamiltonproject.org/assets/files/reducing_punitiveness_piehl_policymemo.pdf.

Pierce, J., and P. Schott. 2016. "The Surprisingly Swift Decline of U.S. Manufacturing Employment." *American Economic Review* 106, no. 7: 1632–62. https://doi. org/10.1257/aer.20131578.

Ricketts, T. 2005. "Workforce Issues in Rural Areas: A Focus on Policy Equity." *American Journal of Public Health* 95, no. 1: 42–48. https://doi.org10.2105/AJPH.2004.047597.

Rodriguez, M., and B. Avery. 2016. "Unlicensed & Untapped: Removing Barriers to State Occupational Licenses for People with Records." National Employment Law Project. https://s27147.pcdn.co/wp-content/uploads/Unlicensed-Untapped-Removing-Barriers-State-Occupational-Licenses.pdf.

Satiani, A., J. Niedermier, B. Satiani, and D. Svendsen. 2018. "Projected Workforce of Psychiatrists in the United States: A Population Analysis." *Psychiatric Services* 69, no. 6: 710–13. https://doi.org/10.1176/appi.ps.201700344.

Schmitt, J., and A. Mitukiewicz. 2012. "Politics Matter: Changes in Unionisation Rates in Rich Countries, 1960–2010." *Industrial Relations Journal* 43, no. 3: 260–80. https://doi.org/10.1111/j.1468-2338.2012.00675.x.

Schor, J. 1993. *The Overworked American: The Unexpected Decline of Leisure.* New York: Basic Books. https://www.basicbooks.com/titles/juliet-b-schor/the-overworked-american/9780465054343/.

Sheiner, L. 2014. "The Determinants of the Macroeconomic Implications of Aging." *American Economic Review* 104, no. 5: 218–23. https://doi.org/10.1257/aer.104.5.218.

Stansbury, A., and L. Summers. 2020. *The Declining Worker Power Hypothesis: An Explanation for the Recent Evolution of the American Economy.* NBER Working Paper 27193. Cambridge, MA: National Bureau of Economic Research. https://doi.org/10.3386/w27193.

U.S. Department of Education. 2022. "2022 School Pulse Panel." Institute of Education Sciences. https://ies.ed.gov/schoolsurvey/spp/.

Vahey, D., L. Aiken, D. Sloane, S. Clarke, and D. Vargas. 2004. "Nurse Burnout and Patient Satisfaction." *Med Care* 42 (2 Suppl.): 1157–66. https://www.ncbi.nlm. nih.gov/pmc/articles/PMC2904602/.

Volk, J., D. Palanker, M. O'Brien, and C. Goe. 2021. "States' Actions to Expand Telemedicine Access During COVID-19 and Future Policy Considerations." Commonwealth Fund. https://www.commonwealthfund.org/publications/issue-briefs/2021/jun/states-actions-expand-telemedicine-access-covid-19.

White House. 2021. "Statement by President Joe Biden on the House Taking up the PRO Act." https://www.whitehouse.gov/briefing-room/statements-releases/2021/03/09/statement-by-president-joe-biden-on-the-house-taking-up-the-pro-act/.

Wikle, J., and R. Wilson. 2022. "Access to Head Start and Maternal Labor Supply: Experimental and Quasi-Experimental Evidence." Working paper, Brigham Young University. https://economics.byu.edu/00000173-9aea-d2bd-a9f7-fbeb30dd0000/hs-labor-supply-wikle-wilson-july2020-pdf.

World Prison Brief. 2021. "World Prison Population List." Institute for Crime & Justice Policy Research. https://www.prisonstudies.org/sites/default/files/resources/downloads/world_prison_population_list_13th_edition.pdf.

Wu, P. 2022. *Wage Inequality and the Rise in Labor Force Exit: The Case of U.S. Prime-Age Men.* Research Department Working Paper 22-16. Boston: Federal Reserve Bank of Boston. https://doi.org/10.29412/res.wp.2022.16.

Ziliak, J. 2014. "Supporting Low-Income Workers through Refundable Child-Care Credits." Brookings Institution. https://www.brookings.edu/research/supporting-low-income-workers-through-refundable-child-care-credits/.

第7章

Acemoglu, D., A. Makhdoumi, A. Malekian, and A. Ozdaglar. 2022. "Too Much Data: Prices and Inefficiencies in Data Markets." *American Economic Journal: Microeconomics* 14, no. 4: 218–56. https://doi.org/10.1257/mic.20200200.

Acquisti, A., C. Taylor, and L. Wagman. 2016. "The Economics of Privacy." *Journal of Economic Literature* 54, no. 2: 442–92. http://doi.org/10.1257/jel.54.2.442.

Aday, S., H. Farrell, D. Freelon, M. Lynch, J. Sides, and M. Dewar. 2013. "Watching from Afar: Media Consumption Patterns Around the Arab Spring." *Sage Journals* 57, no. 7: 899–919. https://doi.org/10.1177/0002764213479373.

Allcott, H., L. Braghieri, S. Eichmeyer, and M. Gentzkow. 2020. "The Welfare Effects of Social Media." *American Economic Review* 110, no. 3: 629–76. https://doi. org/10.1257/aer.20190658.

Allcott, H., and M. Gentzkow. 2017. "Social Media and Fake News in the 2016 Election." *Journal of Economic Perspectives* 31, no. 2: 211–36. https://doi. org/10.1257/jep.31.2.211.

Amazon. 2021. "The Evolution of Amazon's Inventory Planning System." https://www.amazon.science/latest-news/the-evolution-of-amazons-inventory-planning-system.

Armstrong, M. 2006. "Competition in Two-Sided Markets." *RAND Journal of Economics* 37, no. 3: 668–91. https://www.jstor.org/stable/pdf/25046266.pdf.

Athey, S., and F. Scott Morton. 2022. "Platform Annexation." *Antitrust Law Journal* 84, no. 3: 677–703. https://siepr.stanford.edu/publications/working-paper/platform-annexation.

Ayres, I., M. Banaji, and C. Jolls. 2015. "Race Effects on eBay." *RAND Journal of Economics* 46, no. 4: 891–917. https://doi.org/10.1111/1756-2171.12115.

Ayers, J., B. Chu, Z. Zhu, E. Leas, D. Smith, M. Dredze, and D. Broniatowski. 2021. "Spread of Misinformation About Face Masks and COVID-19 by Automated Software on Facebook." *JAMA Internal Medicine* 181, no. 9: 1251–53. https://doi.org/10.1001/jamainternmed.2021.2498.

Bail, C., L. Argyle, T. Brown, J. Bumpus, H. Chen, M. Hunzaker, J. Lee, M. Mann, F. Merhout, and A. Volfovsky. 2018. "Exposure to Opposing Views on Social Media Can Increase Political Polarization." *PNAS* 115, no. 37: 9216–21. https://doi.org/10.1073/pnas.1804840115.

Baker, J., and J. Chevalier. 2013. "The Competitive Consequences of

Most-Favored-Nation Provisions." *Antitrust Magazine* 27, no. 2. https://papers.ssrn.com/sol3/papers.cfm?abstract_id=2251165.

Baye, M., J. Morgan, and P. Scholten. 2003. "The Value of Information in an Online Consumer Electronics Market." *Journal of Public Policy and Marketing* 22, no. 1: 17–25. https://www.jstor.org/stable/30000838.

Barrett, B. 2021. "Commercial Companies in Party Networks: Digital Advertising Firms in U.S. Elections from 2006–2016." *Political Communication* 39, no. 2: 147–65. https://doi.org/10.1080/10584609.2021.1978021.

Beknazar-Yuzbashev, G., and M. Stalinski. 2022. "Do Social Media Ads Matter for Political Behavior? A Field Experiment." *Journal of Public Economics* 214. https://doi.org/10.1016/j.jpubeco.2022.104735.

Bergemann, D., and A. Bonatti. 2019. "Markets for Information: An Introduction." *Annual Review of Economics* 11: 85–107. https://doi.org/10.1146/annurev-economics-080315-015439.

Berkshire Hathaway Inc. 2007. "Letter to Shareholders of Berkshire Hathaway Inc." https://www.berkshirehathaway.com/letters/2007ltr.pdf.

Blake, T., S. Moshary, K. Sweeney, and S. Tadelis. 2021. "Price Salience and Product Choice." *Marketing Science* 40, no. 4: 619–36. https://pubsonline.informs.org/doi/10.1287/mksc.2020.1261.

Boik, A., and K. Corts. 2016. "The Effects of Platform Most-Favored-Nation Clauses on Competition and Entry." *Journal of Law and Economics* 59, no. 1: 105–34. https://doi.org/10.1086/686971.

Bonbright, J. 1961. *Principles of Public Utility Rates.* New York: Columbia University Press.

Bond, R., C. Fariss, J. Jones, A. Kramer, C. Marlow, J. Settle, and J. Fowler. 2012. "A 61-Million-Person Experiment in Social Influence and Political Mobilization." *Nature* 489: 295–98. https://doi.org/10.1038/nature11421.

Boxell, L., M. Gentzkow, and J. Shapiro. 2017. "Greater Internet Use Is Not Associated with Faster Growth in Political Polarization among U.S. Demographic Groups." *PNAS* 114, no. 40: 10612–17. https://doi.org/10.1073/pnas.1706588114.

Bresnahan, T. 2002. "The Economics of the Microsoft Case." Working Paper 232, Stanford Law School. http://dx.doi.org/10.2139/ssrn.304701.

Brown, J., and A. Goolsbee. 2002. "Does the Internet Make Markets More Competitive? Evidence from the Life Insurance Industry." *Journal of Political Economy* 110, no. 3: 481–507. https://doi.org/10.1086/339714.

Brown, S. 2021. "Machine Learning, Explained." Massachusetts Institute of Technology, Sloan School of Management. https://mitsloan.mit.edu/ideas-made-to-matter/machine-learning-explained.

Brown, Z., and A. MacKay. Forthcoming. "Competition in Pricing Algorithms." *American Economic Journal: Microeconomics.* https://www.aeaweb.org/articles?id=10.1257/mic.20210158.

Brynjolfsson, E., A. Collis, E. Diewert, F. Eggers, and K. Fox. 2019. *GDP-B: Accounting for the Value of New and Free Goods in the Digital Economy.* NBER Working Paper 25695. Cambridge, MA: National Bureau of Economic Research. https://doi.org/10.3386/w25695.

Brynjolfsson, E., Y. Hu, and M. Smith. 2003. "Consumer Surplus in the Digital Economy: Estimating the Value of Increased Product Variety at Online Booksellers." *Management Science* 49, no. 11: 1580–96. https://www.jstor.org/stable/4134002.

Brynjolfsson, E., and M. Smith. 2000. "Frictionless Commerce? A Comparison of Internet and Conventional Retailers." *Management Science* 46, no. 4: 563–85. https://www.jstor.org/stable/2661602.

Byrne, D., and N. de Roos. 2019. "Learning to Coordinate: A Study in Retail Gasoline." *American Economic Review* 109, no. 2: 591–619. https://pubs.aeaweb.org/doi/pdfplus/10.1257/aer.20170116.

Caillaud, B., and B. Jullien. 2003. "Chicken & Egg: Competition among Intermediation Service Providers." *RAND Journal of Economics* 34, no. 2: 309–28. https://www.jstor.org/stable/pdf/1593720.pdf.

Caliskan, A. 2021. "Detecting and Mitigating Bias in Natural Language Processing." Brookings Institution. https://www.brookings.edu/research/detecting-and-mitigating-bias-in-natural-language-processing/.

Carney, N. 2016. "All Lives Matter, but So Does Race: Black Lives Matter and the Evolving Role of Social Media." *Humanity & Society* 40, no. 2: 180–99. https://journals.sagepub.com/doi/abs/10.1177/0160597616643868.

Cavallo, C. 2017. "Are Online and Offline Prices Similar? Evidence from Large Multi-Channel Retailers." *American Economic Review* 107, no. 1: 283–303. https://www.aeaweb.org/articles?id=10.1257/aer.20160542.

CFPB (Consumer Financial Protection Bureau). 2022. "Credit Card Late Fees." https://files.consumerfinance.gov/f/documents/cfpb_credit-card-late-fees_report_2022-03.pdf.

Chan, J., A. Ghose, and R. Seamans. 2016. "The Internet and Racial Hate Crimes: Offline Spillovers from Online Access." *MIS Quarterly* 40, no. 2: 381–403. http://dx.doi.org/10.2139/ssrn.2335637.

Chandra, A., and A. Collard-Wexler. 2009. "Mergers in Two-Sided Markets: An Application to the Canadian Newspaper Industry." *Journal of Economics & Management Strategy* 18, no. 4: 1045–70. https://doi.org/10.1111/j.1530-9134.2009.00237.x.

Chapman, P., and S. Bodoni. 2022. "Twitter Probed in EU for Pre-Musk Data Leak of 5.4 Million Users." Bloomberg. https://www.bloomberg.com/news/articles/2022-12-23/twitter-probed-by-top-eu-privacy-watchdog-for-pre-musk-era-leak?leadSource=uverify%20wall.

Chin, C. 2019. "Assessing Employer Intent When AI Hiring Tools Are Biased." Brookings Institution. https://www.brookings.edu/research/assessing-employer-intent-when-ai-hiring-tools-are-biased/.

Chiou, L., and C. Tucker. 2017. *Search Engines and Data Retention: Implications for Privacy and Antitrust.* NBER Working Paper 23815. Cambridge, MA: National Bureau for Economic Research. https://doi.org/10.3386/w23815.

Choi, J., D. Jeon, and B. Kim. 2019. "Privacy and Personal Data Collection with Information Externalities." *Journal of Public Economics* 173: 113–24. https://doi.org/10.1016/j.jpubeco.2019.02.001.

Competition Bureau Canada. 2017. "Big Data and Innovation: Implications for Competition Policy in Canada." https://www.competitionbureau.gc.ca/eic/site/cb-bc.nsf/eng/04304.html.

Connecticut, State of. 2022. "An Act Concerning Personal Data Privacy and Online Monitoring, Senate Bill No. 6, February Session, Connecticut General Assembly, 2022." https://www.cga.ct.gov/2022/amd/S/pdf/2022SB-00006-R00SA-AMD.pdf.

Council of the European Union. 2022. "Digital Markets Act (DMA): Agreement Between the Council and the European Parliament." https://www.consilium.europa.eu/en/press/press-releases/2022/03/25/council-and-european-parliament-reach-agreement-on-the-digital-markets-act/.

Crain, M. 2018. "The Limits of Transparency: Data Brokers and Commodification." *New Media and Society* 20, no. 1: 88–104. https://journals.sagepub.com/doi/abs/10.1177/1461444816657096.

Dastin, J. 2018. "Amazon Scraps Secret AI Recruiting Tool That Showed Bias Against Women." Reuters. https://www.reuters.com/article/us-amazon-com-jobs-automation-insight/amazon-scraps-secret-ai-recruiting-tool-that-showed-bias-against-women-idUSKCN1MK08G.

DeLuca, K., S. Lawson, and Y. Sun. 2012. "Occupy Wall Street on the Public Screens of Social Media: The Many Framings of the Birth of a Protest Movement." *Communication, Culture and Critique* 5, no. 4: 483–509. https://doi.org/10.1111/j.1753-9137.2012.01141.x.

Digital Regulation Cooperation Forum. 2022. "Auditing Algorithms: The Existing Landscape, Role of Regulators and Future Outlook." https://www.gov.uk/government/publications/findings-from-the-drcf-algorithmic-processing-workstream-spring-2022/auditing-algorithms-the-existing-landscape-role-of-regulators-and-future-outlook.

DiGrazia, J., K. McKelvey, J. Bollen, and F. Rojas. 2013. "More Tweets, More Votes: Social Media as a Quantitative Indicator of Political Behavior." *PLoS ONE* 8, no. 11. https://doi.org/10.1371/journal.pone.0079449.

DOJ (U.S. Department of Justice). 2020. "Justice Department Sues to Block Visa's Proposed Acquisition of Plaid." https://www.justice.gov/opa/pr/justice-department-sues-block-visas-proposed-acquisition-plaid.

Doleac, J., and L. Stein. 2013. "The Visible Hand: Race and Online Market Outcomes." *Economic Journal* 123, no. 572: 469–92. https://doi.org/10.1111/ecoj.12082.

Dubé, J., and S. Misra. 2023. "Personalized Pricing and Consumer Welfare." *Journal of Political Economy* 131, no. 1: 131–89. https://doi.org/10.1086/720793.

Eeckhout, J., and L. Veldkamp. 2022. *Data and Market Power.* NBER Working Paper 30022. Cambridge, MA: National Bureau of Economic Research. https://www.nber.org/system/files/working_papers/w30022/w30022.pdf.

Ellison, G., and S. Ellison. 2009. "Search, Obfuscation, and Price Elasticities on the Internet." *Econometrica* 77, no. 2: 427–52. https://doi.org/10.3982/ECTA5708.

Ellison, G., and D. Fudenberg. 2003. *Knife Edge of Plateau: When Do Market Models Tip?* NBER Working Paper 9528. Cambridge, MA: National Bureau of Economic Research. https://www.nber.org/papers/w9528.

Engler, A. 2021. "Auditing Employment Algorithms for Discrimination." Brookings Institution. https://www.brookings.edu/research/auditing-employment-algorithms-for-discrimination/.

European Parliament. 2022. "European Parliament Legislative Resolution of 5 July 2022 on the Proposal for a Regulation of the European Parliament and of the Council on a Single Market for Digital Services (Digital Services Act) and Amending Directive 2000/31/EC." https://www.europarl.europa.eu/doceo/document/TA-9-2022-0269_EN.html#title2.

European Parliament and Council of the European Union. 2022. "Regulation (EU) 2022/2065 of the European Parliament and of the Council of 19 October 2022 on a Single Market for Digital Services and Amending Directive 2000/31/EC (Digital Services Act)." https://eur-lex.europa.eu/legal-content/EN/TXT/PDF/?uri=CELEX:32022R2065&from=EN.

European Parliament and European Commission. 2022. "On Contestable and Fair Markets in the Digital Sector and Amending Directives (EU) 2019/1937 and (EU) 2020/1828 (Digital Markets Act)." https://eur-lex.europa.eu/legal-content/EN/TXT/PDF/?uri=CELEX:32022R1925&from=EN.

Evans, D. 2003. "The Antitrust Economics of Multi-Sided Platform Markets." *Yale Journal on Regulation* 20, no. 2. https://www.semanticscholar.org/paper/The-Antitrust-Economics-of-Multi-Sided-Platform-Evans/aef4ba3a170b9863f305c8562ad0ce1726ae2f98.

Farronato, C., J. Fong, and A. Fradkin. Forthcoming. "Dog Eat Dog: Balancing Network Effects and Differentiation in a Digital Platform Merger." *Management Science.* https://www.hbs.edu/faculty/Pages/item.aspx?num=62569.

FTC (U.S. Federal Trade Commission). 2014. "Data Brokers: A Call for Transparency and Accountability." https://www.ftc.gov/system/files/documents/reports/data-brokers-call-transparency-accountability-report-federal-trade-commission-may-2014/140527databrokerreport.pdf/.

———. 2017. "Economic Analysis of Hotel Resort Fees." https://www.ftc.gov/system/files/documents/reports/economic-analysis-hotel-resort-fees/p115503_hotel_resort_fees_economic_issues_paper.pdf.

———. 2019. "FTC Imposes $5 Billion Penalty and Sweeping New Privacy Restrictions on Facebook." https://www.ftc.gov/news-events/news/press-releases/2019/07/ftc-imposes-5-billion-penalty-sweeping-new-privacy-restrictions-facebook.

———. 2022. "Case No. 2:22-cv-377: Complaint for Permanent Injunction and Other Relief." https://www.ftc.gov/system/files/ftc_gov/pdf/1.%20Complaint.pdf.

Fiorina, M., and S. Abrams. 2008. "Political Polarization in the American Public." *Annual Review of Political Science* 11: 563–88. https://doi.org/10.1146/annurev.polisci.11.053106.153836.

Furl, N., P. Phillips, and A. O'Toole. 2002. "Face Recognition Algorithms and the Other-Race Effect: Computational Mechanisms for a Developmental Contact Hypothesis." *Cognitive Science* 26, no. 6: 797–815. https://doi.org/10.1016/S0364-0213(02)00084-8.

Gandal, N. 1994. "Hedonic Price Indexes for Spreadsheets and an Empirical Test for Network Externalities." *RAND Journal of Economics* 25, no. 1: 160–70. https://www.jstor.org/stable/2555859#metadata_info_tab_contents.

———. 1995. "Competing Compatibility Standards and Network Externalities in the PC Software Market." *Review of Economics and Statistics* 77, no. 4: 599–608. https://www.jstor.org/stable/2109809#metadata_info_tab_contents.

Garett, R., and S. Young. 2021. "Online Misinformation and Vaccine Hesitancy." *Translational Behavioral Medicine* 11, no. 12: 2194–99. https://doi.org/10.1093/tbm/ibab128.

Gentzkow, M. 2007. "Valuing New Goods in a Model with Complementarity: Online Newspapers." *American Economic Review* 97, no. 3: 713–44. https://www.jstor.org/stable/30035018.

Goldfarb, A., and C. Tucker. 2019. "Digital Economics." *Journal of Economic Literature* 57, no. 1: 3–43. https://doi.org/10.1257/jel.20171452.

Gorodnichenko, Y., T. Pham, and O. Talavera. 2021. "Social Media, Sentiment and Public Opinions: Evidence from #Brexit and #USElection." *European Economic Review* 136. https://doi.org/10.1016/j.euroecorev.2021.103772.

Gu, Y., L. Madio, and C. Reggiani. 2022. "Data Brokers Co-Opetition." *Oxford Economic Papers* 74, no. 3: 820–39. https://doi.org/10.1093/oep/gpab042.

Gu, Y., L. Madio, and C. Reggiani. 2022. "Data Brokers Co-Opetition." *Oxford Economic Papers* 74, no. 3: 820–39. https://doi.org/10.1093/oep/gpab042.

Guszcza, J., I. Rahwan, W. Bible, M. Cebrian, and V. Katyal. 2018. "Why We Need to Audit Algorithms." *Harvard Business Review.* https://hbr.org/2018/11/why-we-need-to-audit-algorithms.

Harrington, J. 2018. "Developing Competition Law for Collusion by Autonomous Artificial Agents." *Journal of Competition Law and Economics* 14, no. 3: 331–63. https://doi.org/10.1093/joclec/nhy016.

Highfill, T., and C. Surfield. 2022. "New and Revised Statistics of the U.S. Digital Economy, 2005–2021." U.S. Bureau of Economic Analysis. https://www.bea.gov/system/files/2022-11/new-and-revised-statistics-of-the-us-digital-economy-2005-2021.pdf.

Himelein-Wachowiak, M., S. Giorgi, A. Devoto, M. Rahman, L. Ungar, A. Schwartz, D. Epstein, L. Leggio, and B. Curtis. 2021. "Bots and Misinformation Spread on Social Media: Implications for COVID-19." *JMIR Publications* 23, no. 5. https://doi.org/10.2196/26933.

Ichihashi, S. 2020. "Online Privacy and Information Disclosure by Consumers." *American Economic Review* 110, no. 2: 569–95. https://doi.org/10.1257/aer.20181052.

Jones, J., R. Bond, E. Bakshy, D. Eckles, and J. Fowler. 2017. "Social Influence and Political Mobilization: Further Evidence from a Randomized Experiment in the 2012 U.S. Presidential Election." *PLoS ONE* 12, no. 4. https://pubmed.ncbi.nlm.nih.gov/28445476/.

Joskow, P. 2007. "Chapter 16 Regulation of Natural Monopoly." *Handbook of Law and Economics* 2: 1227–1348. https://doi.org/10.1016/S1574-0730(07)02016-6.

Joskow, P., and N. Rose. 1989. "The Effects of Economic Regulation." *Handbook of Industrial Organization* 2: 1449–1506. https://doi.org/10.1016/S1573-448X(89)02013-3.

Jullien, B., A. Pavan, and M. Rysman. 2021. "Chapter 7: Two-Sided Markets, Pricing, and Network Effects." *Handbook of Industrial Organization* 4, no. 1: 485–592. https://www.sciencedirect.com/science/article/abs/pii/S1573448X21000078?via%3Dihub.

Kades, M., and F. Scott Morton. 2020. "Interoperability as a Competition Remedy for Digital Networks." Working paper, Washington Center for Equitable Growth. https://equitablegrowth.org/working-papers/interoperability-as-a-competition-remedy-for-digital-networks/.

Kahn, A. 1988. *The Economics of Regulation*. Cambridge, MA: MIT Press. https://mitpress.mit.edu/9780262610520/the-economics-of-regulation/.

Kirpalani, R., and T. Philippon. 2020. *Data Sharing and Market Power with Two-Sided Platforms*. NBER Working Paper 28023. Cambridge, MA: National Bureau for Economic Research. https://doi.org/10.3386/w28023.

Kroll, J. 2021. "Why AI Is Just Automation." Brookings Institution. https://www.brookings.edu/research/why-ai-is-just-automation/.

Lajevardi, N., K. Oskooii, and H. Walker. 2022. "Hate, Amplified? Social Media News Consumption and Support for Anti-Muslim Policies." *Journal of Public Policy*, 1–28. https://doi.org/10.1017/S0143814X22000083.

Lambrecht, A., and C. Tucker. 2019. "Algorithmic Bias? An Empirical Study of Apparent Gender-Based Discrimination in the Display of STEM Career Ads." *Management Science* 65, no. 7: 2966–81. https://doi.org/10.1287/mnsc.2018.3093.

Lee, N., and S. Lai. 2021. "Why New York City Is Cracking Down on AI in Hiring." Brookings Institution. https://www.brookings.edu/blog/techtank/2021/12/20/why-new-york-city-is-cracking-down-on-ai-in-hiring/.

Levy, R. 2021. "Social Media, News Consumption, and Polarization: Evidence from a Field Experiment." *American Economic Review* 113, no. 3: 831–70. https://doi. org/10.1257/aer.20191777.

Liu, Y., R. Jia, J. Ye, and X. Qu. 2022. "How Machine Learning Informs Ride-Hailing Services: A Survey." *Communications in Transportation Research* 2. https://doi. org/10.1016/j.commtr.2022.100075.

Luco, F. 2019. "Who Benefits from Information Disclosure? The Case of Retail Gasoline." *American Economic Journal: Microeconomics* 11, no. 2: 277–305. https://www.jstor.org/stable/pdf/26641423.pdf.

McCurry, J. 2021. "South Korean AI Chatbot Pulled from Facebook After Hate Speech Towards Minorities." *Guardian*, January 13. https://www.theguardian.com/world/2021/jan/14/time-to-properly-socialise-hate-speech-ai-chatbot-pulled-from-facebook.

Mickle, T. 2019. "Apple Dominates App Store Search Results, Thwarting Competitors." *Wall Street Journal*, July 23. https://www.wsj.com/articles/apple-dominates-app-store-search-results-thwarting-competitors-11563897221.

Mishra, S. 2021. "The Dark Industry of Data Brokers: Need for Regulation?" *International Journal of Law and Information Technology* 29, no. 4: 395–410. https://doi.org/10.1093/ijlit/eaab012.

Möhlmann, M., and O. Henfridsson. 2019. "What People Hate About Being Managed by Algorithms, According to a Study of Uber Drivers." *Harvard Business Review*. https://hbr.org/2019/08/what-people-hate-about-being-managed-by-algorithms-according-to-a-study-of-uber-drivers.

Mundt, M., K. Ross, and C. Burnett. 2018. "Scaling Social Movements Through Social Media: The Case of Black Lives Matter." *Social Media + Society* 4, no. 4. https://journals.sagepub.com/doi/full/10.1177/2056305118807911.

NCSL (National Conference of State Legislatures). 2022. "State Laws Related to Digital Privacy." https://www.ncsl.org/research/telecommunications-and-information-technology/state-laws-related-to-internet-privacy.aspx.

Neely, S., C. Eldredge, R. Ersing, and C. Remington. 2022. "Vaccine Hesitancy and Exposure to Misinformation: A Survey Analysis." *Journal of General Internal Medicine* 37, no. 1: 179–87. https://doi.org/10.1007/s11606-021-07171-z.

Obermeyer, Z., B. Powers, C. Vogeli, and S. Mullainathan. 2019. "Dissecting Racial Bias in an Algorithm Used to Manage the Health of Populations." *Science* 366, no. 6464: 447–53. https://doi.org/10.1126/science.aax2342.

O'Connor, J., and N. Wilson. 2021. "Reduced Demand Uncertainty and the Sustainability of Collusion: How AI Could Affect Competition." *Information Economics and Policy* 54. https://doi.org/10.1016/j.infoecopol.2020.100882.

OECD (Organization for Economic Cooperation and Development). 2019. "OECD AI Principles Overview." https://oecd.ai/en/ai-principles.

O'Sullivan, D. "Half a Billion Facebook Users' Information Posted on Hacking Website, Cyber Experts Say." CNN Business. https://www.cnn.com/2021/04/04/tech/facebook-user-info-leaked/index.html.

Pierri, F., B. Perry, M. DeVerna, K. Yang, A. Flammini, F. Menczer, and J. Bryden. 2022. "Online Misinformation Is Linked to Early COVID-19 Vaccination Hesitancy and Refusal." *Scientific Reports* 12, no.1. https://doi.org/10.1038/s41598-022-10070-w.

Prior, M. 2013. "Media and Polarization." *Annual Review of Political Science* 16: 101–27. https://doi.org/10.1146/annurev-polisci-100711-135242.

Prüfer, J., and C. Schottmüller. 2022. "Competing with Big Data." *Journal of Industrial Economics* 69, no. 4: 967–1008. https://doi.org/10.1111/joie.12259.

Quan, T., and K. Williams. 2018. "Product Variety, Across-Market Demand Heterogeneity, and the Value of Online Retail." *RAND Journal of Economics* 49, no. 4: 877–913. https://www.jstor.org/stable/45147416.

Rochet, J., and J. Tirole. 2003. "Platform Competition in Two-Sided Markets." *Journal of the European Economic Association* 1, no. 4: 990–1029. https://doi. org/10.1162/154247603322493212.

Rysman, M. 2004. "Competition between Networks: A Study of the Market for Yellow Pages." *Review of Economic Studies* 71, no. 2: 483–512. https://doi. org/10.1111/0034-6527.00512.

Saloner, G., and A. Shepard. 1995. "Adoption of Technologies with Network Effects: An Empirical Examination of the Adoption of Automated Teller Machines." *RAND Journal of Economics* 26, no. 3: 479–501. https://www.jstor.org/stable/2555999.

Schmalensee, R. 1978. "A Note on Economies of Scale and Natural Monopoly in the Distribution of Public Utility Services." *Bell Journal of Economics* 9, no. 1: 207–76. https://doi.org/10.2307/3003626.

Scott Morton, F., P. Bouvier, A. Ezrachi, B. Jullien, R. Katz, G. Kimmelman, A. Melamed, and J. Morgenstern. 2019. "Committee for the Study of Digital Platforms Market Structure and Antitrust Subcommittee." Chicago Booth Stigler Center for the Study of the Economy and the State. https://research. chicagobooth.edu/-/media/research/stigler/pdfs/market-structure-report.pdf.

Scott Morton, F., G. Crawford, J. Crémer, D. Dinielli, A. Fletcher, P. Heidhues, M. Schnitzer, and K. Seim. 2021. "Equitable Interoperability: The 'Super Tool' of Digital Platform Governance." Yale Tobin Center for Economic Policy, Digital Regulation Policy. https://tobin.yale.edu/sites/default/files/Equitable%20Interoperability.pdf.

Scott Morton, F., F. Zettelmeyer, and J. Silva-Risso. 2001. "Internet Car Retailing." *Journal of Industrial Economics* 49, no. 4: 501–19. https://www.jstor.org/stable/3569793.

Sherman, J. 2021. "Data Brokers and Sensitive Data on U.S. Individuals: Threats to American Civil Rights, National Security, and Democracy." Duke University, Sanford School of Public Policy. https://techpolicy.sanford.duke.edu/wp-content/uploads/sites/4/2021/08/Data-Brokers-and-Sensitive-Data-on-US-Individuals-Sherman-2021.pdf.

Sinai, T., and J. Waldfogel. 2004. "Geography and the Internet: Is the Internet a Substitute or a Complement for Cities?" *Journal of Urban Economics* 56, no. 1: 1–24. https://doi.org/10.1016/j.jue.2004.04.001.

Sisson, P. 2022. "Robots Aren't Done Reshaping Warehouses." *New York Times*, July 12. https://www.nytimes.com/2022/07/12/business/warehouse-technology-robotics. html.

Smiley, R., and W. Greene. 1983. "Determinants of the Effectiveness of Electric Utility Regulation." *Resources and Energy* 5, no. 1: 65–81. https://doi. org/10.1016/0165-0572(83)90018-X.

Smith, B. 2021. "How TikTok Reads Your Mind." *New York Times*, December 5. https://www.nytimes.com/2021/12/05/business/media/tiktok-algorithm.html.

Song, M. 2021. "Estimating Platform Market Power in Two-Sided Markets with an Application to Magazine Advertising." *American Economic Journal: Microeconomics* 13, no. 2: 35–67. https://doi.org/10.1257/mic.20160052.

Spence, A. 1975. "Monopoly, Quality, and Regulation." *Bell Journal of Economics* 6, no. 2: 417–29. https://doi.org/10.2307/3003237.

State of New York et al. v. Facebook, Inc. 2020. New York State, Attorney General's Office. https://ag.ny.gov/sites/default/files/state_of_new_york_et_al._v._facebook_inc._-_filed_public_complaint_12.11.2020.pdf.

Stigler, G. 1961. "The Economics of Information." *Journal of Political Economy* 69, no. 3: 213–25. https://www.jstor.org/stable/1829263.

Suh, C., I. Vasi, and P. Chang. 2017. "How Social Media Matter: Repression and the Diffusion of the Occupy Wall Street Movement." *Social Science Research* 65: 282–93. https://doi.org/10.1016/j.ssresearch.2017.01.004.

Teh, T., C. Liu, J. Wright, and J. Zhou. Forthcoming. "Multi-Homing and Oligopolistic Platform Competition." *American Economic Journal: Microeconomics.* https://www.aeaweb.org/articles?id=10.1257/mic.20210324.

U.S. Census Bureau. 2022. "Quarterly Retail E-Commerce Sales, 2nd Quarter 2022." https://www.census.gov/retail/mrts/www/data/pdf/ec_current.pdf.

U.S. Senate. 2013. "What Information Do Data Brokers Have on Consumers, and How Do They Use It?" https://www.govinfo.gov/content/pkg/CHRG-113shrg95838/pdf/CHRG-113shrg95838.pdf.

U.S. Surgeon General's Advisory. 2021. "Protecting Youth Mental Health." U.S. Department of Health and Human Services. https://www.hhs.gov/sites/default/files/surgeon-general-youth-mental-health-advisory.pdf.

Victor, D. 2016. "Microsoft Created a Twitter Bot to Learn from Users; It Quickly Became a Racist Jerk." *New York Times*, March 24. https://www.nytimes. com/2016/03/25/technology/microsoft-created-a-twitter-bot-to-learn-from-users-it-quickly-became-a-racist-jerk.html.

Wall Street Journal. 2021. "Inside TikTok's Algorithm: A WSJ Video Investigation." July 21. https://www.wsj.com/articles/tiktok-algorithm-video-investigation-11626877477.

Wang, C., and J. Wright. Forthcoming. "Platform Investment and Price Parity Clauses." *Journal of Industrial Economics.* https://app.scholarsite.io/julian-wright/articles/platform-investment-and-price-parity-clauses-3.

Weyl, E. 2010. "A Price Theory of Multi-Sided Platforms." *American Economic Review* 100, no. 4: 1642–72. https://doi.org/10.1257/aer.20180478.

White House. 2021. "Executive Order on Promoting Competition in the American Economy." https://www.whitehouse.gov/briefing-room/presidential-actions/2021/07/09/executive-order-on-promoting-competition-in-the-american-economy/.

———. 2022. "Blueprint for an AI Bill of Rights: Making Automated Systems Work for the American People." https://www.whitehouse.gov/wp-content/uploads/2022/10/Blueprint-for-an-AI-Bill-of-Rights.pdf.

White House, National Economic Council. 2016. "The Competition Initiative and Hidden Fees." https://obamawhitehouse.archives.gov/sites/whitehouse.gov/files/documents/hiddenfeesreport_12282016.pdf.

Williams, C., and G. Gulati. 2017. "Digital Advertising Expenditures in the 2016 Presidential Election." *Sage Journals* 36, no. 4: 406–21. https://doi. org/10.1177/0894439317726751.

Wright, J. 2004. "One-Sided Logic in Two-Sided Markets." *Review of Network Economics* 3, no. 1: 1–21. https://doi.org/10.2202/1446-9022.1042.

Xu, W., and K. Sasahara. 2022. "Characterizing the Roles of Bots on Twitter during the COVID-19 Infodemic." *Journal of Computational Social Science* 5: 591–609. https://doi.org/10.1007/s42001-021-00139-3.

Zang, J. 2021. "How Facebook's Advertising Algorithms Can Discriminate by Race and Ethnicity." *Tech Science.* https://techscience.org/a/2021101901/.

Zhang, S., N. Mehta, P. Singh, and K. Srinivasan. 2021. "Frontiers: Can an Artificial Intelligence Algorithm Mitigate Racial Economic Inequality? An Analysis in the Context of Airbnb." *Management Science* 40: no. 5: 813–20. https://doi. org/10.1287/mksc.2021.1295.

第8章

Acemoglu, D. 2021. "The Bitcoin Fountainhead." https://www.project-syndicate.org/commentary/bitcoin-an-appealing-distraction-by-daron-acemoglu-2021-10.

Adams, A., and M. Ibert. 2022. "Runs on Algorithmic Stablecoins: Evidence from Iron, Titan, and Steel." https://www.federalreserve.gov/econres/notes/feds-notes/runs-on-algorithmic-stablecoins-evidence-from-iron-titan-and-steel-20220602.html.

Amazon. 2017. "Amazon Aurora PostgreSQL-Compatible Edition Benchmarking Guide." https://d1.awsstatic.com/product-marketing/Aurora/RDS_Aurora_PostgreSQL_Performance_Assessment_Benchmarking_V1-0.pdf.

Anadu, K., M. Cipriani, R. Craver, and G. La Spada. 2021. "COVID Response: The Money Market Mutual Fund Liquidity Facility." Federal Reserve Bank of New York, Staff Report 980. https://www.newyorkfed.org/medialibrary/media/research/staff_reports/sr980.pdf.

Atlantic Council. 2022. "Central Bank Digital Currency Tracker." https://www.atlanticcouncil.org/cbdctracker/.

Bank of Canada, European Central Bank, Bank of Japan, Sveriges Riksbank, Swiss National Bank, Bank of England, Board of Governors the Federal Reserve System, and Bank for International Settlements. 2021. "Central Bank Digital Currencies: Financial Stability Implications." https://www.bis.org/publ/othp42_fin_stab.pdf.

Bank of England. 2020. "Why Does Money Depend on Trust?" https://www.bankofengland.co.uk/knowledgebank/why-does-money-depend-on-trust.

Baughman, G., F. Carapella, J. Gerszten, and D. Mills. 2022. "The Stable in Stablecoins." https://www.federalreserve.gov/econres/notes/feds-notes/the-stable-in-stablecoins-20221216.html.

Bech, M., J. Hancock, T. Rice, and A. Wadsworth. 2020. "On the Future of Securities Settlement." *BIS Quarterly Review*, March. https://www.bis.org/publ/qtrpdf/r_qt2003i.pdf.

Benetton, M., G. Compiani, and A. Morse. 2021. "When Cryptomining Comes to Town: High-Electricity-Use Spillovers to the Local Economy." http://dx.doi. org/10.2139/ssrn.3779720.

Berentsen, A., and F. Schär. 2018. "A Short Introduction to the World of Cryptocurrencies." *Review of the Federal Reserve Bank of St. Louis* 100: 1–16. https://files.stlouisfed.org/files/htdocs/publications/review/2018/01/10/a-short-introduction-to-the-world-of-cryptocurrencies.pdf.

Borri, N., Y. Liu, and A. Tsyvinski. 2022. "The Economics of Non-Fungible Tokens." Working paper. https://papers.ssrn.com/sol3/papers.cfm?abstract_id=4052045.

Bowman, M. 2022. "Technology, Innovation, and Financial Services." Federal Reserve Board. https://www.federalreserve.gov/newsevents/speech/bowman20220817a.htm.

Briola, A., D. Vidal-Tomás, Y. Wang, and T. Aste. 2023. "Anatomy of a Stablecoin's Failure: The Terra-Luna Case." *Finance Research Letter* 51. https://www.sciencedirect.com/science/article/abs/pii/S1544612322005359.

Brown, K. 2002. "Announcing Approval of Federal Information Processing Standard (FIPS) 180-2, Secure Hash Standard; a Revision of FIPS 180-1." National Institute of Standards and Technology. *Federal Register*. https://www.federalregister.gov/documents/2002/08/26/02-21599/announcing-approval-of-federal-information-processing-standard-fips-180-2-secure-hash-standard-a.

Brunnermeier, M., and L. Pedersen. 2007. *Market Liquidity and Funding Liquidity*. NBER Working Paper 12939. Cambridge, MA: National Bureau of Economic Research. https://doi.org/10.3386/w12939.

BTC. 2022. "Difficulty." btc.com/stats/diff.

Calma, J. 2022. "Texas' Fragile Grid Isn't Ready for Crypto Mining's Explosive Growth." *The Verge*. https://www.theverge.com/2022/7/14/23206795/bitcoin-crypto-mining-electricity-texas-grid-energy-bills-emissions.

Carapella, F., E. Dumas, J. Gerszten, N. Swem, and L. Wall. 2022. "Decentralized Finance (DeFi): Transformative Potential & Associated Risks." Federal Reserve Board, Finance and Economics Discussion Series 2022-057. https://www.federalreserve.gov/econres/feds/files/2022057pap.pdf.

Cassidy, J. 2008. "The Minsky Moment: Subprime Mortgage Crisis and Possible Recession." *New Yorker*, February 4. https://www.newyorker.com/magazine/2008/02/04/the-minsky-moment.

Chaum, D. 1982. "Computer Systems Established, Maintained, and Trusted by Mutually Suspicious Groups." Ph.D. dissertation, University of California, Berkeley. https://evervault.com/papers/chaum.pdf.

Cheng, E. 2017. "$24 Million Iced Tea Company Says It's Pivoting to the Blockchain, and Its Stock Jumps 200%." CNBC. https://www.cnbc.com/2017/12/21/long-island-iced-tea-micro-cap-adds-blockchain-to-name-and-stock-soars.html.

Clearing House. No date. "Real-Time Payments for All Financial Institutions." https://www.theclearinghouse.org/payment-systems/rtp.

Coindesk. 2022. "Bitcoin." https://www.coindesk.com/price/bitcoin/. CoinMarketCap. 2022. "Helium." https://coinmarketcap.com/currencies/helium/.

———. 2023. "Top Stablecoin Tokens by Market Capitalization." https://coinmarketcap.com/view/stablecoin/.

CPFB (Consumer Protection Financial Bureau). 2022. "Complaint Bulletin." https://files.consumerfinance.gov/f/documents/cfpb_complaint-bulletin_crypto-assets_2022-11.pdf.

CRS (Congressional Research Service). 2022 "The U.S. Dollar as the World's Dominant Reserve Currency." https://crsreports.congress.gov/product/pdf/IF/IF11707.

Damalas, G., R. Abouseif, K. O'Brien, and A. Stafford. 2022. "Crypto Derivatives Are Becoming a Major Digital Asset Class." EY. https://www.ey.com/en_us/financial-services/crypto-derivatives-are-becoming-a-major-digital-asset-class.

de Vries, A. and C. Stoll. 2021. "Bitcoin's Growing E-Waste Problem." *Resources, Conservation, and Recycling* 175. https://www.sciencedirect.com/science/article/abs/pii/S0921344921005103.

Diamond., D., and P. Dybvig. 1983. "Bank Runs, Deposit Insurance, and Liquidity." *Journal of Political Economy* 91, no. 3: 401–19. https://www.jstor.org/stable/1837095.

Digiconomist. 2022. "Bitcoin Electronic Waste Monitor." https://digiconomist.net/bitcoin-electronic-waste-monitor/.

Dixon, C. 2021. "Why Web3 Matters." *Future*. https://future.com/why-web3-matters/.

Dowling, M. 2022. "Fertile LAND: Pricing Non-Fungible Tokens." *Finance Research Letters* 44. https://doi.org/10.1016/j.frl.2021.102096.

Emerson, S., D. Jeans, and P. Liu. 2022. "Crypto Darling Helium Promised a 'People's Network'; Instead, Its Executives Got Rich." *Forbes*, September 23. https://www.forbes.com/sites/sarahemerson/2022/09/23/helium-crypto-tokens-peoples-network/?sh=234bb5087316.

Emsisoft Malware Lab. 2021. "The Cost of Ransomware in 2021: A Country-by-Country Analysis." https://www.emsisoft.com/en/blog/38426/the-cost-of-ransomware-in-2021-a-country-by-country-analysis/.

Etherscan. 2022. "Ethereum Daily Transactions Chart." https://etherscan.io/chart/tx. Faverio, M., and N. Massarat. 2022. "46% of Americans Who Have Invested in Cryptocurrency Say It's Done Worse Than Expected." Pew Research Center. pewresearch.org/fact-tank/2022/08/23/46-of-americans-who-have-invested-in-cryptocurrency-say-its-done-worse-than-expected/.

FCA (U.K. Financial Conduct Authority). 2021. "First Supervisory Notice." Reference 688849. https://www.fca.org.uk/publication/supervisory-notices/first-supervisory-notice-binance-markets-limited.pdf.

FDIC (Federal Deposit Insurance Corporation). 2022. "2021 FDIC National Survey of Unbanked and Underbanked Households." https://www.fdic.gov/analysis/household-survey/index.html.

Federal Register. 2019. "Notices." Vol. 84, no. 154: 39297–322. https://www.govinfo.gov/content/pkg/FR-2019-08-09/pdf/2019-17027.pdf.

Federal Reserve Board. 1988. "The Federal Reserve in the Payments Mechanism." https://www.federalreserve.gov/boarddocs/press/general/1998/199 80105/19980105.pdf.

———. 2020. "Federal Reserve Board: Automated Clearinghouse Services." https://www.federalreserve.gov/paymentsystems/fedach_about.htm.

———. 2022a. "Developments in Noncash Payments for 2019 and 2020: Findings from the Federal Reserve Payments Study." https://www.federalreserve.gov/paymentsystems/december-2021-findings-from-the-federal-reserve-payments-study.htm.

———. 2022b. "FedNow Service." https://www.federalreserve.gov/paymentsystems/fednow_about.htm.

———. 2022c. "FedNow Service: Frequently Asked Questions." https://www.federalreserve.gov/paymentsystems/files/fednow_faq.pdf.

———. 2022d. "Money and Payments: The U.S. Dollar in the Age of Digital Transformation." https://www.federalreserve.gov/publications/files/money-and-payments-20220120.pdf.

———. 2023. "Policy Statement on Section 9(13) of the Federal Reserve Act." https://www.federalreserve.gov/newsevents/pressreleases/files/bcreg20230127a1.pdf.

———. No date. "Fostering Payment and Settlement System Safety and Efficiency." https://www.federalreserve.gov/aboutthefed/files/pf_6.pdf.

Federal Reserve Bank of Minneapolis. 1988. "Developing an Efficient Payments System." https://www.minneapolisfed.org/article/1988/developing-an-efficient-payments-system.

Federal Reserve Bank of San Francisco. No date. "What Is the Fed? Payment Services." https://www.frbsf.org/education/teacher-resources/what-is-the-fed/payment-services/.

Fletcher, E. 2021. "Crypto-Assets Buzz Drives Record Investment Scam Losses." Federal Trade Commission. https://www.ftc.gov/news-events/data-visualizations/data-spotlight/2021/05/cryptocurrency-buzz-drives-record-investment-scam-losses.

Flood, J. 2012. "Bank Runs." *New York*, May 25. https://nymag.com/news/intelligencer/topic/banks-2012-6/.

Ge Huang, V., A. Osipovich, and P. Kowsmann. 2022. "FTX Tapped into Customer Accounts to Fund Risky Bets, Setting Up Its Downfall." *Wall Street Journal.* https://www.wsj.com/articles/ftx-tapped-into-customer-accounts-to-fund-risky-bets-setting-up-its-downfall-11668093732.

Gibson, M., and E. Belsky. 2022. "SR 22-6 /CA 22-6: Engagement in Crypto-Asset-Related Activities by Federal Reserve–Supervised Banking Organizations." Board of Governors of the Federal Reserve System. https://www.federalreserve. gov/supervisionreg/srletters/SR2206.htm.

Goldstein, J., and D. Kestenbaum. 2010. "The Island of Stone Money." NPR. https://www.npr.org/sections/money/2011/02/15/131934618/the-island-of-stone-money.

Goldstein, M., A. Stevenson, M. Farrell, and D. Yaffe-Bellany. 2022. "How FTX's Sister Firm Brought the Crypto Exchange Down." *New York Times*, November 18. https://www.nytimes.com/2022/11/18/business/ftx-alameda-ties.html.

Gorton, G. 2012. *Misunderstanding Financial Crises: Why We Don't See Them Coming.* Oxford: Oxford University Press. https://global.oup.com/academic/product/misunderstanding-financial-crises-9780199922901.

Gorton, G., and J. Zhang. 2021. "Taming Wildcat Stablecoins." Working paper. https://papers.ssrn.com/sol3/papers.cfm?abstract_id=3888752.

——. 2022. "Protecting the Sovereign's Money Monopoly." Working paper, University of Michigan. https://papers.ssrn.com/sol3/papers.cfm?abstract_id=4162884.

Government Accountability Office. 2021. "Virtual Currencies: Additional Information Could Improve Federal Agency Efforts to Counter Human and Drug Trafficking." https://www.gao.gov/assets/gao-22-105462.pdf.

Griffith, E. 2018. "Is Your Startup Stalled? Pivot to Blockchain." *Wired.* https://www.wired.com/story/is-your-startup-stalled-pivot-to-blockchain/Hoffman, A. No date. "Taking the Cryptic Out of Crypto Assets." Federal Reserve Bank of Dallas. https://www.dallasfed.org/-/media/Documents/educate/events/2022/22econsummit/22econsummit_Hoffman.pdf.

Howden. 2023. "The Great Realignment." https://www.howdengroup.com/sites/g/files/mwfley566/files/2023-01/the-great-realignment-report-2023.pdf.

Huang, J., C. O'Neill, and H. Tabuchi. 2021. "Bitcoin Uses More Electricity Than Many Countries; How Is That Possible?" *New York Times*, September 3. https://www.nytimes.com/interactive/2021/09/03/climate/bitcoin-carbon-footprint-electricity.html.

Hudson's Bay Company History Foundation. 2016. "Currency." https://www.hbcheritage. ca/history/fur-trade/currency.

Humphrey, T. 1975. "The Classical Concept of the Lender of Last Resort." *Federal Reserve Bank of Richmond Economic Review* 61: 2–9. https://www.richmondfed.org/~/media/richmondfedorg/publications/research/economic_review/1975/pdf/er610101.pdf.

Hyperledger Foundation. No date. "Case Study: DLT Labs and Walmart Canada Transform Freight Invoice Management with Hyperledger Fabric." https://www.hyperledger.org/learn/publications/dltlabs-case-study.

Iansiti, M., and K. Lakhani. 2017. "The Truth About Blockchain." *Harvard Business Review.* https://hbr.org/2017/01/the-truth-about-blockchain.

Jordan, L. 1997. "Wampum: Introduction." University of Notre Dame. https://coins. nd.edu/colcoin/colcoinintros/Wampum.intro.html.

Kamin, D. 2021. "Investors Snap Up Metaverse Real Estate in a Virtual Land Boom." *New York Times*, November 30. https://www.nytimes.com/2021/11/30/business/metaverse-real-estate.html.

Klein, A. 2019. "The Fastest Way to Address Income Inequality? Implement a Real Time Payment System." Brookings Institution. https://www.brookings.edu/research/the-fastest-way-to-address-income-inequality-implement-a-real-time-payment-system/.

Laaper, S. No date. "Using Blockchain to Drive Supply Chain Transparency: Future Trends in Supply Chain." Deloitte. https://www2.deloitte.com/us/en/pages/operations/articles/blockchain-supply-chain-innovation.html.

Liao, G., and J. Caramichael. "Stablecoins: Growth Potential and Impact on Banking." *Federal Reserve Board, International Finance Discussion Paper* 1334. https://www.federalreserve.gov/econres/ifdp/files/ifdp1334.pdf.

Lankenau, S. 2007. "Smoke 'Em If You Got 'Em: Cigarette Black Markets in U.S. Prisons and Jails." *National Library of Medicine, National Center for Biotechnology Information* 81, no. 2: 142–61. https://www.ncbi.nlm.nih.gov/pmc/articles/PMC2117377/.

Levine, M. 2022. "Gary Gensler Wants to Regulate Crypto." Bloomberg. https://www.bloomberg.com/opinion/articles/2022-09-08/gary-gensler-wants-to-regulate-crypto#xj4y7vz-kg?leadSource=uverify%20wall.

Locke, T. 2021. "Jack Dorsey Sells His First Tweet Ever as NFT for Over $2.9 Million." CNBC. https://www.cnbc.com/2021/03/22/jack-dorsey-sells-his-first-tweet-ever-as-an-nft-for-over-2point9-million.html.

Maniff, J. 2020. "Inclusion by Design: Crafting a Central Bank Digital Currency to Reach All Americans." Federal Reserve Bank of Kansas City. https://www.kansascityfed.org/research/payments-system-research-briefings/inclusion-by-design-crafting-central-bank-digital-currency/.

Marlinspike, M. 2022. "My First Impressions of Web3." Blog. https://moxie. org/2022/01/07/web3-first-impressions.html.

Mickens, J. 2018. "Blockchains Are a Bad Idea." HBS Digital Initiative. https://www.youtube.com/watch?v=15RTC22Z2xI.

Minsky, H. 1992. "The Financial Instability Hypothesis." Working paper, Levy Economics Institute. https://www.levyinstitute.org/pubs/wp74.pdf.

——. 2008. *Stabilizing an Unstable Economy*, rev. ed. New York: McGraw-Hill. Orig. pub. 1986. https://www.amazon.com/Stabilizing-Unstable-Economy-Hyman-Minsky/dp/0071592997.

Mnuchin, S., and C. Phillips. 2018. "A Financial System That Creates Economic Opportunities: Nonbank Financials, Fintech, and Innovation." U.S. Department of the Treasury. https://home.treasury.gov/sites/default/files/2018-08/A-Financial-System-that-Creates-Economic-Opportunities---Nonbank-Financials-Fintech-and-Innovation_0.pdf.

Modderman, G. 2022. "Who Accepts Bitcoin as Payment?" *Coin Telegraph*, June 5. https://cointelegraph.com/explained/who-accepts-bitcoin-as-payment.

Moen, J., and E. Tallman. 2015. "The Panic of 1907." Federal Reserve History. https://www.federalreservehistory.org/essays/panic-of-1907.

Nacha. 2021. "Payments Myth Busting." https://www.nacha.org/content/payments-myth-busting.

Nakamoto, S. 2008. "Bitcoin: A Peer-to-Peer Electronic Cash System." https://bitcoin.org/bitcoin.pdf.

National Association of Federally-Insured Credit Unions. 2022. "Re: Money and Payments: The U.S. Dollar in the Age of Digital Transformation." https://www.nafcu.org/system/files/files/5.20.22%20Letter%20to%20Federal%20 Reserve%20re%20Central%20Bank%20Digital%20Currency.pdf.

NIST (National Institute of Standards and Technology). No date. "Non-Repudiation." https://csrc.nist.gov/glossary/term/non_repudiation.

Nogrady, B. 2016. "There's Gold, Platinum and Other Valuable Materials in Every Phone—the Hard Part Is Getting It Out." https://www.bbc.com/future/article/20161017-your-old-phone-is-full-of-precious-metals.

Noko, J. 2011. "Dollarization: The Case of Zimbabwe." Cato Institute. https://www.cato. org/sites/cato.org/files/serials/files/cato-journal/2011/5/cj31n2-9.pdf.

OCC (U.S. Office of the Comptroller of the Currency). 2020. "Federally Chartered Banks and Thrifts May Provide Custody Services for Crypto Assets." https://www.occ. gov/news-issuances/news-releases/2020/nr-occ-2020-98.html.

OpenSea. 2022. "@jack 2006-03-21 20:50:14." https://opensea. io/assets/matic/0x280098 81f0ffe85c90725b8b02be-55773647c64a/20.

Oracle. 2022. "Permissioned Blockchain." https://developer.oracle. com/learn/technical-articles/permissioned-blockchain.

Orosz, G. 2022. Twitter post. https://twitter.com/GergelyOrosz/status/1516422295186722824.

Outten, S. 2021. "Bitcoin Transaction Validation, What Exactly Goes on Under the Hood?" Deltec Bank. https://www.deltecbank. com/2021/10/05/bitcoin-transaction-validation-what-exactly-goes-on-under-the-hood/.

Pechman, M. 2021. "Here's How Bitcoin's Intraday Volatility Complicates Leverage Trading." CoinTelegraph. https://cointelegraph. com/news/here-s-how-bitcoin-s-intraday-volatility-complicates-leverage-trading.

Putzier, K. 2021. "Metaverse Real Estate Piles Up Record Sales in Sandbox and Other Virtual Realms." *Wall Street Journal*, November 30. https://www.wsj.com/articles/metaverse-real-estate-piles-up-record-sales-in-sandbox-and-other-virtual-realms-11638268380.

Rathjen, J. 2022. "ACH Improvements, FedNow Represent Future of Electronic Payments." *Bloomberg Tax*, March 23. https://news. bloombergtax.com/payroll/ach-improvements-fednow-represent-future-of-electronic-payments.

Roose, K. 2022. "Maybe There's a Use for Crypto After All." *New York Times*, February 6. https://www.nytimes.com/2022/02/06/technology/helium-cryptocurrency-uses.html.

Rybarczyk, R. 2020. "Understanding the Bitcoin Blockchain Header." Medium. https://medium.com/fcats-blockchain-incubator/understanding-the-bitcoin-blockchain-header-a2b0db06b515.

Samford, H., and L. Domingo. "The Political Geography and Environmental Impacts of Cryptocurrency Mining." University of Washington. https://jsis.washington.edu/news/the-political-geography-and-environmental-impacts-of-cryptocurrency-mining/.

Schmidt, L., A. Timmermann, and R. Wermers. 2016. "Runs on Money Market Mutual Funds." *American Economic Review* 106, no. 9: 2625–57. https://pubs.aeaweb. org/doi/pdfplus/10.1257/aer.20140678.

Schneier, B. 2019. "There's No Good Reason to Trust Blockchain Technology." *Wired*. https://www.wired.com/story/theres-no-good-reason-to-trust-blockchain-technology/.

SEC (U.S. Securities and Exchange Commission). 2021a. "SEC Charges Global Crypto Lending Platform and Top Executives in $2 Billion Fraud." https://www.sec. gov/news/press-release/2021-172.

——. 2021b. "SEC Charges Three Individuals with Insider Trading." https://www.sec. gov/news/press-release/2021-121.

——. 2022. "Crypto Assets and Cyber Enforcement Actions." https:// www.sec.gov/spotlight/cybersecurity-enforcement-actions.

Siegel, R. 2008. "Zimbabwe's Hyperinflation Poses Unique Challenges." NPR. https://www.npr.org/templates/story/story.php?storyId=89123990.

Seward, Z. 2021. "A16z Leads $111M Token Sale for Helium's HNT." CoinDesk. https://www.coindesk.com/business/2021./08/10/a16z-leads-111m-token-sale-for-heliums-hnt/.

Smilyanets, D. 2021. "I Scrounged Through the Trash Heaps; . . . Now I'm a Millionaire: An Interview with REvil's Unknown." *Record*. https://therecord. media/i-scrounged-through-the-trash-heaps-now-im-a-millionaire-an-interview-with-revils-unknown/.

Tabuchi, H. 2022. "Cryptomining Capacity in U.S. Rivals Energy Use of Houston, Findings Show." *New York Times*, July 15. https:// www.nytimes. com/2022/07/15/climate/cryptocurrency-bitcoin-mining-electricity.html.

Tian, R. 2021. "A Deep Dive into Leverages in DeFi Borrowing, Margin Trading, Leveraged Tokens and Options: FinNexus." Alexandria. https://coinmarketcap. com/alexandria/article/a-deep-dive-into-leverages-in-defi-borrowing-margin-trading-leveraged-tokens-and-options-finnexus.

Tikkanen, A. No date. "A Brief (and Fascinating) History of Money." *Britannica*. https://www.britannica.com/story/a-brief-and-fascinating-history-of-money.

Timón, J. 2016. "Amount.h." Code commit. https://github.com/bitcoin/bitcoin/blob/08a73 16c144f9f2516db8fa62400893f-4358c5ae/src/amount.h.

Tortorelli, P., and K. Rooney. 2022. "Sam Bankman-Fried's Alameda Quietly Used FTX Customer Funds for Trading, Say Sources." CNBC. https://www.cnbc. com/2022/11/13/sam-bankman-frieds-alameda-quietly-used-ftx-customer-funds-without-raising-alarm-bells-say-sources.html.

University of Cambridge. 2022. "Cambridge Bitcoin Electricity Consumption Index." https://ccaf.io/cbeci/index/comparisons.

U.S. Commercial Code. No date. " § 1-201: General Definitions." https://www.law. cornell.edu/ucc/1/1-201.

U.S. Department of Labor. 2022. "Compliance Assistance Release No. 2022-01." https://www.dol.gov/agencies/ebsa/employers-and-advisers/plan-administration-and-compliance/compliance-assistance-releases/2022-01.

U.S. Department of Justice. 2022. "The Role of Law Enforcement in Detecting, Investigating, and Prosecuting Criminal Activity Related to Digital Assets." https://www.justice.gov/ag/page/file/1535236/download.

U.S. Department of the Treasury. 2022a. "Crypto-Assets: Implications for Consumers, Investors, and Businesses." https://home.treasury.gov/system/files/136/CryptoAsset_EO5.pdf.

——. 2022b. "The Future of Money and Payments: Report Pursuant to Section 4(b) of Executive Order 14067." https://home.treasury.gov/system/files/136/Future-of-Money-and-Payments.pdf.

——. 2022c. "Report on Digital Asset Financial Stability Risks and Regulation." https://home.treasury.gov/system/files/261/FSOC-Digital-Assets-Report-2022. pdf.

——. 2022d. "Action Plan to Address Illicit Financing Risks of Digital Assets." https://home.treasury.gov/system/files/136/Digital-Asset-Action-Plan.pdf.

——. 2022e. "Fact Sheet: Framework for International Engagement on Digital Assets." https://home.treasury.gov/news/press-releases/jy0854.

Velde, F. 2012. "On the Origin of Specie." Federal Reserve Bank of Chicago. https://www.atlantafed.org/-/media/documents/news/conferences/2012/monetary-economics/papers/velde.pdf.

Venmo. No date. "Bank Transfer Timeline." https://help.venmo.com/hc/en-us/articles/221083888-Bank-Transfer-Timeline.

Vitasek, K., J. Bayliss, L. Owen, and N. Srivastava. 2022. "How Walmart Canada Uses Blockchain to Solve Supply-Chain Challenges." *Harvard Business Review*. https://hbr.org/2022/01/how-walmart-canada-uses-blockchain-to-solve-supply-chain-challenges.

Warren, E. 2019. "Warren, Van Hollen, Pressley, García Introduce Legislation to Require the Fed to Act on Faster Payments." Press release. https://www.warren.senate. gov/newsroom/press-releases/warren-van-hollen-pressley-garca-introduce-legislation-to-require-the-fed-to-act-on-faster-payments.

Wheatley, J. 2013. "Six Things You Need to Know About Raghuram Rajan." *Financial Times*, August 6. https://www.ft.com/content/6b12ca6a-e993-3021-b774-7228934ba322.

White House. 2022a. "Technical Evaluation for a U.S. Central Bank Digital Currency System." https://www.whitehouse.gov/wp-content/uploads/2022/09/09-2022-Technical-Evaluation-US-CB-

DC-System.pdf.

———. 2022b. "Executive Order on Ensuring Responsible Development of Digital Assets." https://www.whitehouse.gov/briefing-room/presidential-actions/2022/03/09/executive-order-on-ensuring-responsible-development-of-digital-assets/.

———. 2022c. "Fact Sheet: White House Releases First-Ever Comprehensive Framework for Responsible Development of Digital Assets." https://www.whitehouse.gov/briefing-room/statements-releases/2022/09/16/fact-sheet-white-house-releases-first-ever-comprehensive-framework-for-responsible-development-of-digital-assets/.

———. 2022d. "Energy Implications of Crypto-Assets in the United States." https://www.whitehouse.gov/wp-content/uploads/2022/09/09-2022-Crypto-Assets-and-Climate-Report.pdf.

———. 2022e. "Policy Objectives for a U.S. Central Bank Digital Currency System." https://www.whitehouse.gov/wp-content/uploads/2022/09/09-2022-Policy-Objectives-US-CBDC-System.pdf.

Williams. 2022. "A Neighborhood's Cryptocurrency Mine: 'Like a Jet That Never Leaves.'" *Washington Post*. https://www.washingtonpost.com/business/interactive/2022/cryptocurrency-mine-noise-homes-nc/.

Wong, R. 2022. Why Stablecoins Fail: An Economist's Post-Mortem on Terra." Federal Reserve Bank of Richmond, Economic Brief 22-24. https://www.richmondfed.org/publications/research/economic_brief/2022/eb_22-24.

World Bank. No date. "Tamper-Proof Logs." https://id4d.worldbank.org/guide/tamper-proof-logs.

Yaffe-Bellany, D. 2022. "They Made Millions on Luna, Solana and Polygon: Crypto's Boom Beyond Bitcoin." *New York Times*, February 7. https://www.nytimes.com/2022/02/07/technology/cryptocurrency-luna-solana-polygon.html.

Yaga, D., P. Mell, N. Roby, and K. Scarfone. 2018. "Blockchain Technology Overview." National Institute for Standards and Technology, Report 8202. https://nvlpubs.nist.gov/nistpubs/ir/2018/nist.ir.8202.pdf.

Yang, Y. 2022. "JPMorgan Finds New Use for Blockchain in Trading and Lending." https://www.bloomberg.com/news/articles/2022-05-26/jpmorgan-finds-new-use-for-blockchain-in-collateral-settlement.

第9章

Acharya, V., T. Johnson, S. Sundaresan, and T. Tomunen. 2022. *Is Physical Climate Risk Priced? Evidence from Regional Variation in Exposure to Heat Stress*. NBER Working Paper 30445. Cambridge, MA: National Bureau of Economic Research. https://doi.org/10.3386/w30445.

Agarwala, M., and D. Coyle. 2021. "Natural Capital in Climate Models." *Nature Sustainability* 4: 81–82. https://doi.org/10.1038/s41893-020-00618-x.

Agarwala, M., and D. Zenghelis. 2020. "Natural Capital Accounting for Sustainable Macroeconomic Strategies." U.N. Department of Economic and Social Affairs, System of Environmental and Economic Accounting. https://seea.un.org/content/natural-capital-accounting-sustainable-macroeconomic-strategies.

Ahmedzade, T., J. Horton, P. Mwai, and W. Song. 2022. "China, Europe, U.S. Drought: Is 2022 the Driest Year Recorded?" British Broadcasting Center, September 17. https://www.bbc.com/news/62751110.

Akerlof, G. 1970. "The Market for 'Lemons': Quality Uncertainty and the Market Mechanism." *Quarterly Journal of Economics* 84, no. 3: 488–500. https://doi.org/10.1016/B978-0-12-214850-7.50022-X.

American Society of Civil Engineers. 2018. *Climate-Resilient Infrastructure: Adaptive Design and Risk Management*, edited by B. Ayyub. Reston, VA: American Society of Civil Engineers.

———. 2021. "Investment Gap 2020–2029." 2021 Report Card for America's Infrastructure. https://infrastructurereportcard.org/resources/investment-gap-2020-2029/.

Annan, F., and W. Schlenker. 2015. "Federal Crop Insurance and the Disincentive to Adapt to Extreme Heat." *American Economic Review* 105, no. 5: 262–66. https://doi.org/10.1257/aer.p20151031.

Arellano-Gonzalez, J., A. AghaKouchak, M. Levy, Y. Qin, J. Burney, S. Davis, and F. Moore. 2021. "The Adaptive Benefits of Agricultural Water Markets in California." *Environmental Research Letters* 16, no. 4. https://doi.org/10.1088/1748-9326/abde5b.

Ash, K., and N. Obradovich. 2019. "Climatic Stress, Internal Migration, and Syrian Civil War Onset." *Journal of Conflict Resolution* 64, no. 1: 3–31. https://doi.org/10.1177/0022002719864140.

Auffhammer, M. 2022. "Climate Adaptive Response Estimation: Short-and Long-Run Impacts of Climate Change on Residential Electricity and Natural Gas Consumption." *Journal of Environmental Economics and Management* 114. https://doi.org/10.1016/j.jeem.2022.102669.

Bakkensen, L., and L. Barrage. 2022. "Going Underwater? Flood Risk Belief Heterogeneity and Coastal Home Price Dynamics." *Review of Financial Studies* 35, no. 8: 3666–709. https://doi.org/10.1093/rfs/hhab122.

Baldauf, M., L. Garlappi, and C. Yannelis. 2020. "Does Climate Change Affect Real Estate Prices? Only If You Believe in It." *Review of Financial Studies* 33, no. 3: 1256–95. https://doi.org/10.1093/rfs/hhz073.

Barrage, L. 2020. "The Fiscal Costs of Climate Change." *AEA Papers and Proceedings* 110: 107–12. https://doi.org/10.1093/restud/rdz055.

Barrage, L., and J. Furst. 2019. "Housing Investment, Sea Level Rise, and Climate Change Beliefs." *Economics Letters* 177: 105–8. https://doi.org/10.1016/j.econlet.2019.01.023.

Barreca, A., and J. Schaller. 2020. "The Impact of High Ambient Temperatures on Delivery Timing and Gestational Lengths." *Nature Climate* Change 10: 77–82. https://doi.org/10.1038/s41558-019-0632-4.

Bastien-Olvera, B., F. Granella, and F. Moore. 2022. "Persistent Effect of Temperature on GDP Identified from Lower Frequency Temperature Variability." *Environmental Research Letters* 17, no. 8. https://doi.org/10.1088/1748-9326/ac82c2.

Baylis, P., and J. Boomhower. 2023. "The Economic Incidence of Wildfire Suppression in the United States." *American Economic Journal: Applied Economics*. https://www.aeaweb.org/articles?id=10.1257/app.20200662.

Beasley, W., and S. Dundas. 2021. "Hold the Line: Modeling Private Coastal Adaptation Through Shoreline Armoring Decisions." *Journal of Environmental Economics and Management* 105: 102397. https://doi.org/10.1016/j.jeem.2020.102397.

Benveniste, H., M. Oppenheimer, and M. Fleurbaey. 2020. "Effect of Border Policy on Exposure and Vulnerability to Climate Change." *Proceedings of the National Academy of Sciences* 117, no. 43: 26692–702. https://doi.org/10.1073/pnas.2007597117.

Benz, S., and J. Burney. 2021. "Widespread Race and Class Disparities in the Surface Urban Heat Extremes Across the United States." *Earth's Future* 9. https://agupubs.onlinelibrary.wiley.com/doi/pdf/10.1029/2021EF002016.

Bercos-Hickey, E., T. O'Brien, M. Wehner, L. Zhang, C. Patriciola, H. Huang, and M. Risser. 2022. "Anthropogenic Contributions to the 2021 Pacific Northwest Heatwave." *Geophysical Research Letters* 49, no. 23. https://doi.org/10.1029/2022GL099396.

Berrang-Ford, L., et al. 2021. "A Systematic Global Stocktake of Evidence on Human Adaptation to Climate Change." *Nature Climate Change* 11: 989–1000. https://www.nature.com/articles/s41558-021-01170-y.

Bernstein, A., M. Gustafson, and R. Lewis. 2019. "Disaster on the Horizon: The Price Effect of Sea Level Rise." *Journal of Financial Economics* 134, no. 2: 253–72. https://doi.org/10.1016/j.jfineco.2019.03.013.

Bhutta, N., A. Chang, L. Dettling, and J. Hsu. 2020. "Disparities in Wealth by Race and Ethnicity in the 2019 Survey of Consumer Finances." Finance and Economics Discussion Series Notes, Board of Governors of the Federal Reserve System. https://www.federalreserve.gov/econres/notes/feds-notes/disparities-in-wealth-by-race-and-ethnicity-in-the-2019-survey-of-consumer-finances-20200928.html.

Billings, S., E. Gallagher, and L. Ricketts. 2022. "Let the Rich Be Flooded: The Distribution of Financial Aid and Distress After Hurricane Harvey." *Journal of Financial Economics*. https://doi.org/10.1016/j.jfineco.2021.11.006.

Borunda, A. 2021. "'Megadrought' Persists in Western U.S., as Another Extremely Dry Year Develops." *National Geographic*. https://www.nationalgeographic.com/environment/article/megadrought-persists-in-western-us-as-another-extremely-dry-year-develops.

Bradsher, K., and J. Dong. 2022. "China's Record Drought Is Drying Rivers and Feeding Its Coal Habit." *New York Times*, August 29. https://www.nytimes. com/2022/08/26/business/economy/china-drought-economy-climate.html.

Bradt, J., C. Kousky, and O. Wing. 2021. "Voluntary Purchases and Adverse Selection in the Market for Flood Insurance." *Journal of Environmental Economics and Management* 110: 102515. https://doi.org/10.1016/j.jeem.2021.102515.

Braun, A., and C. Kousky. 2022. "Catastrophe Bonds." *Wharton Risk Center Primer*, July. https://riskcenter.wharton.upenn.edu/wp-content/uploads/2021/07/Cat-Bond-Primer-July-2021.pdf.

Brunetti, C., J. Caramichael, M. Crosignani, B. Dennis, G. Kotta, D. Morgan, C. Shin, and I. Zer. 2022. "Climate-Related Financial Stability Risks for the United States: Methods and Applications." Finance and Economics Discussion Series, Board of Governors of the Federal Reserve System. https://www.federalreserve.gov/econres/feds/climate-related-financial-stability-risks-for-the-united-states.htm.

Brunetti, C., B. Dennis, D. Gates, D. Hancock, D. Ignell, E. Kiser, G. Kotta, A. Kovner, R. Rosen, and N. Tabor. 2021. "Climate Change and Financial Stability." *FEDS Notes*, Board of Governors of the Federal Reserve System. https://www.federalreserve.gov/econres/notes/feds-notes/climate-change-and-financial-stability-20210319.html.

Bureau of Reclamation. 2022. "About Us: Fact Sheet." https://www.usbr.gov/main/about/fact.html.

Burke, M., A. Driscoll, S. Heft-Neal, and M. Wara. 2021. "The Changing Risk and Burden of Wildfire in the United States." *Proceedings of the National Academy of Sciences* 118, no. 2. https://doi.org/10.1073/pnas.2011048118.

Burke, M., F. González, P. Baylis, S. Heft-Neal, C. Baysan, S. Basu, and S. Hsiang. 2018. "Higher Temperatures Increase Suicide Rates in the United States and Mexico." *Nature Climate Change* 8: 723–29. https://doi.org/10.1038/s41558-018-0222-x.

Burke, M., S. Heft-Neal, J. Li, A. Driscoll, P. Baylis, M. Stigler, J. Weill, J. Burney, J. Wen, M. Childs, and C. Gould. 2022. "Exposures and Behavioral Responses to Wildfire Smoke." *Nature Human Behavior* 6: 1351–61. https://doi.org/10.1038/s41562-022-01396-6.

Burke, M., S. Hsiang, and E. Miguel. 2015. "Global Non-Linear Effect of Temperature on Economic Production." *Nature* 527, no. 7577: 235–39. https://doi.org/10.1038/nature15725.

Carleton, T., A. Jina, M. Delgado, M. Greenstone, T. Houser, S. Hsiang, A. Hultgren, R. Kopp, K. McCusker, I. Nath, J. Rising, A. Rode, H. Seo, A. Viaene, J. Yuan, and A. Zhang. 2022. "Valuing the Global Mortality Consequences of Climate Change Accounting for Adaptation Costs and Benefits." *Quarterly Journal of Economics* 137, no. 4: 2037–2105. https://doi.org/10.1093/qje/qjac020.

Carlson, C., G. Albery, C. Merow, C. Trisos, C. Zipfel, E. Eskew, K. Olival, N. Ross, and S. Bansal. 2022. "Climate Change Increases Cross-Species Viral Transmission Risk." *Nature* 607: 555–62.

https://doi.org/10.1038/s41586-022-04788-w.

CBO (Congressional Budget Office). 2018. "Federal Support for Financing State and Local Transportation and Water Infrastructure." http://www.cbo.gov/publication/54549.

——. 2019. "Expected Costs of Damage from Hurricane Winds and Storm-Related Flooding." https://www.cbo.gov/system/files/2019-04/55019-ExpectedCosts FromWindStorm.pdf.

——. 2022a. "Discretionary Spending in Fiscal Year 2021: An Infographic." https://www.cbo.gov/publication/58269.

——. 2022b. "Wildfires." https://www.cbo.gov/publication/58212.

Centers for Medicare & Medicaid Services. 2022. "NHE Fact Sheet." https://www.cms. gov/Research-Statistics-Data-and-Systems/Statistics-Trends-and-Reports/NationalHealthExpendData/NHE-Fact-Sheet.

Chapman, J., A. Lu, and L. Timmerhoff. 2020. "By the Numbers: A Look at Municipal Bankruptcies Over the Past 20 Years." Pew Research Institute. https://www.pewtrusts.org/en/research-and-analysis/articles/2020/07/07/by-the-numbers-a-look-at-municipal-bankruptcies-over-the-past-20-years.

Chediak, M. 2019. "Unprecedented California Blackout Ending as PG&E Restores Power." Bloomberg News, October 9. https://www.bloomberg.com/news/articles/2019-10-10/unprecedented-california-blackout-spreads-with-millions-in-dark?leadSource=uverify%20wall#xj4y7vzkg.

Childs, M., J. Li, J. Wen, S. Heft-Neal, A. Driscoll, S. Wang, C. Gould, M. Qiu, J. Burney, and M. Burke. 2022. "Daily Local-Level Estimates of Ambient Wildfire Smoke PM2.5 for the Contiguous U.S." *Environmental Science & Technology* 56, no. 19: 13607–21. https://doi.org/10.1021/acs.est.2c02934.

Climate Central and Zillow. 2018. "Ocean at the Door: New Homes and the Rising Sea: Recent Housing Growth Rates are Faster in High Flood Risk Zones for Most Coastal States." http://assets.climatecentral.org/pdfs/Nov2018_Report_OceanAtTheDoor.pdf?pdf=OceanAtTheDoor-Report.

CMRA. No date. "Climate Mapping for Resilience and Adaptation." https://resilience. climate.gov/#assessment-tool.

Cong, S., D. Nock, Y. Qiu, and B. Xing. 2022. "Unveiling Hidden Energy Poverty Using the Energy/Equity Gap." *Nature Communications* 13. https://doi.org/10.1038/s41467-022-30146-5.

Congressional Research Service. 2022. "National Flood Insurance Program Risk Rating 2.0: Frequently Asked Questions." https://crsreports.congress.gov/product/pdf/IN/IN11777.

Conte, M., and D. Kelly. 2018. "An Imperfect Storm: Fat-Tailed Tropical Cyclone Damages, Insurance, and Climate Policy." *Journal of Environmental Economics and Management* 92: 677–706. https://doi.org/10.1016/j.jeem.2017.08.010.

Cook, L. 2014. "Violence and Economic Activity: Evidence from African American Patents, 1870–1940." *Journal of Economic Growth* 19: 221–57. https://doi. org/10.1007/s10887-014-9102-z.

CoreLogic. 2022. "CoreLogic Analysis Shows Final Estimated Insured and Uninsured Damages for Hurricane Ian to Be Between $41 Billion and $70 Billion." https://www.corelogic.com/press-releases/corelogic-analysis-shows-final-estimated-insured-and-uninsured-damages-for-hurricane-ian-to-be-between-41-billion-and-70-billion/.

Coyle, D. 2015. *GDP: A Brief but Affectionate History.* Princeton, NJ: Princeton University Press. https://press.princeton.edu/books/paperback/9780691169859/gdp.

Dasgupta, P. 2021. "The Economics of Biodiversity: The Dasgupta Review." Her Majesty's Treasury. https://www.gov.uk/government/publications/final-report-the-economics-of-biodiversity-the-dasgupta-review.

Davenport, F., M. Burke, and N. Diffenbaugh. 2021. "Contribution of Historical Precipitation Change to U.S. Flood Damages." *Proceedings of the National Academy of Sciences* 118, no. 4. https://doi.org/10.1073/pnas.2017524118.

Dell, M., B. Jones, and B. Olken. 2012. "Temperature Shocks and Economic Growth: Evidence from the Last Half Century." *American Economic Journal: Macroeconomics* 4, no. 3: 66–95. http://dx.doi.org/10.1257/mac.4.3.66.

Deng, H., D. Aldrich, M. Danziger, J. Gao, N. Phillips, S. Cornelius, and Q. Wang. 2021. "High-Resolution Human Mobility Data Reveal Race and Wealth Disparities in Disaster Evacuation Patterns." *Humanities and Social Sciences Communications* 8. https://doi.org/10.1057/s41599-021-00824-8.

Denholm, P., P. Brown, W. Cole, T. Mai, B. Sergi, M. Brown, P. Jadun, J. Ho, J. Mayernik, C. McMillan, and R. Sreenath. 2022. "Examining Supply-Side Options to Achieve 100% Clean Electricity by 2035." National Renewable Energy Laboratory. https://www.nrel.gov/docs/fy22osti/81644.pdf.

Derenoncourt, E., C. Kim, M. Kuhn, and M. Schularick. 2022. *Wealth of Two Nations: The U.S. Racial Wealth Gap, 1860–2020*. NBER Working Paper 30101. Cambridge, MA: National Bureau of Economic Research. https://doi. org/10.3386/w30101.

Deryugina, T. 2017. "The Fiscal Cost of Hurricanes: Disaster Aid Versus Social Insurance." *American Economic Journal: Economic Policy* 9, no. 3: 168–98. https://doi.org/10.1257/pol.20140296.

Deschênes, O. 2022. *The Impact of Climate Change on Mortality in the United States: Benefits and Costs of Adaptation*. NBER Working Paper 30282. Cambridge, MA: National Bureau of Economic Research. https://doi.org/10.3386/w30282.

Deschênes, O., and M. Greenstone. 2011. "Climate Change, Mortality, and Adaptation: Evidence from Annual Fluctuations in Weather in the U.S." *American Economic Journal: Applied Economics* 3, no. 4: 152–85. https://doi. org/10.1257/app.3.4.152.

Deschênes, O., M. Greenstone, and J. Guryan. 2009. "Climate Change and Birth Weight." *American Economic Review: Papers and Proceedings* 99, no. 2: 211–17. https://doi.org/10.1257/aer.99.2.211.

Diaz, D. 2016. "Estimating Global Damages from Sea Level Rise with the Coastal Impact and Adaptation Model (CIAM)." *Climatic Change* 137: 143–56. https://doi.org/10.1007/s10584-016-1675-4.

Dietz, T., E. Ostrom, and P. Stern. 2003. "The Struggle to Govern the Commons." *Science* 302, no. 5652: 1907–12. https://doi.org/10.1126/science.1091015.

Diffenbaugh, N., D. Swain, and D. Touma. 2015. "Anthropogenic Warming Has Increased Drought Risk in California." *Proceedings of the National Academy of Sciences* 112, no. 13: 3931–36. https://doi.org/10.1073/pnas.1422385112.

Dixon, L., N. Clancy, B. Bender, A. Kofner, D. Manheim, and L. Zakaras. 2013. *Flood Insurance in New York City Following Hurricane Sandy*. Santa Monica, CA: RAND Corporation. https://www.rand.org/pubs/research_reports/RR328.html.

Dundas, S., and R. von Haefen. 2020. "The Effects of Weather on Recreational Fishing Demand and Adaptation: Implications for a Changing Climate." *Journal of the Association of Environmental and Resource Economists* 7, no. 2. https://doi.org/10.1086/706343.

Electric Power Research Institute. 2022. "Costs and Benefits of Proactive Adaptation in the Electric Sector." https://www.epri.com/research/products/0000000030 02025872.

Elliott, D. 2022. "Insurance Woes in Coastal Louisiana Make Hurricane Recovery Difficult." National Public Radio, July 27. https://www.npr. org/2022/07/27/1113639292/insurances-woes-in-coastal-louisiana-make-hurricane-recovery-difficult.

Environmental and Energy Study Institute. 2017. "The National Security Impacts of Climate Change." https://www.eesi.org/files/IssueBrief_Climate_Change_Security_Implications.pdf.

Environmental Law Institute. 2022. *Law of Environmental Protection*. Blue Springs, MO: Aspen Publishing. https://www.eli.org/law-environmental-protection.

Evans, D., C Webb, E. Braunstein, J. Glowacki, A. Netter, B. Katz, and D. Lohmann. 2020. "Residential Flood Risk in the United States: Quantifying Flood Losses, Mortgage Risk and Sea Level Rise." Society of Actuaries. https://www.soa.org/globalassets/assets/files/resources/research-report/2020/soa-flood-report.pdf.

Farrell, J., P. Burow, K. McConnell, J. Bayham, K. Whyte, and G. Koss. 2021. "Effects of Land Dispossession and Forced Migration on Indigenous Peoples in North America." *Science* 374, no. 6567. https://doi.org/10.1126/science.abe4943.

Federal Emergency Management Agency. 2010. "Flooding: Our Nation's Most Frequent and Costly Natural Disaster." https://www.fbiic.gov/public/2010/mar/FloodingHistoryandCausesFS.PDF.

———. 2022. "Flood Risk Disclosure: Model State Requirements for Disclosing Flood Risk During Real Estate Transactions." https://www.fema.gov/sites/default/files/documents/fema_state-flood-risk-disclosure-best-practices_07142022.pdf.

———. No date. "The Watermark: National Flood Insurance Program Financial Statements." https://www.fema.gov/flood-insurance/work-with-nfip/watermark-financial-statements.

Federal Insurance and Mitigation Administration. 2022. "The Watermark: Fiscal Year 2022, Second Quarter, Volume 18." Federal Emergency Management Agency. https://www.fema.gov/sites/default/files/documents/fema_fy22-q2-watermark. pdf.

Fiedler, T., A. Pitman, K. Mackenzie, N. Wood, C. Jakob, and S. Perkins-Kirkpatrick. 2021. "Business Risk and the Emergence of Climate Analytics." *Nature Climate Change* 11: 87–94. https://doi.org/10.1038/s41558-020-00984-6.

Financial Stability Board. 2022. "Climate Scenario Analysis by Jurisdictions: Initial Findings and Lessons." https://www.ngfs.net/sites/default/files/medias/documents/climate_scenario_analysis_by_jurisdictions_initial_findings_and_lessons.pdf.

Fisher, E., S. Sippel, and R. Knutti. 2021. "Increasing Probability of Record-Shattering Climate Extremes." *Nature Climate Change* 11: 689–95. https://doi. org/10.1038/s41558-021-01092-9.

Fitch Ratings. 2022. "Fitch Downgrades Pakistan to 'CCC+.'" https://www.fitchratings. com/research/sovereigns/fitch-downgrades-pakistan-to-ccc-21-10-2022.

Fleenor, W., E. Hanak, J. Lund, and J. Mount. 2008. "Delta Hydrodynamics and Water Salinity with Future Conditions: Technical Appendix C." Public Policy Institute of California. https://www.ppic.org/wp-content/uploads/content/pubs/other/708EHR_appendixC.pdf.

Florida Citizens. 2023. "Policies in Force." https://www.citizensfla.com/policies-in-force.

Fothergill, A., and L. Peek. 2004. "Poverty and Disasters in the United States: A Review of Recent Sociological Findings." *Natural Hazards* 32: 89–110. https://doi. org/10.1023/B:NHAZ.0000026792.76181.d9.

Frame, D., M. Wehner, I. Noy, and S. Rosier. 2020. "The Economic Costs of Hurricane Harvey Attributable to Climate Change." *Climatic Change* 160: 271–81. https://doi.org/10.1007/s10584-020-02692-8.

George Washington University. 2018. "Ascertainment of the Estimated Excess Mortality for Hurricane Maria in Puerto Rico." Milken Institute School of Public Health. https://publichealth.gwu.edu/content/gw-report-delivers-recommendations-aimed-preparing-puerto-rico-hurricane-season.

Gibson, M., and J. Mullins. 2020. "Climate Risk and Beliefs in New York Floodplains." *Journal of the Association of Environmental and Resource Economists* 7, no. 6. https://doi.org/10.1086/710240.

Goldsmith-Pinkham, P., M. Gustafson, and R. Lewis. 2021. "Sea Level Rise Exposure and Municipal Bond Yields." Working paper, Jacobs Levy Equity Management Center for Quantitative Financial Research. http://dx.doi.org/10.2139/ssrn.3478364.

Gopalakrishnan, S., D. McNamara, M. Smith, and B. Murray. 2017. "Decentralized Management Hinders Coastal Climate Adaptation: The Spatial-Dynamics of Beach Nourishment." *Environmental and Resource Economics* 67: 761–87. https://doi.org/10.1007/s10640-016-0004-8.

Goss, M., D. Swain, J. Abatzoglou, A. Sarhadi, C. Kolden, A. Williams, and N. Diffenbaugh. 2020. "Climate Change Is Increasing the Likelihood of Extreme Autumn Wildfire Conditions Across California." *Environmental Research Letters* 15, no. 9. https://doi.org/10.1088/1748-9326/ab83a7.

Graff Zivin, J., and M. Neidell. 2014. "Temperature and the Allocation of Time: Implications for Climate Change." *Journal of Labor Economics* 32, no. 1. https://doi.org/10.1086/671766.

Green, R., R. Basu, B. Malig, R. Broadwin, J. Kim, and B. Ostro. 2010. "The Effect of Temperature on Hospital Admissions in Nine California Counties." *International Journal of Public Health* 55: 113–21. https://doi.org/10.1007/s00038-009-0076-0.

Gulev, S., P. Thorne, J. Ahn, F. Dentener, C. Domingues, S. Gerland, D. Gong, D. Kaufman, H. Nnamchi, J. Quaas, J. Rivera, S. Sathyendranath, S. Smith, B. Trewin, K. von Schuckmann, and R. Vose. 2021. "Changing State of the Climate System." In *Climate Change 2021: The Physical Science Basis*, edited by V. Masson-Delmotte, P. Zhai, A. Pirani, S. Connors, C. Péan, S. Berger, N. Caud, Y. Chen, L. Goldfarb, M. Gomis, M. Huang, K. Leitzell, E. Lonnoy, J. Matthews, T. Maycock, T. Waterfield, O. Yelekçi, R. Yu, and B. Zhou, 287–422. Cambridge: Cambridge University Press. https://doi.org/10.1017/9781009157896.004.

Gutiérrez, J., R. Jones, G. Narisma, L. Alves, M. Amjad, I. Gorodetskaya, M. Grose, N. Klutse, S. Krakovska, J. Li, D. Martínez-Castro, L. Mearns, S. Mernild, T. Ngo-Duc, B. van den Hurk, and J. Yoon. 2021. "Atlas." In *Climate Change 2021: The Physical Science Basis*, edited by V. Masson-Delmotte, P. Zhai, A. Pirani, S. Connors, C. Péan, S. Berger, N. Caud, Y. Chen, L. Goldfarb, M. Gomis, M. Huang, K. Leitzell, E. Lonnoy, J. Matthews, T. Maycock, T. Waterfield, O. Yelekçi, R. Yu, and B. Zhou, 1927–2058. Cambridge: Cambridge University Press. https://doi.org/10.1017/9781009157896.021.

Hagerty, N., and B. Leonard. 2022. "Interior's Plan Won't Solve the Colorado River Crisis. Here's What Will." *High Country News*, October 19. https://www.hcn. org/articles/opinion-colorado-river-interiors-plan-wont-solve-the-colorado-river-crisis-heres-what-will.

Hallegatte, S., J. Hourcade, and P. Dumas. 2007. "Why Economic Dynamics Matter in Assessing Climate Change Damages: Illustration on Extreme Events." *Ecological Economics* 62, no. 2: 330–40. https://doi.org/10.1016/j. ecolecon.2006.06.006.

Hartwig, R., and C. Wilkinson. 2016. "Residual Market Property Plans: From Markets of Last Resort to Markets of First Choice." Insurance Information Institute. https://www.iii.org/sites/default/files/docs/pdf/residual_markets_wp_051616.pdf.

Hashida, Y., J. Withey, D. Lewis, T. Newman, and J. Kline. 2020. "Anticipating Changes in Wildlife Habitat Induced by Private Forest Owners' Adaptation to Climate Change and Carbon Policy." Public Library of Science. https://doi.org/10.1371/journal.pone.0230525.

Hausfather, Z., and F. Moore. 2022. "Net-Zero Commitments Could Limit Warming to Below 2° C." *Nature* 604: 247–48. https://doi.org/10.1038/d41586-022-00874-1.

Hino, M., S. Belanger, C. Field, A. Davies, and K. Mach. 2019. 'High-Tide Flooding Disrupts Local Economic Activity." *Science Advances* 5, no. 2. https://doi. org/10.1126/sciadv.aau2736.

Hino, M., and M. Burke. 2021. "The Effect of Information About Climate Risk on Property Values." *Proceedings of the National Academy of Sciences* 118, no.17. https://doi.org/10.1073/pnas.2003374118.

Hippe, A., A. Becker, M. Fischer, and B. Schwegler. 2015. "Estimation of Cost Required to Elevate U.S. Ports in Response to Climate Change: A Thought Exercise for Climate Critical Resources." Working paper, Stanford University. https://stacks. stanford.edu/file/druid:rm328fb1292/WP138.pdf.

Hoffman, J., V. Shandas, and N. Pendleton. 2020. "The Effects of Historical Housing Policies on Resident Exposure to Intra-Urban Heat: A Study of 108 U.S. Urban Areas." *Climate* 8, no. 1. https://doi.org/10.3390/cli8010012.

Howe, C., K. Anderson, A. R. Siders, B. Ristroph, K. Spidalieri, J. Li, W. Burns, E. Kronk Warner, H. Tanana, H. Vizcarra, N. Kuyumjian, and Z. Schiffer. 2002. "Chapter 24: Climate Change." In *Law of Environmental Protection*, 651–822. Washington: Environmental Law Institute.

Howell, J., and J. Elliott. 2019. "Damages Done: The Longitudinal Impacts of Natural Hazards on Wealth Inequality in the United States." *Social Problems* 66, no. 3. 448–67. https://doi.org/10.1093/socpro/spy016.

Hsiang, S., R. Kopp, A. Jina, J. Rising, M. Delgado, S. Mohan, D. Rasmussen, R. Muir-Wood, P. Wilson, M. Oppenheimer, K. Larsen, and T. Houser. 2017. "Estimating Economic Damage from Climate Change in the United States." *Science* 356, no. 6345: 1362–69. https://doi.org/10.1126/science.aal4369.

Insurance Information Institute. No date–a. "Current Table." https://www.iii.org/table-archive/20793.

———. No date–b. "Facts + Statistics: Catastrophe Bonds and Other Insurance-Linked Securities." https://www.iii.org/fact-statistic/facts-statistics-catastrophe-bonds.

Insurance Journal. 2022. "Florida Citizens Tops 1 Million Policies, Making It Largest in State by a Third." August 12. https://www.insurancejournal.com/news/southeast/2022/08/12/680306.htm.

IPCC (Intergovernmental Panel on Climate Change). 2021. "Summary for Policymakers." In *Climate Change 2021: The Physical Science Basis*, edited by V. Masson-Delmotte, P. Zhai, A. Pirani, S. Connors, C. Péan, S. Berger, N. Caud, Y. Chen, L. Goldfarb, M. Gomis, M. Huang, K. Leitzell, E. Lonnoy, J. Matthews, T. Maycock, T. Waterfield, O. Yelekçi, R. Yu, and B. Zhou, 1927–2058. Cambridge: Cambridge University Press. https://doi.org/10.1017/9781009157896.001.

Issler, P., R. Stanton, C. Vergara-Alert, and N. Wallace. 2020. "Mortgage Markets with Climate-Change Risk: Evidence from Wildfires in California." Working paper. http://dx.doi.org/10.2139/ssrn.3511843.

James, I. 2022. "As Drought Persists, Minimal Water Deliveries Announced for the Central Valley Project." *Los Angeles Times*, February 24. https://www.latimes. com/california/story/2022-02-24/minimal-water-allocations-for-the-central-valley-project.

Jenkins, J., J. Farbes, R. Jones, N. Patankar, and G. Schivley. 2022. "Electricity Transmission Is Key to Unlock the Full Potential of the Inflation Reduction Act." Rapid Energy Policy Evaluation and Analysis Toolkit. https://repeatproject.org/docs/REPEAT_IRA_Transmission_2022-09-22.pdf.

Jerch, R., M. Kahn, and G. Lin. 2023. "Local Public Finance Dynamics and Hurricane Shocks." *Journal of Urban Economics* 134. doi.org/10.1016/j.jue.2022.103516.

Kahn, M. 2021. *Adapting to Climate Change: Markets and the Management of an Uncertain Future*. New Haven, CT: Yale University Press. https://yalebooks. yale.edu/book/9780300246711/adapting-climate-change/.

Kao, S., M. Ashfaq, D. Rastogi, S. Gangrade, R. Martinez, A. Fernandez, G. Konapala, N. Voisin, T. Zhou, W. Xu, H. Gao, B. Zhao, and G. Zhao. 2022. *The Third Assessment of the Effects of Climate Change on Federal Hydropower*. Oak Ridge, TN: National Laboratory. https://info.ornl.gov/sites/publications/Files/Pub168510.pdf.

Keenan, J., and J. Bradt. 2020. "Underwriting: From Theory to Empiricism in Regional Mortgage Markets in the U.S." *Climatic Change* 162: 2043–67. https://doi.org/10.1007/s10584-020-02734-1.

Kelley, C., S. Mohtadi, M. Cane, R. Seager, and Y. Kushnir. 2015. "Climate Change in the Fertile Crescent and Implications of the Recent Syrian Drought." *Proceedings of the National Academy of Sciences* 112, no. 11: 3241–46. https://doi.org/10.1073/pnas.1421533112.

Keys, B., and P. Mulder. 2020. Neglec*ted No More: Housing Markets, Mortgage Lending, and Sea Level Rise*. NBER Working Paper 27930. Cambridge, MA: National Bureau of Economic Research. https://doi.org/10.3386/w27930.

Kiewiet, R., and K. Szakaty. 1996. "Constitutional Limitations on Borrowing: An Analysis of State Bonded Indebtedness." *Journal of Law, Economics, and Organization* 12, no. 1: 62–97.

Kolstad, C., and F. Moore. 2020. "Estimating the Economic Impacts of Climate Change Using Weather Observations." *Review of Environmental Economics and Policy*. https://scholar.google.com/citations?view_op=view_citation&hl=en&user=ysvd 9cOAAAA-J&citation_for_view=ysvd9cOAAAAJ:L8Ckcad2t8MC.

Kopp, R. 2021. "Land-Grant Lessons for Anthropocene Universities." *Climatic Change* 165, no. 28. https://doi.org/10.1007/s10584-021-03029-9.

Kousky, C. 2019. "The Role of Natural Disaster Insurance in Recovery and Risk Reduction." *Annual Review of Resource Economics* 11: 399–418.

———. 2022. *Understanding Disaster Insurance*. Washington: Island Press. https://islandpress.org/books/understanding-disaster-insurance.

Kousky, C., H. Kunreuther, B. Lingle, and L. Shabman. 2018. "The Emerging Private Residential Flood Insurance Market in the United States." Wharton Risk Management and Decision Processes Center, University of Pennsylvania. https://riskcenter.wharton.upenn.edu/wp-content/uploads/2018/07/Emerging-Flood-Insurance-Market-Report.pdf.

Kousky, C., M. Palim, and Y. Pan. 2020. "Flood Damage and Mortgage Credit Risk: A Case Study of Hurricane Harvey." *Journal of Housing Research* 29, no. 1: 86–120. https://doi.org/10.1080/10527001.2020.1840131.

Landers, J. 2021. "California Utility to Underground 10,000 Miles of Power Lines." American Society of Civil Engineers. https://www.asce.org/publications-and-news/civil-engineering-source/civil-engineering-magazine/article/2021/09/california-utility-to-underground-10000-mi-of-power-lines.

Leefeldt, E. 2022. "Why Is Homeowners Insurance in Florida Such a Disaster?" *Forbes*, November 22. https://www.forbes.com/advisor/homeowners-insurance/why-is-homeowners-insurance-in-florida-such-a-disaster/.

Lipton, D., M. Rubenstein, S. Weiskopf, S. Carter, J. Peterson, L. Crozier, M. Fogarty, S. Gaichas, K. Hyde, T. Morelli, J. Morisette, H. Moustahfid, R. Muñoz, R. Poudel, M. Staudinger, C. Stock, L. Thompson, R. Waples, and J. Weltzin, 2018. "Ecosystems, Ecosystem Services, and Biodiversity." In *Impacts, Risks, and Adaptation in the United States: Fourth National Climate Assessment, Volume II*, edited by D. Reidmiller, C. Avery, D. Easterling, K. Kunkel, K. Lewis, T. Maycock, and B. Stewart, 268–321. Washington: U.S. Global Change Research Program. https://doi.org/10.7930/NCA4.2018.CH7.

Lu, C. 2022. "The Lingering Impact of Pakistan's Floods." *Foreign Policy*, September 15. https://foreignpolicy.com/2022/09/15/pakistan-floods-humanitarian-disease-food-crisis-climate/.

Lustgarten, A. 2020. "The Great Climate Migration." *New York Times Magazine*, July 23. https://www.nytimes.com/interactive/2020/07/23/magazine/climate-migration.html.

Mach, K., C. Kraan, W. Adger, H. Buhaug, M. Burke, J. Fearon, C. Field, C. Hendrix, J. Maystadt, J. O'Loughlin, P. Roessler, J. Scheffran, K. Schultz, and N. von Uexkull. 2019. "Climate as a Risk Factor for Armed Conflict." *Nature* 571: 193–97. https://doi.org/10.1038/s41586-019-1300-6.

Mack, K., C. Kraan, M. Hino, E. Johnston, and C. Field. 2019b. "Managed Retreat Through Voluntary Buyouts of Flood-Prone Properties." *Science Advances* 5, no. 10. https://doi.org/10.1126/sciadv.aax8995.

Marder, J. 2020. "Beating Back the Tides." National Aviation and Space Administration. https://sealevel.nasa.gov/news/203/beating-back-the-tides.

Martinich, J., J. Neumann, L. Ludwig, and L. Jantarasami. 2013. "Risks of Sea Level Rise to Disadvantaged Communities in the United States." *Mitigation and Adaptation Strategies for Global Change* 18: 169–85. https://doi.org/10.1007/s11027-011-9356-0.

McGee, K. 2021. "A Place Worth Protecting: Rethinking Cost-Benefit Analysis under FEMA's Flood-Mitigation Programs." *University of Chicago Law Review* 88, no. 8: 1925–70. https://heinonline.org/HOL/Page?handle=hein.journals/uclr88&div=64&g_sent=1&casa_token=nFrduvaQRJUAAAAA:M3P21KHCgk oPC6eTZ-JHTRHIf8L6uHFSy-vSGXG8GbJAntCQ9mAa34WUOPQ9OvtQ-5FOu8sGjb&collection=journals.

Meinshausen, M., J. Lewis, C. McGlade, J. Gütschow, Z. Nicholls, R. Burdon, L. Cozzi, and B. Hackmann. 2022. "Realization of Paris Agreement Pledges May Limit Warming Just Below 2°C." *Nature* 604: 304–9. https://doi.org/10.1038/s41586-022-04553-z.

Mendelsohn, R. 2000. "Efficient Adaptation to Climate Change." *Climatic Change* 45: 583–600. https://doi.org/10.1023/A:1005507810350.

Mendelsohn, R., W. Nordhaus, and D. Shaw. 1994. "The Impact of Global Warming on Agriculture: A Ricardian Analysis." *American Economic Review* 84, no. 4: 753–71. https://doi.org/10.1257/aer.89.4.1046.

Milly, P., J. Betancourt, M. Falkenmark, R. Hirsch, Z. Kundzewicz, D. Lettenmaier, and R. Stouffer. 2018. "Stationarity Is Dead: Whither Water Management?" *Science* 319: 573–74. https://www.science.org/doi/10.1126/science.1151915

Missirian, A., and W. Schlenker. 2017. "Asylum Applications Respond to Temperature Fluctuations." *Science* 358, no. 6370: 1610–14. https://doi.org/10.1126/science. aao0432.

ModEx. No date. "The Catastrophe Risk Modeling Market: From Laggards to Leaders: Barriers, Consequences and Strategic Considerations." https://www.nasdaq. com/docs/1617-Q19%20ModEx%20Brochure%20rebrand%20to%20 Nasdaq_MT_v2.pdf.

Moore, F., and D. Diaz. 2015. "Temperature Impacts on Economic Growth Warrant Stringent Mitigation Policy." *Nature Climate Change* 5: 127–35. https://doi. org/10.1038/nclimate2481.

Moore, F., A. Stokes, M. Conte, and X. Dong. 2022. "Noah's Ark in a Warming World: Climate Change, Biodiversity Loss, and Public Adaptation Costs in the United States." *Journal of the Association of Environmental and Resource Economists* 9, no. 5: 981–1015. https://doi.org/10.1086/716662.

Mukherjee, A., and N. Sanders. 2021. *The Causal Effect of Heat on Violence: Social Implications of Unmitigated Heat Among the Incarcerated*. NBER Working Paper 28987. Cambridge, MA: National Bureau of Economic Research. https://www.nber.org/system/files/working_papers/w28987/w28987.pdf.

National Advisory Council. 2020. "Report to the FEMA Administrator." Federal Emergency Management Agency. https://www.fema.gov/sites/default/files/documents/fema_nac-report_11-2020.pdf.

National Intelligence Council. 2021. "Climate Change and International Responses Increasing Challenges to U.S. National Security through 2040." https://www.dni.gov/files/ODNI/documents/assessments/NIE_Climate_Change_and_National_Security.pdf.

National Oceanic and Atmospheric Administration. 2021. "What Percentage of the American Population Lives Near the Coast?" https://oceanservice.noaa.gov/facts/population.html.

———. No date. "Weather-Related Fatality and Injury Statistics." https://www.weather.gov/hazstat/.

Natural Resources Defense Council. No date. "Climate Resilience: How States Stack Up on Flood Disclosure." https://www.nrdc.org/flood-disclosure-map.

Neumann, J., P. Chinowsky, J. Helman, M. Black, C. Fant, K. Strzepek, and J. Martinich. 2021. "Climate Effects on U.S. Infrastructure: The Economics of Adaptation for Rail, Roads, and Coastal Development." *Climatic Change* 167, no. 44. https://doi.org/10.1007/

s10584-021-03179-w.

New York District, North Atlantic Division of the U.S. Army Corps of Engineers, New Jersey Department of Environmental Protection, New York State Department of Environmental Conservation, New York State Department of State, and New York City Mayor's Office of Climate and Environmental Justice. 2022. "New York–New Jersey Harbor and Tributaries Coastal Storm Risk Management Feasibility Study: Draft Integrated Feasibility Report and Tier 1 Environmental Impact Statement." https://www.nan.usace.army.mil/Portals/37/NYNJHATS%20 Draft%20Integrated%20 Feasibility%20Report%20Tier%201%20EIS.pdf.

Newell, R., B. Prest, and S. Sexton. 2021. "The GDP-Temperature Relationship: Implications for Climate Change Damages." *Journal of Environmental Economics and Management* 108. https://doi.org/10.1016/j.jeem.2021.102445.

NGFS-INSPIRE. 2022. "Central Banking and Supervision in the Biosphere: An Agenda for Action on Biodiversity Loss, Financial Risk, and System Stability." NGFS Occasional Paper. https://www.ngfs.net/sites/default/files/medias/documents/central_banking_and_supervision_in_the_biosphere.pdf.

Nordhaus, W. 1991. "To Slow or Not to Slow: The Economics of The Greenhouse Effect." *Economic Journal* 101, no. 407: 920–37. https://doi.org/10.2 307/2233864.

———. 2015. "Climate Clubs: Overcoming Free-Riding in International Policy." *American Economic Review* 105, no. 4: 1339-70. https://www.aeaweb.org/articles?id=10.1257/aer.15000001.

Ortiz-Bobea, A., T. Ault, C. Carrillo, R. Chambers, and D. Lobell. 2021. "Anthropogenic Climate Change Has Slowed Global Agricultural Productivity Growth." *Nature Climate Change* 11: 306–12. https://doi.org/10.1038/s41558-021-01000-1.

Otto, C., K. Kuhla, T. Geiger, J. Schewe, and K. Frieler. 2023. "Better Insurance Could Effectively Mitigation the Increase in Economic Growth Losses from U.S. Hurricanes Under Global Warming." *Science Advances* 9. https://www.science. org/doi/pdf/10.1126/sciadv.add6616.

Ouazad, A., and M. Kahn. 2022. "Mortgage Finance and Climate Change: Securitization Dynamics in the Aftermath of Natural Disasters." *Review of Financial Studies* 35, no. 8: 3617–65. https://doi.org/10.1093/rfs/hhab124.

Painter, M. 2020. "An Inconvenient Cost: The Effects of Climate Change on Municipal Bonds." *Journal of Financial Economics* 135, no. 2: 468–82. https://doi. org/10.1016/j.jfineco.2019.06.006.

Panjwani, A. 2022. "Underwater: The Effect of Federal Policies on Households' Exposure to Climate Change Risk." Working paper. https://static1.squarespace.com/static/595f21a5f7e0abb-30f55b693/t/6324bffe703add302692 d00f/1663352831153/Panjwani_Ahyan_Underwater.pdf.

Pankratz, N., and C. Schiller. 2022. *Climate Change and Adaptation in Global Supply-Chain Networks*. Finance and Economics Discussion Series, Working Paper 56. Washington: Board of Governors of the Federal Reserve System. https://doi. org/10.17016/FEDS.2022.056.

Paquette, D., and M. Kornfield. 2022. "Ian Is Florida's Deadliest Hurricane Since 1935; Most Victims Drowned." *Washington Post*, October 5. https://www.washingtonpost.com/nation/2022/10/05/hurricane-ian-florida-victims/.

Park, J., J. Goodman, M. Hurwitz, and J. Smith. 2020. "Heat and Learning." *American Economic Journal: Economic Policy* 12, no. 2: 306–39. https://doi.org/10.1257/pol.20180612.

Park Williams, A., B. Cook, and J. Smerdon. 2022. "Rapid Intensification of the Emerging Southwestern North American Megadrought in 2020–2021." *Nature Climate Change* 12: 232–34. https://doi.org/10.1038/s41558-022-01290-z.

Pitman, A., T. Fiedler, N. Ranger, C. Jakob, N. Ridder, S. Perkins-Kirkpatrick, N. Wood, and G. Abramowitz. 2022. "Acute Climate Risks in the Financial System: Examining the Utility of Climate Model Projections." *Environmental Research: Climate* 1, no. 2. https://

doi.org/10.1088/2752-5295/ac856f.

Plume, K. 2022. "U.S. Barge Backlog Swells on Parched Mississippi River." Reuters. https://www.reuters.com/world/us/us-barge-backlog-swells-parched-mississippi-river-2022-10-04/.

Querolo, N., and B. Sullivan. 2019. "California Fire Damage Estimated at $25.4 Billion." Bloomberg News, October 28. https://www.bloomberg.com/news/articles/2019-10-28/california-fire-damages-already-at-25-4-billion-and-counting#xj4y7vzkg.

Rennert, K., F. Errickson, B. Prest, L. Rennels, R. Newell, W. Pizer, C. Kingdon, J. Wingenroth, R. Cooke, B. Parthum, D. Smith, K. Cromar, D. Diaz, F. Moore, U. Müller, R. Plevin, A. Raftery, H. Sevčíková, H. Sheets, J. Stock, T. Tan, M. Watson, T. Wong, and D. Anthoff. 2022. "Comprehensive Evidence Implies a Higher Social Cost of CO2." *Nature* 610: 687–92. https://doi.org/10.1038/s41586-022-05224-9.

Robles, F., and J. Bidgood. 2017. "Three Months After Maria, Roughly Half of Puerto Ricans Still Without Power." New York Times, December 29. https://www.nytimes.com/2017/12/29/us/puerto-rico-power-outage.html.

Rosa, L., D. Chiarelli, M. Sangiorgio, A. Beltran-Peña, M. Rulli, P. D'Odorico, and I. Fung. 2020. "Potential for Sustainable Irrigation Expansion in a 3 ° C Warmer Climate." *Proceedings of the National Academy of Sciences* 117, no. 47: 29526–34. https://doi.org/10.1073/pnas.2017796117.

Rossi, C. 2020. "Assessing the Impact of Hurricane Frequency and Intensity on Mortgage Delinquency." *Journal of Risk Management in Financial Institutions* 14, no. 4: 426–42. https://www.newswise.com/pdf_docs/15943840799182022_Assessing%20the%20Impact%20of%20Hurricane%20Frequency%20and%20 Intensity%20on%20Mortgage%20Default%20Ris1%20(2).pdf.

Rothstein, R. 2017. *The Color of Law: A Forgotten History of How Our Government Segregated America*. New York: Liveright. https://www.epi.org/publication/the-color-of-law-a-forgotten-history-of-how-our-government-segregated-america/.

Royal, A., and M. Walls. 2018. "Flood Risk Perceptions and Insurance Choice: Do Decisions in the Floodplain Reflect Overoptimism?" *Risk Analysis* 39, no. 5. 1088–1104. https://doi.org/10.1111/risa.13240

Sadasivam, N. 2020. "Holding the Bill." *Grist*, March 4. https://grist.org/climate/insurance-companies-and-lenders-are-responding-to-climate-change-by-shifting-risk-to-taxpayers/.

Sastry, P. 2022. "Who Bears Flood Risk? Evidence from Mortgage Markets in Florida." https://papers.ssrn.com/sol3/papers.cfm?abstract_id=4306291.

Schlenker, W., and M. Roberts. 2009. "Nonlinear Temperature Effects Indicate Severe Damages to U.S. Crop Yields Under Climate Change." *Proceedings of the National Academy of Sciences* 106, no. 37: 15594–98. https://doi.org/10.1073/pnas.0906865106.

Schuppe, J. 2022. "Louisiana Faces an Insurance Crisis, Leaving People Afraid They Can't Afford Their Homes." *U.S. News & World Report*, September 16. https://www.nbcnews.com/news/us-news/louisiana-homeowners-insurance-crisis-hurricanes-rcna46746.

Seneviratne, S., X. Zhang, M. Adnan, W. Badi, C. Dereczynski, A. Di Luca, S. Ghosh, I. Iskander, J. Kossin, S. Lewis, F. Otto, I. Pinto, M. Satoh, S. M. Vicente-Serrano, M. Wehner, and B. Zhou. 2021. "Weather and Climate Extreme Events in a Changing Climate." In *Climate Change 2021: The Physical Science Basis. Contribution of Working Group 1 to the Sixth Assessment Report of the Intergovernmental Panel on Climate Change*, edited by V. Masson-Delmotte, P. Zhai, A. Pirani, S. Connors, C. Pean, S. Berger, N. Caud, Y. Chen, L. Goldfarb, M. Gomis, M. Huang, K. Leitzell, E. Lonnoy, J. Matthews, T. Maycock, T. Waterfield, O. Yelekci, R. Yi, and B. Zhou, 1513-1766. Cambridge: Cambridge University Press. https://doi. org/10.1017/9781009157896.013.

Severen, C., C. Costello, and O. Deschênes. 2018. "A Forward-Looking Ricardian Approach: Do Land Markets Capitalize Climate Change Forecasts?" *Journal of Environmental Economics and Manage-*

ment 89: 235–54. https://doi. org/10.1016/j.jeem.2018.03.009.

State of California, Governor's Office of Planning and Research. 2018. "California's Changing Climate 2018: A Summary of Key Findings from California's Fourth Climate Change Assessment." California Natural Resources Agency and California Energy Commission. https://www.energy.ca.gov/sites/default/files/2019-11/20180827_Summary_Brochure_ADA.pdf.

Stern, N. 2006. *The Economics of Climate Change: The Stern Review.* Cambridge: Cambridge University Press. https://www.lse.ac.uk/granthaminstitute/publication/the-economics-of-climate-change-the-stern-review/.

Stevens, H., and J. Samenow. 2022. "Maps Show Where Extreme Heat Shattered 7,000 Records This Summer." *Washington Post*, September 13. https://www.washingtonpost.com/climate-environment/interactive/2022/temperature-records-summer/.

Svartzman, R., E. Espagne, J. Gauthey, P. Hadji-Lazaro, M. Salin, T. Allen, J. Berger, J. Calas, A. Godin, and A. Vallier. 2021. "A 'Silent Spring' for the Financial System? Exploring Biodiversity-Related Financial Risks in France." Working Paper 826, Banque of France. https://publications.banque-france.fr/en/silent-spring-financial-system-exploring-biodiversity-related-financial-risks-france.

Thomas, K. 2017. "U.S. Hospitals Wrestle with Shortages of Drug Supplies Made in Puerto Rico." *New York Times*, October 23. https://www.nytimes. com/2017/10/23/health/puerto-rico-hurricane-maria-drug-shortage.html.

Tilman, D., M. Clare, D. Williams, K. Kimmel, S. Polasky, and C. Packer. 2017. "Future Threats to Biodiversity and Pathways to their Prevention." *Nature* 546: 73–81. https://doi.org/10.1038/nature22900.

Tran, B., and D. Wilson. 2022. *The Local Economic Impact of Natural Disasters*. Working Paper 34. San Francisco: Federal Reserve Bank of San Francisco. https://doi.org/10.24148/wp2020-34.

UN Framework Convention on Climate Change. 2021. *Adaptation Communication of the United States*. https://unfccc.int/sites/default/files/resource/USA%20Full%20 Adaptation%20Communication%202021.11.2%209am_.pdf.

Urban Institute. 2022. "Housing Finance at a Glance: A Monthly Chartbook." https://www.urban.org/sites/default/files/2022-11/Housing%20Finance-%20At%20 A%20Glance%20Monthly%20Chartbook%2C%20November%202022.pdf.

U.S. Army Corps of Engineers. No date. "Flood Risk Management." https://www.usace. army.mil/Missions/Civil-Works/Flood-Risk-Management/.

U.S. Department of Agriculture, Office of Communications. 2022. "Secretary Vilsack Announces New 10-Year Strategy to Confront the Wildfire Crisis." U.S. Forest Service. https://www.fs.usda.gov/news/releases/secretary-vilsack-announces-new-10-year-strategy-confront-wildfire-crisis.

U.S. Department of Commerce. 2022. "Biden Administration Announces Historic Coastal and Climate Resilience Funding." June 29. https://www.noaa.gov/news-release/biden-administration-announces-historic-coastal-and-climate-resilience-funding.

U.S. Department of Defense. 2021a. *DOD Installation Exposure to Climate Change at Home and Abroad*. Office of the Deputy Assistant Secretary of Defense, Environment and Resilience. https://media.defense.gov/2021/Apr/20/2002624613/-1/-1/1/DOD-INSTALLATION-EXPOSURE-TO-CLIMATE-CHANGE-AT-HOME-AND-ABROAD.PDF.

——. 2021b. *Department of Defense Climate Risk Analysis*. Office of the Undersecretary for Policy–Strategy, Plans, and Capabilities. https://media. defense.gov/2021/Oct/21/2002877353/-1/-1/0/DOD-CLIMATE-RISK-ANALYSIS-FINAL.PDF.

U.S. Department of Energy. 2022. "The Inflation Reduction Act Drives Significant Emissions Reductions and Positions America to Reach Our Climate Goals." Office of Policy. https://www.energy.gov/sites/default/files/2022-08/8.18%20 InflationReductionAct_

Factsheet_Final.pdf.

U.S. Department of Homeland Security. 2018. "An Affordability Framework for the National Flood Insurance Program." Federal Emergency Management Agency. https://www.fema.gov/sites/default/files/2020-05/Affordability_april_2018.pdf.

——. 2022. "Summary of Proposed Reforms." Federal Emergency Management Agency. https://www.fema.gov/sites/default/files/documents/fema_flood-insurance-reform-proposal_5242022.pdf.

U.S. Department of the Interior. 2022. "Biden-Harris Administration Makes $135 Million Commitments to Support Relocation of Tribal Communities Affected by Climate Change." https://www.doi.gov/pressreleases/biden-harris-administration-makes-135-million-commitment-support-relocation-tribal.

U.S. Department of State and Executive Office of the President. 2021. "The Long-Term Strategy of the United States: Pathways to Net-Zero Greenhouse Gas Emissions by 2050." https://www.whitehouse.gov/wp-content/uploads/2021/10/US-Long-Term-Strategy.pdf.

U.S. Department of Transportation. 2022. "Bipartisan Infrastructure Law: Promoting Resilient Operations for Transformative, Efficient, and Cost-Saving Transportation (PROTECT) Formula Program." Fact sheet, Federal Highway Administration, July 29. https://www.fhwa.dot.gov/bipartisan-infrastructure-law/protect_fact_sheet.cfm.

U.S. Environmental Protection Agency. 2021. "Climate Change and Social Vulnerability in the United States: A Focus on Six Impacts." https://www.epa.gov/cira/social-vulnerability-report.

——. 2022. "Greenhouse Gas Reduction Fund." https://www.epa.gov/inflation-reduction-act/greenhouse-gas-reduction-fund.

——. No date. "About the Office of Environmental Justice and External Civil Rights." https://www.epa.gov/aboutepa/about-office-environmental-justice-and-external-civil-rights.

U.S. Federal Reserve. 2023. "Pilot Climate Scenario Analysis Exercise: Participant Instructions." https://www.federalreserve.gov/publications/files/csa-instructions-20230117.pdf.

U.S. Global Change Research Program. 2018. "Fourth National Climate Assessment." https://nca2018.globalchange.gov.

U.S. Government Accountability Office. 2022. "National Security Snapshot: Climate Change Risks to National Security." https://www.gao.gov/products/gao-22-105830.

U.S. Securities and Exchanges Commission. 2022. "SEC Proposes Rules to Enhance and Standardize Climate-Related Disclosures for Investors." https://www.sec.gov/news/press-release/2022-46.

U.S. Small Business Administration. No date. "Disaster Assistance." https://www.sba. gov/funding-programs/disaster-assistance.

United Nations Climate Change. No date. "Paris Agreement: Status of Ratification." https://unfccc.int/process/the-paris-agreement/status-of-ratification.

Urban, M. 2015. "Accelerating Extinction Risk from Climate Change." *Science* 348, no. 6234: 571–73. https://doi.org/10.1126/science.aaa4984.

van der Wiel, K., S. Kapnick, G. vsn Oldenborgh, K. Whan, S. Philip, G. Vecchi, R. Singh, J. Arrighi, and H. Cullen. 2017. "Rapid Attribution of the August 2016 Flood-Inducing Extreme Precipitation in South Louisiana to Climate Change." *Hydrology and Earth System Sciences* 21: 897–921. https://hess.copernicus.org/articles/21/897/2017/hess-21-897-2017.pdf.

Vose, R., D. Easterling, A. LeGrande, and M. Wehner. 2017. "Temperature Changes in the United States." In *Climate Science Special Report: Fourth National Climate Assessment*, edited by D. Wuebbles, D. Fahey, K. Hibbard, D. Dokken, B. Stewart, and T. Maycock, 185–206. Washington: U.S. Global Change Research Program. https://doi.org/10.7930/J0N29V45.

Wagner, K. 2020. "Why Is Reforming Natural Disaster Insurance Markets So Hard?" Policy Brief, Stanford Institute for Economic Policy Research. https://siepr. stanford.edu/publications/policy-brief/why-reforming-natural-disaster-insurance-markets-so-hard.

———. 2022. "Adaptation and Adverse Selection in Markets for Natural Disaster Insurance." *American Economic Journal: Economic Policy* 14, no. 3: 380–421. https://doi.org/10.1257/pol.20200378.

Wheeler, K., B. Udall, J. Wang, E. Kuhn, H. Salehabadi, and J. Schmidt. 2022. "What Will It Take to Stabilize the Colorado River?" *Science* 377, no. 6604: 373–75. https://doi.org/10.1126/science.abo4452.

White House. 2015a. "Findings from Select Federal Reports: The National Security Implications of a Changing Climate." https://obamawhitehouse.archives.gov/sites/default/files/docs/National_Security_Implications_of_Changing_Climate_Final_051915.pdf.

———. 2015b. "National Security Strategy." https://obamawhitehouse.archives.gov/sites/default/files/docs/2015_national_security_strategy_2.pdf.

———. 2021. "Fact Sheet: Historic Bipartisan Infrastructure Deal." https://www.whitehouse.gov/briefing-room/statements-releases/2021/07/28/fact-sheet-historic-bipartisan-infrastructure-deal/.

———. 2022a. "Fact Sheet: The Inflation Reduction Act Supports Workers and Families." https://www.whitehouse.gov/briefing-room/statements-releases/2022/08/19/fact-sheet-the-inflation-reduction-act-supports-workers-and-families/.

———. 2022b. "Federal Budget Exposure to Climate Risk." Office of Management and Budget. https://www.whitehouse.gov/wp-content/uploads/2022/04/ap_21_climate_risk_fy2023.pdf.

———. 2022c. "National Strategy to Develop Statistics for Environmental-Economic Decisions: A U.S. System of Natural Capital Accounting and Associated Environmental-Economic Statistics." Office of Science and Technology Policy, Office of Management and Budget, and Department of Commerce. https://www.whitehouse.gov/wp-content/uploads/2022/08/Natural-Capital-Accounting-Strategy.pdf.

———. 2022d. "OMB Analysis: The Social Benefits of the Inflation Reduction Act's Greenhous Gas Emission Reductions." Office of Management and Budget. https://www.whitehouse.gov/wp-content/uploads/2022/08/OMB-Analysis-Inflation-Reduction-Act.pdf.

———. 2022e. "National Security Strategy." https://www.whitehouse.gov/wp-content/uploads/2022/10/Biden-Harris-Administrations-National-Security-Strategy-10.2022.pdf.

———. 2022f. "Climate-Related Macroeconomic Risks and Opportunities." https://www.whitehouse.gov/wp-content/uploads/2022/04/CEA_OMB_Climate_Macro_WP_2022-430pm.pdf.

———. 2022g. "Fact Sheet: 10 Ways the Biden-Harris Administration Is Making America Resilient to Climate Change." https://www.whitehouse.gov/briefing-room/statements-releases/2022/08/01/fact-sheet-10-ways-the-biden-harris-administration-is-making-america-resilient-to-climate-change/.

———. 2022h. "Biden-Harris Administration Announces New Actions to Lower Energy Costs for Families." https://www.whitehouse.gov/briefing-room/statements-releases/2022/11/02/fact-sheet-biden-harris-administration-announces-new-actions-to-lower-energy-costs-for-families/.

———. 2022i. "Building a Clean Energy Economy: A Guidebook to the Inflation Reduction Act's Investments in Clean Energy and Climate Action." https://www.whitehouse.gov/wp-content/uploads/2022/12/Inflation-Reduction-Act-Guidebook.pdf.

———. 2022j. "Executive Order on Catalyzing Clean Energy Industries and Jobs through Federal Sustainability." https://www.whitehouse.gov/briefing-room/presidential-actions/2021/12/08/executive-order-on-catalyzing-clean-energy-industries-and-jobs-through-federal-sustainability/.

———. No date. "Justice40." https://www.whitehouse.gov/environmentaljustice/justice40/.

Wing, O., W. Lehman, P. Bates, C. Sampson, N. Quinn, A. Smith, J. Neal, J. Porter, and C. Kousky. 2022. "Inequitable Patterns of U.S. Flood Risk in the Anthropocene." *Nature Climate Change* 12: 156–62. https://doi.org/10.1038/s41558-021-01265-6.

Winter, J., H. Huang, E. Osterberg, and J. Mankin. 2020. "Anthropogenic Impacts on the Exceptional Precipitation of 2018 in the Mid-Atlantic United States." In *Explaining Extreme Events of 2018 from a Climate Perspective*, edited by S. Herring, N. Christidis, A. Hoell, M. Hoerling, and P. Stott, S5–S16. Washington: American Meteorological Society. https://doi.org/10.1175/BAMS-ExplainingExtremeEvents2018.1.

Woetzel, J., D. Pinner, H. Samandari, H. Engel, M. Krishnan, C. Kampel, and J. Graabak. 2020a. "Could Climate Become the Weak Link in Your Supply Chain?" McKinsey Global Institute. https://www.mckinsey.com/capabilities/sustainability/our-insights/could-climate-become-the-weak-link-in-your-supply-chain.

Woetzel, J., D. Pinner, H. Samandari, H. Engel, M. Krishnan, C. Kampel, and M. Vasmel. 2020b. "Will Mortgages and Markets Stay Afloat in Florida?" McKinsey Global Institute. https://www.mckinsey.com/~/media/mckinsey/business%20functions/sustainability/our%20insights/will%20mortgages%20and%20markets%20stay%20afloat%20in%20florida/mgi_climate%20risk_case%20studies_florida_may2020.pdf.

Wondmagegn, B., J. Xiang, K. Dear, S. Williams, A. Hansen, D. Pisaniello, M. Nitschke, J. Nairn, B. Scalleye, A. Xiao, L. Jian, M. Tong, H. Bambrick, J. Karnonh, and P. Bia. 2021. "Increasing Impacts of Temperature on Hospital Admissions, Length of Stay, and Related Healthcare Costs in the Context of Climate Change in Adelaide, South Australia." *Science of the Total Environment* 773, no. 15. https://doi.org/10.1016/j.scitotenv.2021.145656.

World Weather Attribution. 2017. "Climate Change Fingerprints Confirmed in Hurricane Harvey's Rainfall, August 2017." https://www.worldweatherattribution.org/hurricane-harvey-august-2017/.

Xu, E., C. Webb, and D. Evans. 2019. "Wildfire Catastrophe Models Could Spark the Changes California Needs." Milliman. https://www.milliman.com/-/media/milliman/importedfiles/uploadedfiles/wildfire_catastrophe_models_could_spark_the_changes_california_needs.ashx.

Yu, Y., J. Dunne, E. Sheviakova, P. Ginoux, S. Malyshev, J. John, and J. Krasting. 2021. "Increased Risk of the 2019 Alaskan July Fires Due to Anthropogenic Activity." In *Explaining Extreme Events of 2019 from a Climate Perspective*, edited by S. Herring, N. Christidis, A. Hoell, M. Hoerling, and P. Stott, S1–S8. Washington: American Meteorological Society. https://doi.org/10.1175/BAMS-D-20-0154.1.

経済諮問委員会活動報告

2022 年大統領経済諮問委員会活動に関する大統領への報告

提出書

経済諮問委員会
ワシントン DC　2022 年 12 月 31 日

大統領閣下

　経済諮問委員会は、1978 年「完全雇用および均衡成長法」によって修正された「1946 年雇用法」第 10 条 (d) 項に基づき、議会の要請にしたがって、2022 暦年中の本委員会の諸活動についての報告書を提出いたします。

敬具

セシリア・エレナ・ラウズ
委員長

ジャレッド・バーンスタイン
委員

ヘザー・ブーシェイ
委員

Council Members and Their Dates of Service

Name	Position	Oath of office date	Separation date
Edwin G. Nourse	Chairman	August 9, 1946	November 1, 1949
Leon H. Keyserling	Vice Chairman	August 9, 1946	
	Acting Chairman	November 2, 1949	
	Chairman	May 10, 1950	January 20, 1953
John D. Clark	Member	August 9, 1946	
	Vice Chairman	May 10, 1950	February 11, 1953
Roy Blough	Member	June 29, 1950	August 20, 1952
Robert C. Turner	Member	September 8, 1952	January 20, 1953
Arthur F. Burns	Chairman	March 19, 1953	December 1, 1956
Neil H. Jacoby	Member	September 15, 1953	February 9, 1955
Walter W. Stewart	Member	December 2, 1953	April 29, 1955
Raymond J. Saulnier	Member	April 4, 1955	
	Chairman	December 3, 1956	January 20, 1961
Joseph S. Davis	Member	May 2, 1955	October 31, 1958
Paul W. McCracken	Member	December 3, 1956	January 31, 1959
Karl Brandt	Member	November 1, 1958	January 20, 1961
Henry C. Wallich	Member	May 7, 1959	January 20, 1961
Walter W. Heller	Chairman	January 29, 1961	November 15, 1964
James Tobin	Member	January 29, 1961	July 31, 1962
Kermit Gordon	Member	January 29, 1961	December 27, 1962
Gardner Ackley	Member	August 3, 1962	
	Chairman	November 16, 1964	February 15, 1968
John P. Lewis	Member	May 17, 1963	August 31, 1964
Otto Eckstein	Member	September 2, 1964	February 1, 1966
Arthur M. Okun	Member	November 16, 1964	
	Chairman	February 15, 1968	January 20, 1969
James S. Duesenberry	Member	February 2, 1966	June 30, 1968
Merton J. Peck	Member	February 15, 1968	January 20, 1969
Warren L. Smith	Member	July 1, 1968	January 20, 1969
Paul W. McCracken	Chairman	February 4, 1969	December 31, 1971
Hendrik S. Houthakker	Member	February 4, 1969	July 15, 1971
Herbert Stein	Member	February 4, 1969	
	Chairman	January 1, 1972	August 31, 1974
Ezra Solomon	Member	September 9, 1971	March 26, 1973
Marina v.N. Whitman	Member	March 13, 1972	August 15, 1973
Gary L. Seevers	Member	July 23, 1973	April 15, 1975
William J. Fellner	Member	October 31, 1973	February 25, 1975
Alan Greenspan	Chairman	September 4, 1974	January 20, 1977
Paul W. MacAvoy	Member	June 13, 1975	November 15, 1976
Burton G. Malkiel	Member	July 22, 1975	January 20, 1977
Charles L. Schultze	Chairman	January 22, 1977	January 20, 1981
William D. Nordhaus	Member	March 18, 1977	February 4, 1979
Lyle E. Gramley	Member	March 18, 1977	May 27, 1980
George C. Eads	Member	June 6, 1979	January 20, 1981
Stephen M. Goldfeld	Member	August 20, 1980	January 20, 1981
Murray L. Weidenbaum	Chairman	February 27, 1981	August 25, 1982
William A. Niskanen	Member	June 12, 1981	March 30, 1985
Jerry L. Jordan	Member	July 14, 1981	July 31, 1982

Council Members and Their Dates of Service

Name	Position	Oath of office date	Separation date
Martin Feldstein	Chairman	October 14, 1982	July 10, 1984
William Poole	Member	December 10, 1982	January 20, 1985
Beryl W. Sprinkel	Chairman	April 18, 1985	January 20, 1989
Thomas Gale Moore	Member	July 1, 1985	May 1, 1989
Michael L. Mussa	Member	August 18, 1986	September 19, 1988
Michael J. Boskin	Chairman	February 2, 1989	January 12, 1993
John B. Taylor	Member	June 9, 1989	August 2, 1991
Richard L. Schmalensee	Member	October 3, 1989	June 21, 1991
David F. Bradford	Member	November 13, 1991	January 20, 1993
Paul Wonnacott	Member	November 13, 1991	January 20, 1993
Laura D'Andrea Tyson	Chair	February 5, 1993	April 22, 1995
Alan S. Blinder	Member	July 27, 1993	June 26, 1994
Joseph E. Stiglitz	Member	July 27, 1993	
	Chairman	June 28, 1995	February 10, 1997
Martin N. Baily	Member	June 30, 1995	August 30, 1996
Alicia H. Munnell	Member	January 29, 1996	August 1, 1997
Janet L. Yellen	Chair	February 18, 1997	August 3, 1999
Jeffrey A. Frankel	Member	April 23, 1997	March 2, 1999
Rebecca M. Blank	Member	October 22, 1998	July 9, 1999
Martin N. Baily	Chairman	August 12, 1999	January 19, 2001
Robert Z. Lawrence	Member	August 12, 1999	January 12, 2001
Kathryn L. Shaw	Member	May 31, 2000	January 19, 2001
R. Glenn Hubbard	Chairman	May 11, 2001	February 28, 2003
Mark B. McClellan	Member	July 25, 2001	November 13, 2002
Randall S. Kroszner	Member	November 30, 2001	July 1, 2003
N. Gregory Mankiw	Chairman	May 29, 2003	February 18, 2005
Kristin J. Forbes	Member	November 21, 2003	June 3, 2005
Harvey S. Rosen	Member	November 21, 2003	
	Chairman	February 23, 2005	June 10, 2005
Ben S. Bernanke	Chairman	June 21, 2005	January 31, 2006
Katherine Baicker	Member	November 18, 2005	July 11, 2007
Matthew J. Slaughter	Member	November 18, 2005	March 1, 2007
Edward P. Lazear	Chairman	February 27, 2006	January 20, 2009
Donald B. Marron	Member	July 17, 2008	January 20, 2009
Christina D. Romer	Chair	January 29, 2009	September 3, 2010
Austan D. Goolsbee	Member	March 11, 2009	
	Chairman	September 10, 2010	August 5, 2011
Cecilia Elena Rouse	Member	March 11, 2009	February 28, 2011
Katharine G. Abraham	Member	April 19, 2011	April 19, 2013
Carl Shapiro	Member	April 19, 2011	May 4, 2012
Alan B. Krueger	Chairman	November 7, 2011	August 2, 2013
James H. Stock	Member	February 7, 2013	May 19, 2014
Jason Furman	Chairman	August 4, 2013	January 20, 2017
Betsey Stevenson	Member	August 6, 2013	August 7, 2015
Maurice Obstfeld	Member	July 21, 2014	August 28, 2015
Sandra E. Black	Member	August 10, 2015	January 20, 2017
Jay C. Shambaugh	Member	August 31, 2015	January 20, 2017

Council Members and Their Dates of Service

Name	Position	Oath of office date	Separation date
Kevin A. Hassett	Chairman	September 13, 2017	June 30, 2019
Richard V. Burkhauser	Member	September 28, 2017	May 18, 2019
Tomas J. Philipson	Member	August 31, 2017	
	Acting Chairman	July 1, 2019	
	Vice Chairman	July 24, 2019	June 22, 2020
Tyler B. Goodspeed	Member	May 22, 2019	
	Acting Chairman	June 23, 2020	
	Vice Chairman	June 23, 2020	January 6, 2021
Cecilia Elena Rouse	Chair	March 2, 2021	
Jared Bernstein	Member	January 20, 2021	
Heather Boushey	Member	January 20, 2021	

2022 年大統領経済諮問委員会活動に関する大統領への報告

経済諮問委員会は 1946 年雇用法によって設立され、データ、研究、エビデンスに基づいて経済政策について大統領に助言する責任を持っている。本委員会は 3 名の委員で構成されている。委員長は、上院の助言と同意を得て大統領によって任命される。2 名の委員は、大統領によって任命される。経済学者から成るチームとともに、彼らは経済的出来事を分析、解釈し、アメリカ国民の利益にかなう経済政策を策定し勧告する。

本委員会の委員長

セシリア・エレナ・ラウズは、第 30 代経済諮問委員会委員長として、2021 年 3 月 2 日に上院によって承認された。彼女は、この職位に就いた最初のアフリカ系アメリカ人である。この役割において、彼女はバイデン大統領のチーフ・エコノミスト、閣僚を務めている。彼女はプリンストン大学のカッツマン＝アーンスト教育経済学寄附講座教授、経済学、公共問題の教授である。

2012 年から 2021 年まで、ラウズはプリンストン大学の公共・国際問題大学院の研究科長で

あった。ラウズは、2009 年から 2011 年までバラク・オバマ政権の経済諮問委員会委員を務めた。彼女はまた、クリントン政権の国家経済会議で 1998 年から 1999 年まで大統領特別補佐官を務めた。彼女の学術研究は、コミュニティ・カレッジ進学の経済的利益や、学生ローン債務が卒業後の結果に及ぼす影響などを含む教育経済学、また差別など労働経済学のその他の問題に焦点を合わせている。

本委員会の委員

ヘザー・ブーシェイは、2021 年 1 月 20 日、大統領により本委員会に任命された。この職位に就く前に、ブーシェイはワシントン公平成長センターを共同設立し、2013 年から 2020 年まで理事長兼 CEO を務めた。彼女は以前、ヒラリー・クリントン長官の 2016 年の政権移行チームのチーフ・エコノミストを務めたほか、アメリカ進歩センター、米連邦議会合同経済委員会、経済政策研究センター、経済政策研究所のエコノミストとして活躍した。

ジャレッド・バーンスタインは、2021 年 1 月 20 日、大統領により本委員会に任命された。任命以前、バーンスタインは経済政策研究所で 16 年間上級職を務め、労働省に勤務した。彼は、2011 年から 2020 年まで予算・政策優先事項センターの上席研究員を務めた。2009 年から 2011 年まで、彼は、バイデン副大統領（当時）のチーフ・エコノミスト兼経済顧問を務めた。

活動分野

本委員会の中心的機能は、すべての経済的な問題や出来事について大統領に助言することである。それには、大統領、副大統領、ホワイトハウス上級スタッフに向けて、重要な経済データ発表および政策問題について、ほぼ毎日メモを作成することが含まれている。本委員会は、国家経済会議、国内政策会議、行政管理予算局、行政諸機関を含め、種々の政府機関の職員と密接に連携し、幾多の政策問題に関する討議に関与している。本委員会、財務省、行政管理予算局は、経済予測の作成に責任を負っており、それが政権の予算案の基礎となっている。最後に、本委員会は、経済協力開発機構（OECD）の主要な参加者であり、長い間、経済政策委員会の議長を務め、OECD 作業会合に参画している。

本委員会は、一連のブログや概説で経済分析を発表している。昨年、次のようなものが行われた。

- 「雇用情勢」、月次雇用報告にしたがって雇用情勢を分析した月次ブログ（2022 年 1 ～ 12 月）。
- 「振り返り、前に進む——バイデン大統領の経済アジェンダの 1 年目」、パンデミック期間の政府支援が個人所得と支出をいかに押し上げ、その結果経済成長に寄与したかについて分析したブログ（2022 年 1 月）。
- 「新たなデータは 2021 年に経済成長が幅広く分かち合われたことを示している」、パンデミック期間の政府支援が個人所得と支出をいかに押し上げ、その結果経済成長に寄与したかについて分析したブログ（2022 年 2 月）。
- 「気候関連マクロ経済的リスクと機会」、OMB と共著、大統領の政策提案が温室効果ガス排出を削減できる一方、消費者に対してエネルギー・コストを低位に維持することについての概説（2022 年 4 月）。
- 「低い道を塞ぎ、高い道を舗装する——生産性を向上させる経営慣行」、雇用政策が労働者の生産性を向上させることで、労働市場の結果の

改善につながることについての概説（2022 年 4 月）。
- 「ケア事業者——提供者、労働者、家族のために機能しないモデル」、労働者の家族のニーズを満たす支援——適正価格で質の高い保育、在宅医療、有給家族・医療休暇など——が、米国の労働供給を増やし、経済成長を加速させられることについて説明した概説（2022 年 4 月）。
- 「2022 年版『大統領経済報告』要約」、わが政権の経済的達成と課題の振り返りを説明したブログ（2022 年 4 月）。
- 「元収監者の経済的機会を拡大する」、元収監者を支援する大統領の包括的戦略に焦点を合わせたブログ（2022 年 5 月）。
- 「サプライチェーン回復力を高め中堅・中小企業を支えるための積層造形法の活用」、多くの産業においてサプライチェーンの能力を高める方法として積層造形法を活用することについて説明したブログ（2022 年 5 月）。
- 「対処されていない精神衛生上のニーズの経済的負担を削減する」、精神疾患の社会的、経済的帰結を軽減することについて説明した概説（2022 年 5 月）。
- 「ジューンティーンス——パンデミック期におけるアメリカ黒人の進歩と課題の一部を振り返る」、黒人の学生と労働者の経済的能力を高める政策を浮き彫りにした概説（2022 年 6 月）。
- 「パンデミック期における過剰死亡率——健康保険の役割」、全米の死亡率と戦うため、健康保険適用を拡大する大統領の政策を明らかにした概説（2022 年 6 月）。
- 「経済学者は経済がリセッションかどうかいかに判断するのか？」、経済活動の顕著な落ち込みを評価するのに使われる指標に関するブログ（2022 年 7 月）。
- 「大統領の経済アジェンダの背後にある経済学」、大統領の政策が、物理的インフラ、人的資本、

クリーン・エネルギー、住宅、ヘルスケアへの長期的投資を通じて、インフレ圧力を抑制し、経済能力を向上させられることについてのブログ（2022年8月）。
・「パンデミックがもたらした黒人の雇用と賃金のシフト」、アメリカ黒人の賃金の伸びと雇用に対しパンデミックがもたらした影響を評価し、短期と長期両方の課題を提示したブログ（2022年8月）。
・「異常気象のコスト上昇」、金融リスクと政府財政の評価の基礎となる経済予測に気候変動を組み込む重要性についてのブログ（2022年9月）。

・「わが労働組合の状況」、パンデミックがもたらした逼迫した労働市場のため、労働組合の組織化が進んでいる現状を検証したブログ（2022年9月）。
・「がん患者のための適正価格のヘルスケア」、がんと共に生きる人々に対して健康保険適用と障害者給付を拡大する重要性についてのブログ（2022年9月）。
・「ヨーロッパ連合と米国の労働者の将来に対する人工知能の影響」、CEAと欧州委員会が作成した報告書（2022年12月）。

広報

『大統領経済報告』は、経済諮問委員会年次報告とともに、政権の国内および国際経済政策を提示する重要な手段である。それは政府出版局を通じて購入でき、www.gpo.gov/erp で無料で入手できる。本委員会の前記のすべての文書は、www.whitehouse.gov/cea で入手できる。本『報告』で提供されているすべてのリンクは、出版時点において有効である。

経済諮問委員会スタッフ

フロント・オフィス

エリザベス・ハーシュホーン・ドナヒュー……首席補佐官兼総務
マーサ・ギンベル……上級顧問
キャスリーン・ハリス……委員長特別補佐官
メーガン・ベル……委員特別補佐官
ジュリアン・ローゼンブルーム……委員特別補佐官

シニア・エコノミスト

ランディ・アキー……社会保険、労働
スティーブン・ブラウン……マクロ経済予測主幹
クロエ・ギブズ……教育、労働

ジョシュア・グッドマン……教育
カリ・ヒーアマン……国際貿易
サンディール・フラツワヨ……国際
マーガレット・ラウダーミルク……産業組織、サプライチェーン
エリカ・マッケンタイア……労働
デイビッド・ミラー……マクロ経済
フランシス・ムーア……気候、環境
ジュディス・スコット＝クレイトン……高等教育、税制、規制
マイケル・シンキンソン……産業組織、テクノロジー
アーニー・テデスキ……マクロ経済
ツグカン・ツズン……金融、エネルギー、住宅
ヴィクトリア・ウダロワ……健康

国家安全保障担当エコノミスト

メーガン・グリーン……国家安全保障担当上級顧問

スタッフ・エコノミスト

ライアン・カミングス……マクロ経済、金融、エネルギー
メラニー・フリードリッヒ……マクロ経済
ジョン・イズリン……税制、規制
アンドリュー・ウィルソン……気候、環境
ジョン・ウィンケルマン……応用ミクロ経済、国際

リサーチ・アシスタント

エリン・ディール……マクロ経済
エイデン・リー……産業組織、テクノロジー
シャウディ・メルヴァルザン……健康、労働、国際
ヤイリン・ナバロ……教育、健康
スティーブン・ニャルコ……国際、金融、OECD
アンナ・パスナウ……ケア、労働、気候
ナタリー・トメ……住宅、ケア、社会保険
サラ・ウィートン……労働、マクロ経済

統計部

ブライアン・アモロシ……統計部主幹
マディソン・フォックス……統計部アソシエイト

事務部

メーガン・パッカー……財務・行政主幹

インターン

ソフィア・ブレントニツキー、カレブ・ブロブスト、シルヴィア・ブラウン、サウミア・グナンパリ、エマ・ヒュージー、オサムウォンイ・イグビネウェカ、ローシュダ・カーン、アーティ・クマール、クリスチャン・ミラ、エステル・ムジチュク、ローレン・オトリー、イレーナ・ペトリク、ダニエル・ポスフマス、アリ・サイト、ローレン・テイラー

『大統領経済報告』作成

アルフレッド・インホフ……編集者

萩原伸次郎監修・『米国経済白書』翻訳研究会訳

【翻訳者】

はぎわら しんじろう
萩原 伸次郎　横浜国立大学名誉教授（総論、大統領報告、第1〜3章）

おおはしあきら
大橋 陽　立命館大学経済学部教授（第6〜9章、付録A）

しもとまいひでゆき
下斗米秀之　明治大学政治経済学部専任講師（第4〜5章）

米国経済白書 2023

2023年10月15日　初版第1刷発行
監訳者　萩原伸次郎監修・『米国経済白書』翻訳研究会訳
発行者　上野教信
発行所　蒼天社出版（株式会社　蒼天社）
　　　　　101-0051　東京都千代田区神田神保町 3-25-11
　　　　　電話　03-6272-5911　FAX 03-6272-5912
　　　　　振替口座番号　00100-3-628586
印刷・製本所　株式会社シナノパブリッシングプレス

The Carl S. Shoup's Materials of Public Finance and Taxation

カール・S・シャウプ財政資料

横浜国立大学シャウプ・コレクション編集委員会

深貝 保則・伊集 守直・千原 則和

アドヴァイザー　W. Elliot Brownlee

B5 判上製

全 41 巻　揃定価（本体 1,312,000 円＋税）（各巻本体 32,000 円＋税）

米国関連資料	全 20 巻	揃定価（本体 640,000 円＋税）
日本関連資料	全 15 巻	揃定価（本体 480,000 円＋税）
その他外国関連資料	全 6 巻	揃定価（本体 192,000 円＋税）

◆ 配本予定 2017 年 10 月より配本開始

年度	刊行月	配本	米国関係資料 編 日本関係資料 編 諸外国関係資料 編			
2017 年	11 月	第 1 回配本	日本関係資料	第 1 回配本	第 1, 9, 10 巻	ISBN 978-4-901916-66-0 揃本体価格96,000円
	12 月	第 2 回配本	日本関係資料	第 2 回配本	第 3, 4, 5 巻	ISBN 978-4-901916-67-7 揃本体価格96,000円
2018 年	8 月	第 3 回配本	米国関係資料	第 1 回配本	第 1～3 巻	ISBN 978-4-901916-71-4 揃本体価格96,000円
	9 月	第 4 回配本	米国関係資料	第 2 回配本	第 4～6 巻	ISBN 978-4-901916-72-1 揃本体価格96,000円
	10 月	第 5 回配本	米国関係資料	第 3 回配本	第 7～9 巻	ISBN 978-4-901916-73-8 揃本体価格96,000円
	12 月	第 6 回配本	米国関係資料	第 4 回配本	第 10～12 巻	ISBN 978-4-901916-74-5 揃本体価格96,000円
2019 年	1 月	第 7 回配本	日本関係資料	第 3 回配本	第 2, 11, 12巻	ISBN 978-4-901916-68-4 揃本体価格96,000円
	7 月	第 8 回配本	米国関係資料	第 5 回配本	第 13～15 巻	ISBN 978-4-901916-75-2 揃本体価格96,000円
	9 月	第 9 回配本	米国関係資料	第 6 回配本	第 16～18 巻	ISBN 978-4-901916-76-9 揃本体価格96,000円
	11 月	第 10 回配本	諸外国関係資料	第 1 回配本	第 1～3 巻	ISBN 978-4-901916-78-3 揃本体価格96,000円
2020 年	1 月	第 11 回配本	米国関係資料	第 7 回配本	第 1, 20 巻	ISBN 978-4-901916-77-6 揃本体価格64,000円
	9 月	第 12 回配本	日本関係資料	第 4 回配本	全 3 冊	ISBN 978-4-901916-69-1 揃本体価格96,000円
	10 月	第 13 回配本	日本関係資料	第 5 回配本	全 3 冊	ISBN 978-4-901916-70-7 揃本体価格96,000円
	11 月	第 14 回配本	諸外国関係資料	第 2 回配本	全 3 冊	ISBN 978-4-901916-79-0 揃本体価格96,000円

蒼天社出版　〒101-0051 東京都千代田区神田神保町 3-25-11　喜助九段ビル　電話 03-6272-5911　FAX03-6272-5912

申込書	書店	編集・横浜国立大学シャウプ・コレクション編集委員会	申込数
		カール・S・シャウプ財政資料 全41巻 揃定価（本体1,312,000円＋税）	セット
		米国関連資料　全 20 巻　揃定価（本体 640,000 円＋税）	セット
		日本関連資料　全 15 巻　揃定価（本体 480,000 円＋税）	セット
		その他外国関連資料　全 6 巻　揃定価（本体 192,000 円＋税）	セット